wissen & praxis 82

Ulrike Jongbloed-Schurig/
Angelika Wolff (Hrsg.)

»Denn wir können die Kinder
nach unserem Sinne
nicht formen«

Der Band – ganz im Sinne des Goethe-Zitats als Titel des Buches – enthält grundlegende und fundierte Beiträge zur Psychoanalyse des Kindes- und Jugendalters. Die Autorinnen und Autoren sind erfahrene, in eigener Praxis tätige Therapeuten. Es geht um Behandlungen unterschiedlicher psychischer Störungen (von der Neurose bis zum Borderline-Fall), um verschiedene Altersgruppen (vom Kleinkind bis zu Eltern), um verschiedene Settings (von der hochfrequenten Analyse bis zur Fokaltherapie und zur Elternarbeit) und um angrenzende Gebiete wie die Analyse von Kinderliteratur und Familienbeobachtungen, z. B. eine psychoanalytische Deutung des *Struwwelpeters* mit vierfarbigen Abbildungen aus der Originalfassung.

Die Klammer ist der psychoanalytische Verstehensansatz, der nach der unbewußten Bedeutung sowohl der innerseelischen als auch der zwischenmenschlichen Erscheinungen forscht und in der therapeutischen Arbeit Zugang zu den unbewußten Phantasien und Konflikten erlangt durch die Analyse von Übertragung, Gegenübertragung und Widerstand. Im Mittelpunkt steht das Kind in seiner Entwicklung und wie eine gestörte Entwicklung wieder in Gang kommen kann, wozu auch gehört, die Eltern in ihrer Elternfunktion zu unterstützen.

Außerdem werden die spezifischen Bedingungen der Kinderanalyse und der analytischen Kinder- und Jugendlichen-Psychotherapie in Deutschland beschrieben.

Zielgruppe: Analytische Kinder- und Jugendlichen-Psychotherapeuten, Psychoanalytiker und Psychotherapeuten, Kinder- und Jugendpsychiater, Kinderärzte, Lehrer, Erzieher, Sozialpädagogen und interessierte Eltern.

Die Herausgeberinnen:

Ulrike Jongbloed-Schurig, Lehrerin, Analytische Kinder- und Jugendlichen-Psychotherapeutin (VAKJP, ACP) in eigener Praxis in Frankfurt, Dozentin und Supervisorin am Institut für Analytische Kinder- und Jugendlichen-Psychotherapie in Hessen. Veröffentlichungen zur Psychoanalyse des Kindes- und Jugendalters.

Angelika Wolff, Lehrerin, Analytische Kinder- und Jugendlichen-Psychotherapeutin (VAKJP) in eigener Praxis in Frankfurt a. M., Dozentin, Supervisorin und seit 1991 Leiterin des Instituts für Analytische Kinder- und Jugendlichen-Psychotherapie in Hessen e. V. Veröffentlichungen zur analytischen Kinder- und Jugendlichen-Psychotherapie.

Ulrike Jongbloed-Schurig/
Angelika Wolff (Hrsg.)

»Denn wir können die Kinder nach unserem Sinne nicht formen«

Beiträge zur Psychoanalyse
des Kindes- und Jugendalters

Mit Beiträgen von Rose Ahlheim,
Frank Dammasch, Anita Eckstaedt,
Heidemarie Eickmann, James M. Herzog,
Ulrike Jongbloed-Schurig, Hans-G. Metzger,
Elisabeth Müller-Brühn, Jochen Raue,
Anne-Marie Sandler, Angelika Wolff

Brandes & Apsel

Auf Wunsch informieren wir regelmäßig über das Verlagsprogramm.
Eine Postkarte an den Brandes & Apsel Verlag, Scheidswaldstr. 33,
D–60385 Frankfurt a. M., bzw. ein e-mail an: brandes-apsel@t-online.de, genügt.

Die Deutsche Bibliothek – CIP-Einheitsaufnahme:

»Denn wir können die Kinder nach unserem Sinne nicht formen« :
Beiträge zur Psychoanalyse des Kindes- und Jugendalters /
Ulrike Jongboed-Schurig/Angelika Wolff (Hrsg.). Mit Betr. von Rose Ahlheim ...
1. Aufl. - Frankfurt a. M. : Brandes und Apsel, 1998
(Wissen & Praxis ; 82)
ISBN 3-86099-282-1

wissen & praxis 82

1. Auflage 1998
© Brandes & Apsel Verlag GmbH, Scheidswaldstr. 33, D–60385 Frankfurt a. M.
Umschlagbild: Paul, 11 Jahre
Druck: Tiskarna DAN, Ljubljana, Slovenia
Gedruckt auf säurefreiem, alterungsbeständigem und chlorfrei gebleichtem Papier.

ISBN 3-86099-282-1

Inhalt

Vorwort

Die Idee zu diesem Buch und die überwiegende Zahl seiner Beiträge entstanden im Zusammenhang des 25jährigen Jubiläums des Frankfurter Instituts für analytische Kinder- und Jugendlichen-Psychotherapie im Jahre 1997, das mit einer öffentlichen Vortragsreihe und mit einem wissenschaftlichen Symposium gefeiert wurde.

Dabei führte der Rückblick auf die Geschichte dieses Instituts, das zwei Hauptaufgaben in sich vereinigt – die Ausbildung analytischer Kinder- und Jugendlichen-Psychotherapeuten und die Bereitstellung einer Ambulanz für Eltern, Kinder und Jugendliche –, zu vielfältigen Versuchen der Standortbestimmung in der Landschaft der analytischen Kinder- und Jugendlichen-Psychotherapie, wie sie im Laufe der Geschichte des Instituts entwickelt wurde. Standortbestimmung in diesem Sinne beinhaltet einen Findungsprozeß, in dem psychoanalytische Theorien, entwicklungspsychologische Erkenntnisse, Konzepte der Behandlungstechnik und die psychoanalytische Haltung in der Kinder- und Jugendlichen-Psychotherapie immer wieder neu erworben und in Frage gestellt werden – ähnlich wie jede neue Generation das von der vorhergegangenen Generation Übernommene in Frage stellen, neu erwerben oder verwerfen muß.

Auf diesem Wege konnte mit den Beiträgen im vorliegenden Band ein breites Spektrum unseres Fachgebietes zusammengetragen werden, dessen Klammer der psychoanalytische Verstehensansatz ist, der nach der unbewußten Bedeutung sowohl innerseelischer als auch zwischenmenschlicher Erscheinungen forscht und in der therapeutischen Beziehung Zugang zu den unbewußten Phantasien und Konflikten zu erlangen sucht.

In dem Goethe-Zitat »Denn wir können die Kinder nach unserem Sinne nicht formen«, das den Titel zu diesem Buch abgegeben hat, ist auf literarisch-weise Art die Erkenntnis enthalten, wie sehr innere und äußere Bedingungen die menschliche Entwicklung bestimmen und wie begrenzt jeder Versuch einer Einflußnahme letztlich ist. Die Grenzen zu akzeptieren und doch alle Anstrengungen zu unternehmen, um der neuen Generation eine möglichst gute Entwicklung zu ermöglichen, gehört zu den Aufgaben all derer, die mit Kindern und Jugendlichen zu tun haben.

Der Förderverein des Instituts für analytische Kinder- und Jugendlichen-Psychotherapie hat mit einem Druckkostenzuschuß den Farbdruck der Bilder ermöglicht. Anna Leszczynska-Koenen und Jochen Roether ist für ihre sorgfältigen Übersetzungsarbeiten zu danken. Unser besonderer Dank gilt Anna-Maria Koch für ihre gleichbleibende Freundlichkeit und Geduld bei der oft mühseligen Herstellung des Manuskripts.

Frankfurt am Main, Juli 1998   Ulrike Jongbloed-Schurig/Angelika Wolff

ANGELIKA WOLFF/ULRIKE JONGBLOED-SCHURIG

Einleitung

Kinder und Jugendliche werden wegen vielerlei Symptomen und Auffälligkeiten zum analytischen Kinder- und Jugendlichen-Psychotherapeuten gebracht: Ängsten, Zwängen, depressiven Stimmungen und Unfallneigungen oder auch Stottern, Bettnässen, Tics und psychosomatischen Reaktionen. Wenn das Symptom oder die Verhaltensauffälligkeit, die als Ventil für den Druck psychischer Konflikte fungiert, hinterfragt und – so erleben Kinder das – weggenommen werden soll, so wird die unbewußte Konflikt- und Angstdynamik direkt aktiviert und drängt sich vom ersten Kontakt an in die Übertragungsbeziehung zum Therapeuten. Je jünger ein Kind ist, desto enger sind psychische und körperliche Bewegung miteinander verbunden: Die körperliche Darstellung in der direkten Aktion, im Spiel, beim Malen u. a. dient dem Ausdruck des momentanen Befindens, der Kontaktaufnahme und Beziehungsgestaltung und ermöglicht dem Therapeuten Einblicke in die Phantasiewelt des Kindes, in seine unbewußten Konflikte und deren Lösungsversuche. Häufig sind allerdings gerade bei psychisch kranken Kindern die kreativen Fähigkeiten gehemmt.

Das Kind, dem der Erwachsene sich zuwendet – und das gilt auf einem anderen Entwicklungsniveau auch für Jugendliche – spricht unmittelbar das verinnerlichte Kind im Erwachsenen selber an und belebt dessen eigene, unbewußte Kindheitskonflikte und -ängste und den kindlichen Wunsch nach idealen Eltern. So entsteht spontan der Impuls, im Kind – besonders dem psychisch belasteten – das passive Opfer elterlichen Versagens zu sehen und sich in die Rolle »besserer« Eltern zu drängen, die alles wiedergutzumachen vermögen. Dieser Impuls entspringt der Identifizierung mit dem Kind, das etwas nicht verkraftet hat und Hilfe braucht; er enthält aber auch eine Verleugnung negativer Aspekte. Von Beginn seines Lebens an ist das Kind ja nicht nur Opfer, sondern auch Urheber; und dies gilt auch für unerträgliche Signale und Strebungen. In der therapeutischen Situation mit einem Kind stellt es eine besondere Schwierigkeit dar, den inneren Raum offenzuhalten, damit die als verboten aggressiv und beschämend häßlich erlebten und deshalb abgewehrten und ins Unbewußte verbannten Seiten des kindlichen Subjekts an die Oberfläche kommen können. Der Therapeut muß sich dabei das Naheliegende versagen, das Kind umdeuten und manipulieren zu wollen, anstatt sich »angreifen« zu lassen. Dazu braucht er die analytische Perspektive, die den Rahmen sichert und dem Kind ermöglicht, seine angstbesetzten negativen Phantasien auf den Therapeuten zu richten und ihn auch zu treffen – ohne daß sie ihn zerstören können. Dann erst können Stück für Stück auch die Bereiche der inneren Welt geteilt und anerkannt werden, die als so unerträglich empfunden werden, daß sie krank machen – und doch wahr sind. Dieser Wahrheit auf die Spur zu kommen und sie der inneren psychischen Auseinandersetzung zugänglich zu machen, damit sie sich nicht in Symptombildungen Geltung verschaffen muß, ist Ziel jeder psychoanalytischen Behandlung. In diesem Punkt unterscheidet sich die analytische Arbeit mit Kindern nicht von der mit Erwachsenen. Dennoch gibt es offenkundige Unterschiede, die nicht nur darin bestehen, daß Kinder sich nicht auf die Couch legen oder daß der Kindertherapeut darauf achten muß, daß ein Kind weder sich selbst, noch den Therapeuten verletzt, und daß er im Notfall bereit sein muß, ein Kind festzuhalten.

Kinder und Jugendliche befinden sich noch in der Phase körperlicher Reifung und psychischer Entwicklung, und sie sind – je nach Entwicklungsstand in unterschiedlichem Maß – von ihren Eltern abhängig und real an sie gebunden. Das hat für die Diagnostik und für die fortlaufende Einschätzung der Psychodynamik wichtige Implikationen, insofern in Erwägung gezogen werden muß, ob es sich bei den zutage tretenden Konflikten und Symptombildungen nicht um entwicklungsbedingte, passagere handelt, für deren Lösung das Kind oder der Jugendliche seinen eigenen, wenn auch vielleicht schwierigen Weg finden muß. Häufig allerdings wird die Tatsache der im Gang befindlichen Entwicklung als Argument dafür angeführt, daß Kinder und Jugendliche leichter und rascher behandelt werden könnten. Manchmal ist das der Fall, wenn der unverarbeitete Konflikt relativ eingegrenzt ist, so daß das Kind über genügend psychische Kräfte und Beweglichkeit verfügt, sich dem therapeutischen Prozeß konzentriert zuzuwenden, um dann bald infolge einer veränderten Wahrnehmung die normale Umgebung für seine weitere Entwicklung wieder nutzen zu können. Nicht der Fall ist dies jedoch bei schwerer gestörten Kindern mit diffusen Konflikten, die früh die psychische Entwicklung belastet oder gar blockiert haben. Hier kann ein langer, intensiver Prozeß erforderlich werden, die innere Welt mit ihren verzerrten, meist gefährlichen Objekten zu erkunden und schließlich die Schaffung eines genügend guten inneren Objektes zu ermöglichen, das durch die immer wiederholte Erfahrung einer verläßlichen therapeutischen Beziehung erst gestärkt werden muß, bevor das Kind wieder Anschluß an die »normale« Entwicklung finden kann.

In der Kinderbehandlung – bei Jugendlichen ist das schon anders – ist es nicht der Patient selbst, der Hilfe sucht, sondern die Eltern tun dies für ihn, und sie müssen auch während schwieriger Phasen in der Therapie dafür sorgen, daß das Kind zu den Stunden kommt, während der erwachsene Patient sich selbst überwinden kann. Dies verlangt ein Arbeitsbündnis mit den Eltern, das über einen bloßen Vertrag hinausgeht. Da die Eltern in irgendeiner Weise mit eigenen psychischen Konflikten an denen des Kindes beteiligt sind, gehört zum Setting der analytischen Kinderpsychotherapie eine begleitende Arbeit mit den Eltern. Diese ist fokussiert auf die Beziehung zum Kind und dessen Bedeutung in der psychischen Repräsentanzenwelt der Eltern. Ihr Ziel ist, eine Überfrachtung der Psyche des Kindes mit unbewußten Konflikten der Eltern zurücknehmen zu können. Dies entlastet die Eltern von Schuldgefühlen und ermöglicht ihnen, das Kind mit seiner ihm eigenen psychischen Verarbeitungsweise – auch der Symptome bildenden – zu respektieren. Die Eltern müssen dann nicht mehr in unrealistischer Weise hoffen und zugleich befürchten, der Therapeut könnte als »bessere Eltern« die angenommene Schädigung wiedergutmachen. Und der Therapeut ist freier für seine eigentliche Aufgabe: die psychoanalytische Arbeit mit dem Kind und dessen innerer Welt, in der die Beziehungserfahrungen mit den Eltern ja nicht einfach realistisch abgebildet sind. Vielmehr besteht diese innere Welt aus unbewußten Phantasien, die das Kind mit seiner durch viele Faktoren beeinflußten und verzerrten Wahrnehmung der Realität selbst gestaltet hat und weiter gestaltet. Diese Gestaltungsvorgänge in statu nascendi der psychischen Entwicklung sind energetisch hoch besetzt; sie drängen normalerweise im Bedürfnis zu phantasieren und mit der Lust zu spielen auf Kommunikation mit der Realität und suchen ein verstehendes Objekt. Genau dies macht es Kindern möglich, das Angebot der Psychoanalyse zu nutzen.

In unserem Buch nun wird diesen grundsätzlichen Überlegungen von verschiedenen Seiten her nachgegangen.

Elisabeth Müller-Brühns erster Beitrag beschäftigt sich mit den verschlungenen Wegen der Kinderanalyse, die bereits eine Anwendung der Psychoanalyse darstellt, und der Kindertherapie als einer weiteren Modifikation. Sie verfolgt beide in ihren historischen Verästelungen und ihren theoretischen und technischen Ausgestaltungen; Fallmaterial dient der Illustration und Vertiefung.

Anne-Marie Sandler vertieft sich anhand des Fallberichtes eines Kindes mit einer Borderline-Pathologie in theoretische und technische Fragen zur Wirkungsweise analytischer Arbeit; sie beschreibt, wie diese sich zwischen den Polen von Deutung und Holding, von einsichtsfördernden und entwicklungsfördernden Haltungen und Maßnahmen bewegen, auch wenn diese nie wirklich getrennt voneinander auftreten bzw. eingesetzt werden können. Gerade im Umgang mit sehr aggressiven, frühgestörten Kindern spielt das eine große Rolle.

Angelika Wolff beschreibt die psychische Krise, in die ein Kind durch die Geburt eines Geschwisters unausweichlich gerät, als eine Entwicklungskrise, die das Kind in schwierige Konflikte stürzt, deren Bewältigung aber wiederum wichtige Schritte zur psychischen Reifung beinhaltet. Dies entwickelt sie entlang dem Märchen *Die sieben Raben* der Gebrüder Grimm.

Ulrike Jongbloed-Schurig geht in ihrem Beitrag den Entwicklungsaufgaben der Adoleszenz nach; diese Zeit wird als unausweichliche Krise beschrieben, die eine Entwicklungschance in sich birgt. Wenn diese Chance auf Grund von allzu störender Psychopathologie nicht genutzt werden kann, stellt analytische Psychotherapie eine Möglichkeit zur Veränderung dar. Die Behandlung eines Mädchens mit Erbrechen und eines Jungen mit Zwangssymtomatik illustrieren diesen Weg.

Jochen Raue stellt die Grundzüge der kinderanalytischen Behandlungstechnik dar und exemplifiziert den vielschichtigen Beitrag des analytischen Kinder- und Jugendlichen-Psychotherapeuten zum therapeutischen Prozeß des kindlichen oder jugendlichen Patienten. Dabei steht die ständige Analyse der Gegenübertragung im Mittelpunkt seiner Betrachtung.

In ihrem Beitrag über das »normale« übliche Setting der analytischen Kinder- und Jugendlichen-Psychotherapie mit zwei Wochenstunden berichtet *Rose Ahlheim* über zwei Kindertherapien. Sie beleuchtet die den beiden Fällen mit gleichem Symptom (Neurodermitis) zugrunde liegenden unterschiedlichen Prozesse auch unter dem Gesichtspunkt der indizierten Frequenz.

Die Beiträge von *Ulrike Jongbloed-Schurig* und *Angelika Wolff* zur Kinderanalyse und zur Fokaltherapie gehören insofern zusammen, als diese beiden Pole in der psychoanalytischen Kinder- und Jugendlichenbehandlung voneinander abgeleitet und aufeinander bezogen sind. Grundlage ist in beiden Fällen die psychoanalytische Methode, angewendet in verschiedenen Settings: Es geht immer darum zu ermöglichen, daß unbewußte und bewußte Anteile der Psyche dadurch miteinander in Verbindung gebracht werden, daß die Phänomene von Übertragung und

Widerstand, wie sie in einem abstinenten Setting sich typischerweise entwickeln, gedeutet und durchgearbeitet werden können.

Aufgabe und Wirkfaktoren der Arbeit mit den Eltern, die üblicherweise die Kinderpsychotherapie begleitet, sind das Thema von *Rose Ahlheim* und *Heidemarie Eickmann*. Sie unterstreichen anhand von Beispielen den zentralen Prozeß der Identifizierung mit Elternschaft, richten aber auch ihr Augenmerk auf behandlungstechnische Schwierigkeiten im Umgang mit einem hartnäckigen Widerstand bei Eltern, der seine Energie aus einem durch die Therapie des Kindes mobilisierten Neid bezieht.

Anita Eckstaedt betrachtet das seit vielen Generationen weltweit bekannte Bilderbuch *Der Struwwelpeter* unter psychoanalytischen Gesichtspunkten neu und entdeckt im Mosaik der einzelnen Geschichten ein Ganzes: die unbewußte Auseinandersetzung des Autors Heinrich Hoffmann mit dem traumatischen Verlust seiner Mutter in frühester Kindheit.

Frank Dammasch und *Hans-G. Metzger* berichten aus einem universitären Forschungsprojekt über die Bedeutung des Vaters für die frühkindliche Entwicklung. Sie geben einen Überblick über die spezielle Entwicklungstherorie, entwickeln ihr theoretisches Konzept der wichtigen triangulierenden Funktion des Vaterbildes angesichts einer zu beobachtenden Tendenz zur realen Abwesenheit des Vaters und interpretieren auf diesem Hintergrund das Protokoll einer Familienbeobachtung.

James M. Herzog beschreibt die langjährige Behandlung eines psychisch und organisch schwergestörten Kindes. Er geht der Frage nach, auf welche Weise Repräsentanzen gebildet werden vom Selbst, vom Selbst mit einem Anderen, der Mutter, dem Vater und vom Selbst mit beiden zusammen. An der atypischen Entwicklung seines Patienten versucht er, die Bedingungen zu verstehen, die diesen Prozeß verhindern und daraus Schlüsse für die therapeutische Arbeit zu ziehen. Dabei ist die Grundlage seiner Überlegung, daß Entwicklung nur in interaktiven Prozessen möglich ist – und die Interaktion der 17 Jahre dauernden, sehr besonderen Behandlung wird zum Anstoß dafür, daß bei dem Patienten über die Bildung dialogischer Repräsentanzen nach und nach die Fähigkeit zu spielen und die Fähigkeit, Aggression zu integrieren und in einer Beziehung Sicherheit zu verinnerlichen entsteht.

Elisabeth Müller-Brühn geht in ihrer Diskussion des Artikels von Herzog neben der Geschichte der psychischen Entwicklung des Patienten und der Beziehungsentwicklung zwischen ihm und seinem Analytiker der historischen Dimension nach, die in diesem Falle darin besteht, daß der Vater des Patienten ein Opfer des Holocaust ist und die Mutter eine Deutsche. Elisabeth Müller-Brühns These ist, daß die Bilderwelt des Holocaust als Repräsentanzen äußeren, früheren Geschehens die Leerstellen und Lücken der inneren Welt schließen helfen müssen, bis eigene Geschichte und die psychische Verarbeitung eigener Erfahrungen diesen Platz einnehmen können. Dann erst kann der potentielle Raum entstehen, in dem Spiel im Sinne Winnicotts die Entwicklung fördert.

I.

Geschichte und Theorie der analytischen Kinder- und Jugendlichen-Psychotherapie

ELISABETH MÜLLER-BRÜHN

Geschichte und Entwicklung der analytischen Kinder- und Jugendlichen-Psychotherapie

I. Der Weg der analytischen Kinderpsychotherapie

Von den Anfängen der Kinderanalyse und zur Problematik der Psychagogenausbildung

»Die Analyse des Kindes und des Erwachsenen haben gleichen Zweck und gleiches Ziel: die Wiedererlangung der seelischen Gesundheit, die Herstellung des durch uns bekannte und unbekannte Eindrücke erschütterten psychischen Gleichgewichtes.« Mit dieser Feststellung leitete die Wiener Kinderanalytikerin Hermine Hugh-Hellmuth ihren Vortrag »Zur Technik der Kinderanalyse« ein, den sie auf dem VI. Internationalen Psychoanalytischen Kongreß in Den Haag 1920 gehalten hat. Unter den Zuhörern befanden sich auch Anna Freud und Melanie Klein. In ihrem Vortrag behandelte Hugh-Hellmuth die zentralen Themen der psychoanalytischen Therapie mit Kindern, über die seither nachgedacht, geforscht und teilweise auch kontrovers diskutiert wird: Das Arbeitsbündnis, die Rolle des Spiels, Übertragung, Widerstand, Deutung und die Arbeit mit den Eltern gehören auch heute zu den Schwerpunkten der Seminare zur Technik analytischer Kinder- und Jugendlichen-Psychotherapie. Auch zu der schwierig und komplex gewordenen Frage der wöchentlichen Stundenzahl nimmt Hugh-Hellmuth Stellung.

Kurz vor Den Haag sprach Freud 1918 auf dem internationalen Kongreß in Budapest voraussehend über die Notwendigkeit der Schaffung von Institutionen für die psychoanalytische Behandlung von Erwachsenen und Kindern – »Kindern, denen nur die Wahl zwischen Verwilderung und Neurose bevorsteht« und die »durch Analyse widerstands- und leistungsfähig« zu erhalten seien (Freud 1919a, S. 193).

In Wien wurde 1924 unter Leitung von Helene Deutsch, Siegfried Bernfeld und Anna Freud mit einer geregelten Ausbildung von psychoanalytischen Kindertherapeuten für Pädagogen begonnen. Besonders in Wien sahen die Kinderanalytiker dieser frühen Periode in der Einflußnahme auf die Erziehung einen Weg zur Verhütung kindlicher Neurosen. Siegfried Bernfeld und Willi Hoffer[1] gehörten zu jenen Pionieren der Kinderanalyse, die durch Vorträge für Pädagogen und Erzieher aufklärend wirkten. Aus der Entdeckung der Bedeutung von Kindheitserfahrungen für die Entstehung der Neurosen entwickelten sich die kinderpsychoanalytische Therapie, die Anwendung der gewonnenen Erkenntnisse auf die Pädagogik sowie die Ausarbeitung einer psychoanalytischen Entwicklungstheorie. Diese Bereiche umfaßten in den ersten 45 Jahren das Aufgabengebiet der kinderanalytischen Forschung um Anna Freud.

Am Berliner psychoanalytischen Institut wurde der psychoanalytischen Arbeit mit Kindern Anfang der 20er Jahre besonders unter Karl Abraham großes Interesse entgegengebracht. 1923 wurden von Max Eitingon Ausbildungsrichtlinien für psychoanalytische Therapeuten, die auch die Ausbildung von Kinderanalytikern beinhalteten, vorgelegt und beschlossen. In den Zulassungsbedingungen war festgehalten, daß »für die Vorbildung des Kinderanalytikers ... an Stelle der medizinischen eine entsprechend gründliche theoretische und praktische pädagogische treten kann, die auch Kinderpathologie umfaßt« (Oberborbeck, 1994, S. 108).

Melanie Klein, die 1920 nach Berlin kam und, ermutigt durch Ferenczi, sich der Arbeit mit Kindern widmete, entwickelte hier ihre psychoanalytische Spieltechnik, die insbesondere die Analyse sehr junger Kinder ermöglichte. Zur damaligen Zeit hielten die Kinderanalytiker in Wien die Analyse von kleinen Kindern wegen deren noch instabilen psychischen Struktur für nicht angebracht. Klein dagegen, deren Interesse sich vor allem auf frühe infantile Phantasien und Ängste und die Beziehung zu den ersten Objekten richtete, setzte das Spiel des Kindes

---

[1] Wilhelm Hoffer (1897-1967), Dr. med. et. phil., war 1919 Mitarbeiter von Siegfried Bernfeld, im »Kinderheim Baumgarten«, dem »ersten Experiment zur Anwendung psychoanalytischer Erkenntnisse auf die Erziehung« (Mühlleitner 1992, S. 152). Über Siegfried Bernfeld kam Hoffer zur Psychoanalyse. Er wurde 1923 Mitglied der Wiener Psychoanalytischen Vereinigung (WPV). Hoffer war weiterhin Bernfelds Mitarbeiter im »Jüdischen Institut für Jugendforschung und Erziehung«. Ab 1935 gehörte Hoffer zum Lehrinstitut der WPV. 1938 emigrierte Hoffer und arbeitete als beratender Arzt am *Anna Freud Centre* (früher *Hampstead Child Therapy Clinic*) und war Mitherausgeber der Zeitschrift *Psychoanalytic Study of the Child*, (früher: *Zeitschrift für psychoanalytische Pädagogik*). Hoffer war außerdem (1949-1960) Herausgeber des *International Journal of Psychoanalysis*. Nach dem Zweiten Weltkrieg unterstützte Hoffer ganz wesentlich neben international angesehenen Analytikern das 1960 gegründete Sigmund Freud-Institut in seinem Bemühen, international Anschluß zu finden. Hoffer starb 1967 in London.

der freien Assoziation gleich und stellte fest, daß sofortige Deutungen des ihr vom Kind angebotenen Materials, das die Angst des Kindes symbolisierte, sich rasch angstmildernd auswirkten. Die theoretischen Positionen, die sie aufgrund ihrer Beobachtungen und Erkenntnisse einnahm – die Vorverlegung der Entstehung des Ödipuskomplexes und der Überich-Bildung –, einschließlich ihrer Technik, trafen besonders bei den Wiener Analytikern auf starken Widerstand und führten bereits in Berlin, insbesondere aber später in London zu der bekannten jahrelangen Kontroverse mit Anna Freud bzw. zu getrennten Schulrichtungen (vgl. King and Steiner, 1991).

Anna Freud betrachtete das Spiel vor allem aus entwicklungspsychologischer Sicht und sah in ihm die unterschiedlichen Bemühungen des Kindes, innere und äußere Konflikte zu bewältigen. Die Bedeutung des Spiels liegt für Anna Freud insbesondere in dem wachsenden Vermögen des Kindes, Autonomie und Selbstvertrauen zu gewinnen.

Nach dem Tod von Karl Abraham 1925, und nachdem Melanie Klein 1926 nach London gegangen war, verebbten in Berlin die spannungsreichen Diskussionen. Die weitere kinderanalytische Arbeit in Berlin war nun weitgehend an der Wiener Schule orientiert.

Ab 1933 verlor mit der Ausbreitung des Nationalsozialismus, der Emigration jüdischer Mitglieder bzw. Kinderanalytiker und der immer schwächer werdenden Deutschen Psychoanalytischen Gesellschaft (DPG) die junge, aufstrebende Bewegung – wie Anna Freud die Pionierarbeit der Kinderanalyse nannte – zunehmend an Halt.

Ich habe diese Anfänge der Kinderanalyse kurz skizziert, weil die Geschichte der analytischen Kinder- und Jugendlichen-Psychotherapie nur vor dem Hintergrund dieser Vorgänge am Berliner Institut zu verstehen ist.

Die Ausbildung zum analytischen Kinder- und Jugendlichen-Psychotherapeuten begann als Psychagogenausbildung 1948 und ist eng mit Felix Boehm verknüpft. Auf dem Münchner psychoanalytischen Kongreß 1913 war Boehm als 22jähriger Freud erstmals begegnet. Nach seiner in München begonnenen Lehranalyse kam er 1919 nach Berlin, war Analysand von Abraham und ein geschätzter, auch wissenschaftlich arbeitender Analytiker und seit 1923 Dozent am Institut. Von Anfang an erlebte Boehm alle Phasen der Pionierzeit der Kinderanalyse mit und kannte ihre Repräsentanten. Offenbar war er auch von Melanie Kleins Ideen und ihrer Technik angetan – er hätte anderenfalls kaum seine Tochter Melanie Klein zur Analyse überlassen. Die anfänglich positive Wertschätzung gegenüber Boehm, der als einer der hervorragendsten Schüler Abrahams galt, verblaßte zunehmend im Zusammenhang mit den

Geschehnissen am Berliner Institut seit 1933. Freud nannte ihn einen »Indifferenten«, als er mit Eitingon – damals Direktor des Berliner Psychoanalytischen Instituts – über dessen Nachfolge sprach und vorschlug, Boehm die Leitung des Instituts übergangsweise zu übergeben. Freud sah darin – falls das Institut nicht geschlossen werde – eine Möglichkeit, »die ungünstigen Zeiten zu überstehen«. Freud zog auch in Erwägung, »daß innere Gegner wie Schultz-Henke sich des Instituts bemächtigen und ihren Absichten dienstbar machen« könnten; er sprach sich für diesen Fall eindeutig für die »Disqualifizierung« des auf diese Weise »mißbrauchten« Instituts durch Ausschluß aus der Internationalen Psychoanalytischen Vereinigung (IPV) aus. Boehm stellte sich ganz auf die Seite Freuds und erklärte, daß er mit Schultz-Henke nie im Vorstand zusammenarbeiten werde (Freud, zit. nach Lockot, 1994, S. 28f).[2]

Harald Schultz-Henke, der als einer der bedeutendsten Vertreter der Neo-Psychoanalyse gilt, kam 1927 als Dozent an das Berliner Institut. Die Grundposition der von ihm entwickelten Richtung der Neo-Psychoanalyse stellt eine Verschmelzung (»Amalgamierung«) von Gedankengängen der Psychoanalyse Freuds, der Individualpsychologie Adlers und der komplexen Psychologie Jungs dar. Von der Psychoanalyse Freuds weicht die Neo-Analyse in den grundlegenden Positionen der Metapsychologie und der Libidotheorie ab und gründet ihre Theorie im wesentlichen auf die Lehre von Antriebserlebnissen, die während der Entwicklung des Kindes durch Härte oder Verwöhnung, also erzieherische Einflüsse, gehemmt werden. Versuchungs- und Versagungssituationen können später bewirken, daß die gehemmten Antriebserlebnisse in Gestalt von neurotischen Störungen und Symptomen an die Oberfläche kommen. Die auf den Grundgedanken Schultz-Henkes aufbauenden Lehrbücher *Psychogene Erkrankungen bei Kindern und Jugendlichen* und *Psychotherapie bei Kindern und Jugendlichen* von Annemarie Dührssen – sie gehörte zum engen Mitarbeiterkreis von Schultz-Henke – haben in der kindertherapeutischen Ausbildung und Praxis sowohl bei Ärzten als auch Nicht-Ärzten breite Anwendung gefunden.

---

[2] Anna Freud war zunächst geneigt, Boehm wegen seiner schwierigen Verhandlungsposition gegenüber den NS-Behörden 1936/37 Verständnis entgegenzubringen:»Seine Situation« – schreibt sie an Jones – »ist eine sehr schwierige, ich kann sie sehr gut verstehen, aber es wird wahrscheinlich viele unter uns geben, die ihm den Entschluß, den er jetzt fällt, sehr übelnehmen werden.« (Lockot 1994, S. 45) (Es ging um die Übernahme des Berliner Psychoanalytischen Instituts in das »Reichsinstitut« und das Fortbestehen der DPG in der IPV.) Später hielt sie ihn eher für oppurtunistisch und mit der Situation überfordert. Die Mitgliedschaft der DPG in der IPV endete 1938.

Bis 1930 hatte Schultz-Henke wegen der starken DPG-Gruppe nur geringen Einfluß. Er gewann jedoch an Boden, nachdem ein großer Teil der DPG-Mitglieder emigriert war. Damit verlor insbesondere auch die Kinderanalyse die sie stützenden und fördernden Personen, die zugleich auch die Grundpfeiler des theoretischen Konzeptes kinderanalytischer Arbeit jener Zeit gewesen waren. Unter den nun herrschenden Umständen konnte sich die Kinderanalyse nicht weiterentwickeln.

Nach der Umwandlung des Berliner Instituts zum Reichsinstitut 1936 und der 1939 vorgenommenen Umbenennung in Deutsches Institut für Psychologische Forschung und Psychotherapie, befand sich in der angegliederten Poliklinik die Abteilung Erziehungshilfe. Hier wurde bei der Arbeit mit Kindern und Jugendlichen der damals von Gerdhild von Staabs entwickelte Scenotest für diagnostische und therapeutische Zwecke verwendet. Die Behandlungsdauer variierte zwischen sechs Monaten und einem Jahr; bei jüngeren Kindern waren kürzere Behandlungszeiten vorgesehen. Die therapeutische Ausbildung von Ärzten und Nicht-Ärzten fand unter dem Zusammenschluß aller Schulrichtungen – Freud, Jung, Adler, Künkel – statt; d.h. sie war an Schultz-Henke orientiert.

Die Zeit nach dem Zweiten Weltkrieg, als Freud wieder gelehrt werden durfte, war geprägt durch massive Kontroversen um wissenschaftliche Auffassungen und Differenzen zwischen den Vertretern der verschiedenen Schulrichtungen, insbesondere der Freud-Gruppe und der neoanalytischen Richtung. Den Analytikern der Freud-Gruppe um Carl Müller-Braunschweig ging es um die Wiedereinführung einer gründlichen psychoanalytischen Ausbildung und in Verbindung damit die Wiedererlangung der Mitgliedschaft in der IPV. »Eine wirkliche Pflege der Freudschen Forschung (war) unmöglich und es wuchs ein Stamm von Psychotherapeuten heran, der von Freud so gut wie nichts oder doch bestenfalls in der entstellten, reduzierten und banalisierten Form der Lehre Schultz-Henkes etwas wußte.« (Müller-Braunschweig 1947 an Jones und Anna Freud; zit. nach Lockot, 1994 S. 110)

In dieser Zeit und in dieser Atmosphäre wurde in gemeinsamen Beratungen zwischen den Mitgliedern der im Oktober 1945 wiedergegründeten DPG bzw. dem Institut für Psychotherapie und den Vertretern von Stadt und Schulamt Berlin im Jahr 1947 die Psychagogenausbildung[3] geschaffen. Boehm, der damals Leiter des Unterrichts-

---

[3] Die Bezeichnung ›Psychagoge‹ wurde von Schultz-Henke vorgeschlagen. Psychagogik bedeutet: »Seelenführung mit dem Ziel der Umleitung und Umorientierung des Menschen. Erstrebt wird die Ausreifung und Vollentfaltung der Persönlichkeit. Hierzu dienen Methoden, die an Einsicht appellieren, sich um

ausschusses am Berliner Institut war, begründete die Notwendigkeit der Ausbildung zum Psychagogen (Erziehungsbetreuer) mit der »katastrophalen Situation unserer Jugend, welche unter den besonders erschwerenden Bedingungen während des Hitlerregimes, des Krieges und der Nachkriegszeit gelitten hatte« (Boehm 1952, S. 258). Mit dieser Ausbildung sollten geeignete Kräfte zur Betreuung schwieriger Kinder und für die Beratung von Eltern herangebildet werden. Dabei ging man von der Vorstellung aus, daß der größte Teil der auffällig gewordenen Kinder und Jugendlichen keiner eingehenden Therapie bedürfte, sondern durch Betreuung von heranzubildenden Fachkräften von ihren Auffälligkeiten – sei es im Sinne einer Neurose oder von Verwahrlosungserscheinungen – befreit werden könnte.

Die Ausbildung umfaßte Lehranalyse, an Schultz-Henke orientierte theoretische Ausbildung und kontrollierte Behandlungen. Als Modell für die praktische Tätigkeit der Psychagogen bzw. Kinderpsychotherapeuten diente der ›play-therapist‹. In der psychagogischen/therapeutischen Arbeit mit dem Kind soll das Spiel – ein reichhaltiger Spielzeugschrank – im Sinne des neoanalytischen Konzeptes dem Nachholbedarf unbefriedigter Bedürfnisse durch ›Enthemmung‹ und Befreiung von Schuldgefühlen dienen und damit einen Nachreifungsprozeß ermöglichen. Durch aktive Teilnahme des Therapeuten am Spiel soll das Kind ermutigt werden, seine Impulse in Spielhandlungen auszudrücken und seine Spannung zu entladen. »Die Kinder dürfen nach Herzenslust spielen, auch mit Sand, mit Ton kneten, mit Buntstiften malen und zeichnen, und wenn es die Umstände erlauben, auch im Wasser plantschen. Hierbei verraten sie von ihren unbewußten Antrieben und deren mißglückter Bewältigung mehr als sie in Worten ausdrücken können ... ihnen können in den Betreuungen weitergehende Freiheiten gewährt werden, als das jemals zuhause oder in

---

Selbsterkenntnis bemühen und durch Schulungs-, Übungs- und Entspannungsverfahren die Harmonisierung erreichen wollen.« (Dorsch, 1982, S. 242) Die Bezeichnung Psychagogik bzw. psychagogische Betreuung wurde wegen der therapeutischen Arbeit von Anfang an als ein unglücklicher und mißverständlicher Ausdruck empfunden. Da der Begriff Psychagogik im universitären Bereich eine klar umrissene Disziplin darstellt, wurde den Gründern der Psychagogik Mangel an wissenschaftlicher Umsicht bei der Wahl dieses Begriffs vorgehalten. 1975/76 wurde die Bezeichnung Psychagogik sowohl bei der Berufsbezeichnung und im Titel des Berufsverbandes als auch bei der Ständigen Konferenz der Ausbildungsstätten der Psychagogen in analytische Kinder- und Jugendlichen-Psychotherapie umbenannt. Die Initiative dazu hatte der Berufsverband »Vereinigung deutscher Psychagogen« infolge veränderter Ausbildungsziele und Ausbildungsinhalte und der therapeutisch ausgerichteten Tätigkeit ergriffen.

der Schule möglich gewesen ist ...; trotzdem werden sie angehalten, gewisse Grenzen einzuhalten«, heißt es im Konzept psychagogischer Betreuung (Boehm 1952, S. 262).

Aus psychoanalytischer Sicht ist anzumerken, daß bei diesem der kathartischen Methode ähnlichen Vorgehen die unbewußten Konflikte unberührt bleiben. Spiel und Spielmaterial stehen hier im Dienst der Konfliktabwehr und der Vermeidung des Bewußtwerdens abgewehrter unbewußter Phantasien. Die Nichtbeachtung der Psychodynamik und der Übertragungsvorgänge führt durch das mitagierende Enthemmen zu einer stark stimulierenden Idealisierung des Therapeuten.

Der im Zusammenhang mit der Beseitigung von Zerstörung und mit dem Wiederaufbau geschaffene Beruf, dessen Zielsetzung darin bestand, Kinder und Jugendliche für erfahrenes Unheil durch nachholende reale Befriedigung von Triebansprüchen, durch Agieren und Abreagieren von Aggressionen zu entschädigen und Konflikte durch Ermutigung zuzudecken, hatte für die Gründer offensichtlich auch eine von Schuldgefühlen entlastende Funktion.

Das Konzept psychagogischer Betreuung war von der Kinderanalyse und deren theoretischen und behandlungstechnischen Grundpositionen weit entfernt, auch wenn es sich ausdrücklich auf die Kinderanalyse und deren Gründer beruft. So verweist Boehm in der Einleitung seiner Arbeit über die Ausbildung und Arbeitsweise des Psychagogen auf die Psychoanalyse Freuds und deren frühzeitige Beschäftigung mit der Therapie auffälliger Kinder. Er erinnert an die Pioniere der Kinderanalyse und im Zusammenhang mit der Verwendung von Spielmaterial vor allem an Hermine Hugh-Hellmuth (Boehm 1952).

Soweit in den ersten Jahren nach dem Krieg Kinderanalyse von DPG-Mitgliedern überhaupt praktiziert wurde, hatte sie sich nach beiden Seiten zu rechtfertigen: einerseits gegenüber der ›Enthemmungsmethode‹, andererseits gegenüber dem Anspruch hochfrequenter Analyse. Eine auf die reale Not des Kindes bezogene Anwendung kinderanalytischer Methode war erforderlich. Der nachfolgende kurze Ausschnitt aus einer Kinderanalyse von Luise Werner belegt diese Situation.[4]

Der Bericht handelt von einem neunjährigen Mädchen, das wegen seines äußerst asozialen Charakters in einem Heim untergebracht oder –

---

[4] Luise Werner war Lehrerin, seit 1937 Mitglied der DPG. Zusammen mit Ada Müller-Braunschweig und Käthe Dräger wird sie als Kinderanalytikerin bezeichnet. Nach der Spaltung 1950 gehört auch sie der Deutschen Psychoanalytischen Vereinigung (DPV) an. In der Übersicht der wissenschaftlichen Aktivitäten der DPG von 1937 bis 1950 erscheint insbesondere Luise Werner mit kinderanalytischen Themen.

das war die Frage – psychoanalytisch behandelt werden sollte. Bei der an die innere und äußere Situation des Kindes angepaßten psychoanalytischen Behandlungsmethode gelang es dem Kind gut, die therapeutische Beziehung zur Bewältigung seiner Probleme zu nutzen. Die Patientin wurde in der relativ kurzen Zeit der Behandlung fähiger, die wirkliche von der phantasierten Welt abzugrenzen und sie besser miteinander in Beziehung zu setzen. Das Spiel diente dabei als wichtiges Mittel auf dem Weg zur Verbalisierung und Deutungsarbeit.

Es sei nicht ihre Absicht gewesen, »eine Art kathartischen Ausbruch hervorzurufen«, kommentiert Werner, in deutlicher Abgrenzung zu Boehm bzw. zu Schultz-Henke, ihr interpretierendes Vorgehen und fährt fort: »... noch daß ich mir von einem Ausbruch etwa schnellere Heilung versprochen hätte, noch auch, daß mit den als Ausbruch beschriebenen Stunden etwa die Hauptarbeit der Analyse getan sei.«

Bezogen auf die damaligen Umstände, die eine wesentliche Einschränkung für eine wünschenswerte Behandlungsdauer und Stundenfrequenz darstellten, heißt es am Ende des Berichtes: »Die Behandlung mußte in gewisser Weise fürsorgerischen Charakter erhalten, viele Wochenstunden für das Kind würden der Mutter gegenüber den Eindruck von Sinnlosigkeit und Luxus machen. ... Die Fürsorge hatte eine Notsituation konstatiert. Aus dieser Notsituation kann ich nicht heraushelfen durch Verwöhnung, auch nicht durch die Verwöhnung, die viele Wochenstunden für das Kind bedeutet hätten. Auch die Tatsache, daß das Kind bei sechs bis acht Stunden pro Woche die Schuhsohlen viel zu schnell durchlaufen würde, mußte mitbestimmend für mich sein.« (Werner o.J., S. 103 ff.)

Der Beginn der Psychagogenausbildung wurde in Zusammenarbeit mit der Abteilung Volksbildung und dem Wissenschaftlichen Prüfungsamt in Berlin sehr vorangetrieben, so daß 1948 mit dem ersten Ausbildungsgang in Berlin begonnen werden konnte. Boehm insbesondere weist darauf hin, daß bei dem Mangel an Kinderanalytikern den Psychagogen/analytischen Kindertherapeuten ein großes Aufgabengebiet in der Betreuung gestörter Kinder erwachse und daß das Berliner Institut diese Ausbildung nicht ohne jahrelange hilfreiche Förderung und Unterstützung durch den Senator für Familie, Jugend und Sport hätte durchführen können. »Die Ausbildung der Psychagogen wird heute allgemein in Deutschland als mustergültig empfunden und gereicht Berlin zur Ehre.« (Boehm 1952, S. 266) Mit der Unterstützung durch die öffentliche Hand war jedoch eine starke Einflußnahme des Senats auf die Ausbildung (insbesondere die Zulassungsbedingungen) verbunden, die eine Abhängigkeit schuf, die sich noch bis in die 80er Jahre bei der Festlegung bzw. Anhebung von

Grundanforderungen in der Ständigen Konferenz auswirkte.

Im Juni 1950 – zwei Jahre nach Beginn der Psychagogenausbildung – erfolgte die Spaltung der DPG bzw. die Gründung der Deutschen Psychoanalytischen Vereinigung, die 1951 in die IPV (wieder) aufgenommen wurde. Damit wurde die Feindschaft zwischen den Freudianern und den Anhängern von Schultz-Henke offenkundig.

Franz Baumeyer teilte Müller-Braunschweig sein außerordentliches Befremden darüber mit, daß die Gründung der neuen Psychoanalytischen Vereinigung erfolgt sei, ohne daß alle Vorstandsmitglieder und Mitglieder der DPG unterrichtet waren. Bald nach der Gründung der DPV wurden deren Mitglieder von der DPG-Liste der Lehranalytiker gestrichen.[5] Für die nach 1950 für die Psychagogenausbildung zugelassenen Pädagogen bedeutete diese Entscheidung, daß sie künftig keine Lehranalyse mehr bei Freudianern – den orthodoxen Analytikern, wie sie fortan bezeichnet wurden – aufnehmen konnten. So gab es in Berlin für Pädagogen keine Chance mehr, mit Psychoanalytikern der DPV im Rahmen einer analytischen Ausbildung zusammenzuarbeiten.[6]

II. Die Geschichte der analytischen Kinder- und Jugendlichen-Psychotherapie und ihre Anwendung

Nach Berlin entstanden in den 50er und 60er Jahren in verschiedenen Bundesländern weitere Institute; sie sind überwiegend an der Schulrichtung von Schultz-Henke, aber auch an C. G. Jung oder an der synoptischen Ausrichtung von Freud/Jung orientiert. Die Ausbildungsinstitute in Hamburg und in Frankfurt gehörten zu den nach 1970 zuletzt gegründeten Instituten. Sie sind an DPV-Ausbildungsinstitute gekoppelt.

1953 hatten die ersten Psychagogen mit einigen an der Kinderarbeit interessierten Psychotherapeuten gemeinsam die »Vereinigung Deutscher

---

[5] Das Schreiben von F. Baumeyer, seit 1937 Mitglied der DPG, an Müller-Braunschweig v. 30. 9. 1950 ist abgedruckt in: Brecht, K. (1985, S. 220/226).

[6] 1950 befanden sich bereits 17 Psychagogen am Institut für Psychotherapie e.V. in Berlin in Ausbildung, von denen der größte Teil bei den DPG-Mitgliedern der Freud-Gruppe in Lehranalyse waren. Bis 1950 werden auch Fragen der Psychagogen auf den wissenschaftlichen Sitzungen der DPG gelegentlich behandelt. Mit der Spaltung der DPG in Berlin 1950 und der Gründung der DPV und deren (Wieder-) Aufnahme in die IPV war zwangsläufig verbunden, daß sich die DPV in der Frage der Laienanalyse den Pädagogen gegenüber den Richtlinien der IPV anschloß, wonach Pädagogen nicht mehr zur Ausbildung zugelassen werden durften.

Psychagogen e.V.« (VDP) gegründet, die eigenverantwortlich die Interessen des Berufsstandes vertritt. Die erste Initiative der Vereinigung war die Einrichtung eines Ausschusses, der sich mit der organisatorischen und inhaltlichen Gestaltung der Psychagogenausbildung befaßte. Die Bezeichnung Psychagogik wurde von der VDP schon sehr früh als nicht der inhaltlichen Arbeit entsprechend angesehen; die Umbenennung der VDP in »Vereinigung Analytischer Kinder- und Jugendlichen-Psychotherapeuten e.V.« (VAKJP) konnte aber erst 1975 vollzogen werden. 1963 setzte sich die VDP bei den Vertretern aller Institute, die Psychagogen ausbildeten, bereits für gemeinsame Beratungen über eine Zulassungs-, Ausbildungs- und Prüfungsordnung ein, die für alle Institute als ›Grundanforderungen‹ Verbindlichkeit erhalten sollte; der Einigungsprozeß nahm ein Jahrzehnt in Anspruch. Seit 1973 ist in den Richtlinien der daraus hervorgegangenen ›Ständigen Konferenz der Ausbildungsstätten für Analytische Kinder- und Jugendlichen-Psychotherapeuten in der Bundesrepublik Deutschland‹ (StäKo) die Analytische Kinder- und Jugendlichen-Psychotherapie als wissenschaftlich fundiertes Heilverfahren festgeschrieben und bereits seit 1971 Teil der kassen- und vertragsärztlichen Versorgung. Die Weiterentwicklung der Ausbildung an den Instituten hat inzwischen insgesamt zu einer Zentrierung auf die analytische Position geführt.

Schon in diesen Jahren wurden viele – auch kontroverse Diskussionen über die unterschiedlichen theoretischen Grundlagen und die Praxis der Psychagogik/Kinderpsychotherapie geführt.[7] Die unterschiedlichen Schulrichtungen wurden besonders deutlich bei Fragen der Verwendung des Spiels und der Deutungstechnik. In Stuttgart galt damals Jaques Berna als Repräsentant angewandter Kinderpsychoanalyse. Vom beabsichtigten Mitagieren im Rollenspiel war er zur ich-psychologischen Deutungs-

---

[7] Ausgehend von dem »kleinen Hans« behandelte Harold Hennigsen in seiner Arbeit über die »Entwicklung der analytischen Kinderpsychotherapie« die wesentlichen Unterschiede kinderanalytischer Praxis, angefangen bei Hugh-Hellmuth über Anna Freud, Klein, Zulliger und Dührssen. Psychagogen werden lediglich als »Nachkriegskindertherapeuten« im Zusammenhang mit dem Mangel an Kinderanalytikern für die dringend notwendige therapeutische Versorgung erwähnt; die Psychagogen seien »zudem – mit unterschiedlicher Berechtigung – schief angesehen«. Er beklagte damals, daß es weder in Deutschland noch in der Schweiz noch in Österreich eine nur halbwegs organisierte Möglichkeit zur Kinderanalyse gäbe. Die Gründe dafür sah er in der geringen Nachfrage nach Ausbildungsmöglichkeiten, in den Schwierigkeiten im Umgang mit der Übertragung und der Deutung in der Kinderbehandlung und im Verhältnis der Kindertherapie zur Pädagogik (Henningsen 1964, S. 59-80).

technik gekommen und löste bei Anhängern der deutungsfreien Spieltherapie, die insbesondere von Dührssen (unter Berufung auf Zulliger) vertreten wird, manche Debatte aus.

Hans Zulliger (1957) begründet sein Konzept der deutungsfreien Spieltherapie mit der entwicklungsspezifischen Denkweise des kleinen Kindes und dessen Versuchen, durch Lust am Spiel Triebforderungen dem Realitätsprinzip anzupassen. Zulliger sieht die therapeutische, ich-stärkende Wirkung, die »heilenden Kräfte« der »reine(n) Spieltherapie ohne Deuten unbewußter Inhalte und Zusammenhänge« insbesondere darin, daß die symbolische Bedeutung des kindlichen Spiels erkannt wird und der Therapeut dem Kind in dessen Sprache bzw. auf der symbolischen Ebene begegnet; »man tut gut daran, dem Kind in seinem Denken mit gleichem Denken zu begegnen, damit es einen verstehen könne« (1957, S. 42), empfiehlt er und macht dies an nachfolgendem Beispiel deutlich:

»Wenn die kleine Patientin jenes Holzstäbchen, das die Rolle der ›Mutter‹ innehat, die Mutter *ist,* fortwirft, damit das Kind beim Vater im Bett schlafen kann, ist es unnötig, ihr (der Patientin) mitzuteilen, sie wolle die Mutter, ihre eigene Mutter wegschaffen, und dies entspreche dem weiblichen Ödipuskomplexe. Das kleine Mädchen würde empört aussagen, nein, es liebe seine Mutti, und den Spruch vom weiblichen Ödipuskomplex würde es nicht verstehen, höchstens nachplappern.

Dagegen muß selbstverständlich der Therapeut verstehen, was ihm die Patientin anhand ihres Spiels mitgeteilt hat. *Er* muß das Spiel ›deuten‹ können. Und wenn er über seine Deutung unsicher ist, dann kann er neue Spiele anregen, welche nachprüfen, ob seine Deutung stichhaltig sei.

Nachher kann er die Spiele variieren, um die Behandlung weiterzutreiben. Er greift ins Spiel ein, statt daß er es deutet.

Er baut (zum Beispiel) an das Schlafzimmer der Eltern mit Zweiglein einen besonderen Raum an, stattet ihn mit allen jenen Schikanen aus, die ein Kind erfreuen können – alles das unter Mithilfe der Patientin. Dann frägt er diese, ob das kleine Stöcklein – das ›Kind‹ im Spiel – nicht in dem kleinen Sonderzimmerchen schlafen könnte. Wird dies von der Patientin erlaubt, dann wiederholt der Therapeut das Spiel, baut und malt es aus, die Freuden, die Vorteile, die das Kind in seinem Zimmerchen erleben und genießen kann, werden dargestellt, schließlich wird das Schlafstübchen noch mit einem großen Stoffhund (der neben es gestellt wird) ausgerüstet; er hütet das Stübchen und will keinesfalls ins Schlafzimmer der Eltern.« (ebd.)

Zulliger räumt ein, daß es bei älteren Kindern nötig sein kann, Deutungen, jedoch nur in Form von Fragen, zu geben, um ein Stagnieren der Behandlung zu vermeiden. Grundsätzlich grenzt er sich jedoch von der

Deutungstechnik, wie sie Melanie Klein und auch Anna Freud verstehen, stark ab:

»Die Praxis hat mir gezeigt, daß es recht oft vollständig unnötig ist, Kindern unbewußte Vorgänge durch Deuten bewußt zu machen. Da das Spiel für das Kind kein ›Spiel‹ sondern kraft der animistisch-anthro-pomorphologischen-magischen-totemistischen Weltauffassung und Denkweise des Kindes ›Wirklichkeit‹ i s t, können wir uns mit dem Mittel des Spieles ›direkt mit dem Unbewußten in Verbindung‹ setzen, kaum aber mit Wortvorstellungen, die ja Produkte des Intellektes sind – und damit etwas bereits Übersetztes, für das Kind eigentlich eine ›Fremdsprache‹ bedeuten.« (a.a.O., S. 90f)

Zulligers abweisende Haltung insbesondere gegenüber der Technik von Melanie Klein, die er auch als »grobe und unmittelbare Deuterei« (a.a.O., S. 32) bezeichnet, ist gleichzeitig ein Beispiel für die damals recht verbreitete Ablehnung ihrer theoretischen und technischen Vorstellungen.

E. C. M. Frijling-Schreuder behandelt die Verwendung und Deutung des Spiels unter dem Aspekt der Übertragung und Gegenübertragung. Ihre Arbeit basiert auf ich-psychologischen Erkenntnissen. Sie rät: »Man sollte mit Spieldeutungen äußerst sparsam sein und nicht vergessen, daß die aktive Wiederholung im Spiel im Kindesalter eine normale, günstige Verarbeitung von schwierigen Affekten ist. ... Energetisch betrachtet ist es (das Spiel) oft ein Mittelding zwischen Impulshandlung und Sublimierung. Natürlich werden in der Behandlung häufig unbewußte Themata, die gerade im analytischen Prozeß ›fällig‹ sind, im Spiel ausgedrückt. .... Man sollte also abwarten, bis das Kind das im Spiel Gezeigte auch verbal andeutet oder es in die Übertragung bringt.

Ein Beispiel: Der Wunsch, jemandem Schmerz zuzufügen, kann sich zunächst im Puppenspiel manifestieren, sodann in einer Geschichte von einem grausamen Nachbarsjungen und schließlich in der Vorstellung, der Analytiker sei ›gemein‹. Die beiden letzten Mitteilungen können eventuell zu einer Deutung der Projektion führen, die erste (das Puppenspiel) jedoch nicht.« (1967, S. 18f)

Die Kinderpsychotherapeuten, die in den 60er Jahren ihre Ausbildung absolvierten und später am Aufbau und der Entwicklung des Frankfurter Instituts entscheidend mitwirkten, waren damals zunehmend mit einer kindertherapeutischen Arbeitsweise identifiziert, die in der Deutung unbewußter Vorgänge ›das primäre Instrument der therapeutischen Veränderung‹ sieht, ohne daß das Spiel seine Bedeutung als Ausdrucksmittel für das Verstehen und als Bewältigungsmöglichkeit kindlicher Konfliktverarbeitung verliert. Das nachfolgende Beispiel soll diese Verbindung von Spiel und Interpretation ein wenig veranschaulichen.

Thomas, zu Behandlungsbeginn vier Jahre alt, litt unter quälenden Trennungsängsten aufgrund eines Mangels an innerem Sicherheitsgefühl und Wohlbehagen, die zwischen Mutter und Kind zu einer unerträglichen Situation geführt hatten und schließlich auch bewirkten, daß das Kind über längere Zeit auf der Anwesenheit der Mutter während der Therapiestunden bestand. Der folgende Dialog ereignete sich, als Thomas seine Mutter bereits in einem anderen Raum warten lassen konnte und anstelle seines ausufernden Agierens in der Lage war, im Spiel darzustellen, was ihn bewegte. Thomas beginnt, indem er sehr unwillig und verstimmt erklärt: »Ich will Dich nicht sehen, – und ich will nicht kommen.« Er lehnt unschlüssig und mit abweisendem Gesichtsausdruck an der Tür. Auf meinen Vorschlag: »Wir können das ja spielen«, geht Thomas ans Werk: Der Tisch im Raum wird zu einem Haus; er wünscht, daß ich seine Adresse aufschreibe und anbringe. In das Haus kommen Decken und Kissen als Betten. Thomas ist unruhig, aber auch konzentriert dabei. Nun besteht er darauf, daß ich mich mit ihm in das Haus lege, realisiert aber auch selbst, daß ich nicht hineinpasse: »Das geht nicht.« Ich: »Ja, das ist zu eng.« Thomas: »Wir bauen aus.«

Nun folgt wieder längeres Hantieren und Vorbereiten, bis er als Vater zu mir als Mutter in etwas herrischem Ton sagt: »Schau aus dem Fenster, ob es brennt – so, als gäb' es Krieg oder als sei ein Tankwagen in Brand geraten, und Du mußt dabei Angst haben.«

(Ich folge seiner Spielanweisung etwas verhalten, aber so, daß sein Thema zwischen uns zur Entfaltung kommen kann.)

»Du brauchst keine Angst zu haben«, beruhigt mich Thomas, »unser Haus hat Betonwände, es kann nichts passieren«, setzt er nach.

Das bevorzugte Stofftier, der Affe, soll mit der Wiege in das Haus.

»Der Affe tät' sich jetzt umschauen und Angst kriegen. Du mußt durch den Vorhang schauen, weil das Feuer am Haus ist.«

Wieder beruhigt er mich: das Haus ist ein »Stahlbetonbunker, es passiert nichts«. In diese Beruhigung sage ich nun: »Die Angst scheint nicht wegzugehen, auch nicht, wenn das Haus Stahlbetonwände hat; es ist so aufregend in Deinem Haus, daß Du wie das Äffchen nicht ruhig schlafen kannst, und das Äffchen wohl auch sehen will, was Vater und Mutter machen.«

Thomas sagt zunächst: »Nein« und möchte, daß ich noch einmal aus dem Fenster schaue. Nach einer Weile beklagt er sich, daß ihn alle zwingen würden, und auf mein Nachhaken: »Alle zwingen mich halt – ich will nicht mehr kommen, mein Bauch ärgert sich, wann er will.« (Von der Wut im Bauch war öfters die Rede.) Vielleicht glaube er, ich zwinge ihn auch, sage ich daraufhin und gebe ihm zu verstehen, daß es wohl etwas in ihm selbst sei, was ihn nicht in Ruhe lasse und was ich mit ihm herausfinden wolle. Bei seinem Handpuppenspiel stellt er die Lösung seines Konfliktes mit den ihn bedrängenden Impulsen auf seine Weise dar: das Krokodil wirft alle menschlichen Figuren aus dem Fenster unseres Hauses, nur die Tiere und die Freunde des Krokodils bleiben im Haus.

Von tiefliegender Angst vor den eigenen, als verfolgend erlebten, zerstörerischen Impulsen ist die Gestaltung der ödipalen Situation permanent bedroht. ›Das Spiel mit dem Feuer‹, inszeniert als äußere, ihn – das Äffchen – bedrohende Gefahr, erspart Thomas konflikthaftes Erleben seiner Wünsche, Ängste und Schuldgefühle in ihm selbst; die Herstellung der Verbindung zwischen dem Spiel des Kindes und seinen inneren Konflikten – so daß es diese als seine eigenen erkennt – wird nur dadurch möglich, »daß wir uns vom Spiel zur Verbalisierung vorarbeiten« (Fraiberg 1975, S. 44).

III. Erstinterview mit Eltern und Kindern

Der Arbeit mit Eltern, Kindern und Jugendlichen geht ein intensiver diagnostischer Prozeß voraus, der der Einschätzung der Störung ebenso dient wie der Beurteilung der Fähigkeit der Patienten, von psychoanalytischen Verstehensansätzen auf die Dauer profitieren zu können.

Es sind meist die Eltern, die sich an Kinder- und Jugendlichen-Psychotherapeuten wenden, wenn Probleme mit dem Kind aufgetreten sind. Es kann ihr eigenes Anliegen sein, das sie veranlaßt, sich beraten zu lassen; häufig jedoch werden die Eltern durch die Schule zu diesem Schritt ermutigt. Die Mitteilungen der Eltern betreffen meistens nicht nur die Entwicklungs- und Problemgeschichte ihres Kindes, das Verhalten der Eltern und die Lebenssituation der Familie; sie geben zugleich einen Einblick in die unbewußte Beziehungsgeschichte, deren Qualität sich in gemeinsamen Erfahrungen und Handlungen manifestiert. Nicht selten verweisen die aktuellen Schwierigkeiten mit dem Kind und die sich wiederholenden und wenig erfolgversprechenden Versuche, ihnen zu begegnen, auf frühe unbewältigte Konflikte in den Eltern, die in der Konfrontation mit der jeweiligen Entwicklungsphase des Kindes aktualisiert werden. Unserer Erfahrung nach birgt das übliche erste Gespräch mit den Eltern, bei dem die Erhebung der biographischen Anamnese im Mittelpunkt steht, leicht die Gefahr, solche Beziehungsaspekte zu vernachlässigen, die uns für das Verstehen der inneren psychodynamischen

Verflechtung zwischen Eltern und Kind und für die Einschätzung der Schwere der Probleme besonders wichtig sind.

Wir bieten den Eltern deshalb im Erstinterview ein ›offenes‹, d.h. nicht vorstrukturiertes Gespräch an und stellen es ihnen anheim, womit sie das Gespräch beginnen und auf welche Weise sie das ›Zur-Verfügung-Stehen‹ des Interviewers für die Darstellung ihres Problems nutzen. Wenn die Beteiligten nicht durch ein rational bestimmtes Vorgehen, wie die Erhebung der biographischen Anamnese, abgelenkt sind, können die unausgesprochenen Mitteilungen und Übertragungs- und Gegenübertragungsvorgänge besser wahrgenommen werden.

So wird eine Gesprächssituation geschaffen, in der sich die unbewußte Dynamik entfalten und in der szenischen Gestaltung der Situation ihren Ausdruck finden kann. Es geht um die Fähigkeit, die im eigenen Inneren während des Gesprächs bzw. der Spielsituation ablaufenden Prozesse – die Übertragungs- und Gegenübertragungsvorgänge – wahrzunehmen, denn sie vermitteln die innere Befindlichkeit des Kindes und der Eltern jetzt und als diese selbst Kind waren. Es gilt, die unbewußte Konfliktverschränkung zwischen Eltern und Kind herauszuarbeiten und sprachliche Formulierungen dafür zu finden. Um zu einer diagnostischen Einschätzung zu gelangen, ist schließlich die Integrationsarbeit aller Informationen, die sich aus dem Verstehen der unbewußt gestalteten Situation und der auf der bewußten Ebene vermittelten Informationen ergeben, erforderlich sowie psychoanalytisches Denken, das vom Erleben wieder Distanz gewinnen kann. Nicht zuletzt ist die Fähigkeit gefordert, sich in einer den Eltern und dem Kind bzw. Jugendlichen angemessenen Sprache verständigen zu können. In den Erstinterviews mit Kindern, die sich zunächst meist recht bereitwillig auf die für sie ungewöhnliche, offene Situation einstellen und sie auf ihre Weise nutzen, beeindruckt oft deren kreative Fähigkeit zur szenischen Gestaltung ihrer inneren Befindlichkeit und ihrer unbewußten Konflikte. Argelander (1970, S. 61) spricht von einer spezifischen Ichfunktion, der ›szenischen Funktion des Ichs‹ – »eine(r) bewundernswerte(n) Begabung des Menschen«. Kindern steht diese Begabung meist noch recht uneingeschränkt und unverfälscht zur Verfügung. Mit dem nachfolgenden Interviewmaterial möchte ich das etwas beleuchten.

Florians Eltern sind besorgt, weil im Kindergarten geklagt wird, daß ihr fünfjähriger Sohn aggressiv sei, Grenzen nicht akzeptiere. Während sie den Schwierigkeiten etwas näher auf den Grund gehen und Erklärungen dafür im Gespräch mit mir suchen, geraten sie bald in einen Disput über die mögliche Ursache des auffälligen Verhaltens ihres Sohnes, seines gelegentlichen Symptoms des Haarausreißens. Sie sind

31

sich nicht einig: Wie groß ist Florian? Was kann an Selbständigkeit von ihm verlangt werden...? Er werde verwöhnt, hält der Vater seiner Frau vor, die wiederum Florian durch ihn überfordert sieht. Die Überforderung ist aber auch den Lebensgeschichten der Eltern, als sie Kinder waren, zu entnehmen. In den gegenseitigen Vorhaltungen, Erwartungen und Enttäuschungen werden die an die eigenen Eltern gerichteten Klagen deutlich: Im Alter von Florian trennten sich ihre Eltern, erzählt die Mutter, sie blieb deren einziges, an ihre Mutter sehr konflikthaft gebundenes Kind. In des Vaters Familie galt es in vieler Hinsicht Rücksicht zu nehmen auf ein schwerkrankes Geschwister, er war nie ein »Raufbold«, eher brav und angepaßt.

Ich war neugierig, wie Florian selbst seine Situation darstellt. Er wird von seinem Vater gebracht, der ihn mit einem aufmunternden »Tschüß, bis nachher« verabschiedet. Florian schaut ernst und zögert ein klein wenig, den ihm ungewohnten Raum bei mir zu betreten; er hat auch nur eine Hand frei, denn er bringt eine Marionette mit, die er sehr behutsam vor sich her trägt und schaut, ob diese meine Aufmerksamkeit erregt. Ein eigentlich körperloses, aus einem Schleier von blassem Rot und Gelb, mit einem runden Kopf, kunstvoll von ihm und der Mutter gestaltetes Wesen – mit dem vorsichtig umzugehen ist, wie er mir wortlos zu verstehen gibt. ›F e u e r‹ heiße das, erklärt er, als er meinen fragenden Blick wahrgenommen hat, und es macht mir etwas Mühe, in das ›hm‹ nicht mein ganzes Überraschtsein hineinzulegen über die Diskrepanz seines in den Raum gesetzten ›Feuer‹ und der zarten, schleierhaften Gestalt, die verblaßt und nur entfernt an Feuer denken läßt – wenngleich in sich von Ideenreichtum und Kreativität zeugend. Florian legt dann von sich aus die Figur behutsam zur Seite; so hat er beide Hände frei, betrachtet ein wenig kritisch die in seinem Blickfeld liegenden Handpuppen und entscheidet sich zu malen. Konzentriert und mit einer etwas unkindlichen Ernsthaftigkeit im Gesicht, mich, als lauere Gefahr, im Auge behaltend und auch für sich einnehmend, geht er ans Werk. Nach einer ganzen Weile, die auch etwas von der Fähigkeit, allein zu sein, vermittelt, beginnt er, vom Kindergarten und Kindertheater, vom Feuer, das vom Wasser gefressen wird, der Königin der Nacht, die tötet, zu erzählen. Nachdem ich sage: »Manchmal können die Geschichten auch nachts kommen, Dich nicht schlafen lassen und Angst machen«, unterbricht er sein Malen und sagt: »Dann geh' ich zu Mama und Papa ins Bett (die Eltern hatten davon berichtet), das ist lustig« – er lacht, schon wechselt die Stimmung. Und als sei der Schleier aufgehoben, kann das ›Feuer‹ zum Vorschein kommen: »Guck – ich zeig Dir mal, was ich manchmal morgens mache.« Und er erzählt lebhaft und vertrauensvoll, wie er sich ganz unter die Bettdecke verkriecht (macht mit Handbewegungen vor, wie er die Decke über sich zieht), rückt den Stuhl beiseite, duckt sich und verschwindet, wie unter der Decke, unter dem Tisch, daß ich ihn nicht sehe. »Guck – dann mach ich so«, und läßt nun seinen ›Zeigefinger‹ sich am Tischrand entlang bewegen, als winke und locke er mich zum Mitspielen herbei; Florian taucht wieder auf, zeigt sich wieder ganz, ist etwas aufgeregt und sieht mich an; ob ich wohl verstehe? Oder verbiete? »Ganz schön heiß eben, wie unter der Bettdecke«, sage ich und frage: »Und dann?« »Dann ruf' ich und dann kommt die Mama.« Er setzt sich wieder und malt weiter, und ich interpretiere: »Weil du dann manchmal Angst bekommst vor der Königin der Nacht.« Florian ist fast fertig mit dem Bild, der Vater läutet und Florian zeigt ihm sein Bild (Abb. 1 im Bildteil). Der Vater staunt – für ihn hat es vielleicht auch etwas von dem Raufbold, der er nicht sein konnte. Das und einiges mehr hat uns in den nächsten Elterngesprächen beschäftigt.

Nach der »Periode des Zögerns« (Winnicott 1971), als wir uns erstmals begegnen, kann Florian den ihm ungewohnten Raum und meine Anwesenheit für die szenische Gestaltung der ihn bedrängenden ödipalen Konflikte nutzen. Er setzt seine Fähigkeiten ein, um den Triebdruck durch Gestaltgebung zu meistern, um ihm Ausdruck zu geben; und fast gleichzeitig inszeniert Florian in der Beziehung zum Objekt seine Phantasie. – Zu Beginn erscheint die Mutter in der Hand des Kindes als Marionette; mit seinem ödipalen Verlangen, mit dem er zugleich die Paarbeziehung der Eltern verschleiert, ist es für Florian leicht, die Mutter in der Hand zu haben bzw. die Eltern gegeneinander auszuspielen, was seine Angst vor Vergeltung und Strafe verstärken muß. Die Reaktivierung der ungelösten Konflikte bei den Eltern prägt die Beziehung zwischen Eltern und Kind und stört den Prozeß der Überich-Bildung des Kindes.

IV. Der kindertherapeutische Raum

Geleitet von dem Ziel, »das Kind auf den Weg der normalen Entwicklung zurückzuführen«, wie es Anna Freud umfassend formuliert, gilt es, sich im Umgang mit dem Kind oder Jugendlichen auf den Prozeß zu konzentrieren und Unbewußtes bewußt zu machen. Dabei tauchen auf der Suche nach einem Leitfaden viele Fragen zu dem Vorgehen auf. Wie z.B. kann das Kind mit der ungewöhnlichen analytischen Behandlungssituation vertraut gemacht werden, damit es in die Lage kommt, an der Erforschung seiner ihm verborgenen Gründe für seine Schwierigkeiten mitzuarbeiten? Die Unterscheidung zwischen der Übertragung und anderen Beziehungsweisen ist oft nicht leicht zu treffen. Was heißt durcharbeiten, welche Rolle nimmt das Spiel im psychoanalytischen Prozeß ein u.a.m.? Als Antwort auf die Frage nach dem Leitfaden stellen J. Sandler, H. Kennedy und R. L. Tyson fest: »Die Technik der Psychoanalyse ist das Produkt einer ganzen Reihe von Einflüssen, die auf den Therapeuten einwirken, u.a. seine eigene persönliche Psychoanalyse, seine Beziehungen zu Lehrern und Supervisoren und des Kreises der Patienten, mit denen er in seinen Ausbildungsjahren zu tun hat. Als letzter, aber keinesfalls geringster Einfluß ist das eigene psychoanalytische Milieu des Therapeuten, seine Geschichte und sein theoretisches System zu nennen.« (1982, S. 11)

Es ist im Rahmen dieser Arbeit nicht möglich, die vielfältigen Schwierigkeiten und Probleme, die Kinder, Jugendliche und deren Eltern zu uns führen, aufzuzeigen und das behandlungstechnische Vorgehen ausführlich darzustellen.

Ich möchte für eine Weile den Raum öffnen, in dem sich der therapeutische Prozeß der psychoanalytischen Kindertherapie entfaltet und dabei einige der schon zu Beginn gestreiften Themen wieder aufnehmen. Das therapeutische Bündnis, die Rolle des Spiels, der Umgang mit Übertragung/Gegenübertragung und die Deutungsarbeit sind Vorgänge, deren angemessene Handhabung zur Aufrechterhaltung des therapeutischen Prozesses notwendig sind, wenn eine Veränderung des psychodynamischen Kräfteverhältnisses im Kind und seiner Beziehung zur Außenwelt bewirkt werden soll. Abgesehen von dem Bewilligungsverfahren durch die Krankenkasse schließt eine Psychotherapie nicht immer unmittelbar an die Erstgespräche an. Oft benötigen Eltern und Kinder einen Entscheidungsspielraum, wenn nicht eine Situation besteht, die keinen Aufschub duldet.

Was hat nun der erste Kontakt in der Zwischenzeit bei dem Kind und seinen Eltern bewirkt, was ist daraus geworden? Knüpft das Kind an die erste Begegnung an? Z.B. Anne, sieben Jahre alt, macht zunächst die Unterbrechung von mehreren Wochen, seit wir uns das erste Mal gesehen haben, im Spiel ungeschehen: Einen kleinen Teddy läßt sie all die Dinge tun, mit denen sie sich im Erstinterview beschäftigt hat und die unser Kennenlernen begleitet hatten; ihr »weißt Du noch?« nach einer Weile und unser Blickkontakt überbrücken die Zeit, und wir nähern uns wieder an.

Anders der 11jährige Tobias, der sogleich, einer nochmaligen Pause vorbeugend, erklärt, es sei in der Zwischenzeit alles viel besser geworden in der Schule und dann alle seine Verpflichtungen aufzählt, die ihm keine

Zeit mehr »für das hier« lassen; eigentlich brauche er nicht mehr zu kommen. Oder wieder ein anderes Kind, das sich im Erstinterview ohne Mühe mitteilte, das nun schweigt, vermittelt dadurch aber etwas von der Angst vor erneuter Trennung, die nach der Unterbrechung das Wiedersehen hervorruft.

So finden wir oft, verschoben auf das Spiel, enttäuschte Erwartung vorwegnehmend oder in das Gegenteil verkehrt, den Wunsch nach Fortsetzung des ersten Kontaktes beim Wiedersehen bestätigt. Nicht selten berichten auch die Eltern über ein verändertes Verhalten nach dem Erstinterview. Der therapeutische Prozeß ist also mit der Interviewarbeit bereits in Gang gekommen. Die innere Bereitschaft des Kindes zur Mitarbeit, die vielen Schwankungen unterworfen ist, kann sich in unterschiedlich abgewehrter Form äußern und oft den starken Wunsch des Kindes nach Kontinuität und dichtem Kontakt ausdrücken.

Florian verabschiedete sich nach einer der ersten Stunden mit dem Satz: »Und morgen spielen wir Theater.« Benjamin ist ein Spezialist der Wettervorhersagen; er kündigt am Freitag an: »Es wird Regen geben, die Temperaturen sinken... nächste Woche...« Oder Thomas: »Ich will Dich nicht sehen;« er nimmt vorweg, was er befürchtet und setzt dann im Spiel sein Thema fort. Anne sagte in ähnlichen Situationen: »Wieder Angst umsonst gehabt.« Sie bringt ihren Wunsch, herauszufinden, was sie »durcheinander macht« und am Denken hindert, häufig zugleich durch den Ausspruch: »Da ist wieder so ein Gewühl« und Zeichnungen, die ihre Befindlichkeit darstellen sollen (Abb. 2 im Bildteil), zum Ausdruck. Später malt sie im Zusammenhang mit ihrer Erleichterung, daß wir ihren ›Knoten‹ im Hals, der ihr oft die Kehle zuschnürte, auflösen konnten, ein langes grünes Band mit aufgelöstem Knoten; dort, wo der Knoten war, malt sie die Stelle schmaler und etwas farbloser, wie abgerieben, und schreibt darunter: »Knoten auf, Band nicht gerissen.«

Es ist oft nicht leicht, die unbewußten Phantasien und Wünsche dem Verhalten des Patienten, seinen Handlungen und Ausdrucksweisen zu entnehmen und sie zu verstehen, zumal wenn sich ein Kind wenig auf sprachliche Weise mitteilt. So erhält das Spiel als Ausdrucksweise eine wichtige Bedeutung. Anne gehört beispielsweise zu den Kindern, die mit Hilfe des Spiels über lange Strecken der Behandlung einen Weg gefunden haben, traumatische Erfahrungen und Konflikte bewältigen zu lernen. Z.B. brachte sie Fragen nach ihrer Herkunft in einem Mutter-Kind-Spiel zum Ausdruck, bei dem das Kind immer abhanden kam und gesucht und festgehalten werden sollte. In der Folge ging sie dazu über, in einer Serie von Bildern eine Geschichte von »Fuchs und Füchsin«, die ein Kind zeugen, zu malen; und sie betonte dabei die Rolle des Vaters, der die Mutter mit dem Baby beschützen soll, »damit nichts passiert«.

Innerhalb des therapeutischen Prozesses kann das Spiel unterschiedliche Funktionen haben, von deren Verständnis eine wirkungsvolle Deutungsarbeit abhängt. Das Spiel dient beispielsweise dazu, Distanz zu gewinnen von Situationen, die das Kind als sehr unangenehm erlebte und denen es sich ausgeliefert fühlte; im Spiel wird das passiv Erfahrene in aktives Handeln umgesetzt und versucht, Lösungen zu finden. Dabei ist es wichtig, daß das Kind sein Spiel vollenden kann, um die von ihm angestrebte Lösung zu erfahren oder um zu erkennen, ob aufkommende Ängste, ähnlich einem Alptraum, dem Spiel vorzeitig ein Ende setzen. Kinder nehmen es oft sehr übel, wenn sie im Spiel unterbrochen werden, um ihnen mehr Einfälle zu entlocken oder um die Verschiebung sofort als Abwehr zu deuten und sie damit aufzuheben. Im Spiel können wir die Macht des Wunsches nach Befriedigung von Triebanteilen und das Bedürfnis des Kindes, das Spiel zu meistern, beobachten; und schließlich auch, daß das Kind mit Wiederholungen des immer gleichen Spiels bzw. der immer gleichen Handlung über einen längeren Zeitraum uns seine Unfähigkeit, Lösungen für seine Konflikte zu finden, offenbart (vgl. Neubauer 1993). Tobias, dessen frühe Objektbeziehung von Übergriffen gekennzeichnet war und nicht den Raum entstehen ließ, in dem das von Winnicott (1973) beschriebene ›Vertieftsein‹ in das Spiel – bei dem weniger der Inhalt als der Zustand gleichzeitiger Nähe und Zurückgezogenheit wesentlich ist – erfahren werden konnte, schien die ›kreative Objektverwendung‹ wie verloren gegangen. Kinder, die sich in einer Welt von Unzuverlässigkeit bereits sehr früh zurechtfinden und anpassen müssen, entwickeln Kontrollmechanismen, um sich ihres Gegenübers sicher zu sein. Hier kann kein ›Spielraum‹ entstehen; das Material der Stunden hat dann häufig ganz real den Charakter verordneter Strafe, z.B. für schlechte Schulleistungen. Das tief sitzende Gefühl, abgelehnt zu sein, ist unerträglich und wird oft versucht, mittels verbaler, unverhüllter Angriffe und Entwertungen loszuwerden. Oder Nina, die sich schweigend zurückzieht oder das Kinderbuch *Als Hitler das rosa Kaninchen stahl* liest, kann so ihre unbewußten Wünsche und Erwartungen, die zur Bedrohung ihres inneren Gleichgewichtes geworden sind, auf Distanz halten. Eines Tages bringt Nina ihren Hasen in die Stunde mit, nimmt ihn aus ihrem Korb und läßt ihn frei herumlaufen. Verschoben auf den Hasen stellt sie schließlich eine verbalisierungsfähige Übertragungssituation her und bewirkt, daß die Angst vor Zurückweisung ausgesprochen und gehalten werden kann.

Diese Ausführungen und kurzen Fallepisoden haben sicher deutlich gemacht, daß die psychoanalytische Sichtweise und Handhabung des Spiels wenig mit dem Konzept psychagogischer Arbeit mit Kindern und der Spieltheorie von Annemarie Dührssen zu tun haben. Bei Dührssen täuschen die Bezugnahme auf Anna Freud und Melanie Klein sowie die Verwendung des Begriffs Deutung und die Bezeichnung Kinderanalyse darüber hinweg, daß es sich hier um ein der kathartischen Methode nahestehendes Vorgehen handelt. Harald Henningsen (1964, S. 74) stellt dazu fest, daß »die von Dührssen vertretenen theoretischen und vor allem auch technischen Auffassungen ausgesprochen praktikabel und deshalb eingängig sind« und – wenn er ergänzt – »allerdings ... gerade deswegen auch gefährlich werden können«, so denkt er m. E. daran, daß Dührssen die vielschichtige Bedeutung des Spiels unterschätzt und daß diese Methode, im Dienst der Abwehr stehend, das Erkennen und die Bearbeitung von inneren, unbewußten Konflikten verhindert.

Die Bedeutung des Spiels für die psychische Strukturbildung, als Ausdruck und Repräsentanz kindlicher Erfahrungen, seine Funktion im Verweben von Vergangenheit und Gegenwart und künftiger potentieller Möglichkeiten sowie das Spiel im therapeutischen Raum in seiner Funktion als Konfliktverarbeitung haben Solnit, Cohen, Neubauer u.a. (1993) aus psychoanalytischer Sicht eingehend behandelt.

Bei den Überlegungen über das Ziel der Behandlung ist – neben den von der wöchentlichen Stundenzahl abhängigen anspruchsvolleren oder bescheideneren Zielsetzungen – im Rahmen des therapeutischen Prozesses zwischen kurz- und langfristigen Zielen und der dabei zu berücksichtigenden Deutungsarbeit zu unterscheiden. Ein kurzfristiges Ziel kann z.B. auf die Herstellung des Behandlungsbündnisses ausgerichtet sein; bei grenzüberschreitenden Aktionen eines Kindes könnte die therapeutische Arbeit einschließlich der Deutungen zunächst dem kurzfristigen Ziel dienen, dem Kind zu helfen, sich im Behandlungsraum sicher zu fühlen und zu einer angemessenen Darstellung der von Angst beherrschten Vorstellung zu finden. Kinder wie der kleine Thomas, deren primärer Konflikt in der Angst vor zerstörerischen Impulsen und der Vergeltung durch Liebesverlust und Verlassenwerden wurzelt, sind oft zu Behandlungsbeginn nicht in der Lage zu spielen. »Spielen setzt Vertrauen voraus und gehört zum potentiellen Bereich zwischen Kleinkind und Mutter, in dem das Kind fast völlig abhängig ist, und die Mutter Anpassungsfunktionen übernimmt, die das Kind für selbstverständlich hält. ... Spielen ist etwas grundsätzlich Befriedigendes. Dies trifft auch dann zu, wenn es zu stärkerer Angst führt. Wenn das Ausmaß der Angst unerträglich wird, wird das Spielen zerstört.« (Winnicott 1973, S. 64)

Thomas benahm sich in der ersten Zeit seiner Behandlung äußerst unkontrolliert und destruktiv und leitete die Stunden oft im Befehlston mit den Worten ein: »Wir machen was – erst mal Krach machen!« Er schlug die Türen zu, warf Stühle um, schlug und trat um sich und schrie: »Los, los, mach schon!« Und verlangte, daß auf der Stelle geschah, was er wollte. Bei Kindern mit Defiziten in der Entwicklung der Fähigkeit, die innere Welt zu regulieren, ist uns dieses Verhalten vertraut, und es geht in diesen Behandlungsphasen zunächst um die Bereitstellung einer sicheren, verläßlichen Umgebung; die notwendigen Interventionen sind hier eine Mischung von Deutung und ichstützenden Elementen, eine Art ›developmental help‹.

Ich sagte Thomas u.a., daß er glaube, wenn er mich so antreibe und mir Befehle erteile, ich sofort könne, was er von mir verlange; es erginge mir aber dann so wie ihm, daß es keinen Spaß mache, wenn man gar nicht ausprobieren dürfe. Ich bot dann an, ihm bei seinem Vorhaben, der Herstellung einer ›möblierten‹ Behausung aus Papier für ein kleines Krokodil zu helfen, was er gut annehmen konnte.

Bei Anne z.B. bestand das nächstliegende Ziel darin, sie in ihren wortlosen Spielhandlungen so lange zu begleiten, bis sie ihre Weigerung zu sprechen aufgegeben hatte.

Störungen, die auf eine starke Unausgewogenheit der Entwicklungsprozesse zurückgehen und bereits sehr früh die Bildung der psychischen Struktur beeinträchtigt haben, erfordern unter Berücksichtigung anfänglich modifizierter Deutungsarbeit und Teilzielen oft langfristige Behandlungen. Dies gilt in gleicher Weise auch für die therapeutische Arbeit mit Adoleszenten.

Verlauf und Erfolg der Psychotherapie werden durch die äußeren Voraussetzungen und die inneren Bedingungen der Beteiligten, speziell der Eltern, stark mitbestimmt. Manchmal ist eine der Behandlung des Kindes vorausgehende kurzzeitig intensivere Arbeit mit den Eltern erforderlich. Von der Elternarbeit soll nachfolgend die Rede sein.

V. Die Arbeit mit den Eltern als Erweiterung des analytischen Bezugsrahmens der Kinderpsychotherapie

Seit Beginn der psychoanalytischen Behandlung von Kindern stellt sich die Frage nach der Rolle der Eltern bei der Behandlung des Kindes. In der ersten dokumentierten Kinderanalyse, der ›Kleine Hans‹, hat Freud (1909/1922) den Patienten nur einmal selbst gesehen und die Behandlung den Vater durchführen lassen. Freud vertrat damals die Auffassung, daß mit einem so jungen Kind anders nicht zu arbeiten sei, da die Eltern seine

Situation am besten kennen und das Vertrauen des Kindes haben. Die individuelle Neurose der Eltern und ihre Erziehungshaltung blieben außerhalb der Betrachtung. Als Kinderanalytiker mit Behandlungen von Kindern begannen, bestand der Kontakt mit den Eltern in der Hauptsache darin, Informationen über die Lebensgeschichte des Kindes, sein Verhalten und eingetretene Veränderungen zu erhalten. Melanie Klein maß der Arbeit mit den Eltern keine entscheidende Bedeutung bei, da sie der Überzeugung war, daß bereits das kleine Kind eine echte Übertragungsneurose in der Behandlung entwickele und die Übertragungsbeziehung sofort von frühen Phantasien und Ängsten geprägt sei. Dagegen vertrat Anna Freud die Auffassung, daß das Kind keine zusammenhängende Übertragungsneurose, sondern lediglich Übertragungsmanifestationen zeige, in denen Teilaspekte verinnerlichter Elternbilder wiederbelebt werden. Wegen der bei Kindern noch realen Elternbeziehung scheint es nicht möglich, daß der Kinderanalytiker die konflikthafte Beziehung zu den Eltern ganz auf sich ziehen kann. Daher erhält bei Anna Freud die Einbeziehung der Eltern ein stärkeres Gewicht. Der Zusammenarbeit mit den Eltern wurde danach zunehmend mehr Aufmerksamkeit gewidmet, wobei vorwiegend die Situation der Mutter während der Analyse des Kindes Berücksichtigung findet.

In der Praxis des analytischen Kinder- und Jugendlichen-Psychotherapeuten gehört die Arbeit mit den Eltern zu einem festen Bestandteil der therapeutischen Arbeit. Unabhängig von der Frage der Entwicklung einer Übertragungsneurose bei dem Kind erhält die Arbeit mit den Eltern in einem therapeutischen Setting von zwei Stunden je Woche größere Bedeutung. Für die Elternarbeit in diesem Rahmen sind einige spezifische Gegebenheiten relevant. Dazu gehört primär, daß die Eltern-Kind-Beziehung Realität ist, sie gehört noch nicht, wie beim erwachsenen Patienten, der Vergangenheit an. Für den Erwachsenen ist das, was das Kind gegenwärtig mit seinen Eltern an Befriedigung und Versagung erlebt, Erinnerung und in der Regel unbewußt geworden. Infolgedessen sucht das Kind, solange die reale Abhängigkeit noch vorherrscht, die Ursache seiner inneren Konflikte und seiner Symptomatik der Außenwelt zuzuschreiben und ist darum auch besonders geneigt, vom Kindertherapeuten zu erwarten, daß er sich mit ihm gegen die Außenwelt verbündet und so Abhilfe durch Beseitigung der Unannehmlichkeiten schafft. Das bedeutet auch, daß Kinder meist geringeren bewußten Leidensdruck als die Eltern verspüren und dadurch zunächst auch weniger bereit sind, sich in einem längeren Prozeß selbstbeobachtend mit den hinter den Schwierigkeiten und Symptomen liegenden Phantasien und Ängsten zu beschäftigen. Kinder stimulieren, provozieren und

›befriedigen‹ ihre Eltern. Sie sind nicht nur ein durch ihre Umgebung geformtes Wesen; sie sind vielmehr auch eine aktive Kraft in der Bestimmung ihres Schicksals, gleichgültig, ob es ein normales oder pathologisches ist. Aufgrund der unbewußten wechselseitigen psychodynamischen Vorgänge zwischen Eltern und Kind ist die Elternarbeit im Rahmen der analytischen Kinderpsychotherapie inhaltlich begründet und nicht nur aus technisch-organisatorischen bzw. abhängigkeitsbedingten Gründen notwendig.

Die Arbeit von Therese Benedeck »Elternschaft als Entwicklungsphase« (1960) scheint für das Verständnis der inneren Wechselbeziehungen zwischen Eltern und Kind besonders geeignet. Sie zeichnet den inneren Prozeß, die Reaktivierung und Neustrukturierung der infantilen Erinnerungsspuren und Internalisierungen aus der Kindheit der Eltern, wie sie sich in den verschiedenen Phasen der Elternschaft ereignen, nach. Es sind also die gleichen Primärprozesse und Mechanismen der Identifizierung und Integration, die nun die Entwicklung zur Elternschaft bewirken und die Eltern-Kind-Beziehung gestalten, wie sie schon von früher Kindheit an im inneren Wachstum am Werk sind. In der oralen Phase des Kindes z.B. kann das Vertrauen in die Mütterlichkeit stabilisiert oder Ambivalenz regressiv geschürt werden, so wie in das Kind Vertrauen oder der depressive Kern gelegt werden kann. Der Vater, den Gang seiner Entwicklung ebenfalls wiederholend, belebt seine ›Mütterlichkeit‹ ebenso, wie er aus seiner Präsenz und seinem Umgang mit dem Kind die auf dem Ich-Ideal beruhende Sicherheit, ein guter Vater zu sein, schöpft.

Hier möchte ich auf den uns bereits bekannten vierjährigen Thomas, als er noch auf der Anwesenheit seiner Mutter im Behandlungsraum bestand, zurückkommen:

Thomas sei von Anfang an ein »Speikind und nervöser Typ« gewesen, wenn er etwas wolle, schreie und tobe er, bis er siege und sie, die Mutter, kapituliere. Jede Nacht komme er ins Bett der Eltern; er wolle nicht in den Kindergarten, wird als Tyrann beschrieben. Schwangerschaft und Muttersein – obwohl sich die Eltern Thomas wünschten – sei ihr nicht leicht gefallen, zumal sie ihre Arbeit aufgeben mußte. Thomas war ein »süßes Baby«, aber da sie mit ihm nicht habe reden können, wußte sie nichts Rechtes mit ihm anzufangen, sagt die Mutter enttäuscht. Der Vater ist viel unterwegs und meint, die peinliche Ordnungsliebe seiner Frau könne ihn auch manchmal aus der Ruhe bringen; im übrigen sei er zäher und ausdauernder, wenn er Thomas etwas versagen müsse. Thomas sei ihm, wenn er da sei, ständig auf den Fersen, und er habe das Gefühl, in seiner Freizeit bei seinem Sohn Dienst zu haben.

Das negative Gleichgewicht – frustrierter Säugling/frustrierte Mutter – durchzieht alle gegenwärtigen Erfahrungen. In ihrem Gefühl: Ich bin eine schlechte Mutter, weil mein Kind unzufrieden ist, ist immer auch gleichzeitig ihre antizipierte Kindheitsphantasie, von der eigenen Mutter nicht verstanden und geliebt worden zu sein, enthalten. Der Mutter machten ihre eigenen, im Zusammenhang mit den primären Bedürfnissen des Kindes mobilisierten feindseligen Gefühle in einer solchen Weise Angst, daß sie, um dem Kind ja nicht zu schaden, für dessen Versorgung laufend Rat von Ärzten und aus Büchern benötigte. Die Beziehung zwischen Mutter und Kind hatte sich in einem Kreislauf aufreibenden und quälenden Verklammertseins verfangen. Während Thomas in den Therapiestunden enorme Aktivität entwickelt, um seine sich vorwiegend um orale und analsadistische Themen konzentrierten Konflikte im Spiel darzustellen und zu verarbeiten, läßt er die Mutter, die das Geschehen entweder schweigend beobachtet oder manchmal strickt, weitgehend aus dem Spiel; dann wiederum bezieht er sie ein, wenn die aggressiven Impulse Angst und Schuldgefühl erzeugen und ihn zur Wiedergutmachung drängen. So läuft er z.B. mit dem Krokodil, das er gerade gierig und wütend in meinen Arm hat beißen lassen, zur Mutter, läßt es deren Arm streicheln und dabei ganz zärtlich zu ihr sagen: Jetzt sei es ganz lieb und brav. Die Mutter kann in meinem Beisein diese Gesten annehmen und streichelt ihrerseits das Krokodil.

In den Sitzungen mit den Eltern allein lernt die Mutter sich mit Hilfe des Kindes verstehen und kann ihrerseits sich zugestehen, Thomas oft schon weggewünscht zu haben. Sie glaubt, in ihrer Kindheit nie wirklich gespielt zu haben; und ich habe häufig während ihrer Anwesenheit in den Therapiestunden den Eindruck, daß sie sich sehr mit Thomas identifiziert und gleichzeitig mit ihm in ›kindertherapeutischer‹ Behandlung ist.

So gehören die Vorgeschichte der Eltern bzw. deren Kindheitserfahrungen zum Material der Gespräche, dienen jedoch im Rahmen der Behandlung des Kindes nicht der Analyse der Lebensgeschichte und der Rekonstruktion der infantilen Neurose der Eltern. Sie werden in bezug zur Lebensgeschichte des Kindes und ihrer Bedeutung für die gestörte Eltern-Kind-Beziehung hinterfragt. Die Arbeit mit den Kindheitserinnerungen der Eltern dient somit der Entflechtung der Konfliktverknüpfungen, wie sie sich im Hier und Jetzt des negativen Gleichgewichts zwischen Eltern und Kind offenbaren.

Cramer (1980) belegt an klinischem Material, daß sich die Interventionen insbesondere an die gegenseitigen Identifizierungen und an die Projektionen wenden sollten. Der Aspekt der Wiederholung der Vergangenheit wird unterstrichen, wobei Übertragungsvorgänge weniger

Berücksichtigung bei den Interventionen finden. Es ist wichtig, die regressiven Phänomene, die Eltern und Kind aneinander binden, zu beobachten und von anderen Formen gegenseitiger Besetzungen und Haltungen, die gesund sind, abzugrenzen. Die ›Rezentrierung‹ der Problematik der Eltern auf sie selbst – die ›Wiederaneignungsarbeit‹ der an das Kind abgetretenen Selbstanteile – soll dem Kind ermöglichen, sich mit weniger Schuldgefühlen abzulösen.

Zur Illustration dazu eine kleine Episode aus einer Supervision: Die Therapeutin berichtet, daß der Vater ihres Patienten – ein Latenzkind, das zur Behandlung kommt, weil es einnäßt – als sie ihm die Tür öffnet, sagt: »Jetzt ist es passiert!« Er hatte vergessen, seinen Sohn nach der Therapiestunde wie üblich abzuholen, weil er sich mit Kollegen verschwätzt hatte. Die Therapeutin hatte das Gefühl, es habe sich etwas Schlimmes ereignet. Das ›Schlimme‹ ist, daß der Sohn größer geworden ist und ›passiert ist‹, daß er allein nach Hause gegangen ist. So ist das Symptom des Einnässens im ›Verschwätzen‹ auf den Vater zurückgekommen. Was ist in dieser Situation dem Vater gegenüber zu interpretieren? Wird beispielsweise der Neid des Vaters dem Sohn gegenüber, der größer und unabhängiger wird, angesprochen, deckt die Therapeutin möglicherweise ein Gefühl von Defizienz beim Vater auf, wodurch dieser sich klein gemacht erleben könnte. Dies würde dem Ziel der Elternarbeit, seine Elternschaft zu stärken, entgegenstehen. Sinnvoll wäre es, ihm zu sagen, daß sein Sohn allein nach Hause gehen könne, daß aber er, der Vater, noch sehr fürsorglich ihm gegenüber denke.

Die Arbeit mit den Eltern birgt in sich spezifische Gefahrenmomente für die Gegenübertragung durch die Identifizierung mit dem Kind bzw. durch die Neigung, mit den Eltern des Kindes zu rivalisieren oder auch auf deren infantile Bedürfnisse einzugehen, d.h. Regressionen und Übertragungsprozesse zu intensivieren und die Eltern anstelle des Kindes zu behandeln. Lebovici hat in seinem Aufsatz »Die Gegenübertragung in der Kinderanalyse« (1952) diese Vorgänge eingehend untersucht. Die Arbeit mit den Eltern als Erweiterung des analytischen Bezugsrahmens der Kinderpsychotherapie ist also als Intervention zu verstehen, die dazu dient, die Behandlung des Kindes zu ermöglichen, sie aufrechtzuerhalten oder aber auch den Eltern dazu zu verhelfen, für sich selbst Hilfe in Anspruch nehmen zu können.

VI. Analytische Kinder- und Jugendlichen-Psychotherapie und Kinderanalyse

Immer wieder stellt sich die Frage nach den Unterschieden und Ähnlichkeiten von Kinderpsychotherapie und Kinderanalyse. Analytische Kindertherapie ist zentriert auf das Deuten und Durcharbeiten im Rahmen des analytischen Prozesses; auch die Mittel des Kindes, sich mitzuteilen, sind in beiden Verfahren die gleichen. Jedoch bewirkt eine kinderanalytische Behandlung von vier bis fünf Stunden je Woche infolge des intensiveren Prozesses die Chance, tiefgreifendere und nachhaltigere strukturelle Veränderungen zu erreichen; bei geringerer wöchentlicher Stundenzahl ist das Behandlungsziel eingeschränkter. Die Behandlung muß häufig nur auf Symptomauflösung, auf die Modifikation des Verhaltens begrenzt werden.

Die seinerzeit häufig von Psychoanalytikern der DPV mit Geringschätzung betrachtete ›Schmalspurausbildung‹ bzw. an Schultz-Henke orientierte Psychagogen/-Kinderpsychotherapieausbildung Dührssens würde schließlich in der wöchentlich zweistündigen »Schmalspurbehandlung« von Kindern und Jugendlichen ihr Pendant gefunden haben. Mehrfache Anhebungen der Ausbildungsanforderungen durch die StäKo haben diese deutlich verbessert, und inzwischen ist unbestritten, daß analytische Kinder- und Jugendlichen-Psychotherapeuten im Rahmen psychotherapeutischer Versorgung nicht nur wichtige, sondern auch gute Arbeit leisten und aufgrund ihrer wissenschaftlichen Arbeiten ganz allgemein Wertschätzung erfahren. Nach Meinung von Karola Brede bilden die Kinder- und Jugendlichen-Psychotherapeuten heute »die einzige Gruppe von Psychoanalytikern, in der sich Freuds Vorstellung von der Verbreitung der psychoanalytischen Methode unter ›Laien‹, die Laienanalyse, wie modifiziert auch immer, realisiert hat« (1993, S. 72f). Sollte es den analytischen Kinder- und Jugendlichen-Psychotherapeuten, die sich im Anna Freud Centre (London) Orientierung und Anregung holen, Kinderanalyse praktizieren und in die Ausbildung zu integrieren suchen, tatsächlich um mehr als nur das Bemühen um Anerkennung gehen? Hier wird m. E. auch deutlich, daß es für die Außenwelt keine klaren Abgrenzungen der einzelnen Schulrichtungen innerhalb der inzwischen über 1300 Mitglieder starken Berufsgruppe der analytischen Kinder- und Jugendlichen-Psychotherapeuten in Deutschland gibt. So befinden sich die Ausrichtungen nach Freud, Schultz-Henke, Jung u.a. in der VAKJP »vereint«;[8] man könnte auch die Ständige Konferenz als einen Zusammenschluß aller Schulrichtungen betrachten, jedoch mit dem solidarischen Bemühen, die unterschiedlichen Schulrichtungen und Konzepte in den Dienst der Erhaltung und Förderung der Ausbildung analytischer Kinder- und Jugendlichen-Psychotherapeuten zu stellen. Zu diesem Bemühen sollte eigentlich auch eine deutliche Abgrenzung der verschiedenen Richtungen gehören, die im Grunde unter der Hand längst vorgenommen wurde, aber nicht eindeutig und klar nach außen vertreten wird. Dies erinnert daran, daß Anfang der 70er Jahre, als die Änderung der Berufsbezeichnung vom Berufsverband vorgenommen werden sollte, von Psychotherapeuten für Erwachsene – insbesondere der Schultz-Henke-Richtung – nahegelegt wurde, die Bezeichnung ›Psychagogik‹ beizubehalten, mit der Begründung, daß auf diese Weise in Abgrenzung zu den ärztlich vorgebildeten Kindertherapeuten der Dührssen-Richtung der Laienstatus der Psychagogen sichtbar sei, und – so ist wohl zu ergänzen – es keiner weiteren Abgrenzung bedürfe. Seit es die Ausbildung in analytischer Kinder- und Jugendlichen-Psychotherapie in Zusammenarbeit mit DPV-Psychoanalytikern (wieder) gibt und die Kinderanalyse die Basis der Anwendung ist, kommen die alten verdrängten kontroversen Auffassungen, verschoben auf die Arbeit mit den Kindern und Jugendlichen, wieder zum Vorschein und schaffen Verwirrung und ein endloses Mitschleppen ungelöster Konflikte der Vergangenheit. Es bestehen wesentliche Unterschiede zwischen einer Kinderpsychotherapie, die sich aus der Psychoanalyse Freuds bzw. der Kinderanalyse ableitet und weiterentwickelt, und einer ebenso bezeichneten Kinderpsychotherapie, die sich auf die Lehre von Schultz-Henke und die Praxisanleitung von Annemarie Dührssen gründet. Die noch auszutragende Kontroverse und Abgrenzung psychotherapeutischer Richtungen wird der Kinderanalyse, die sich nicht nur als eine wöchentlich vier- bis fünfstündige Behandlung versteht – also letztendlich den Kindern –, zugutekommen. Es ist aber denkbar, daß Abgrenzungen – die neue Möglichkeiten eröffnen würden – aus der Befürchtung vor neuen Spaltungen nicht vorgenommen werden.

Psychoanalytische Kindertherapie stellt, wenn wöchentliche Stundenzahl und Dauer der Behandlung von außen begrenzt sind, hohe Anforderungen an die Therapeuten. Nicht nur die Zielsetzung, auch der Um-

---

[8] Lediglich fünf Mitglieder der VAKJP gehören der *Association for Child Psychoanalysis Inc.* (ACP) an. Unter Führung von Marianne Kris, Peter Neubauer und Albert Solnit wurde 1965 die ACP gegründet, mit dem Ziel, die kinderanalytische Arbeit und Forschung zu fördern durch gegenseitigen Austausch aller, die sich theoretisch und praktisch auf diesem Feld engagieren.

gang mit den im Spiel und anderen Ausdrucksformen dargestellten Inhalten die Handhabung der Übertragungs- und Gegenübertragungsvorgänge sowie der Widerstände müssen den einschränkenden Bedingungen und deren Auswirkungen auf den Behandlungsprozeß Rechnung tragen.

Im folgenden will ich anhand einiger Ausschnitte aus der Arbeit mit Juliane, deren zweistündiges Setting nach ca. 60 Sitzungen in ein Setting von wöchentlich vier Stunden umgewandelt wurde, einige Gesichtspunkte, die hier eine Rolle spielen, verdeutlichen.

»Sie kann nicht sie selbst sein«, charakterisieren die Eltern das Verhalten ihrer 12jährigen Tochter Juliane, deren mangelndes Selbstvertrauen – sie glaube oft, nicht geliebt zu werden – ihnen Sorge macht. Trotz allen Bemühens sei es auch nicht zu schaffen, daß Juliane nachts trocken ist. Darüber berichtet Juliane selbst ganz ohne jede Scheu, beinahe so, als sei es eigentlich gar kein Problem. Ein Problem für sie ist der wenige Jahre jüngere Bruder Manuel, der in ihrem Zimmer oft Chaos anrichte, wenn sie ihn allein dort lasse. Neid und Haß – sprachgewandt und intellektuell abwehrend – machen ihn zur Wurzel allen Übels. Die Mutter habe ihr erzählt, daß sie sich mit ihr als Baby, wenn die Mutter sich nicht wohl fühlte oder in schlechter Stimmung mit dem Vater war, gut trösten konnte. Juliane mag diese Geschichte sehr, und es gibt für sie keinen Zweifel: das Sich-mit-der-Mutter-Wohlfühlen hat angehalten über vier Jahre, bis Manuel und mit ihm der Streit auf die Welt kam.

Daß Juliane möchte, daß ich diese Überzeugung mit ihr teile, geht in der ersten Zeit unseres zweimal wöchentlichen Zusammenseins daraus hervor, daß sie viele Geschichten und Begebenheiten ihres Schul- und häuslichen Alltags zu erzählen weiß; doch bleibt alles unverbindlich und austauschbar. Meistens fährt sie mit einem Filzstift, während sie redet, gelangweilt, unzufrieden und viele Male über das Zeichenblatt hin und her; es ist am Ende völlig ausgefüllt, dennoch vermittelt das Blatt große Leere und Sinnlosigkeit. Das Sich-Wohlfühlen stellt sich nicht ein; dieses ›Laufenlassen‹ läßt im Wechsel eher Langeweile und Ungeduld, Aggression und Schuldgefühle entstehen, bis es mit dem Einnässen – wohl einem ersatzweisen Sich-Wohlfühlen – verbunden werden kann. »Da ist wohl etwas in mir«, sagt Juliane, nachdem ich ihre Schuldzuweisungen bezüglich des Einnässens in Frage stelle; sagt sie das, weil sie meint, ich will das hören (zu Hause wird viel psychologisiert)? »Das macht, was es will.« Und auf meine Nachfrage reagiert sie verharmlosend und kleinmachend: »Vielleicht ein kleines Männchen.«

Das Männchen führt zu dem Bruder, ihren Konflikten mit ihm, ihrem Neid und ihrer Identifizierung mit ihm. Es wird dann deutlich, wie Juliane in Manuel einen willkommenen Angreifer sieht, der die Aufrechterhaltung ihrer Phantasie von der ungestörten Zwei-Einheit mit der Mutter bedroht. Ihr ganzes Handeln, ihre Spiele dienen dazu, in ständigen Aktionen das auf den Bruder projizierte Wilde, Triebhafte und Unkontrollierbare zu beherrschen, »in den Griff zu kriegen«. Die Übertragungssituation vermittelt meist ihre große innere Unsicherheit und Angst vor Liebesverlust, wenn ihr Umgang mit dem Bruder ihren Wunsch, sich an seine Stelle zu setzen, verrät; die überstimulierenden sexuellen Spiele zwischen den Geschwistern offenbaren, wie sie sich seiner zu bemächtigen sucht. Obwohl Juliane Deutungen beispielsweise ihres Wunsches nach Bestrafung, um darin Liebesentzug und Ablehnung bestätigt zu bekommen, für sich verwenden konnte, und auch Veränderungen in ihrem Verhalten festgestellt wurden, und das Symptom nachließ, blieb eine gewisse Unverbindlichkeit, die in der Gegenübertragung sich unvermindert als Entwertung und Ablehnung bemerkbar machte. Bei dem Gedanken, die wöchentliche Stundenzahl von zwei auf vier zu erhöhen, kam Juliane mir ›entgegen‹, indem sie sichtlich befremdet davon berichtete, daß ihre Freundin »sauer geguckt« habe, als sie ihr erklärte, sie brauche sie nicht mehr, da sie jetzt ein Pferd habe. Julianes unbewußte Befürchtung, nicht mehr gebraucht, gegen etwas ›Besseres‹ ausgewechselt zu werden, ließ sie selbst diejenige sein, die sich, Enttäuschungen vorwegnehmend, das scheinbar Begehrtere zulegt, bevor sie der Situation passiv ausgesetzt ist und auch von mir nicht mehr gebraucht wird. So wehrt sie die Kränkung und Deutung, die der vermeintlichen Zurücksetzung entsprungen waren, ab. Dazu gehörte, daß Juliane mich zu überzeugen suchte, die Stunden nicht mehr zu brauchen, da vieles besser geworden sei, was in gewisser Weise auch der Fall war: Ihr Symptom war zurückgegangen, ihre Konflikte mit Gleichaltrigen schienen den Üblichen zu entsprechen, und der Streit mit dem Bruder fiel auch nicht mehr in dem Ausmaß wie zu Beginn ins Gewicht.

Eine solche Situation – hier nach etwa 60 Stunden – veranlaßt nicht selten die Eltern der Patienten, die Behandlung als beendet anzusehen. Die Besserung kann bei tieferliegenden Störungen darin bestehen, daß die therapeutische Beziehung unbewußt dazu verwendet wird, sich von dem eigentlich angstmachenden ›Material‹ lediglich zu entlasten, indem es im Therapeuten ›untergebracht‹ ist und dann im Falle von Juliane allein in der Gegenübertragung als quälender Selbstwertkonflikt spürbar wird. Hier bot das zweistündige Setting keine ausreichende Sicherheit und Gewähr für die Patientin, sich ihrer ambivalenten Gefühle der Mutter gegenüber in der Übertragungssituation bewußt zu werden und die frühen Separationskonflikte wieder zu erleben und durchzuarbeiten.

Juliane ist, als habe sie darauf gewartet, mit der Veränderung des

Settings einverstanden (wobei ihre Bereitschaft, sich oberflächlich anzupassen, nicht gering ist). Nach einer – auch erwarteten – verstärkten Phase des Widerstandes in Form von Desinteresse (Kopfhörer, *Bravo*-Zeitschrift) eröffnet ihr Kritzeln auf dem Zeichenpapier einen Zugang zu früher, zu der Kindergartenzeit; sie erinnert sich, erzählt bereitwillig, was sie im Kindergarten gespielt hat; da war Manuel noch nicht da.

Die dichtere Stundenabfolge verstärkt zunächst meist die Angst und die Abwehrbewegungen. Juliane erklärte z.B. öfter, die Eltern täten besser, ihr ein Pferd zu kaufen als mich zu bezahlen, oder sie sprach ihre Befürchtung aus, daß sie von mir nicht mehr loskäme, wenn sie alles erzähle, was sie beschäftige.

Schließlich beginnt Juliane damit, daß ihr etwas im Hals stecke, daß ihr etwas den Hals zudrücke. »So ein komisches Gefühl«, vielleicht ist es noch der Ärger vom Tag zuvor, denkt sie, wegen nicht erledigter Pflichten; ich denke, weil sie gestern eine Stunde zu früh zur Stunde kam und ich noch mit einem anderen Kind beschäftigt war. Es sei irgendwie in ihr drin, sagt Juliane, und ich erinnere an ähnliche Situationen, in denen sie Mühe hatte, in Worte zu fassen, was sich in ihr abspielt und denke auch an das kleine Männchen, von dem sie glaubt, es sei Schuld an dem Naßmachen, so als sei es nicht eigentlich sie selbst. Sie lacht, wie jetzt öfter, wenn ich mich an etwas, was sie erzählt hat, erinnere. Ich frage sie, ob ihr noch etwas dazu einfalle und wie sie es sich vorstelle. Juliane beginnt zu beschreiben: »Im Bauch«, nimmt einen Stift und fragt: »Soll ich es aufmalen?« Während sie malt, zögert sie öfter fortzufahren, schaut mich an, hält wieder inne; es wird still zwischen uns. Als sie fertig ist und sich ihr Bild betrachtet – ein Kind mit einem Luftballon in der einen und einer Tüte Eis in der anderen Hand und auf dem oval dargestellten Körper in der Mitte ein kleines Kind (Abb. 3 im Bildteil) –, sagt sie eher zu sich selbst als zu mir: »Vielleicht bin ich das?« Unsicher und auch etwas angstvoll schaut sie mich an; »Und das ist das Männchen im Bauch«, ergänze ich. Nach einer kurzen Pause lacht Juliane, und als habe sie gerade etwas entdeckt, sagt sie: »Das ist ja, als tät' ich ein Kind kriegen.« »Wie die Mama mit dem Julian im Bauch«, setze ich hinzu. Ihre nächsten Einfälle handeln vom Vater-Mutter-Kind-Spiel im Kindergarten und von Phillip, ihrem Freund, von dem sie sich trennen mußte, weil die Familie, als ihr Bruder geboren wurde, in einen anderen Stadtteil zog. Jetzt sei das komische Gefühl mit dem Hals weg, sagt Juliane, nachdem wir im Zusammenhang mit ihren Kindergartenerinnerungen Verbindungen zu ihrer Wut auf den Bruder und ihrem Gefühl, die Zuwendung der Mutter damals verloren zu haben, hergestellt hatten.

Die Situationen, in denen Kinder das Übertragungsgeschehen bzw. die

Interpretation desselben mit Veränderungen bei sich selbst in unmittelbaren Zusammenhang bringen können, ereignen sich umso überzeugender, je kontinuierlicher und dichter sich der therapeutische Prozeß entwickelt; die Chance der Adaption und Integration von Einsichten und neuen Erfahrungen ist deutlich größer.

Provokationen und auf Gleichaltrige verschobene Angriffe leiten eine lange Behandlungsphase ein, in der Juliane oft, von der Angst vor Zurückweisung begleitet, sich ihrer sadistischen Phantasien sowohl gegen die frühe als auch gegen die ödipale Mutter bewußt wird. Während sie z.B. über ein Mädchen berichtet, das in seiner körperlichen Reife ihr weit voraus ist, kommt es wie von Wut überschwemmt aus ihr heraus: »... aber ich hab' so einen Haß auf diese Frau – wie die aussieht.« »Wie?« »So ein Ökoweib..., die Haare..., und fett...« Mit dickem Babybauch vielleicht? »Ich hasse die...« Juliane phantasiert nun aus, sich zu verkleiden, dann würde sie nicht erkannt, wenn sie mit Schlagringen auf die Frau losgehen würde. Dann stünde dem ja nichts im Wege, und sie hätte ihren Haß abreagiert, sage ich. Juliane hält inne, schaut mich an und sagt: »Ja, ich könnte..., aber ich mach's nicht.« Nach einer Weile: »Ich mach's nicht, ich hab' dann ein zu schlechtes Gewissen – mein Gewissen würde mich zerfressen; aber ich muß Ihnen was erzählen.« Sie erinnert eine Situation, in der sie sich »gemein« vorkam und sich schämte. Ein anderes Mal – sie war gelegentlich anderen Patienten begegnet – weint Juliane und äußert verzweifelt, nichts machen zu können, wenn die Eifersucht sie »packt«. Sie erkannte ihre Lust an sadistischen Vorstellungen, und, sich gleichzeitig zügelnd, sagte sie wieder nach einem Wutausbruch: »Ich muß Ihnen was sagen: Ich glaube, ich könnte Nazi werden; irgendwie fasziniert mich das – obwohl ich das mit Hoyerswerda unmöglich finde –, aber die Skinheads sind so straff organisiert..., ich werd' nicht so..., aber manchmal...« Dann verteidigt sie sich gegen die Angriffe einer jüdischen Klassenkameradin, die gesagt habe, mindestens 50% der Deutschen seien Nazis... Manchmal suchte sie wortwörtlich Halt: »... ich hab' die wieder angefaucht und angegiftet, fast hätte ich den ›Köter‹ ins Auto laufen lassen...« Durch den Halt, der ihr die Erfahrung aushaltbarer Ambivalenz vermittelt, der ihre Angst vor Liebesverlust mildert und den sie im Rahmen der kontinuierlichen, dichten therapeutischen Beziehung zunehmend selbst als eigene Fähigkeit wahrnimmt, gelang es ihr, die Lust am ›Laufenlassen‹ (das Verschwinden des Symptoms war für Juliane ein überzeugender Beleg für den Wert der gemeinsamen Arbeit) um der Beziehung willen einzugrenzen.

Auch bei geringer wöchentlicher Stundenzahl können die gleichen Konfliktthemen und Abwehrformen in Erscheinung treten; doch ist dann gerade die negative Übertragung sowohl vom Kind als auch vom Therapeuten schwieriger zu halten und durchzuarbeiten. Dabei ist die negative Übertragung nicht zu verwechseln mit der häufig anzutreffenden Unlust des Kindes, überhaupt in die Stunden zu kommen; dies kann aber auch ein abgewehrter Wunsch nach intensiverem Kontakt sein.

Der Frage nach den Auswirkungen der Frequenz der wöchentlichen Sitzungen auf den Behandlungserfolg und Entwicklungsstand des Kindes wurde bereits in den 60er Jahren nachgegangen. Eine 1965 veröffentlichte Studie (Heinicke, 1965) untersucht die Ergebnisse wöchentlich einstündiger im Vergleich zu vierstündiger Behandlung.[9] Die Untersuchung ergab, daß beide Gruppen – die einstündig und die intensiv behandelten Kinder – von der Behandlung profitieren; doch sind Gewinn und Fortschritt von intensiv behandelten Kindern bedeutend besser und können nachhaltiger aufrechterhalten werden.

Literatur

Ahlheim, R. und Müller-Brühn, E. (1992): Elternarbeit als Erweiterung des analytischen Bezugsrahmens der Kinderpsychotherapie. In: Biermann, G.: *Handbuch der Kinderpsychotherapie,* Bd. V, München/Basel (Reinhardt).

Argelander, H. (1970): *Das Erstinterview in der Psychotherapie.* Darmstadt (Wissenschaftliche Buchgesellschaft).

Baumeyer, F. (1971): Zur Geschichte der Psychoanalyse in Deutschland. 60 Jahre Deutsche Psychoanalytische Gesellschaft. *Zs. f. Psychosomatische Medizin und Psychoanalyse,* 17, 203-240.

Benedeck, Th. (1960): Elternschaft als Phase der Entwicklung. In: *Jahrbuch der Psychoanalyse,* Bd. I, 35-61.

Berna, J. (1967): Ich-psychologische Deutungstechnik und Kinderanalyse. *Psyche* 21, 31-43.

Brede, K. (1993): Der Berufsstand der Analytischen Kinder- und Jugendlichen-Psychotherapeuten in der »FOGS-Studie«. *Psyche* 47, 71-81.

Boehm, F. (1952): Zur Ausbildung und Arbeitsweise der Psychagogen (Erziehungsbetreuer). In: *Schriften zur Psychoanalyse,* München (Ohlschläger)

---

[9] Für diese Studie wurde die Auswahl der Kinder so getroffen, daß sie hinsichtlich ihres Alters, des Entwicklungsstandes und der Störungen (Leistungsstörungen) hinreichend vergleichbar sind. Die Kinder wurden als neurotisch charakterisiert und mit kinderanalytischer Methode behandelt. Bei der Untersuchung nach der Behandlung sowie den nach einem und zwei Jahren nachfolgenden Untersuchungen wurden – wie vor der Aufnahme der Behandlung - das *Hampstead Diagnostik Profil* und verschiedene Testverfahren angewandt.

1978, 255-266.

Brecht, K. u. a. (Hg) (1985): *Here life goes on in a most peculiar way... Psychoanalysis before and after 1933.* Hamburg (Kellner).

Cramer, B. (1980): Intervention brève avec Parents et Enfants. (Traitement d'une phobie). In: *Psychologie médicale* 12, 3, Genf.

Dührssen, A. (1954): *Psychogene Erkrankungen bei Kindern und Jugendlichen.* Göttingen (Vandenhoeck & Ruprecht).

Dührssen, A. (1980): *Psychotherapie bei Kindern und Jugendlichen.* Göttingen (Vandenhoeck & Ruprecht).

Eckstaedt, A. und Klüwer, R. (Hg) (1980): *Zeit allein heilt keine Wunden.* Frankfurt (Suhrkamp).

Fraiberg, S. (1975): Psychoanalyse im Vorschulalter und in der Latenz. *Psyche,* 29, 35-48.

Freud, A. (1966): Eine kurze Geschichte der Kinderanalyse. In: *Die Schriften der Anna Freud,* Bd. IX, München (Kindler) 1980.

Freud, S. (1909): Analyse der Phobie eines fünfjährigen Knaben. *GW VIII,* Frankfurt a. M. (S. Fischer), 241-377.

Freud, S. (1919): Wege zur psychoanalytischen Therapie. *GW XII,* Frankfurt a. M. (S. Fischer), 181-194.

Freud, S. (1922): Nachschrift zur Analyse des Kleinen Hans. *GW XIII,* Frankfurt a. M. (S. Fischer),429.

Frijling-Schreuder, E. C. M. (1967): Übertragung und Gegenübertragung der psychoanalytischen Kindertherapie. *Psyche,* 21, 16-30.

Glantz, R. (1975): Grenzen und Möglichkeiten der Kinderanalyse. *Psyche,* 29, 1-20.

Glenn, J. (Hg.) (1978): *Child Analysis and Therapy.* Northvale/New Jersey, London (Jason Aronson Inc.) 1992.

Heinicke, C.M. (1965): Frequency of Pyschotherapeutic Sessions as a Factor Affecting the Child's Developmental Status. In: *The Study of the Child,* 20.

Henningsen, H. (1964): Die Entwicklung der analytischen Kinderpsychotherapie. Ein historischer Überblick. *Psyche,* 18, 59-80.

Hugh-Hellmuth, H. (1920): Zur Technik der Kinderanalyse. Ein historischer Überblick. In: *Kinderanalyse* 1, 1994, 9 -27.

Klein, M. (1952): *Das Seelenleben des Kleinkindes und andere Beiträge zur Psychoanalyse.* Reinbek bei Hamburg (Rowohlt). 1972.

Lebvovici, St.A. (1952): Die Gegenübertragung in der Kinderanalyse. *Psyche,* 5, 680-687.

Lockot, R. (1985): *Erinnern und Durcharbeiten. Zur Geschichte der Psychoanalyse und Psychotherapie im Nationalsozialismus.* Frankfurt/M. (Fischer).

Lockot, R. (1994): *Die Reinigung der Psychoanalyse. Die Deutsche Psychoanalytische Gesellschaft im Spiegel von Dokumenten und Zeitzeugen (1933-1951).* Tübingen (edition diskord).

Mächtlinger, V. (1984): Anna Freud. Einige persönliche Eindrücke. In: *Jahrbuch der Psychoanalyse*, 16, 9-16.

Mühlleitner, E. (1992): *Biographisches Lexikon der Psychoanalyse (Die Mitglieder der Psychologischen Mitwoch-Gesellschaft der Wiener psychoanalytischen Vereinigung 1902-1938*, Tübingen (edition diskord).

Müller, E. und Dallmeyer, U. (1989): Die Ausbildung der analytischen Kinder- und Jugendlichen-Psychotherapeuten in Frankfurt (mit einem Fallbericht). In: Bareuther, H. u.a. (Hg.): *Forschen und Heilen, auf dem Weg zu einer psychoanalytischen Hochschule. Beiträge aus Anlaß des 25jährigen Bestehens des Sigmund-Freud-Instituts*, Frankfurt/M. (Suhrkamp).

Müller, E. (1989): Treatment of an 8-year-old Adopted Girl. In: *Bull. Anna Freud Centre* 12, 29-47.

Müller-Brühn, E. (1996): Geschichte und Entwicklung des Instituts für analytische Kinder- und Jugendlichen-Psychotherapie in Frankfurt am Main. In: Plänkers, T. u.a. (Hg.): *Psychoanalyse in Frankfurt am Main*. Tübingen (edition diskord).

Neubauer, P. (1993): Playing: Technical Implications. In: Splnit, A. J. u.a.: *The Many Meanings of Play. A Psychoanalytic Perspective*. New Haven and London (Yale University Press).

Oberborbeck, K.W. (1994): Kinderanalyse im Umfeld des Berliner Psychoanalytischen Instituts 1920-1933. In: *Luzifer-Amor*, Zeitschrift zur Geschichte der Psychoanalyse 13, 71-120.

Richter, H. E. u.a. (1976): *Familie und seelische Krankheit*. Reinbek bei Hamburg (Rowohlt).

Sandler, J. u.a. (1980): *Kinderanalyse*. Frankfurt/M. (S. Fischer) 1982.

Solnit, A.J.u.a. (1993): *The Many Meanings of Play. A Psychoanalytic Perspective*. New Haven and London (Yale University Press).

Werner, L. (o.J.): *Eine Kinderanalyse. Aus der Werkstatt des Erziehungsberaters. Gedenkschrift zur 10. Wiederkehr des Todestages August Aichhorns*, 1960, Bolterauer, L. (Hg.), Wien (Verlag Jugend und Volk) 1960, 103-125.

Winnicott, D.W. (1971): *Vom Spiel zur Kreativität*. Stuttgart, (Klett) 1973.

Winnicot, D.W. (1971): *Die therapeutische Arbeit mit Kindern*. München (Kindler) 1973.

Zander, E. u. W. (1977): Die Neo-Psychoanalyse von Harald Schultz-Henke. In: *Die Psychologie des 20. Jahrhunderts,* Bd. 3, Zürich (Kindler), 426-474.

Zulliger, H. (1957) *Bausteine zur Kinder-Psychotherapie und Kinderpsychologie*. Bern und Stuttgart (Huber).

ANNE-MARIE SANDLER

Deutung und Holding

Als ich gebeten wurde, diesen Beitrag zu schreiben, fühlte ich mich nicht nur geehrt, sondern auch angeregt von der Herausforderung, die das Thema darstellt. Als ich mich aber ans Schreiben machte, merkte ich, daß meine Aufgabe nicht so einfach war, wie ich gedacht hatte. Wie wohl die meisten, ging ich davon aus, daß ich eine relativ klare und einfache Vorstellung davon hätte, was mit dem Begriff »Holding« gemeint ist. Aber, wenn man etwas unter die Oberfläche schaut, wird klar, daß »Holding« zu einer Kategorie von Begriffen gehört, die ein »elastisches« Bedeutungsumfeld haben, d. h. ihre Bedeutung verändert sich je nach dem spezifischen Kontext, in dem sie angewendet werden (J. Sandler, 1983). So wie er in der Literatur verwendet wird, deckt der Begriff auf jeden Fall ein weites Spektrum von Bedeutungen ab.

Die von Freud entwickelte analytische Situation mit ihrem festen Setting, den regelmäßigen Stunden und dem etwas ritualisierten äußeren Beiwerk vermittelt den Patienten zweifellos ein Gefühl der Sicherheit und des Gehalten-Seins. Speziell Winnicott hat die Wichtigkeit des Settings für die Patienten verstanden und ihm eine große Bedeutung beigemessen. Er hat z.B. für manche besonders gestörte Patienten die Kissen auf der Couch speziell arrangiert, damit sie die Kissen so vorfanden, wie sie es mochten. Wie wir wissen, hat Winnicott (1960) den Begriff »holding environment« – haltende Umwelt – als Metapher für bestimmte Aspekte der analytischen Situation und des analytischen Prozesses ausgearbeitet. Der Begriff ist abgeleitet von der haltenden Funktion der Mutter dem Säugling gegenüber, aber als Metapher bezieht er sich auf eine umfassend verstandene sorgende Funktion der Eltern. Winnicott hat dieses Konzept auf bestimmte Aspekte der Funktion des Analytikers übertragen, da er sich im klaren darüber war, daß auch der Analytiker eine sorgende Rolle übernehmen kann. Aber für Winnicott bedeutete dieses Sorgen immer mehr als bloße Unterstützung und Bereitstellung zuverlässiger und beruhigender Präsenz. Oft gehe es darum, wie Winnicott einmal sagte, »daß im richtigen Augenblick dem Patienten mit Worten etwas mitgeteilt wird, das zeigt, daß der Analytiker die tiefe Angst, die erlebt wird oder deren Erleben erwartet wird, kennt und versteht« (Winnicott, 1965, S. 317). Viele der Ansichten Winnicotts über Holding haben ihren Ursprung in

Ferenczis Ideen zur »aktiven Technik« (1926) bzw. in der Behandlungstechnik von Ferenczis psychoanalytischem Erben Michael Balint (1968). Diese beiden Autoren spürten sehr genau, in welcher Weise das psychoanalytische Setting einen regressiven Sog auf Patienten ausüben und primitive Objektbeziehungen und Regungen aktivieren kann. Michael Balint hat zeitweise die Hand seiner Patienten gehalten, um ihnen so bei der Bewältigung akuter und überwältigender Angst zu helfen. Im gleichen Zeitraum beschrieb Wilfred Bion (1970), wie der Analytiker in einer mütterlichen Rolle als Container – als Behälter – für die Projektionen der Patienten fungiert. Er meinte damit, daß der Analytiker die Externalisierungen des Patienten annehmen und halten kann, um sie dann mit Hilfe dessen, was er »Reverie« nannte, durchzuarbeiten. Erst dann werden sie dem Patienten in Form angemessener Deutungen zurückgegeben.

Das Konzept des »Holding« kann eine andere Bedeutung bei der Behandlung aggressiver Patienten – ob Kinder oder Erwachsene – annehmen. In diesen Fällen kommt es darauf an, durch das Setzen angemessener Grenzen oder das Einführen von Einschränkungen dem Patienten das Gefühl zu geben, daß er weder sich noch dem Analytiker irreparablen Schaden zufügen kann. In diesem Zusammenhang sollten wir auch die relevanten Arbeiten über die Funktion des Analytikers bei der Behandlung von narzißtischen Charakterstörungen und Borderlinefällen berücksichtigen. Ich beziehe mich hier insbesondere auf die Arbeit von Heinz Kohut (1971) und Otto Kernberg (1975). Die Technik von Kohut, die vom Versagen der Umwelt in der frühen Kindheit ausgeht, impliziert eine zentrale Rolle der »holding function«, indem sie die Vermittlung von Empathie betont und entsprechend der Deutung innerer Konflikte weniger Bedeutung beimißt. Für Kohut steht das Konzept des Defizits sowie die aus ihm resultierenden Gefühlszustände im Mittelpunkt der analytischen Arbeit. Die behandlungstechnischen Ratschläge von Kernberg sehen wiederum ganz anders aus. Er meint, daß die mächtigen neidischen und aggressiven Regungen des Patienten die integrative Arbeit der Analyse behindern. Deshalb würde ein klarer und fester »Vertrag« mit dem Patienten zusammen mit einem sehr aktiven und strukturierenden Deutungsstil den Patienten am besten »halten«.

Borderline-Patienten haben oft schreckliche Angst vor ihren destruktiven Regungen, und ein fester Rahmen sowie häufige Deutungen können, glaubt Kernberg, die Angst des Patienten »containen«, daß der Analytiker seine Angriffe nicht überleben würde.

Wenn wir uns jetzt dem Konzept der Deutung zuwenden, geraten wir wieder in einen Bereich, der nicht so genau definiert ist, wie wir uns das wünschen würden. Ich werde mich jetzt nicht auf die zahlreichen Arbeiten anderer zu diesem Thema beziehen, ich möchte nur sagen, daß die feinen Unterscheidungen zwischen Deutung, Konfrontation, Erklärung, Klarifikation und ähnlichen den Rahmen dieses Beitrages überschreiten würden. Was ich allerdings relevant finde im Kontext der Diskussion über Holding und Deutung, ist die Unterscheidung zwischen der Deutung dessen, was im Patienten aktuell vorgeht (einschließlich vor allem der Übertragungsdeutung) einerseits, und Konstruktionen und Rekonstruktionen andererseits. Konstruktionen und Rekonstruktionen sollten meines Erachtens normalerweise erst nach den unmittelbaren Deutungen im Hier und Jetzt erfolgen. Ich treffe diese Unterscheidung, weil ich nicht das alte archäologische Konzept der psychoanalytischen Technik teile, deren Ziel es ist, die vergrabene Vergangenheit nach und nach aufzudecken. Das Aufdecken von Erinnerungen an Vergangenes bietet sicherlich wertvolles Material für Rekonstruktionen. Doch von Bedeutung sind diese nur insofern, als sie Einsicht in den gegenwärtigen Funktionsmodus des Patienten vermitteln können.

Wenn ich nun versuche, die Aufgabe der Analyse zu beschreiben, dann würde ich sagen, daß Analyse für mich mehr ist als die Summe der Assoziationen des Patienten und der Deutungen des Analytikers. Während der Analytiker versucht, die bewußten und unbewußten Mitteilungen des Patienten zu verstehen, ist es ebenso sein Anliegen, Aspekte dieses Verstehens in einer für den Patienten zuträglichen Weise zu formulieren. Mit zuträglich ist in diesem Kontext gemeint, daß die Formulierungen des Analytikers das Funktionsniveau des Patienten, die Organisation seines Widerstands und seine spezifischen Verwundbarkeiten, insbesondere seine Anfälligkeit für Gefühle von Schuld, Scham und Demütigung, berücksichtigen müssen. Nicht alles, was verstanden wird, kann jederzeit in zuträglicher Weise dem Patienten übermittelt werden, es muß immer eine angemessene Auswahl getroffen werden. In diesem Zusammenhang sind Fragen des Taktgefühls und der Zeitpunkt der Deutungen von großer Wichtigkeit.

Ein zentrales Ziel unserer psychoanalytischen Unternehmung ist es, dem Patienten zur Annahme seiner kindlichen Wunschregungen zu verhelfen, welche schmerzliche Konflikte ausgelöst haben und im Lauf der Entwicklung bedrohlich geworden sind. Sie mußten deshalb mit potentiell pathologischen Folgen abgewehrt werden. Wir bemühen uns, den Patienten zu einer Toleranz dieser Aspekte seines Selbst in seinem bewußten und unbewußten Denken zu bewegen, so daß er nicht unter dem Zwang steht, sie auszuagieren oder seine pathologischen Anstrengungen zu vermehren, um sie unter Kontrolle zu halten. Anders ausgedrückt: Ein Hauptziel der Analyse ist es, daß der Patient sich mit den vormals für ihn unannehmbaren Aspekten seiner selbst anfreunden und mit zuvor bedrohlichen Wünschen und Phantasien auf gutem Fuß leben kann. Um das zu erreichen, müssen wir mit unseren Deutungen und der Art, wie wir sie geben, eine Atmosphäre der Toleranz für das Infantile, Perverse und Lächerliche schaffen, eine Atmosphäre, die der Patient zu einem Teil seines Selbst machen und die er internalisieren kann – zusammen mit dem Verständnis, das er in der gemeinsamen Arbeit mit dem Analytiker erreicht hat.

Wenn ich von den konflikthaften Aspekten im Selbst des Patienten spreche, meine ich damit natürlich auch die konfliktgeladenen Beziehungen, die er mit seinen Introjekten aufgebaut hat. Deshalb versuche ich ihm zu helfen, vertraut zu werden mit der Beziehung, die er in seinem unbewußten Phantasieleben zu diesen Introjekten unterhält, so daß er allmählich die zuvor unannehmbaren Teile seiner selbst akzeptieren kann, die er im Lauf seiner Entwicklung in den Introjekten untergebracht hat.

Daraus folgt für mich, daß ich großen Wert auf die Analyse des Widerstands gegen den analytischen Prozeß lege. Damit meine ich mehr, als den Patienten gelegentlich auf diesen oder jenen Abwehrmechanismus hinzuweisen. Es geht darum, die Deutungen so zu formulieren, daß sie den Widerstand des Patienten gegen das Annehmen zuvor unannehmbarer Selbstaspekte mindern, und ihm zu ermöglichen, psychische Inhalte, die zuvor für sein Bewußtsein unerträglich waren, besser zu integrieren. Zu diesem Zweck muß der Analytiker in ständigem Kontakt sein mit der bewußten und unbewußten Bereitschaft des Patienten, auf seine Interventionen zu reagieren.

Um die Analyse in der Art, wie ich es beschreibe, durchzuführen, muß sich der Analytiker vor allem um das Verständnis des unmittelbaren Geschehens im Hier und Jetzt der Analyse kümmern, und dies in einer angemessenen Weise dem Patienten vermitteln. Diese Art von Analyse kann am ehesten den Kontakt herstellen zu den zugänglichen oder potentiell zugänglichen Gefühlen des Patienten. Ich bin überzeugt, daß erst die Untersuchung des unmittelbaren aktuellen Konflikts innerhalb der analytischen Situation den Weg ebnet zu den notwendigen Rekonstruktionen der Vergangenheit. Meiner Überzeugung nach muß ich bei meiner Arbeit dann am sorgfältigsten hinhören, wenn der Patient sich mit Dingen beschäftigt, die sich auf mich oder den analytischen Prozeß beziehen, das heißt, wenn es um Übertragung im weitesten Sinn geht. Deutet man die Vergangenheit vor der Gegenwart, gibt das dem Patienten die Gelegenheit, auszuweichen und aktuelle Widerstände zu umgehen. Auf diese Weise wird das Erleben des psychischen Schmerzes und seine Untersuchung mit Hilfe von Distanzierung und Intellektualisierung vermieden, was die Analyse nicht fördert. Zum richtigen Zeitpunkt können Rekonstruktionen sehr wichtig sein, schaffen sie doch einen bedeutsamen historischen und biographischen Kontext für die Konsolidierung und Verankerung der Einsichten, die im Zuge der Arbeit an den unmittelbaren Konflikten im Hier und Jetzt der Analyse erworben wurden.

Es wird allgemein anerkannt, daß die fortlaufende Selbstanalyse des Analytikers, insbesondere die Analyse seiner Gegenübertragungsgedanken und -gefühle seinen Patienten gegenüber, einen wichtigen Teil seiner analytischen Arbeit darstellt. Die Übertragungswünsche des Patienten, ob bewußt oder unbewußt, implizieren bestimmte Rollen sowohl für den Analytiker als auch für den Patienten, und der Analytiker reagiert auf vielfältige Weise auf die Versuche des Patienten, ihm solche Rollen überzustülpen. Manche dieser Reaktionen seitens des Analytikers können die analytische Arbeit behindern. Dann ist eine Selbstprüfung des Analytikers, soweit Selbstanalyse möglich ist, mit besonderer Dringlichkeit geboten, was zu seinem Verständnis zentraler Widerstände des Patienten beitragen kann.

Doch auch in optimal geführten Analysen verläuft die Deutungsarbeit nicht immer geradlinig. Der Analytiker kann über längere Zeiträume mit dem einen oder anderen Widerstand des Patienten in Kollusion geraten. Es kann auch Zeiten der Verwirrung geben, in denen der Analytiker sich verloren fühlt oder einen falschen Pfad verfolgt. Ich glaube nicht, daß das schlimm ist, ich halte es sogar für unvermeidlich. Wichtig ist, daß der Analytiker schließlich begreift, was los war, und dem Patienten die entsprechende Deutung geben kann. Es geht mir hier um dieselbe Idee, die in Rolf Klüwers Konzept des »Mitagierens« (Klüwer, 1983) und Joseph Sandlers Konzept der »role responsiveness« (Sandler, 1976) (der Bereitschaft zur Rollenübernahme) enthalten ist.

Meine einführenden Bemerkungen möchte ich mit dem Hinweis schließen, daß man bei schweren Störungen oft nur mit Mühe unterscheiden kann, ob wir es mit einer Entwicklungshemmung zu tun haben oder mit Strukturdefiziten oder ob es sich um das Ergebnis regressiver und defensiver Manöver infolge unerträglich schmerzlicher Affekte handelt, die mit bedrohlichen Phantasien der einen oder anderen Art verbunden sind. Infolgedessen sind wir manchmal versucht, den Patienten zu »halten«, indem wir nur mit der positiven Übertragung arbeiten, oder eher beschwichtigen als deuten. Wenn man mit Kindern arbeitet, rutscht man natürlich sehr leicht in eine freundliche, leicht pädagogische Haltung. Doch ich bin überzeugt, daß die Deutung des Geschehens im Hier und Jetzt, sofern sie adäquat erfolgt, die Angst auch bei jenen Patienten mildern kann, die so gestört sind, daß man meint, nur eine beschwichtigende Art des »Haltens« könnte ihnen helfen. Denken Sie bitte nicht, daß ich hier für eine »Zauberwirkung« der Deutung plädieren möchte, aber ich möchte darauf hinweisen, daß Deutungen sehr unterschiedliche Wirkungen haben können, je nachdem wie sie konzipiert und formuliert werden. Ich habe auch den Eindruck, daß viele Analytiker aus Angst vor Beschwichtigungen des Patienten (was in der Regel keine angemessene Maßnahme in einer Analyse sein kann) auch Angst haben, Deutungen zu geben, die eine beschwichtigende Wirkung haben. Solche Deutungen sind aber meiner Ansicht nach in der analytischen Arbeit nicht nur legitim, sondern auch sehr angebracht. Eine richtige Deutung zu geben, die Beruhigung mit sich bringt, ist nicht dasselbe, wie den Patienten mit der Versicherung zu beschwichtigen, daß »alles nicht so schlimm sei«.

Um zu illustrieren, wie schwer es oft ist, zwischen Holding und Deutung zu differenzieren, möchte ich eine kurze klinische Vignette aus der Analyse des sechs Jahre alten Danny vorstellen. Der Überweisung zur Analyse ging voran, daß Danny plötzlich heftig seine Lehrerin angegriffen hatte. Er hatte sie gebissen und gekratzt, getreten und angeschrien. Die Lehrerin hatte zuvor eine Gruppe von Kindern, unter ihnen auch Danny, milde ermahnt, weil sie zu laut waren. Der Angriff kam völlig unerwartet. Die Lehrerin war besonders überrascht, weil Danny bis dahin ein meist ruhiger und kooperativer Schüler war.

Als ich die Eltern sah, machte der Vater auf mich den Eindruck eines intelligenten, aber ängstlichen Mannes in den Vierzigern. Die Mutter, wesentlich jünger, sah blaß aus und hatte große Ringe unter den Augen. Sie wirkte verängstigt, depressiv und insgesamt verwirrt. Als wir ins Gespräch kamen, wurde klar, daß der Vater der dominante Teil des Paares war. Er war sehr sprachgewandt, in seinen Äußerungen meistens klar, doch manchmal ging die Klarheit in einem Wortschwall unter.

Aus der Fülle der Informationen, die ich bei diesem Interview und später bekam, fügte ich die folgende Geschichte zusammen: Die Eltern hatten geheiratet, als die Mutter noch Studentin war, und es vergingen sieben Jahre, bis sie sich entschieden, ein Kind zu haben. Mit Danny hatten sie ab dem Moment der Empfängnis Probleme. Die Mutter war sehr ängstlich, und auf eine problematische Schwangerschaft folgte eine schwierige Geburt. Sie war entsetzt, als sie entdeckte, daß das Kind gravierend schielte. Sie entwickelte die Überzeugung, das Baby habe einen Schaden, und reagierte mit Depressionen und Schuldgefühlen. Weil er bei der Geburt blau war und weil er mitten im Stillen einschlief, bestand sie darauf, daß Danny in den Vereinigten Staaten intensiv neurologisch untersucht wurde. Es gab keinerlei Anzeichen für eine neurologische Abnormität, auch keine sogenannten weichen Zeichen, die für ein minimales Gehirntrauma gesprochen hätten, aber die Mutter war weiterhin überzeugt, daß Danny nicht normal sei.

Die Familie bestand aus Mutter, Vater, Danny und einem kleinen Bruder, dem vier Jahre jüngeren David, der Mutters Augapfel wurde. Zeitweise konnte Danny sehr erwachsen für sein Alter sein und lange Zeit alleine spielen. Der Vater erzählte, wie hartnäckig und perfektionistisch Danny sein könnte. Zum Beispiel würde er eine Zeichnung zwanzig Mal oder mehr wiederholen, bis sie genau so war, wie er es wollte. Es war schwer, Danny morgens fertig für die Schule zu machen und ihn abends ins Bett zu bringen, denn er war trotzig, zwanghaft und provokativ. Während die Mutter darüber außer sich geriet, versuchte der Vater, Danny zu beschwatzen und zu bestechen. Wenn er frustriert war, bekam Danny oft Wutausbrüche, schrie und zerstörte Dinge, die er mochte.

Die Eltern erzählten mir, daß es während des ersten Lebensjahres von Danny Spannungen zwischen ihnen gegeben habe, darüber wie man angemessen mit Danny umzugehen hätte. Als die Mutter am Ende des ersten Lebensjahres daran dachte, Danny abzustillen, bekam sie plötzlich einen schweren Asthmaanfall und mußte ins Krankenhaus gebracht werden. So hörte das Stillen abrupt auf.

Als die Mutter aus dem Krankenhaus wiederkam, meinte ihr Mann, daß sie Ruhe bräuchte und daß er sich um das Kind kümmern werde. Sie war unfähig zu protestieren, fühlte sich aber durch ihn um den Zugang zu Danny gebracht. Zu diesem Zeitpunkt war Danny sprachlich sehr gut entwickelt, tagsüber trocken, allerdings nicht in der Nacht, und mit Ausnahme gelegentlicher Zwischenfälle mehr oder weniger sauber. Er war trotzig, speziell wenn man ihm widersprach, und die Eltern, besonders der Vater, waren durch seine Wutausbrüche verängstigt und eingeschüchtert. Vaters Methode mit diesen Ausbrüchen umzugehen, bestand darin, endlos mit ihm zu diskutieren, ihm Versprechungen zu machen und zu verhandeln. Er benutzte auch Ausreden und eine Vielzahl von Täuschungen, um ihn zu beschwichtigen. Mit sechs Jahren nuckelt Danny immer noch an der Flasche, sobald er von der Schule nach Hause kommt.

Dannys Schwierigkeit einzuschlafen brachte auch Probleme mit sich. Der Vater muß an seinem Bett sitzen, seine Hand halten und ihm Geschichten erzählen, während Danny mit der anderen Hand die Flasche festhält. Ist er mal eingeschlafen, schläft Danny durch, aber er näßt jede Nacht ein. Daraus ist ein größeres Problem geworden, seit der kleinere Bruder völlig trocken ist. Danny hat auf die Geburt von David sehr schlecht reagiert. Er war akut eifersüchtig und verstört, als die Mutter

David stillte. Nach Davids Geburt kam es auch zu Klagen in der Schule, etwa daß Danny andere Kinder beiße. Die Hauptursache der Reibungen zwischen Danny und seiner Mutter ist zur Zeit die Tatsache, daß Danny seinen Bruder permanent reizt und provoziert, was die Mutter oft kaum aushalten kann.

Wenn Dannys Provokationen unerträglich werden, gehen den Eltern – vor allem der Mutter – schon mal die Nerven durch, und sie schlagen ihn dann oder schreien ihn an, wobei sie anschließend große Schuldgefühle haben. Allerdings ist es erstaunlich, wie hilflos sie seinem aggressiven Verhalten gegenüber sind. Zum Beispiel hat Danny die Gewohnheit entwickelt, bei Tisch eine sogenannte »Popo-Sprache« zu benutzen und seinem Bruder zu erzählen, was er esse, sei Pisse oder Scheiße: »Po-Würstchen« oder »Po-Spaghetti«. Er ärgert ihn auch und erschreckt ihn, indem er zu ihm sagt: »Aus Scheiße bist du gemacht und zur Scheiße wirst du wieder werden«, bis David schließlich in Tränen ausbricht. Die Eltern stört dieses Verhalten sehr, aber sie sehen sich nicht in der Lage, etwas dagegen zu tun. Ihre Lähmung kommt sowohl von ihrer Angst vor Dannys Wut wie auch von ihren Schuldgefühlen bei der Vorstellung, ihn zu verletzen.

Die Eltern meinen, daß Danny in der Schule großem Streß ausgesetzt sei, denn er komme oft in einer gereizten Stimmung nach Hause, und manchmal kotet er auf dem Heimweg ein. Er hat einen Freund außerhalb der Schule, ein älteres Kind, das in der Nachbarschaft wohnt. Sie kommen gut miteinander aus und sind meistens in phantasievolle Spiele vertieft.

Man könnte noch viel mehr über Danny und seine Eltern erzählen, aber ich glaube, daß ich genug vermittelt habe, so daß man sich ein Bild von dem Kind und seiner Beziehung zu seiner Familie machen kann. Nachdem die Eltern einige Wochen zu mir kamen, vereinbarten wir, daß ich weiter mit ihnen einmal die Woche arbeiten würde, während Danny eine intensivere Behandlung bekommen sollte.

Es wurde vereinbart, daß N., eine begabte Ausbildungskandidatin, Danny täglich behandeln würde und daß ich die Arbeit supervidieren würde. N. sprach kurz mit den Eltern und hatte dann ihre erste Behandlungsstunde mit Danny. Sie berichtete, daß sie von Dannys Erscheinung sehr überrascht war. Er war klein, trug eine große, dicke Brille, hatte ein zusammengekniffenes Gesicht, und sein Schielen war sehr auffällig. Er reagierte nicht auf N.'s Gruß, vermied die ganze Stunde den Augenkontakt und versteckte sich mit finsterer Miene hinter der Mutter.

Auf dem Weg zum Behandlungszimmer begann Danny, seine Mutter zu treten und machte im Behandlungszimmer so weiter. Die Mutter versuchte zunächst, es zu ignorieren, aber es wurde schlimmer. Die Therapeutin schlug vor, daß Danny sich das Spielzeug im Zimmer anschauen könne. Das hatte keine Wirkung, bis die Therapeutin meinte, daß seine Mutter sich vielleicht gerne mit ihm zusammen das Spielzeug anschauen würde. Das schien zu funktionieren, und Danny betrachtete das Spielzeug, ohne dabei seine Miene zu ändern. Er spielte nicht, bis er ein Gewehr fand, mit dem man Pfeile mit einem Saugnapf an der Spitze abschießen kann. Er schoß damit in der Gegend herum und traf auch N. Sie sagte, daß es sicher Spaß mache, mit Gewehren zu spielen, aber sie möge es nicht, getroffen zu werden, so wie er das auch nicht mögen würde. Sie schlug ihm vor, ein Ziel zu suchen, auf das er schießen könnte. Danny akzeptierte das und nahm ein kleines Haus, das er im Sandkasten plazierte und als Zielscheibe benutzte.

Man kann sagen, daß N. sich hier auf die Aggression des Kindes bezog und sie auf ein neutrales Ziel ablenkte – vielleicht ein kleines Stück Holding. Ich hätte zu einem anderen Weg tendiert, denn ich habe das Verhalten des Kindes als Ausdruck von Angst verstanden. Ich hätte versucht, direkt oder mit Hilfe der Mutter zu deuten, daß es große Angst machen kann, zu einer fremden Frau zu kommen, und daß er vielleicht versucht zu zeigen, daß er sehr stark ist, und daß er derjenige ist, der anderen Angst macht. N. und ich konnten diese Frage bei unserem Treffen erörtern und sind später noch oft auf dieses Thema zurückgekommen.

Nachdem Danny mehrmals auf das Puppenhaus geschossen hatte, wurde er sehr aufgeregt und sagte: »Ich werde euch alle zerstören.« Es gelang ihm, Wolken von Sand aufzuwirbeln, doch dann suchte er etwas, was als Befestigung dienen könnte, um das Haus zu schützen. Zuerst benutzte er Zäune, die er dann in die Luft jagte, wobei er vor Aufregung kreischte und pupste. Dann fand er einen großen Elefanten, den er vor das Haus stellte. Der Elefant ließ sich aber durch den Beschuß nicht von der Stelle bewegen. Danny wurde wütend und schrie den Elephanten an, er sei arrogant, unverschämt, er würde ihn zerstören und es ihm schon zeigen. »Dir werd ich's schon zeigen, dir werd ich's schon zeigen«, schrie er. In seiner Aufregung begann Danny jetzt Sand und Spielzeug im Zimmer herumzuwerfen.

An diesem Punkt, gegen Ende der Stunde, sagte N., sie verstünde, daß Danny wütend und gekränkt sei, weil der Elefant so stark sei, denn dadurch fühle er sich ziemlich klein und schwach. Danny reagierte nicht direkt darauf, aber beruhigte sich, obwohl er weiterhin den Bauch des Elefanten beschoß. N. hatte natürlich recht, daß Danny sehr frustriert und gekränkt war, weil der Widerstand des Elefanten ihm seine eigene

Schwäche vor Augen führte. (Sowohl N. wie auch ich sahen eine mögliche Verbindung zwischen dem Elefanten und der Mutter, als diese mit David schwanger war.) Aber für mich war der entscheidende Punkt nicht Dannys Aggression und seine aggressiven Phantasien als solche, sondern eher seine Erwartung, daß man ihn arrogant und eingebildet fände, und es ihm zeigen und ihn bestrafen würde. So hätte man meiner Ansicht nach die Angst des Kindes in der Übertragung deuten können.

Eine Zeichnung, die Danny in der nächsten Stunde anfertigte, zeigte, daß er N. als bedrohliche Aggressorin sah. Die Zeichnung stellte ein schreckliches Monster mit menschlichen Zügen, mit vielen Gliedmaßen und scharfen Zähnen dar. Das Monster hatte eine Uhr im Bauch, deren Zeiger auf zehn Minuten vor der vollen Stunde zeigten. Diese Uhr, die die 50 Minuten der Behandlungsstunde markierte, bezeichnete Danny als eine Bombe! Dannys Vorstellung von N. als erschreckendem Monster, vor dem er sich schützen muß, leuchtet ein, wenn sie als Externalisierung einer inneren Beziehung zu einem grausamen, vorwurfsvollen und ihn attackierenden Überich verstanden wird. Diese innere Beziehung basiert auf einer Identifizierung mit dem inneren Aggressor und ist psychodynamisch für das Kind von doppeltem Vorteil: Zum einen kann es sich der schuldigen oder schambesetzten Aspekte seines Selbst mittels Projektion entledigen und zugleich mit einer mächtigen furchteinflößenden inneren Figur identifizieren.

Es dauerte einige Wochen, bis Danny der Mutter erlaubte, das Behandlungszimmer zu verlassen. Er übernahm zunehmend die Regie in den Stunden, indem er darauf bestand, mit N. Fußball zu spielen. Er stürmte wie ein Tornado ins Zimmer, ohne N. zu grüßen oder zu beachten, hatte seinen eigenen Fußball bei sich und machte gleich Platz frei für das Spiel. Dann zeigte er N., wie gut er kicken und dribbeln kann, und versuchte ständig, es N. in einer sehr didaktischen Art beizubringen. Er hatte das Torverhältnis von Stunde zu Stunde genauestens im Auge, aber er hatte sein eigenes System für das Torezählen, so daß er bald N. bei weitem überrundet hatte und zum unumstrittenen Gewinner avancierte. Er zeichnete provokative Bilder, auf denen der spottende Gewinner und der untröstliche Verlierer abgebildet waren.

Das zwanghafte und repetitive Spiel war viele Wochen lang nicht einzugrenzen, aber schließlich gelang es N., die Vereinbarung mit Danny zu treffen, daß die letzten 20 Minuten der Stunde ruhiger verbracht werden sollten. Danny akzeptierte das, und sie fingen an, Brettspiele zu spielen – Dame, Schach und ähnliche (»snakes and ladders«). Wie zu erwarten war, verhielt sich Danny auch dabei kritisch und verächtlich gegenüber N. und unterbrach das Spiel, sobald die Gefahr bestand, daß er verlieren könnte. Die Spiele schafften allerdings einen Vorwand für Gespräche, und N. konnte mit der Zeit einiges Phantasiematerial aus Danny herausbekommen.

Danny entspannte sich nach und nach und war dann auch in der Lage, seine Therapeutin beim Namen zu nennen und Augenkontakt mit ihr aufzunehmen. Das Fußballspiel verlor seine Zwanghaftigkeit und wurde ersetzt durch die Inszenierung endloser Schlachten, an denen Spielzeugautos, Tiere, Soldaten und Eindringlinge aus dem All beteiligt waren. N. war dabei immer der Feind, und der Kampf ging um den Besitz von Territorium. Natürlich war N. immer die Verliererin, und es war nie möglich, einen Frieden auszuhandeln. Die Phantasien, die in dieser Zeit auftauchten, zeigten eine bedrohliche und grausame innere Welt, in der sich Danny ausgetrickst, bedroht, ausgelacht und ständig gedemütigt fühlte. Teilweise wurde N. aus der Rolle eines verfolgenden Introjekts entlassen und wurde mehr zum Freund und Verbündeten. Danny entspannte sich allmählich für längere Zeitabschnitte und konnte die vorherige rigide Kontrolle von N. lockern.

Nach einigen Monaten der Behandlung reagierte Danny zunehmend verstört auf Trennungen vor Wochenenden und Ferien. Er wurde aggressiv gegenüber N., leugnete aber, sich aus ihr oder der Trennung irgendetwas zu machen. Zu diesem Zeitpunkt erlebte er das Ende der Behandlungsstunden eindeutig als Angriff, als grausamen Hinweis auf seine Verwundbarkeit und Schwäche.

Die Stunde vor der Episode, die ich beschreiben möchte, war die letzte der Woche. Danny war in guter Stimmung und kam singend in die Stunde. Er brachte viele Streichholzschachteln mit, aus denen er eine Kanone basteln wollte, und tat es mit großem Geschick. Irgendwann sagte N., wie schön die Kanone sei, worauf Danny zornig erwiderte: »So einen Mist hab ich noch nie gehört. Warum sagst du sowas?« N. war durch Dannys Zurückweisung überrascht und sagte: »Es tut dir nicht gut, wenn ich Dir Komplimente mache, es fühlt sich gefährlich an.« Danny reagierte darauf und sagte, das, was sie sage, mache ihn nur noch zu 30% nervös, aber das sei in Ordnung, denn früher seien das 100% gewesen. Die Stunde hatte die Aura einer »guten« Stunde, mit Ausnahme der Art, wie sie endete. Danny weigerte sich zu gehen, und als N. darauf bestehen mußte, daß die Zeit um sei, fing er an, alles im Zimmer herumzuwerfen, was er in die Hände kriegen konnte, und verursachte dabei erheblichen Lärm. Der Vater kam ins Behandlungszimmer, als er hörte, was los war, und war entsetzt über das Durcheinander. Obwohl N. versuchte, den Vater draußen zu halten, bestand er darauf, daß er und Danny das Zimmer aufräumen werden. Danny entwand sich dem Zugriff seines Vaters, sobald er konnte, und rannte hinaus, ohne nochmals zurückzuschauen.

Als Danny nach dem Wochenende wiederkam, stürmte er ins Zimmer wie ein wildes Tier, ohne N. zu grüßen. Er trat sie und beschuldigte sie, das Zimmer für ihn nicht vorbereitet zu haben. Er setzte seine Attacken fort, versuchte, sie zu beißen, und kratzte ihr Gesicht blutig. N. hatte keine andere Möglichkeit, als ihn festzuhalten, während sie versuchte, mit ihm zu reden. Sie sagte zu ihm: »Du bist heute so wütend, daß du mich nur angreifen kannst, aber ich kann es nicht zulassen, daß du mich verletzt.« Danny schrie, um N.'s Stimme zu übertönen, und kämpfte, um freizukommen. Aufgrund des Lärms kam die Mutter ins Behandlungszimmer, und N. fragte Danny, ob er meine, daß er sich beruhigen könne, oder ob er lieber nach Hause möchte. Sie wiederholte, daß sie sehen könne, wie verstört er sei, daß es helfen würde, wenn er darüber sprechen könnte, aber daß sie ihm nicht erlauben könne, sie zu verletzen. N. versuchte, eine sichere Umwelt wiederherzustellen, in der Danny sich ausreichend gehalten fühlen würde, um zu reden. Dannys einzige Reaktion auf ihr Bemühen war, daß er lauter schrie und um sich schlug. Als die Mutter sich ängstlich bemühte, ihn zu beruhigen, reagierte er, indem er sie beschimpfte. N. hielt Danny weiter fest, aber in seinem Kampf, sich zu befreien, schlug er mit der Lippe gegen ein Möbelstück und fing an zu bluten. Das steigerte nur seine Panik. Er weigerte sich, das Zimmer zu verlassen, lag auf dem Boden und trat, fluchte und schrie vor lauter Frustration. Schließlich bestach ihn die Mutter, indem sie ihm ein Geschenk versprach, und er rannte aus dem Zimmer.

In dieser Stunde hatte sich eine Situation hergestellt, in der auf jeden Fall physische Kontrolle – ein buchstäbliches »Halten« – notwendig war, um die Therapeutin und den Patienten zu schützen. Wie können wir entscheiden, ob Dannys Verhalten als Ausbruch unintegrierter Aggression eines impulsiven Kindes zu verstehen ist oder ob seine Gewalttätigkeit Ausdruck eines Panikzustands bei einem Kind war, das eben begonnen hatte, Vertrauen zu seiner Therapeutin zuzulassen, und etwas von seiner omnipotenten Kontrolle aufzugeben? Aber zu welchem Schluß auch immer die Therapeutin kommen würde, zunächst mußte sie vor allen Dingen eine sichere Umwelt für das Kind schaffen. An dieser Stelle lohnt es, an die Bemerkung von Kernberg (1975) zu erinnern, daß Borderline-Patienten – und Danny kann man mit Fug und Recht als einen solchen bezeichnen – oft große Angst vor ihren destruktiven Regungen und der daraus folgenden Zerstörung ihrer Objekte haben.

Das Ende der Freitagsstunde war für Danny offenbar unerträglich. Da er dabei war, sich auf N. in einer weniger kontrollierenden Weise einzulassen, fühlte er sich durch das bevorstehende lange Wochenende zurückgewiesen und in einen schmerzlichen Zustand von Hilflosigkeit und Verwundbarkeit versetzt. Das wurde durch das Eindringen des Vaters ins Behandlungszimmer verstärkt. Das war für Danny alles unerträglich, kränkend und demütigend und seine Gefühle von Verzweiflung und Empörung über die Therapeutin, von der er sich verraten fühlte, nahmen eine große Intensität an. Das brachte er deutlich mit der Beschuldigung zum Ausdruck, die er beim Betreten des Behandlungszimmers äußerte:»Du hast das Zimmer für mich nicht vorbereitet.« So könnte man sein Verhalten in der Montagsstunde als einen Ausbruch von narzißtischer Wut charakterisieren, um Kohuts (1973) Begriff zu benutzen.

In diesem Zusammenhang muß man unterscheiden zwischen den *elementaren* aggressiven Regungen, die ausbrechen können, weil die Ich-Kontrolle schwach ist, so wie es Fenichel (1945) für die impulsgesteuerten Charaktere beschrieben hat, und dem *defensiven* aggressiven Verhalten, wie Danny es meiner Meinung nach wiederholt an den Tag legte. Diese Art der Reaktion, bei der es zu einem plötzlichen Ausbruch von Wut verbunden mit Beschuldigungen kommt, ist so häufig, daß sie spezielle Aufmerksamkeit verdient, zumal sie für den Therapeuten eine besondere Herausforderung darstellt. Meistens wird der Ausbruch narzißtischer Wut sofort mit Deutungen oder psychischem »Holding« beantwortet.»Wirklich« zu halten, ist oft der einzige Weg, sowohl das Kind als auch den Therapeuten zu schützen. Wenn, wie im Fall von Danny, das Kind einen überwältigenden Zustand von Hilflosigkeit und Desintegration erlebt, spiegelt der Inhalt der Anschuldigungen stets innere Anschuldigungen gegenüber einer unsicheren, zutiefst beängstigenden und beschämenden Welt wider. Zeigt man dem Kind, daß der Therapeut die Ausbrüche überlebt, ohne sich zu rächen, können die Phantasien des Patienten sinnvoll gedeutet werden. Dies ist Teil der haltenden Funktion des analytischen Prozesses.

Es ist wichtig, noch eine Bemerkung über das Eindringen der Eltern in den Behandlungsraum hinzuzufügen. Für N. und mich kam darin zum Ausdruck, daß die Eltern ihre Angst nicht in sich halten konnten und kein Vertrauen hatten, daß die Therapeutin mit Danny fertig werden würde. Es zeigte auch, wie sie auf ihr Kind die innere Repräsentanz von Danny als einem gefährlichen, gewalttätigen und destruktiven Kind projizieren.

Im Zuge der therapeutischen Arbeit gelang es N. zunehmend, Dannys defensive Aggressivität zu deuten und ihm bei seinen Panikattacken zu helfen. Wenn er in einer vorwurfsvollen und manchmal gewalttätigen Stimmung den Behandlungsraum betrat, konnte sie ihm sagen, daß es vielleicht etwas gibt, daß ihm Kummer macht, und das beruhigte ihn so weit, daß die Arbeit weitergehen konnte.

Nach anderthalb Jahren Behandlung konnte eine gewisse Besserung erzielt werden. Nachts ist Danny fast trocken, das Einkoten hat ganz aufgehört. Er wird als kooperativer beschrieben, und die Eltern berichteten, daß es Momente gibt, in denen er glücklich wirkt. Er ist auch zärtlicher gegenüber seiner Mutter geworden. Ist er frustriert oder enttäuscht, regrediert er leicht, erholt sich jedoch wieder schnell. Kürzlich hat er von selbst beschlossen, seine Nuckelflasche aufzugeben, und ist darüber erleichtert und stolz.

Ich habe diesen Fall, wenn auch sehr unvollständig, vorgestellt, weil ich die Komplexität der analytischen Arbeit und des Themas beleuchten wollte.

Holding begreifen wir zum einen als einen elementaren Bestandteil jeder Therapie, das durch Regelmäßigkeit, Vorhersehbarkeit und Festigkeit des analytischen Setting gewährleistet wird. Zum anderen wird Holding als eine spezielle therapeutische Maßnahme verstanden, die Patienten helfen soll, ihr impulsives Verhalten einzugrenzen. Man sieht den Analytiker dann in der Funktion eines Hilfs-Ichs, in der er ein unzulängliches Ich, das Gefahr läuft, überwältigt zu werden, stützen und stärken soll. Und schließlich wurde »Holding« in Zusammenhang gesehen mit dem psychischen »containment« der Regungen, Ängste, Projektionen und Phantasien des Patienten durch den Analytiker. Auch mit dem Begriff »Deutung« kann sehr Unterschiedliches gemeint sein. Die meisten Analytiker sind sich einig, daß Deutungen nicht alle Interventionen des Analytikers ausmachen. Vor vielen Jahren hat uns Rudolph Loewenstein (1951, S. 4) in seiner Arbeit »The problem of interpretation« daran erinnert, daß als Deutung »diejenigen Erklärungen des Analytikers an die Patienten definiert werden können, die ihr Wissen über sich selbst erweitern. Dieses Wissen bezieht der Analytiker aus den Elementen, die in Gedanken, Gefühlen, Worten und Verhalten des Patienten enthalten sind.« Allerdings haben Analytiker seither erst nach und nach die nonverbale Kommunikation berücksichtigt, von der wir wissen, daß sie wesentlich dazu beiträgt, die angemessene haltende Umwelt zu schaffen, in der eine erfolgreiche Analyse durchgeführt werden kann.

Übersetzung aus dem Englischen von Anna Leszczynska, Frankfurt a. M.

Literatur

Balint, M. (1968). *The Basic Fault.* London: Tavistock

Bion, W. (1970). *Learning from Experience.* London: Heinemann

Eissler, K. R. (1953). The effect of the structure of the ego on psychoanalytic technique. *J. Amer. Psychoanal. Assn.* 1:104-43

Fenichel, O. (1945). *The Psychoanalytic Theory of Neurosis.* New York: Norton

Ferenczi, S. (1926). *Further Contributions on the Theory and Technique of Psychoanalysis.* London: Hogarth.

Kernberg, O.F. (1975). *Borderline Conditions and Pathological Narcissism.* New York: Jason Aronson.

Klüwer, R. (1983). Agieren und Mitagieren. *Psyche* 37, S. 828-840

Kohut, H. (1971). *The Analysis of the Self.* New York: International Universities Press

Kohut, H. (1973). Überlegungen zum Narzißmus und zur narzißtischen Wut. *Psyche* 27, S. 513-554

Loewenstein, R. (1951). The Problem of Interpretation, *Pychoanal. Quart.* 20: 1-14

Modell, A. H. (1976). »The holding environment« and the therapeutic action of psychoanalysis. *J. Amer. Psychoanal. Assn.,* 24: 285-307.

Sandler, A.-M. (1983). *The psychoanalyst at work: a particular European perspective.* Unpublished Paper at the 33rd International Psycho-Analytical Congress, Madrid.

Sandler, J. (1983). Reflections on some relations between psychoanalytic concepts and psychoanalytic practice. *Int. J. Psycho-Anal.* 64: 35-45

Sandler, J. (1976) Gegenübertragung und Bereitschaft zur Rollenübernahme. *Psyche 30,* S. 297-305

Sandler, J., Kennedy, H. and Tyson, R. L. (1980). *The technique of child psychoanalysis.* London: Hogarth.

Slochower, J.A. (1994). The evolution of object usage and the holding environment. *Contemp. Psychoanal.* 20: 135-151

Winnicott, D.W. (1960). Theorie of the Parent-Infant-Relationship. *Intern. Jour of Psa* 41, S. 585-595

Ders. (1965) *Reifungsprozesse und fördernde Umwelt,* Frankfurt a. M., Fischer 1984.

ANGELIKA WOLFF

Die Geburt eines Geschwisters – eine Krise in der Kinderentwicklung

Etwas so Normales und Erwünschtes wie die Geburt eines Geschwisters als Auslöser einer *Krise* zu betrachten, mag Unbehagen, wenn nicht gar Widerspruch hervorrufen. Wir sind es gewöhnt, Krisen als etwas Negatives anzusehen, etwas, das man, wenn man es schon nicht hat vermeiden können, möglichst rasch in den Griff zu bekommen versucht, um es zum Verschwinden zu bringen. Entsprechend ist der Begriff der Krise in bezug auf die kindliche Entwicklung reserviert für ungeplante und traumatische Einbrüche ins geradlinig gedachte Leben: für Trennung und Scheidung, für plötzliches Elend, für schwere Erkrankungen, Unfälle oder Tod in der unmittelbaren familiären Umgebung. Bei einem solchermaßen dramatisierten Krisenbegriff wird leicht übersehen, daß Krisen zum Reifungs- und Entwicklungsprozeß des Menschen von der Geburt bis zum Tod gehören und daß sie Raum und Zeit für ihre innere Entfaltung, Verarbeitung und schließliche Lösung brauchen. Auch wenn ihre äußeren Verursachungen vielleicht gar nicht dramatisch erscheinen, können diese Krisen innerlich doch mit schwierigen Konflikten und schmerzlicher Erfahrung verbunden sein; sie können die weitere Entwicklung belasten oder gar blockieren, ihre Verarbeitung aber kann auch entscheidende Reifungsschritte fördern und damit einen Zugewinn an innerem Reichtum bedeuten.

In der Kindheit werden solche »Krisen im Dienste der Entwicklung« – wie wir sie in der Kinderanalyse nennen – zum einen durch biologisch vorgegebene körperliche Reifungsvorgänge ausgelöst. So wird in der analen Entwicklungsphase die körperliche Erprobung der neu erworbenen physischen Fähigkeit, den Schließmuskel zu beherrschen, bekanntermaßen fast regelmäßig von einer mehr oder weniger krisenhaft erlebten sogenannten Trotzphase begleitet. Es sind aber auch die sozial geforderten Loslösungs- und Trennungsschritte von den Eltern wie z.B. der Eintritt in den Kindergarten, die Einschulung oder eben die Geburt eines Geschwisters, die eine Krise in der Entwicklung eines Kindes auslösen.

Damit ist nun nicht gemeint, daß etwa die Geburt eines Geschwisters per se ein Fall für die Kinderpsychotherapie wäre! Zuallererst braucht ein Kind in dieser Situation die Aufmerksamkeit und die Einfühlung seiner Eltern dafür, daß es sich in einer schwierigen inneren Krise befinden kann – auch wenn es möglicherweise statt der gefürchteten Eifersucht rein äußerlich eine große Fürsorglichkeit für das neugeborene Baby an den Tag legt, die die Eltern aufatmen läßt.

Ich will im folgenden meine Gedanken anhand des Grimmschen Märchens *Die sieben Raben* entwickeln.

Die sieben Raben

Ein Mann hatte sieben Söhne und immer noch kein Töchterchen, so sehr er sich's auch wünschte; endlich gab ihm seine Frau wieder gute Hoffnung zu einem Kinde, und wie's zur Welt kam, war's auch ein Mädchen. Die Freude war groß, aber das Kind war schmächtig und klein und sollte wegen seiner Schwachheit die Nottaufe haben. Der Vater schickte einen der Knaben eilends zur Quelle, Taufwasser zu holen: die anderen sechs liefen mit, und weil jeder der erste beim Schöpfen sein wollte, so fiel ihnen der Krug in den Brunnen. Da standen sie und wußten nicht, was sie tun sollten, und keiner getraute sich heim.

Soweit zunächst der Anfang des Märchens, der mitten in die Dramatik meines Themas führt. Stellen wir uns vor: die sieben Söhne – das wäre die märchenhafte Vergrößerung des uns interessierenden Kindes, das ein Geschwister bekommen soll. Wenn wir die Zahl 7 als Beschreibung seines Selbstbildes lesen, so würde dieses als das einer vollkommenen, runden, zufriedenen Harmonie illustriert: Sieben Söhne – welche Großartigkeit! Wie strahlend und befriedigt müssen die Eltern darauf blicken! – Das Märchen spart eine genaue Beobachtung der Mutter, ihrer Haltung zum erstgeborenen Siebengestirn und ihrer möglichen eigenen Wünsche aus; so kann im Verborgenen die Phantasie der paradiesischen Harmonie jedenfalls mit ihr aufrechterhalten bleiben. Der Vater ist es, der den Frieden stört und die Dramatik auslöst. Er ist trotz der siebenfachen Vervollkommnung des erstgeborenen Kindes nicht von seinen eigenen sexuellen Wünschen und Ansprüchen an seine Frau abzubringen; und er führt eine qualitativ andere Sehnsucht nach Vollkommenheit ein: die Vervollkommnung durch das andere Geschlecht. Damit ist ein zentraler Angriff auf die Illusion des erstgeborenen Kindes erfolgt, das Ein und Alles zu sein und immer bleiben zu können. Plötzlich scheint etwas an ihm in Frage gestellt, nicht ganz in Ordnung, vor allem aber für es selbst unerreichbar zu sein. Die in der Vervielfachung mit der Zahl 7 angedeutete orale Welt des Kindes, in der Überfluß und Harmonie alles bedeuten, hat einen Sprung bekommen.

Selbstverständlich ist dieser »Sprung«, so schmerzhaft er auch ist, niemals zu vermeiden. Auch wenn das Geschwisterdrama nicht vorkommt; er gehört zur notwendigen Loslösung aus der symbiotischen Beziehung mit der Mutter und folgt zugleich den früher oder später drängenden Entwicklungsimpulsen eines jeden Kindes, selbständig und groß zu werden, seine sexuelle Identität von der des anderen Geschlechts zu unterscheiden und die sexuelle Beziehung der Eltern anzuerkennen. Die Geburt eines Geschwisters mag so gesehen lediglich die schmerzhafte und ängstigende Seite im Prozeß der Entwicklung besonders spürbar werden lassen und zeitweilig die Gegentendenzen zu ängstlichem Anklammern, zum Festhaltenwollen am Bestehenden, zur Vermeidung oder Verleugnung realer Veränderung verstärken. Welcher Gestalt die durch die Geburt eines Geschwisters ausgelöste Krise sein wird, hängt ganz wesentlich von der Entwicklungsphase und dem Grad der relativen inneren Sicherheit eines Kindes ab. Für ein einjähriges Kind zum Beispiel wird das Geschlecht des Geschwisters eine ganz untergeordnete Rolle spielen; es wird eher von allumfassender Angst, aus dem Nest gestoßen und ganz verloren zu sein, überschwemmt werden und vielleicht besonders intensiv an seinen gierigen Baby-Wünschen an die Mutter festhalten müssen. Ein anderthalbjähriges oder zweijähriges Kind dagegen, das gerade dabei ist, mit trotziger Lust und Wut seinen eigenen Willen gegen den der Eltern zu erproben und die Frage der zornigen Ablehnung der Eltern immer wieder heraufzubeschwören, wird die Geburt eines Geschwisters vor diesem Hintergrund eher als ängstigende Bestätigung erleben, allzu böse gewesen zu sein und die Liebe der Eltern an das viel liebere Baby verloren zu haben; und wenn das Baby das andere Geschlecht hat, so mag sich das Böse-Sein in der Vorstellung dieses Kindes auch noch an seinem eigenen Geschlecht festmachen, und die in dieser Entwicklungsphase angebahnte Wahrnehmung des Geschlechtsunterschieds kann leicht unter das Bewertungsraster von lieb und böse geraten.

Das Kind, von dem in meiner Lesart für dieses Thema das Märchen von den sieben Raben erzählt, ist eine Entwicklungsstufe weiter. Es ist ein »ödipales« Kind, es ist stolz auf sein Geschlecht, dessen es sich inzwischen sicher ist; es ist eifersüchtig auf die besondere, sexuelle Beziehung, die die Eltern miteinander haben, und seine Neugier kreist um die Entstehung der Babies. Natürlich sind die Themen der bereits durchlaufenen Entwicklungsphasen mit ihren Wünschen und Ängsten nicht einfach ad acta gelegt; aber sie haben nun eine andere Konnotation. Die Vervielfachung mit 7 enthält noch die orale Vorstellung von Fülle und Vollkommenheit, betont aber als Attribut des Geschlechts nunmehr dessen narzißtische Besetzung: sieben Söhne – welch unbezweifelbar großartige Männlichkeit! Auch das Kind der analen Phase, das mit dem eigenen und dem Willen der Eltern im Clinch liegt und dem dabei immer wieder etwas daneben geht, ist noch präsent: Trotz großer Bemühung geht alles daneben – die Knaben scheitern am Befehl des Vaters; aber der inhaltliche Zusammenhang mit dem Ausgeschlossensein von der Sexualität der Eltern wird diesem Scheitern seine besondere Bedeutung als Ausgangspunkt einer Krise geben, die einer Dynamik von Schuldangst und Bestrafung folgt.

Obwohl das Märchen sicherlich auch ganz anders interpretiert werden könnte, möchte ich im folgenden *Die sieben Raben* rekonstruieren und dabei annehmen, es handle sich um die dramatische Darstellung der inneren Welt eines Jungen in der ödipalen Phase, der eine kleine Schwester bekommen soll. Dieser Junge beschäftigt sich intensiv mit seinem Vater, der dasselbe Geschlecht hat und dessen Größe und Fähigkeiten ihm unübertroffen erscheinen. So möchte er auch sein! Dann wäre er zwar nicht mehr Mamas geliebtes Kind; aber bestimmt würde sie zustimmen, daß er sie heiratet, wenn er groß ist. Daß er den Vater, der ja dazwischenstünde, in dieser Wunschphantasie beseitigt, erschrickt den Jungen sehr und läßt ihn innerlich den Vater und dessen drängende Wünsche und Ansprüche an die Mutter mit aller Macht auf den Plan rufen. So fängt das Märchen an: *»Ein Mann hatte sieben Söhne und immer noch kein Töchterchen, so sehr er sich's auch wünschte; endlich gab ihm seine Frau wieder gute Hoffnung zu einem Kinde...«* Der Vater, den der Junge bewundert und liebt und dessen Strafe er fürchten müßte, wenn er seinen Platz bei der Mutter erobern wollte, wird in der Phantasie des Jungen also in seine Rechte wiedereingesetzt und mit grenzenlosen sexuellen Wünschen ausgestattet. Wieviel Sexualität die Eltern wohl miteinander haben? Und was macht der Vater mit seinem Penis im Bauch der Mutter, damit dort ein Junge oder ein Mädchen wächst? Diese Fragen erregen den Jungen, beleben und steigern seine sexuellen Empfindungen und lassen die Vorstellung vom riesigen Penis des Vaters als gefährlich für den Bauch der Mutter erscheinen. Die jedenfalls wirkt zögerlich und will vielleicht gar nicht so wie der Vater; jedenfalls heißt es zurückhaltend: *»... endlich gab sie ihm wieder gute Hoffnung.«*

Die lebensbedrohliche Schwachheit des neugeborenen Mädchens unterstreicht die Phantasien des Jungen über die Gefährdung des weiblichen Geschlechts, bringt aber auch zugleich die Ambivalenz der kleinen Schwester gegenüber ins Spiel: Vielleicht stirbt sie ja, und alles wäre wieder gut; denn die Mutter – wenn sie so ein schwaches Mädchen zur Welt bringt – will es doch eigentlich auch nicht, weil sie im Grunde mit ihrem Siebengestirn vollkommen glücklich ist. Der Vater aber will von dieser Ambivalenz nichts wissen und bestärkt die andere Seite, die es auch gibt: Freude über das kleine Mädchen, dem gegenüber unser Junge sich groß und stark erlebt, so daß er den Auftrag des Vaters, zur Rettung des Kindes Taufwasser aus der Quelle zu schöpfen, stolz entgegennimmt: Er darf eine väterliche Aufgabe übernehmen und tut dies überschwenglich. Jeder der Knaben – so drückt der Märchentext den Übereifer aus – wollte beim Schöpfen der Erste sein. Und wie das so geht beim Übereifer: Die unterdrückte verbotene Gegentendenz setzt sich durch, der Krug fällt in den Brunnen, die Rettungsaktion mißlingt. *»Da standen sie und wußten nicht, was sie tun sollten, und keiner traute sich heim.«* Angst kommt auf und das Bewußtsein von Schuld und Scham. Der Junge hatte doch seine Ambivalenz überwinden, die Sexualität der Eltern akzeptieren und die Schwester mit ihrem anderen Geschlecht am Leben erhalten wollen. Er hatte die Wünsche unterdrückt, sich mit der Mutter in dem als gemeinsam phantasierten heimlichen Verschwindenlassen der Vatertochter zu verbünden, und sich mit dem Vater zu identifizieren versucht, der weiß, was die lebensspendende Aufgabe eines Mannes beim schwachen Geschlecht ist. So konfliktfrei ist aber der Weg der Identifizierung als Konfliktlösung nicht: Die Identifizierung belebt nämlich im gleichen Zug den verbotenen Wunsch wieder, es dem Vater nicht nur gleichzutun, sondern ihn zu ersetzen und damit zu beseitigen; und wir können uns vorstellen, daß in der inneren Welt des Jungen die Szene um Krug, Taufwasser und das Eintauchen des Krugs in die Quelle zur Erfüllung des väterlichen Kinderwunsches symbolisch mit der sexuellen Szene der Eltern gleichgesetzt wird, von der der Junge sich doch so unerträglich ausgeschlossen erlebt und in die er nun einzudringen verführt ist, an Vaters Stelle, groß und mächtig. Da fällt der Krug ihm aus der Hand, die Krise ist da. Folgen wir weiter der Märchenerzählung:

Als sie immer nicht zurückkamen, ward der Vater ungeduldig und sprach:»Gewiß haben sie's wieder über ein Spiel vergessen, die gottlosen Jungen.« Es ward ihm angst, das Mädchen müßte ungetauft verscheiden, und im Ärger rief er:»Ich wollte, daß die Jungen alle zu Raben würden.« Kaum war das Wort ausgeredet, so hörte er ein Geschwirr über seinem Haupt in der Luft, blickte in die Höhe und sah sieben kohlschwarze Raben auf- und davonfliegen.

Die Eltern konnten die Verwünschung nicht mehr zurücknehmen, und so traurig sie über den Verlust ihrer sieben Söhne waren, trösteten sie sich doch einigermaßen durch ihr liebes Töchterlein, das bald zu Kräften kam und mit jedem Tag schöner ward.

Zwar hatte der Junge mit seiner Fehlhandlung die gefährliche Szene vermieden; aber nun steht er beschämt da: ein kleiner und unfähiger Junge, der in der Rivalität mit dem Vater versagt hat, der der Mutter nicht gefallen wird und die Strafe des Vaters für den Angriff auf dessen Kinderwunsch fürchten muß. Als kleines, unfähiges Kind wiederum, als das er sich früher immer sicher geliebt fühlen konnte, kann er sich nun, da die kleine Schwester diesen Platz eingenommen hat, weder beim Vater, noch bei der Mutter eine Chance ausrechnen. Und so spitzt sich das Drama zu: Der Vater verwünscht den Jungen, verbannt ihn aus der Welt der Eltern; und der Junge zieht sich trotzig ans andere Ende der Welt zurück. Ein wenig versucht er, sich mit Rachegelüsten zu trösten, wie die Eltern ohnmächtig versuchen werden, ihn wieder zu erreichen, und mit diesen Phantasien versucht er, auch für sich die Verbindung zu ihnen aufrechtzuerhalten; aber zunächst ist seine Eifersucht und Gekränktheit darüber, daß die Eltern sich mit der Schwester genug sind, so groß, daß er nichts mehr von ihnen wissen will. Er zieht sich zurück in den »Glasberg«, wie das Märchen den Ort der inneren Verbannung nennt, unerreichbar abgekapselt. Vor Wünschen, Aggressionen, Ängsten, Verletzung und Racheimpulsen, vor Konflikten und Gefühlen überhaupt kann er sich so erst einmal schützen.

Aber die Schwester läßt ihm keine Ruhe. Sie könnte ja gar nichts von ihm wissen wollen, *sie,* die er gekränkt den Eltern überlassen hat und die dort seinen Platz einzunehmen droht, sie, das Mädchen, während er, der Junge, mit seinem männlichen Geschlecht vorgeblich nichts mehr begehrt und nicht mehr begehrt ist. Die Schwester gerät nun in der inneren Welt des Jungen an die Stelle all des Guten, das er selber als schmerzlich verloren nicht spüren darf. Verbannung und Rückzug waren ein Akt von trotzig-analer Impulsivität, der nicht so leicht rückgängig zu machen ist; die Todeswünsche gegenüber Schwester und Vater hatten sich allzu machtvoll vorgedrängt und mußten entsprechend hart geahndet werden. In der Gestalt der Raben scheint das Unheilvolle durchaus noch präsent; aber in der Verbannung unter ihresgleichen und unter der Abwesenheit von menschlicher Liebe ist das Unheil erst einmal gebannt. Die phantasierte Verwandlung des sich schuldig fühlenden und beschämt bloßgestellten Jungen in Rabengestalt dient also der Verleugnung der Realität einer anderen Seite, die jenseits des Glasbergs bei den Eltern ihren Ort hat, und zu der der Junge in seiner Phantasie über die Schwester den Kontakt wieder aufnehmen kann. Die psychischen Abwehrmechanismen von Verschiebung und Projektion ermöglichen ihm die vorsichtige innere Beschäftigung mit dem in der Verbannung Abgespaltenen. Nicht der Junge selbst, nein, die Schwester ist es, in der Gefühle lebendig sind, die

Schuldangst spürt und die Versöhnung und Erlösung sucht.

Das Märchen erzählt das so:

Das Töchterchen war bald zu Kräften *gekommen und* ward mit jedem Tag schöner. *Es wußte lange Zeit nicht einmal, daß es Geschwister gehabt hatte; denn die Eltern hüteten sich, ihrer zu erwähnen, bis es eines Tages von ungefähr die Leute von sich sprechen hörte, das Mädchen wäre wohl schön, aber doch eigentlich schuld an dem Unglück seiner sieben Brüder. Da ward es ganz betrübt, ging zu Vater und Mutter und fragte, ob es denn Brüder gehabt hätte, und wo sie hingeraten wären. Nun durften die Eltern das Geheimnis nicht länger verschweigen, sagten jedoch, es sei so des Himmels Verhängnis und seine Geburt nur der unschuldige Anlaß gewesen. Allein das Mädchen machte sich täglich ein Gewissen daraus und glaubte, es müßte seine Geschwister wieder erlösen. Es hatte nicht Ruhe und Rast, bis es sich heimlich aufmachte und in die weite Welt ging, seine Brüder irgendwo aufzuspüren und zu befreien, es möchte kosten, was es wollte. Es nahm nichts mit sich als ein Ringlein von seinen Eltern zum Andenken, einen Laib Brot für den Hunger, ein Krüglein Wasser für den Durst und ein Stühlchen für die Müdigkeit.*

Lesen wir den Text als Darstellung der Verarbeitung auf dem Wege von Phantasien, die den Jungen – äußerlich geschützt durch die desexualisierte und entmenschlichte Rabengestalt – die Verbindung zu seinen Eltern innerlich wieder aufnehmen lassen, so können wir den Weg der Verschiebung auf die Schwester nachvollziehen, deren erwachende Sexualität – Kräfte und Schönheit – wie ehedem die des Jungen mit der Frage nach Geschwistern und damit nach der Sexualität der Eltern verknüpft wird, so sehr die Eltern ein Geheimnis daraus machen. Die Schwester aber, ganz anders als der schlimme Junge vormals, erscheint geläutert von Aggression und Rivalität bei der drängenden Suche nach dem anderen Geschlecht. Die Attacke auf die verschworene Gemeinschaft der Eltern findet nun im Dienste des Guten, der Lebensrettung des Geschwisters, statt. Zunächst wird die Schuld für die versuchte Beseitigung auf die Eltern, dann aber in einem weiteren Schritt als »des Himmels Verhängnis« ins Jenseits projiziert. Damit wird eine Anerkennung des naturgesetzten Generationen- und Geschlechtsunterschieds möglich und eine Aussöhnung mit den Eltern angebahnt: Die Geburt des Geschwisters und die Exklusivität der elterlichen Sexualität müssen nicht mehr als böser Angriff erlebt werden. So kann das Kind sich anders von den Eltern trennen – nicht ganz ohne vorwurfsvolle böse Gefühle, aber doch unter

Aufrechterhaltung der guten Verbindung auf einer schützenden symbolischen Ebene. Das Gute der Eltern nimmt es mit auf den Weg zur eigenen Generation der Geschwister, denen es auf diese Weise Liebe entgegenbringen kann: ein Ringlein von den Eltern zum Andenken, einen Laib Brot für den Hunger, ein Krüglein Wasser für den Durst und ein Stühlchen für die Müdigkeit.

Die Abenteuer der Schwester auf der Suche nach den sieben Raben wiederholen die Geschichte der Verbannung des Rabenjungen in die Emigration, die zunächst eine unmenschlich harte, trennende Grenze zwischen den Jungen und seine Eltern gesetzt hat. Verschoben aber auf seine Schwester kann der Rabenjunge nun in seiner inneren Welt seine damalige, vernichtend böse Reaktion auf die Geburt der kleinen Schwester noch einmal im Guten durchspielen; im Reich der Phantasie kann die Krise bearbeitet werden. Dieses geht keineswegs geradlinig und ohne Gefahr und Probleme vor sich, wie das Märchen erzählt. Auf der Suche nach den Brüdern muß das Mädchen weit,

weit bis an der Welt Ende (gehen). Da kam es zur Sonne, aber die war zu heiß und fürchterlich und fraß die kleinen Kinder. Eilig lief es weg und lief hin zu dem Mond, aber der war gar zu kalt und auch grausig und bös, und als er das Kind bemerkte, sprach er: »Ich rieche, rieche Menschenfleisch.« Da machte es sich geschwind fort und kam zu den Sternen, die waren ihm freundlich und gut, und jeder saß auf seinem besonderen Stühlchen. Der Morgenstern aber stand auf, gab ihm ein Hinkelbeinchen und sprach: »Wenn du das Beinchen nicht hast, kannst du den Glasberg nicht aufschließen, und in dem Glasberg, da sind deine Brüder.«

Noch einmal wird die Ambivalenz der Trennung durchgespielt: Noch am entferntesten Punkt, am Ende der Welt, sind Mutter und Vater präsent; am radikalsten Punkt der Trennung von ihnen drängen sich Hilfsbedürfnis und Abhängigkeitswünsche auf. Aber die Eltern sind für das zu Kräften gekommene und sexuelle Kind nicht mehr die, an die es sich früher hingeben konnte, das muß noch einmal dramatisch durchlebt werden. Die heißen Gefühle, die nun mit der Beziehung zur Mutter verknüpft und in der Sonne symbolisiert sind, erscheinen gefährlich und führen in der Phantasie in die regressive Verschmelzung mit ihr, in der die sexuelle Spannung aufgelöst, das Kind sich wieder als Baby erleben würde; damit aber würde die erreichte sexuelle Identität des Kindes »aufgefressen«. Vielleicht würde es von sich aus der Versuchung erliegen, wenn es nicht auf der Suche nach Hilfe den Mond als symbolische Gestalt des Vaters erfände, der das »Menschenfleisch«, das Lust macht, erkennt und Leib und Leben des Kindes bedroht, das zu nahe kommt. Die phantasierte Szene erlaubt, die bedrohliche Ambivalenz von den wirklichen Eltern abzuziehen und ermöglicht dem Kind auf der Ebene der symbolischen Darstellung eine Übersteigerung der Gefahr von Verführung, Zurückweisung und Strafdrohung, die sich als hilfreich erweist und die Lösung der Krise und die Entwicklung voranbringt: Das Kind rettet sich zu den Sternen und wendet sich der eigenen Kindergeneration zu. Da hat jedes sein »Stühlchen« als die symbolische Verbindung mit den guten, sorgenden Eltern, ist klein und kommt den großen sexuellen Eltern nicht ins Gehege. Die Gefahr ist gebannt, der Generationenunterschied und das Inzesttabu sind im Bild vom Himmel, in dem Sonne, Mond und Sterne ihre festen Größenverhältnisse und Plätze haben, innerlich anerkannt und gesichert. Der Befreiung des Rabenjungen aus dem »Glasberg« steht scheinbar nichts Wesentliches mehr im Weg, denn die Kinder haben einen Schlüssel. Doch der ist nicht ganz geheuer: Das Mädchen soll mit dem »Hinkelbeinchen« seine sexuelle Identität und den Unterschied zwischen den Geschlechtern verleugnen und so tun, als wären alle Kinder gleich. Wir erinnern uns an die die Krise auslösende Szene, als der Junge sich beim Wasserschöpfen mit dem Krug in der Phantasie mit dem Vater gleichstellen und den Unterschied beseitigen haben wollte und damit die Verbannung in den »Glasberg« auslöste. Verschoben auf die Schwester und auf dem Weg der Befreiung zurück in die Familie wiederholt sich die Dynamik vom Beginn noch einmal.

Das Mädchen nahm das Beinchen, wickelte es wohl in ein Tüchlein und ging weiter fort, so lange, bis es an den Glasberg kam. Das Tor war verschlossen, und es wollte das Beinchen hervorholen, aber wie es das Tüchlein aufmachte, so war es leer, und es hatte das Geschenk der guten Sterne verloren. Was sollte es nun anfangen? Seine Brüder wollte es erretten und hatte keinen Schlüssel zum Glasberg. Das gute Schwesterchen nahm ein Messer, schnitt sich ein kleines Fingerchen ab, steckte es in das Tor und schloß glücklich auf.

Auf dem inneren Weg, die Beziehung zum neuen Geschwister aufzunehmen und es lieb zu haben, passiert wieder ein Mißgeschick, das in der symbolischen Gestaltung von »Hinkelbeinchen im Tüchlein« deutlich an das Bild von Krug und Brunnen erinnert. Wie der Junge zu Anfang der Geschichte den Krug in den Brunnen fallen ließ, weil die sexuellen Wünsche und ödipalen Phantasien ihn so bedrohlich stark übermannt hatten, so verliert jetzt die Schwester das Hinkelbeinchen, mit dem sie sich doch so mühsam ausgestattet hatte, um die Geschwister zu retten.

Wieder ist der bewußte Wille vom unbewußten Unwillen außer Kraft gesetzt und die Ambivalenz deutlich geworden, die mit der Eifersucht einhergegangen war. Das Hinkelbeinchen im Tüchlein, mit dem – in einer Szene ähnlichen symbolischen Gehalts – der Glasberg aufgeschlossen werden könnte, hat als Bild der Urszene und zugleich als Bild vom Baby im Bauch der Mutter das erregende Interesse am genitalen Privileg der Eltern ein weiteres Mal wiederbelebt, und die gerade überstanden gewähnten Gefahren infolge der eigenen sexuellen Wünsche drohten wiederzukehren. Der kindliche Rettungsvorschlag, sich in der Phantasie dem anderen Geschlecht gleichzumachen und das eigene zu verleugnen, weil es die Unterschiede von Generation und Geschlecht sind, die die unerträglichen Konflikte und Gefahren bewirkt haben, ist so doch wieder in den Zusammenhang geraten, in dem es um die eifersüchtige Eroberung von Verbotenem und die Beseitigung des Störenden ging. Die Identifikation mit dem neuen Geschwister, die dem Haß und den Beseitigungswünschen entgegenwirken kann, gelingt auch hier nicht, bevor nicht die realen Unterschiede anerkannt sind. Ohne diese Anerkennung erhält ja die bloße Verleugnung wieder die Bedeutung, in einem Gewaltakt das eigene Geschlecht preiszugeben und sich im gleichen Zug neidisch das andere anzueignen. Ein Hinkelbeinchen ist das Ergebnis von Schlachtung. Es zu verlieren kann – ähnlich wie seinerzeit das Fallenlassen des väterlichen Krugs – doch die Schuld nicht aus der Welt schaffen; und die Scham, versagt zu haben und das neue Geschwister auch unter dem Versuch der gewaltsamen Aneignung des anderen Geschlechts nicht selber zur Welt bringen zu können, verlangt nach verändernden Handlungsmöglichkeiten und nach Wiedergutmachung.

Im Prozeß der Verarbeitung der ursprünglichen Krise nach der dramatisch erlebten Geburt der Schwester hat der Junge eine wichtige innere Entwicklung durchgemacht. Hieß es am Anfang: »*Da standen sie und wußten nicht was sie tun sollten*«, so heißt es jetzt: »*Schnitt sich ein kleines Fingerchen ab ... und schloß glücklich auf.*« Ursprünglich und zunächst hatte es für den Jungen nur eine Reaktionsmöglichkeit und Selbstwahrnehmung gegeben: sich radikal mit seiner ganzen Person in die Unkenntlichkeit zurückzuziehen und sich ganz und gar böse – und böse behandelt zu erleben. Jetzt ist es nicht mehr die ganze Person und ist es nicht mehr die totale Zuspitzung der Gefühle, die die Beziehung zu Mutter und Vater nur als Alles oder Nichts gelten lassen kann und daran scheitern muß. Das Problem, an dem die Liebe hängt, ist nunmehr auf die Frage der eigenen Sexualität eingegrenzt, die bedeutet, das andere Geschlecht, das im Geschwister repräsentiert ist, anzuerkennen und es nicht mit neidischer Gier anzugreifen. In seinem vom Glasberg aus auf die Schwester projizierten Lösungsversuch läßt der Junge sozusagen diese ein kleines Fingerchen abschneiden. In der Verharmlosung der Darstellung vermag man noch die Wut und den Schmerz zu ermessen, der mit der Anerkennung verbunden ist, nicht Ein und Alles, sondern ein Junge *oder* ein Mädchen zu sein. Der dargestellte Akt der Kastration mit der Wendung der Wut gegen das eigene Selbst und der Selbstbestrafung für die grenzüberschreitenden sexuellen Impulse stellt also gleichzeitig den Weg der Befreiung und Entwicklung dar: Das Fingerchen als Bild für sexuelle Aktivität kann – als abgeschnittenes – nichts Verbotenes mehr tun. In einem weiteren Schritt des Verzichts nach der Anerkennung des Inzesttabus in der Szene mit Sonne, Mond und Sternen hat das Kind nun auch den Verzicht auf narzißtische Omnipotenz und zugleich auf Triebdurchbrüche geleistet und hat damit den Schlüssel zur Lösung der Krise in der Hand. Wenn er der kleinen Schwester nichts wirklich tut, wenn sie wie er ein Kind der Eltern und deren Liebe sein kann, die er aus kindlicher Liebe und zu seinem eigenen Schutz nicht wirklich angreifen darf, dann muß er nicht länger als unheimliches, liebloses und unbändiges Wesen in der Verbannung eingesperrt bleiben, sondern kann die kleine Schwester annehmen.

Allzu schnell aber geht die Wiederannäherung auch im Märchen nicht. Das gute Ende braucht offenbar Zeit, ohne daß noch etwas dramatisches passiert.

Als (das gute Schwesterchen in das Tor) eingegangen war, kam ihm ein Zwerglein entgegen, das sprach: »Mein Kind, was suchst du?« – »Ich suche meine Brüder, die sieben Raben«, antwortete es. Der Zwerg sprach: »Die Herren Raben sind nicht zu Haus, aber willst du hier so lang warten, bis sie kommen, so tritt ein.« Darauf trug das Zwerglein die Speise der Raben herein auf sieben Tellerchen und in sieben Becherchen, und von jedem Tellerchen aß das Schwesterchen ein Bröckchen, und aus jedem Becherchen trank es ein Schlückchen; in das letzte Becherchen aber ließ es das Ringlein fallen, das es mitgenommen hatte.

Auf einmal hörte es in der Luft ein Geschwirr und ein Geweh; da sprach das Zwerglein: »Jetzt kommen die Herren Raben hereingeflogen.« Da kamen sie, wollten essen und trinken und suchten ihre Tellerchen und Becherchen. Da sprach einer nach dem anderen: »Wer hat von meinem Tellerchen gegessen? Wer hat aus meinem Becherchen getrunken? Das ist eines Menschen Mund gewesen.« Und wie der siebente an den Grund des Bechers kam, rollte ihm das Ringlein entgegen. Da sah er es an und erkannte, daß es ein Ring von Vater und Mutter war, und sprach: »Gott gebe, unser Schwesterlein wäre da, so wären wir erlöst.« Wie das Mäd-

chen, das hinter der Türe stand und lauschte, den Wunsch hörte, so trat
es hervor, und da bekamen alle die Raben ihre menschliche Gestalt
wieder. Und sie herzten und küßten einander und zogen fröhlich heim.

Die Lösung der Krise mutet im Bild der Befreiung der Raben aus dem
Glasberg wie eine psychische Geburt an, und die Phase des Abge-
schlossen-Seins in der Verbannung davor wie eine notwendige Bedingung für die psychische Reifung. Im Glasberg – sozusagen dem psychischen Äquivalent des Mutterleibs aus Fleisch und Blut – konnte der
Junge Abstand gewinnen von den begehrlichen Gefühlen, die mit der
Geburt der Schwester ausgelöst worden waren und die so heftig waren,
daß er auf ihn selbst erschreckende und beschämende Weise die
Kontrolle über seine Triebimpulse zu verlieren drohte und die Strafe und
den vollständigen Liebesverlust von Mutter und Vater nunmehr selbst
verschuldet zu haben meinte. Der Glasberg erschließt dem Jungen das
von der Wirklichkeit und vom wirklichen Handeln und Erleben getrennte
Reich der Phantasie als innere Welt, in der symbolisches Spiel und Probehandeln möglich ist. Im Selbsterleben als Rabe konnte der Junge das
Recht auf seine bösen Gefühle behaupten und sein Bedürfnis, sich unabhängig von den geliebten Eltern zu machen, die ihn nach seiner Überzeugung mit der Geburt der Schwester so tief enttäuscht und verraten
hatten, auf manische Weise ausleben. Auf die Schwester verschoben,
konnte er dann in einer Probeidentifizierung mit ihr allmählich auch die
andere Seite der Liebessehnsucht und des Wunsches nach Versöhnung,
daß alles wieder gut sein soll, zulassen. So deutet sich in der Erlösungs-
szene am Schluß des Märchens auch in der Darstellung der Raben selbst
eine auf Befreiung drängende Veränderung an: Nicht nur sind sie
»Herren« geworden; sondern sie kündigen sich mit »Geschwirr« und
»Geweh« an. In der Verwünschungsszene zu Anfang waren sie nur mit
»Geschwirr« gekennzeichnet gewesen. Jetzt am Ende ist dazu auch
»Geweh« zu hören, traurige und sehnsüchtige Gefühle können zugelassen
und gezeigt werden. Damit ist die Öffnung des Glasbergs und das
Aufgebenkönnen der Rabengestalt von innen, von der Seite des Selbst
des Jungen her, vorbereitet. Der Junge, der trotz allem die Liebe der
Eltern braucht, benötigt keine großen Aktionen von außen mehr, um
seine weichen Seiten, die er vom verschlossenen Glasberg aus nur in der
Projektion auf die Schwester erkennen konnte, wiederzubeleben. Hoff-
nungsvoll erahnt er bereits bei dem geringsten Hinweis: »*Das ist eines*
Menschen Mund gewesen«, um beim Wiedererkennen des Ringes von
Vater und Mutter die sehnsüchtige Beschwörung auszustoßen: »*Gott*
gebe, unser Schwesterlein wäre da, so wären wir erlöst.« Wie zu Anfang

der impulsive Fluch: »*Ich wollte, daß die Jungen alle zu Raben würden*«, den Triebdurchbruch der Wut anzeigte, in dem nichts Gutes bleiben kann, so signalisiert in der Lösungsszene das Stoßgebet: »*Gott gebe...*« den dringenden Wunsch, das Gute und die Liebe mögen stärker sein. Und wie zur Bekräftigung sind in der Form des Bittgebets die eigenen Grenzen und das Angewiesensein auf eine gute elterliche Instanz anerkannt.

Die Kontaktaufnahme mit der Schwester bedeutet nun die wiedergutgemachte, entsexualisierte Beziehung zu Mutter und Vater, und sie läßt den Jungen an der Stelle anknüpfen, an der anfangs die Beseitigungsphantasie die Krise ausgelöst hatte. Zur Lösung gehört, daß auf die Schwester nicht nur die ursprünglich den Eltern geltende Wut, sondern auch die bei aller Ambivalenz doch überwiegende Liebe übertragen werden kann. Schließlich deutet sich in dem überschwenglichen Herzen und Küssen zwischen Bruder und Schwester, mit dem uns das Märchen zunächst einmal aufatmen läßt, bereits an, daß die andere Seite niemals ein für allemal »erlöst« sein wird und in der entstehenden Geschwisterbeziehung alle Ambivalenzen und Triebkonflikte aus der Geschichte der Beziehung zu den Eltern immer wieder und verschärft in Entwicklungsphasen, in denen es um Trennung geht, verhandelt werden; denn in der inneren Welt enthält die psychische Repräsentanz des jüngeren Geschwisters nun die begehrte, in der Krise hart bekämpfte und mit Mühe anerkannte exklusive Beziehung der Eltern, die – verschoben auf das Geschwister – immer wieder Wünsche nach sexueller Verführung und verbotener Grenzüberschreitung, Rivalitätsängste und ihre ambivalenten Gegenspieler, die Machtkämpfe, werden aufkommen lassen. In der Geschwisterbeziehung können diese allerdings offener und zugleich gefahrloser verhandelt werden; denn auch die heftigsten, späteren Konflikte mit einem Geschwister bleiben infolge der überstandenen Krise durch den gemeinsamen Ursprung in der Liebe der Eltern gebunden und durch den etablierten Schutz der elterlichen Instanz eingegrenzt.

Meine psychoanalytische Deutung der *Sieben Raben* als verdichtete Darstellung der durch die Geburt eines Geschwisters ausgelösten Krise eröffnet uns eine Vorstellung von den dramatischen Vorgängen in der inneren Welt eines Erstgeborenen. Die Vertiefung in die idealtypisch ausgearbeitete psychische Situation eines Jungen in der ödipalen Entwicklungsphase, der eine kleine Schwester bekommt, erlaubt natürlich nicht ohne weiteres die einfache Übertragung auf ein Mädchen, auf ein jüngeres, auf ein viel älteres Kind, auf eines, das ein gleichgeschlechtliches Geschwister bekommt, oder auch auf eines, das vielleicht schon ein oder mehrere ältere Geschwister hat. Sie mag aber – ähnlich wie eine Fallgeschichte – einen prinzipiellen Zugang zu Einfühlung und Verstehen geebnet haben, der die Einstellung auf andere Situationen mit ihren jeweiligen wichtigen Besonderheiten erleichtert.

Normalerweise ist die Krise einem Kind nicht unmittelbar anzusehen, und selbst für Eltern, die möglicherweise ängstlich auf Anzeichen warten, ist sie – schon gar in ihren tiefen Verästelungen und Bedeutungen – nicht einfach nachzuvollziehen. Vielleicht zeigt das Kind überhaupt keine Eifersucht, sondern verhält sich, als wäre nichts geschehen oder als übernehme es voll und ganz die Fürsorglichkeit der Eltern. Vielleicht übertreibt es dabei ein wenig oder es hat nachts Angstträume und gibt dadurch mehr oder weniger deutliche Zeichen. Vielleicht entwickelt es sich kaum merklich zu einem zurückhaltenden, eher ängstlichen Kind, das sich tapfer vernünftig zeigt und über kurz oder lang in brisanten Situationen gerne das jüngere Geschwister als Schutzschild vorschieben wird; vielleicht entwickelt es auch gerade gegenteilige Züge.

In jedem Fall ist ein Kind – und in gewisser Weise erleben das ihrerseits auch die Eltern so – durch die Geburt eines Geschwisters damit konfrontiert, daß die Welt nie mehr so sein wird, wie sie vorher war. Die reale Tatsache der Trennung, die dadurch unvermeidlich dokumentiert ist, erzwingt – wie in der Deutung des Märchens zu zeigen war – den konfliktreichen Abschied von der Illusion einer heilen Welt des Ein und Alles. Der damit akut verschärfte psychische Trennungsprozeß, in dessen Verlauf das Kind an Möglichkeiten, Fähigkeiten und Reife zunimmt, ist notwendigerweise ein *innerer* Vorgang, der als solcher – wenn auch zunächst aus der Not geboren – doch vor der Gefahr allzu großer Nähe und Zudringlichkeit schützt, Verborgenheit sucht und Respekt verlangt. Dies wiederum stellt hohe Erwartungen an Eltern und auch an die anderen, mit dem Kind befaßten Erwachsenen; denn »Respekt« in diesem Sinne heißt ja nicht einfach, das Kind sich selbst zu überlassen. Gerade wenn es mit seiner Enttäuschung und seinem Haß auf die eigennützig erlebten Eltern und zugleich mit Trennungsschmerz und Angst vor dem Verlust der Liebe zu kämpfen hat und in seiner inneren Welt einen Weg der Verarbeitung durch Entwürfe von mörderischen Szenarien sucht, braucht es in der äußeren Welt das davon gut getrennte, reale, alltägliche Erleben von elterlicher Zuwendung und Verständnis, die auch durch schlimme Konflikte und Gefühle von Fremdheit und sogar Ablehnung nie ganz und gar verloren gehen mögen.

Für das noch in der Entwicklung begriffene Kind ist es wichtig, daß es in seinem Erleben immer wieder zwischen innerer und äußerer Welt hin- und herpendeln kann, um nach und nach Sicherheit zu gewinnen, daß Phantasie und Realität getrennt sind, und seine eifersüchtigen Todeswünsche, mögen sie noch so intensiv sein, das Geschwister nicht wirklich umbringen. Bei diesem Hin- und Herpendeln muß das Kind mehr oder minder entstellt und bedrängend etwas von den inneren Vorgängen äußern oder inszenieren können. Es wird den Eltern möglicherweise Angstträume von wilden gefräßigen Tieren berichten und Beschwichtigung suchen, oder es kann mit aller Energie verlangen, Nacht für Nacht bei den Eltern zu schlafen, und dabei zugleich wünschen und fürchten, die Eltern mögen sich alles von ihm gefallen lassen. Meistens gelingt es, daß Eltern sich zwar verunsichert und bedrängt fühlen von solchen Reaktionen des Kindes, daß sie aber dennoch über mancherlei widersprüchliche Versuche, zu einer verträglichen Lösung beizutragen, einen Weg finden, die akute Krise mit ihrem Kind durchzustehen. Dabei hilft es ihnen, wenn sie sich den Kontakt zu der inneren Welt des Kindes, das sie selber einmal waren, bewahrt haben.

Manchmal aber werden Eltern Zweifel kommen, ob Reaktionen und Symptome des Kindes noch im Bereich des Normalen anzusiedeln sind und ob das Vertrauen darauf, daß die Zeit Heilung bringen wird, noch angemessen ist oder ob doch Hilfe gesucht werden muß. Und manchmal werden diese Zweifel berechtigt sein. Ob allerdings eine störende oder beunruhigende Veränderung im Verhalten oder ein Symptom des Kindes etwa im Dienste der Bewältigung der Krise steht oder ob es ein Signal dafür ist, daß die Bewältigung gerade nicht gelingt, ist von außen nicht leicht zu entscheiden. Ein auffälliges Symptom, wie z.B. das nächtliche Einnässen eines Fünfjährigen, der schon ganz verläßlich trocken gewesen war, kann die Eltern in hohem Maße beunruhigen, zeitweise ihre ganze elterliche Aufmerksamkeit beanspruchen und doch nach einer Zeit, vielleicht mit der Einschulung, plötzlich verschwunden sein. Das lästige, anhaltende Babyverhalten eines Zweijährigen mag dagegen als verständliche und zu ertragende Reaktion auf das neugeborene Baby angesehen werden, die den unerträglichen Neid beschwichtigen hilft und sich irgendwann von selber geben wird, und es kann tatsächlich Ausdruck für eine ernsthafte Entwicklungsblockierung sein. Manchmal auch scheint die Krise mit einigen Schwierigkeiten gut überwunden worden zu sein, und doch stellt sie sich viel später und im nachhinein als wichtiger Baustein in der Entstehungsgeschichte einer psychischen Erkrankung heraus; und niemand wird sagen können, ob psychotherapeutische Hilfe seinerzeit – sei es Beratung der Eltern oder Therapie des Kindes – die spätere Erkrankung hätte vermeiden helfen können oder ob es eine spätere, andere Entwicklungskrise war, die die psychische Wiederbelebung der frühen Krise nach der Geburt eines Geschwisters mit sich gebracht hat. Ich möchte zum Abschluß von einem solchen Beispiel berichten.

Imke war 20 Jahre alt, als sie zur Behandlung kam. Sie stand kurz vor dem Abitur und drohte daran zu scheitern, obwohl sie eine recht gute Schülerin war. Sie hatte seit einiger Zeit begonnen, sich die Haare auszureißen. Zunächst hatte sie sich noch vormachen können, sie reiße sich ja lediglich die gespaltenen Haare aus, die ohnehin nicht in Ordnung seien. Dann aber, ausgerechnet kurz vor dem schriftlichen Abitur, hatte sich der Zwang so verstärkt, daß die entstehenden kahlen Stellen auf dem Kopf nicht mehr mit Frisurtricks zu verbergen waren, und sie ein Kopftuch tragen mußte. Mit dieser auffälligen Aufmachung, die natürlich neugierige und besorgte Nachfragen provozierte, fühlte sie sich zum einen unerträglich bloßgestellt, zum anderen kam sie nun auch während der Schulzeit nicht mehr von den Gedanken an ihre Haare los und konnte sich auf nichts anderes mehr konzentrieren. Schließlich schaffte sie es gar nicht mehr, überhaupt in die Schule zu gehen; und damit war unmittelbar das Abitur in Gefahr.

Als bedeutsam in der Vorgeschichte der Erkrankung schien Imke zunächst der einjährige Auslandsaufenthalt in Australien im Rahmen eines Schüleraustauschs im Alter von 16 Jahren zu sein. Sie war damals selbstverständlich gerne und ohne die geringste Sorge vor Heimweh abgereist; schließlich sei sie schon mit 11 Jahren ganz allein den Sommer über in einer fremden Familie in England zum Sprachelernen gewesen, und schon damals habe sie – obwohl so jung – kein Heimweh gehabt; und die Eltern und sie selbst seien sehr stolz darauf gewesen. In Australien aber war sie in eine Familie mit zwei Adoptivkindern gekommen, von denen das ältere Mädchen, das in ihrem Alter war, böse Auseinandersetzungen mit den Eltern führte, wie sie selber es von zu Hause gar nicht gewöhnt war, und die schließlich darin gipfelten, daß das Mädchen von zu Hause weglief und auch nicht mehr zurückkehren wollte. Imke begann, sich entsetzlich unwohl zu fühlen, und sie wäre am liebsten nach Hause geflüchtet; aber die Gasteltern, die doch alles für die armen Adoptivkinder getan hatten, taten ihr so leid, daß sie meinte, sie nicht auch noch verlassen zu dürfen; und außerdem hätte sie sich als Versagerin gefühlt, wenn sie so viel Empfindsamkeit sich selber und nach außen eingestanden hätte.

So hielt sie aus, zog sich innerlich zurück und vermied auch weitgehend die Kontakte mit Gleichaltrigen, die ihr ohnehin alle »sexbesessen« und unernst vorkamen. Heimlich versuchte sie, sich in eine bulimische Symptomatik zu retten: Sie, der eigentlich das Essen nicht schmeckte, aß der bemitleideten Adoptivmutter zuliebe besonders gut und erbrach sich anschließend – zunächst nicht ohne Stolz darauf, sich so gut unter Kontrolle zu haben. Zu diesem Stolz gesellte sich bald Scham, als sie merkte, daß ihr das Symptom unmerklich aus der Kontrolle geraten war; zudem bekam sie Angst, das Erbrechen könnte bemerkt werden; dennoch konnte sie es erst aufgeben, als sie nach Ablauf des Jahres wieder zu Hause war.

Bei der weiteren Erforschung von Imkes Geschichte kam nach der zunächst beschriebenen eine weitere, frühere Krise, nämlich die nach der Geburt des Bruders, zutage, die Imke selbst zunächst keineswegs als besonders bedeutsam erinnerte, die aber doch auf die späteren Krisen ein erhellendes Licht warf. Denn sowohl bei der aktuellen Krise um das Abitur herum, als auch – deutlicher noch – bei der Krise während des Schüleraustauschs handelte es sich offenkundig um unbewußte Konflikte, die etwas mit der betont harmlos und leicht apostrophierten Trennung von den Eltern zu tun haben mußten.

Imke war vier Jahre , als ihr Bruder geboren wurde; ihre Eltern waren bei ihrer Geburt sehr jung gewesen und hatten sich alle beide begeistert um die kleine Tochter gekümmert. Die Geburt des Bruders änderte das schlagartig; es stellte sich nämlich bald eine beunruhigende Bewegungs-störung bei ihm heraus, die viele Untersuchungen und gymnastische Behandlungen erforderlich machte, mit denen die Mutter so überlastet war, daß sie Imke weitgehend dem Vater überlassen mußte. Imke schien das alles nichts auszumachen; sie war das gesunde, starke Mädchen, auf das der Vater stolz sein konnte und das die Mutter entlastete. Daß sie nach einiger Zeit Einschlafängste bekam und nicht mehr zulassen konnte, daß die Eltern abends spazierengingen – die einzige Entspannung am Abend zu zweit, die den Eltern wichtig war und die Imke vorher gut toleriert hatte –, war der einzige Hinweis darauf, daß sie mit der ver-änderten Situation doch nicht so gut zurechtkam. Offenbar hatten die durch den kleinen, behinderten Bruder erzwungene Trennung von der Mutter und das als Ersatz aufgezwungene, aber für die 4jährige auch sehr verführerische, sie besonders groß machende enge Zusammensein mit dem Vater sie in schwere Konflikte gebracht, die ihr Angst machten und sie zwingend bewogen, die Eltern nicht mehr aus den Augen zu lassen. Die Wut auf die Eltern, die den Bruder gewollt und ihr zugemutet haben, muß immens gewesen sein; und ebenso groß war wohl die Angst, die Liebe von Mutter und Vater zu verlieren, wenn sie nicht mehr die gut entwickelte, trennungsfreudige, unempfindliche Tochter wäre. Sie ließ sich damals jedoch leicht beschwichtigen, ließ die ohnehin so belasteten Eltern gehen, wenn nur das Licht brennen blieb und konnte bald auch diesen Anspruch aufgeben.

Bis zu dem Zeitpunkt, als sie – ohnehin in der schwierigen Ent-wicklungsphase nach der Pubertät – an der Adoptivtochter der Gast-

familie in Australien Wut, Haß und Rache erlebte und diese im Unbewußten auf ihre eigene, Trennung fordernde Mutter bezog, die sich nur
noch um den Bruder und den Vater kümmerte, war Imke das unauffällige,
eher forciert starke Mädchen gewesen, das den Eltern im Kontrast zum
Bruder keine Sorgen machte und sich so ihrer besonderen Bewunderung
und Liebe sicher sein konnte. Und jetzt, wo das Abitur mit der implizit
enthaltenen Forderung, endgültig die Trennung von den Eltern zu
vollziehen, bevorstand, brachen die Trennungskonflikte, die Wut auf die
Mutter, der Neid auf den Bruder und auch die Enttäuschung darüber, daß
trotz aller noch so nahen Verbindung der Vater doch bei der Mutter
bleiben würde und sie allein zurückbleiben sollte, bedrohlich stark wieder
auf und mußten im Symptom gebunden werden.

Bezogen auf das Thema könnte man sagen, daß mit dem beunruhigen-
den Symptom die alten, abgewehrten aggressiven Impulse aus der Krise
nach der Geburt des Bruders – gerichtet gegen sich selbst – dadurch
befriedigt wurden, daß nun endlich sie, Imke, im Zentrum der Sorge und
Aufmerksamkeit aller stand, wenn auch um den hohen Preis von
Versagen, Scham und quälender Abhängigkeit, die wie zur Selbstbestrafung mit dem Symptom des zwanghaften Haareausreißens verbunden
waren. Dieses Symptom war es aber auch, mit dem Imke sich jetzt, in
einer erneuten Trennungskrise dazu brachte, Hilfe zu suchen und damit
die Chance eines »Glasbergs« im heilenden Sinn des Märchens wahrnehmen zu können.

Literatur

Freud, Anna: *Wege und Irrwege in der Kinderentwicklung,* Stuttgart 1968

Kinder- und Hausmärchen, gesammelt durch die Brüder Grimm, Frankfurt a. M.
(Insel) 1974

ULRIKE JONGBLOED-SCHURIG

Adoleszenz – Krise und Chance

Vielleicht wird der Generationsunterschied am schmerzlichsten und am deutlichsten fühlbar in der Zeit, in der die Kinder zu Jugendlichen werden: sie bringen dann unbewußt die Ideale ihrer Eltern durcheinander, aktualisieren in den Erwachsenen auf schwer auszuhaltende Weise deren eigene innere Konflikte, für die man im Laufe seines Erwachsenenlebens doch recht annehmbare Lösungen glaubte gefunden zu haben. Häufig macht sich das auch ganz körperlich im Zusammentreffen von biologisch äußerst wichtigen Veränderungen bemerkbar, die *beide* Generationen in eine psychische Streßsituation bringen: die Jugendlichen werden von den Wirren und Veränderungen der Pubertät durcheinandergewirbelt, die Erwachsenen müssen sich anpassen an die Veränderungen, die Klimakterium und Menopause mit sich bringen.

Am besten beschreibe ich die Adoleszenz in ihrer Funktion als Entwicklungsaufgabe. Zu einer der wichtigsten Aufgaben gehört die Unterordnung der Partialtriebe unter das Primat der Genitalität. Damit meinte Freud (1905), daß die im Laufe der Kindheitsentwicklung sehr intensiven prägenitalen Triebbefriedigungen über das ganze Leben ihre Wichtigkeit behalten. Es geht um Befriedigungen, die in den überlebenswichtigen körperlichen Funktionen des Essens, der Ausscheidungen, der im breitesten Sinne sexuellen körperlichen Reaktionen des Kindes und den jeweiligen körperlichen und emotionalen Antworten der Eltern auf diese Funktionen enthalten sind. Um allerdings ein reifer Erwachsener zu werden, ist es notwendig, daß diese infantilen Befriedigungen Teil und nicht Hauptsache der Sexualität werden, sonst kann es zu perversen Entwicklungen kommen.

Die nächsten wichtigsten Aufgaben der Adoleszenz sind die Ablösung von den Eltern, das Finden von Sexualpartnern außerhalb der Familie, die Umgestaltung der seelischen Struktur, vor allem des Über-Ich, über neue Identifizierungen.

Diese Aufgabe, die Neugestaltung des Über-Ich, trägt dazu bei, daß das Verhalten von Jugendlichen oft Eltern und Lehrern so sehr zu schaffen macht und Rätsel aufgibt. Das hat damit zu tun, daß das Über-Ich gebildet ist aus Niederschlägen vergangener Objektbeziehungen und der dort gültigen Regeln und Forderungen. Das heißt, daß die Eltern in dieser

Instanz sozusagen eine sehr große Rolle spielen. Das kommt unweigerlich in Konflikte mit der Aufgabe der Adoleszenz, sich von den Eltern zu lösen, ohne deren Gelingen ein Mensch nicht erwachsen und selbständig werden kann, keine Partnerwahl gelingen kann. So finden die Adoleszenten einen Weg, sich von den zu einem guten Teil unbewußten Anforderungen des Über-Ich, in denen so viel von den Eltern enthalten ist, zu lösen, indem sie geradezu konträr handeln, was zeitweilig antisoziale, kriminelle, suchthafte, ungesteuerte Züge annehmen kann. Wenn man diese Äußerungsformen des adoleszenten Lebens dann jeweils als endgültigen Ausdruck einer Persönlichkeitsentwicklung wertet, als wäre sie bereits abgeschlossen, und entsprechend reagiert, sind weitere schwere Konflikte zu erwarten.

Für die Jugendlichen selbst ist diese innere Entfernung von den elterlichen Geboten – und überhaupt von den alten infantilen Bindungen, mit intensiven Gefühlen der Leere, der Trauer, der Depression verbunden. Das verändert sich dann mit den entstehenden neuen Bindungen – das ist aber ein langer Weg, der bis ins Erwachsenenalter dauert und natürlich nie wirklich völlig abgeschlossen werden kann.

Der sich so sehr verändernde Körper fördert einen seelischen Prozeß, mit dessen Hilfe die sexuell reifen Genitalien ins Körperbild, wie wir die innerpsychische Repräsentanz, also das innere Bild des Körpers nennen, integriert werden müssen (vgl. Blos 1979, Freud, A. 1958).

Die endgültige sexuelle Organisation und Identität müssen festgelegt werden, die zentrale Masturbationsphantasie muß integriert werden. Moses und Eglé Laufer (1989) beschreiben mit diesem Begriff der zentralen Masturbationsphantasie einen inneren Vorgang, letztlich die innerpsychische Verarbeitung aller im Laufe des Lebens gemachten Erfahrungen mit dem Körper – selbstverständlich bezogen auf emotional wichtige Beziehungssituationen. Es sind also die Niederschläge gemachter Erfahrungen, in denen der Körper und in weitestem Sinne sexuelle Befriedigung je eine Rolle spielte –, und die psychische Verarbeitung dieser Erfahrungen und Phantasien.

Daraus ergibt sich, daß in den unbewußten Phantasien die Eltern als die frühesten und wichtigsten Objekte enthalten sind – was ja die adoleszente Masturbation zu einer unweigerlich konflikthaften Angelegenheit macht, verbunden mit unbewußten Schuldgefühlen und Tabus, auch wenn alle Aufklärung zur Verfügung steht. Die Überwindung dieser Konflikte und Schuldgefühle, die zu befriedigender Sexualität – in welcher Ausgestaltung auch immer – führt, ist letztlich Aufgabe eines jeden einzelnen Jugendlichen und wirkt identitätsstiftend.

Selbstverständlich spielen neben den inneren Umgestaltungen die wichtigen Anforderungen, die von der Realität gestellt werden, eine große Rolle. Es geht darum, sich zu definieren, Rollen zu übernehmen, einen Beruf zu wählen und Beziehungen einzugehen (Bohleber 1996) – also zu einer nicht nur die Sexualität umfassenden persönlichen Identität zu kommen.

Für Jungen und Mädchen in der Präpubertät sind die körperlichen, sexuellen Reaktionen zu Beginn oft verwirrend, weil sie noch gar nicht als sexuelle wahrgenommen werden. Sie reagieren auf den Triebansturm mit dem Abwehrmechanismus der Regression, was das äußerst schwierige Verhalten dieser Altersgruppe erklärt. Für eine Weile bekommt man den Eindruck, daß die Entwicklung, die in der Zeit der Latenz ja schon einen relativ hohen Stand erreicht hatte, rückläufig ist.

Bei Jungen macht sich das meist lautstark dadurch bemerkbar, daß anale, urethrale und orale Interessen – also all die Bestätigungen und Freuden, die Kleinkinder *vor* der Latenz mit Leidenschaft verfolgt haben – wieder im Vordergrund stehen. Das ist häufig verbunden mit einer lautstarken Abwendung vom anderen Geschlecht.

Die Mädchen haben es vor allem mit dem regressiven Sog zurück zur präödipalen Mutter zu tun, mit dem dann notwendig werdenden Kampf gegen die passiven Wünsche, die dem Wunsch nach Autonomie so sehr im Weg stehen. Sie wenden sich häufig geradezu kontraphobisch dem anderen Geschlecht zu und wirken oft provozierend stark beschäftigt mit Sexualität, was aber eine Pseudoreife darstellt.

Mit dem Einsetzen von Menarche und erster Ejakulation, die den Beginn der Adoleszenz markieren, zentriert sich die Sexualität um genitale Aktivitäten und Funktionen. Die Mädchen sind meist besser gerüstet, da das Auftreten der Menstruation allgemein als Wegbereiter einer neuen Entwicklung angesehen wird und Aufklärung hier mehr und mehr selbstverständlich wird. Für Jungen kann das Erlebnis der ersten Ejakulation u.a. deshalb zum psychischen Problem werden, weil es sich um einen Prozeß handelt, der sich nicht aktiv steuern läßt –, so daß das Erlebnis für längere Zeit der Entwicklung eines Gefühls männlicher Identität entgegenstehen kann, weil es passiv-weiblich als Überwältigung erlebt wird. Auch für Mädchen stellt die Unwillkürlichkeit des Prozesses der Menarche eine hohe psychische Arbeitsanforderung dar: die Tatsache, daß hier kein Schließmuskel zur Verfügung steht wie bei Urin und Faeces, kann dazu führen, daß intensive, infantile Schamgefühle aktualisiert werden.

Für beide Geschlechter ist mit dem Einsetzen der körperlichen Reife die Tatsache verbunden, daß sie sich auseinandersetzen müssen mit der endgültigen, unausweichlichen Festlegung ihres Geschlechts. Unaufgegebene Allmachtsphantasien und Konflikte um die infantile sexuelle Identität können zu einem zerstörerischen Kampf um diese Festgelegtheit führen, wie man das z.B. bei der Magersucht zu sehen bekommt, wo ja die sekundären Geschlechtsmerkmale fast zum Verschwinden gebracht werden und meist auch die Menstruation aufhört.

Die Masturbation wird für beide Geschlechter während der Pubertät zu einem wichtigen Versuchsfeld – wobei die oben erwähnten unausweichlichen Konflikte, die aus den infantilen inzestuösen Bindungen stammen, hier zu großen Problemen führen können.

In dieser Zeit wird die in der Latenz erworbene Balance zwischen Ich und Über-Ich, zwischen Trieb und Abwehr gestört, was eine hohe Arbeitsanforderung für die Psyche bedeutet. Das erklärt die extremen Stimmungswechsel und ständigen Verhaltensänderungen der Jugendlichen.

Das Inzesttabu ist mit einem asexuellen Bild der Eltern verbunden. Um aber zu einer eigenen befriedigenden Sexualität kommen zu können, muß es den Jugendlichen gelingen – und sie brauchen dafür auch die Hilfe der Eltern –, sich mit den Eltern als sexuellem Paar zu identifizieren. Diese Identifizierungen sind deshalb so schwierig, weil mit dem Aufgeben der Vorstellung von den asexuellen Eltern die Verdrängung der Inzestwünsche angetastet werden kann. Manche Jugendliche, die dieses Problem nicht lösen können, versuchen, in einem völlig asketischen Ideal nun alle eigenen sexuellen Impulse zu unterdrücken – was psychopathologische Auswirkungen haben kann.

Besonders problematisch ist die Entwicklung, wenn die biologischen Veränderungen früh und rasch eintreten, was vor allem bei Mädchen häufig der Fall ist. Dann kann keine ausreichende Konsolidierung der psychischen Entwicklung, die vor allem in der Latenz vor sich geht, erreicht werden; und wegen der typisch adoleszenten Konflikte können die Eltern nur noch sehr begrenzt als Hilfs-Ich verwendet werden, da eine emotionale Nähe zu den Eltern inzestuöse Konflikte heraufbeschwört.

Ich will vertiefend den verschiedenen Entwicklungen von Mädchen und Jungen nachgehen, da in der Adoleszenz die Geschlechtsentwicklung eine so zentrale Rolle spielt (vgl. Tyson und Tyson 1990).

Wie schon gesagt, stellt bei Mädchen der Eintritt der Menstruation einen zentral wichtigen Zeitpunkt dar, die psychischen Reaktionen auf dieses Geschehen bestimmen weitgehend das sich entwickelnde Gefühl von Weiblichkeit. Die Tatsache, daß ein Mädchen plötzlich einen fast erwachsenen Frauenkörper hat, löst schwierige Gefühle in der Beziehung zur Mutter aus: Endgültig wird klar, daß das Mädchen von der Mutter getrennt ist, nicht mehr beschützter Teil von ihr, der wenig Verantwortung tragen mußte – und zugleich löst die Tatsache, daß Mutter und Tochter sich gleichen, viele verwickelte Gefühle aus, in denen es um Konkurrenz und Eifersucht geht, was wieder mit den Liebes- und Abhängigkeitswünschen in Konflikt kommt. So können Probleme aus allen Entwicklungsebenen aktualisiert werden.

Trotz aller Aufklärung gibt es für die Mädchen neben Freude und Stolz auf den neuen Entwicklungsschritt eine Menge Schwierigkeiten. Die Tatsache, daß man sich unkontrolliert beschmutzen könnte, löst Gefühle von Scham, Demütigung, Hilflosigkeit, Passivität aus. Dagegen werden Reaktionsbildungen entwickelt, die dann oft in ihrer Strenge die Lebendigkeit und Genußfähigkeit in einem sehr weiten Sinne einschränken können, da sie sich auf die narzißtischen, das Selbstgefühl regulierenden Bereiche ebenso auswirken können wie auf die sexuelle Genußfähigkeit. Schwere Hemmungen und Ekelgefühle können bewirken, daß jugendliche Mädchen wieder wie Latenzkinder auftreten. Die Unkenntnis über die als mysteriös erlebten inneren körperlichen Vorgänge kann beim Umgang mit der Menstruation Angst vor Verletzungen auslösen, der Gebrauch von Tampons ist für viele Mädchen deshalb schwierig. Neben den Phantasien, die ausgelöst werden, spielt auch die Tatsache eine Rolle, daß mit dem Gebrauch von Tampons die Vagina so deutlich erlebt und gefühlt wird wie nie zuvor.

In der psychoanalytischen Literatur über Adoleszenz wird oft vertreten, daß für die Mädchen die Zeit der Pubertät fast noch bestimmender und wichtiger ist als die ödipale Phase. Es wird vertreten, daß der ödipale Konflikt bei Jungen häufiger direkt in psychopathologische Lösungen mündet, die dann psychische Erkrankung auslösen können, während bei Mädchen die konfliktreiche Zeit der Pubertät einen wichtigen Auslöser darstellt.

Die biologischen Veränderungen intensivieren die sexuellen Bedürfnisse, die Masturbation verstärkt sich, es werden Erfahrungen mit Anderen gemacht. Häufig ist das mit Angst, Scham und Schuldgefühlen verbunden, bevor das Über-Ich sich neu strukturiert hat. Ich würde so weit gehen zu sagen, daß diese Erfahrungen nicht konflikt- und angstfrei gemacht werden *können* – eben weil es immer um ein Aushandeln polarer Gegensätze zwischen narzißtischen und triebhaften Ansprüchen einerseits und Idealen und Gewissensansprüchen andererseits geht. Wenn Jugendliche keine Konflikte zu haben scheinen, wäre ich sehr besorgt.

Im Zusammenhang mit dem Wunsch, endgültig eine weibliche Geschlechtsrolle auszufüllen, kommt es bei Mädchen zu einer Wiederbelebung und Verstärkung des Wunsches nach einem Baby – wobei bewußt eine Schwangerschaft nicht erwünscht erscheint. Häufig ist bei solchen

Entwicklungen, die dann tatsächlich zu einer Schwangerschaft bei einem sehr jungen Mädchen führen, die nicht unterbrochen wird, der Freund innerpsychisch als Ersatzmutter erlebt worden, und die sexuelle Beziehung steht oft für frühe Abhängigkeitswünsche. So ist es nicht verwunderlich, daß der Freund oft schon während der Schwangerschaft verschwindet und das Mädchen in einer Phantasie von endgültiger Erfüllung aller infantilen Bedürfnisse, die die Beziehung zur frühen Mutter charakterisiert haben, versucht, in einer Symbiose mit der eigenen Mutter das Baby großzuziehen. Daß das zu schweren pathologischen Erscheinungen führt, die die Entwicklung aller sehr bedroht, ist vorstellbar.

Romantische Verliebtheiten spielen eine große Rolle in der frühen Adoleszenz. Wenn es gelingt, daß die inzestuösen Wünsche und Konflikte verdrängt bleiben, können das aufregende und beglückende Erfahrungen werden. Wenn allerdings die Phantasie von ödipalen Erfüllungen angerührt werden, was unbewußte Schuldgefühle aktualisiert, dann geben die Mädchen solche Beziehungen manchmal rasch wieder auf. Vorzeitige sexuelle Beziehungen können auch ein Versuch sein, den regressiven Sog zur präödipalen Mutter in Schach zu halten. Die Beziehung zur »besten Freundin« spielt hier oft eine zentrale Rolle: sie kann die regressiven Sehnsüchte übernehmen und zum Teil erfüllen und in diesen Freundschaften können die Mädchen es sich erlauben, heterosexuelle Phantasien miteinander auszubilden – aber die dyadische Einheit kann auch in Homosexualität münden. Das kann so befriedigend sein, daß die weitere Entwicklung hin zur Heterosexualität verzögert oder ganz aufgegeben wird.

Das Ich-Ideal muß in der Adoleszenz einer Veränderung unterzogen werden. Wenn alte Idealisierungen bestehen bleiben, gelingt keine realistische Beziehung zum Selbst und zum Anderen. Für das Mädchen heißt das, sich von dem Idealbild der nur-guten, nährenden Mutter zu lösen und ein verändertes, realistischeres Bild zu verinnerlichen, was das Gefühl für die eigene Weiblichkeit stärkt und die Hinwendung zum heterosexuellen Partner ermöglicht.

Natürlich gibt es bei der adoleszenten Entwicklung von Jungen viele Parallelen. Aber wegen des Geschlechtsunterschiedes, der das Leben aller Menschen auf eine sehr grundlegende und spezifische Weise bestimmt, gibt es eben auch eine Menge Unterschiede. Mit den biologischen Veränderungen und dem zunehmenden Triebdruck können Konflikte aus allen bisherigen Entwicklungsebenen wiederbelebt werden, und das bisher entwickelte Gefühl für Männlichkeit, die Objektbeziehungsmuster und das gesamte seelische Gleichgewicht werden angetastet und umgewälzt.

Präödipale passive Sehnsüchte geraten in Konflikt mit männlichen Idealisierungen, inzestuöse Konflikte bedrohen die Über-Ich-Integrität und lösen erneut und verstärkt Kastrationsängste aus, Konflikte über die Wahl von Liebesobjekten bedrohen die bisher entwickelte Geschlechtsidentität. Diese konfligierenden Strömungen intensivieren die innere Disharmonie so sehr, daß manchmal die Grenze zwischen Normalität und Pathologie schwer zu ziehen ist. Positive ödipale Gefühle können so lange toleriert werden, wie die inzestuösen Wünsche verdrängt bleiben. Wird diese Verdrängung angetastet, wenden sich die Jungen oft abrupt von ihren ersten Mädchenfreundschaften ab. Das Wiederauftauchen von negativen ödipalen Wünschen kann für den Jungen neben der Sehnsucht nach männlicher Gemeinschaft heftige Angst vor Homosexualität auslösen. Gelegentliche homosexuelle Kontakte – etwa in Form von gegenseitiger Masturbation – wecken viele Fragen, Ängste und Probleme um die sexuelle Identität, werden von manchen Jungen als Beweis dafür erlebt, daß sie homosexuell seien. Voll Angst regredieren sie dann gelegentlich auf präödipale Bindungen, wo Abhängigkeitswünsche im Vordergrund stehen. Dadurch werden aber letztlich die Konflikte noch verschärft; bisexuelle Konflikte tauchen erneut auf, das Wiederauftauchen früher weiblicher Identifikationen kann ein prekäres Gefühl für Männlichkeit unterminieren, während das Wiederauftauchen von analen Wiederannäherungskonflikten die Kastrationsangst erneut nährt – hier speziell die Angst vor der kastrierenden Mutter. Ein inneres Bild der Mutter als phallisch und kastrierend kann auf alle Frauen generalisiert werden und kann bewirken, daß sich der Junge völlig von jedem Kontakt mit Frauen zurückzieht. Da in diesem Alter manche Mädchen – ihrerseits nun wieder aus eigenen inneren Konflikten heraus – sich fast kontraphobisch dem männlichen Geschlecht zuwenden – sie verfolgen die Jungen dann geradezu –, reagieren manche besonders empfindliche Jungen mit Angst vor Frauen, was wieder die Bewunderung für Männer schüren kann – und erneut Angst vor Homosexualität in Gang setzt.

Manche Jungen versuchen diese Konflikte dadurch zu lösen, daß sie sich forciert dem anderen Geschlecht zuwenden. Da diese Annäherungen auf phallisch-narzißtischen Antrieben basieren und von der Abwehr bestimmt sind, sind sie entsprechend oberflächlich und von kurzer Dauer (Don-Juanismus). Wenn ein solches Muster sich etabliert, kann es zum ernsthaften Hindernis für die Entwicklung von erwachsenen, auf Gegenseitigkeit beruhenden Beziehungen werden.

Manche Jungen erleben homosexuelle Aktivitäten, die aus Konflikten um die Objektwahl stammten, wie ein Trauma, das zu einer »sekundären adoleszenten Fixierung« (Blos 1979) führen kann. Dann können bestimmte ungelöste Konflikte wie ständige Anziehungspunkte die weitere Entwicklung stören.

Mit den homosexuellen Komponenten der pubertären Sexualität zurechtzukommen ist eine wichtige Aufgabe der Adoleszenz – für Jungen und für Mädchen. Die endgültige Gestaltung, die für die Wahl der zukünftigen Partner bestimmend ist, wird stark von der Lösung dieser Aufgabe mitbestimmt.

Auch für Jungen ist die Reorganisation des Ich-Ideals zentral für die Lösung von Konflikten um die Geschlechtsidentität. Der Druck, der sich in den Adoleszenten gegen die infantilen Bindungen ausbreitet, zwingt den Jungen, nach Ersatz für die Liebe zum Vater zu suchen. Wenn in der Entwicklung alles gut geht, sucht er nach Männern und Jungen, die einige Charakteristiken des väterlichen Ich-Ideals haben, findet er einen Weg, die hohen Idealisierungen durch realistischere, menschlichere Züge der bewunderten Objekte – und letztlich seiner selbst – zu ersetzen. Dann kann es für beide Geschlechter zu einer angemessenen Mischung aus Männlichkeit und Weiblichkeit kommen.

Für das Ich ist die Zeit der Adoleszenz eine hohe Anforderung. Die Bewältigung dieser Anforderung hängt weitgehend davon ab, wie stark das Ich während der Latenz sich hat entwickeln können, wie es mit der Abhängigkeit von den Eltern, den psychischen Konflikten, den Anforderungen des Über-Ich hat fertig werden können. Die gesamte Struktur der Abwehr, die ja einen wichtigen Bestandteil seelischer Gesundheit ausmacht, da sie uns vor überwältigender Angst und unerträglichem Schmerz schützt und die Integrität der Persönlichkeit mitbestimmt, muß neu organisiert werden. Da Abwehren, wenn sie zu stark den Kontakt zur Realität stören – zur inneren *und* zur äußeren Realität –, immer auch krankheitsauslösend sein können, kann man sich vorstellen, daß diese Neuorganisation, die ein ohnehin geschwächtes Ich vornehmen muß, oft zum Auslöser für den Ausbruch einer psychischen Erkrankung in der Adoleszenz werden kann. Eine Integrationsleistung wird vom Ich gefordert, das dann letztlich wieder ausreichend in die Lage kommen muß, Innen und Außen, Phantasie und Realität zu trennen, die psychische Balance wiederherzustellen, eine einmalige und autonome Identität entstehen zu lassen mit einer stabilen Charakterstruktur und der Fähigkeit zu erwachsenen Bindungen an andere Menschen.

Die hohe Labilität, die diese Prozesse charakterisiert, ist ein wichtiges Kriterium dafür, daß ein Entwicklungsprozeß in Gang gekommen ist: diese affektive Labilität ist geradezu ein Organisator für psychische Entwicklung, wenn sie fehlt, entsteht eine schwere Fixierung, vielleicht sogar ein Entwicklungsstillstand.

Im Zusammenhang mit der wichtigsten Aufgabe der Ablösung von den Eltern steht die spezifische Art und Weise, in der Jugendliche ihre Kontakte untereinander gestalten. Die Gleichaltrigen sind in dieser Zeit mit all ihren Verirrungen und Ängsten, mit der Leere, die durch die innere Trennung von den Eltern entsteht, extrem wichtig. Sie helfen, das prekäre Selbstwertgefühl zu regulieren, sie geben wertfreiere Unterstützung, indem auch sie mit der Umgestaltung ihres Über-Ich sich gerade von den Werten der Eltern entfernen, sie sind leichter und mit weniger Konflikten als diejenigen zu gebrauchen, mit deren Hilfe Triebwünsche, die ja so äußerst drängend sind, in konkreter und durchaus auch in sublimierter Form befriedigt werden können. Die Gruppen- und Paarbeziehungen haben experimentellen Charakter, sind nicht für die Dauer gedacht, geben Möglichkeiten, neue Erfahrungen zu machen.

Die scheinbare Unabhängigkeit, die Adoleszente in diesen Beziehungen an den Tag legen, bleibt so lange eine Als-ob-Unabhängigkeit, bis die Jugendlichen die hohen Idealisierungen der Eltern aufgeben können.

Die Intensität der Ambivalenz der alten und der neuen Bindungen führt zu einer Menge von Widersprüchen in Affekten, Impulsen, Gedanken, Verhalten. Das Hin und Her zwischen den Extremen von Liebe und Haß, von Aktivität und Passivität, Männlichkeit und Weiblichkeit, Faszination und Desinteresse, regressiven Sehnsüchten nach Abhängigkeit und Unabhängigkeitsbestrebungen sind alle altersgemäß. Man kann also den charakteristischen Negativismus der Adoleszenten nicht nur als Ausdruck von Feindseligkeit, sondern auch als eine notwendige Maßnahme des Individuums ansehen, sein Ich vor der passiven Unterwerfung zu schützen und es zu befähigen, einen notwendigen Schritt in Richtung Individuation zu tun.

Die Klage von Erwachsenen, sie hätten unempathische und inadäquate Eltern in ihrer Kindheit gehabt, entspricht oft – natürlich nicht immer – der Unfähigkeit, die infantilen Objekte zu entidealisieren und die adoleszente Individuation zu vervollständigen. Mit der Entidealisierung, die im Laufe der Weiterentwicklung zum Individuum erreicht wird – manchmal auch mit Hilfe psychotherapeutischer Interventionen –, wird dann der Blick auf die Eltern realistischer, man kann nach einer intensiven Zeit der Kritik und Verurteilung in der Adoleszenz die Eltern wieder mit mehr Verständnis für ihre Mängel betrachten.

Dann gelingen auch wieder gegenseitig befriedigende Beziehungen zwischen Eltern und Kindern – und die außerfamiliären Liebesbeziehungen können stabil und erfüllend sein.

Da so viele Jugendliche die Zeitschrift *Bravo* lesen, habe ich versucht, unter psychodynamischen und entwicklungspsychologischen Gesichtspunkten herauszufinden, was es sein kann, daß dieses Magazin eine solche Anziehungskraft für seine Leserschaft hat.

Man könnte ein solches Heft wie einen elaborierten jugendlichen Tagtraum ansehen und interpretieren. Die Geschichten lehnen sich an die Realität, haben ihre Inhalte von daher, sind ja auch mit Fotos versehen und von daher erst recht überzeugend glaubwürdig. Sie befriedigen narzißtische Wünsche, indem sie Berühmtheiten darstellen, mit denen sich die jugendlichen Leser identifizieren. Durch die Art der Darstellung wird eine Nähe suggeriert, die das Hineinschlüpfen in den Anderen erleichtert. Die Reporter sind mit den Stars auf Du und Du, sie sind jeweils auf einem kleinen Extraphoto in halber Umarmung mit den Interviewten zu sehen, die Unterhaltungen drehen sich um die emotional bewegenden Fragen der inneren Welt wie Liebe, Haß, Streit, Eifersucht, Erfolg, Bewunderung, Neid. Es ist, als würde man am Schlüsselloch stehen und Intimitäten belauschen, auf die man schon sein Leben lang neugierig war – weil es sich genau um die Intimitäten handelt, von denen man als Kind bei den Eltern immer ausgeschlossen war. Das macht die Lektüre spannend und befriedigend. Die Jugendlichen können sich dadurch auch in eine *andere* »Familie« hineinphantasieren als die eigene, in der die frustrierende, Verzicht fordernde Realität oft so unerträglich schwer auszuhalten ist.

Weitere Zufuhr für den in der Adoleszenz erhöhten und zugleich so extrem verletzlichen Narzißmus entsteht aus den an Zauberei und Märchen erinnernden Darstellungen, die suggerieren, daß Generations- und Geschlechtsgrenzen nicht gelten, an denen wir alle uns im Laufe unserer Entwicklung so sehr haben reiben und mit denen wir uns haben abfinden müssen. Auch Hautfarbe, Körpergröße, Gesichtsform – überhaupt alle konstitutionellen Gegebenheiten – werden scheinbar mühelos verändert – und auch folgenlos. Ich mußte sofort an einen jugendlichen Patienten denken, der sehr ernsthaft plante, sich Knochen in seine Oberschenkel einbauen zu lassen, weil er fand, er sei zu klein.

Eine weitere Faszination des Heftes für Jugendliche in der frühen Adoleszenz hat natürlich mit den ausführlichen Berichten über Sexualität zu tun. Da werden alle Partialtriebe – Exhibitionismus, Voyeurismus, Sadismus, Masochismus –, alle regressiven Wünsche aus der gesamten Entwicklungszeit befriedigt, da wird wieder ins Schlüsselloch geguckt mit all der Erregung, die das macht – verbunden noch zusätzlich mit der Faszination der Heimlichkeit und des Verbotenen. Die Briefe von 13- bis 15jährigen überschreiten alle Tabus, wobei ich mir sicher bin, daß das nicht angstmindernd oder aufklärerisch in dem Sinne wirkt, daß die ja immer ans Inzesttabu gekoppelten eigenen sexuellen Experimente, die Masturbation und die Masturbationsphantasien, von Konflikten befreit würden. Wobei ich nicht abstreiten will, daß die Erfahrung der Leser, daß ihre Probleme nicht ausschließlich ihre eigenen sind, sondern von Gleichaltrigen geteilt werden, eine Erleichterung bedeuten kann.

Um die Zeit der Jahrhundertwende haben die extremen Sexualverbote viel zu psychischen und Entwicklungskonflikten beigetragen. Die Offenheit, mit der heute – und vor allem auch in *Bravo* – Sexualität, jugendliche Sexualität, verhandelt wird, könnte dieses Problem doch verringern, so wird oft argumentiert. Die Unausweichlichkeit der Konflikte um Sexualität drückt sich meiner Meinung nach nun darin aus, daß diese Art von Aufklärung wieder die Kehrseite der Medaille zeigt: die Jugendlichen fühlen sich gedrängt, endlich Erfahrungen zu realisieren, die sie natürlich sehr reizen, zu denen sie aber eigentlich viel mehr Zeit nötig hätten, um hineinzuwachsen und zu eigenen Lösungen zu kommen.

Ich hatte ja bereits auf die Vergleichbarkeit mit Märchen hingewiesen: für die 12- bis 16jährigen ist *Bravo* sicher in vielem vergleichbar mit der hohen Befriedigung, die Kinder in der ödipalen Phase und der Latenz in Märchen finden können, weil ihre eigenen inneren Themen in verdichteter und verschobener Weise darin enthalten sind. Die Wunscherfüllungen im Märchen: Partner finden, König werden, das Wiederfinden verlorener Brüder, die Entzauberung, das Aus-dem-Schlaf-erweckt-Werden sind symbolische Darstellungen für das Überwinden von Konflikten, die jede Entwicklung unvermeidlich mit sich bringt. Sie zeigen das Wieder-in-Gang-Kommen von Entwicklungsprozessen, stehen für Reifung.

Viele der Wunscherfüllungen bei *Bravo* bleiben in narzißtischen Omnipotenzphantasien stecken und fordern keinen Verzicht, stehen also eigentlich für Entwicklungsstillstand.

Wie steht es nun aber, wenn die Erscheinungen, die ein Jugendlicher an den Tag legt, doch mehr als Ausdruck der normalen Entwicklungskrise sind?

Vielleicht löst es Erstaunen aus, zu erfahren, von wem die folgenden Zitate stammen: »Man kann in der Adoleszenz nicht analysieren. Es ist, als würde man einem Expreßzug hinterherrennen.« Und: »Von allen, die auf dem Forschungsgebiet der Psychologie tätig sind, sollte von Anfang an erkannt werden, daß der Jugendliche selbst, Mädchen oder Junge, nicht verstanden zu werden wünscht. ... Es gibt nur eine echte Therapie des Jugendalters, nur eine einzige, und sie interessiert den Jungen oder das Mädchen nicht, die an den Leiden dieser Lebensphase erkrankt sind: Sie besteht im Ablauf der Zeit und den langsam fortschreitenden Reifungsprozessen.«

Das erste Zitat ist von Anna Freud (zit. nach Geleerd, 1957, S. 266), das zweite von Winnicott (1969, S. 209), beides herausragende Vertreter der Kinder- und Jugendlichen-Psychoanalyse – aber sie wußten eben aus Erfahrung, daß der ohnehin »unmögliche« Beruf des Analysierens besonders unmöglich erscheint, wenn man ihn bei Jugendlichen anwendet.

Sicher ist, daß man es in diesem Alter mit einer ganzen Latte von Widerständen gegen eine psychoanalytische Behandlung zu tun hat, die sich neben der je individuellen Gestaltung aus dem spezifischen Krankheitsgeschehen eben auch um die alterstypischen Schwierigkeiten ranken, mit denen man rechnen muß, wobei man sich sicher vorstellen kann, daß das, was ich als wichtige Entwicklungsaufgabe beschrieben habe, nämlich die Ablösung von den Eltern, einen der Hauptwiderstände der Arbeit darstellt. Wir sind in unserer Arbeit ja darauf gerichtet und auch angewiesen, daß sich die inneren Konflikte in einer Übertragungsbeziehung, wie wir die therapeutisch-analytische Beziehung nennen, beginnen abzubilden und wiederzubeleben. Die Jugendlichen kämpfen aber vehement genau dagegen, da sie sich ja dringend von den inneren Bildern ihrer Eltern lösen wollen.

Wenn nun aber die Konflikte so stark geworden sind, daß Symptome so unerträglich werden und die Entwicklung nicht mehr weitergeht, dann beginnen wir doch das Experiment einer analytischen Jugendlichen-Psychotherapie, in der Hoffnung, zu einer besseren Lösung von inneren Konflikten beitragen zu können und die Entwicklung wieder in Gang zu setzen (vgl. Jongbloed 1997 a/b).

Zwei Falldarstellungen sollen zur Illustration dienen. Beim ersten Fall handelt es sich um ein Mädchen, beim 2. um einen Jungen.

Die Eltern von *Vera* sind äußerst besorgt. Ihre Tochter ist gerade 14 Jahre alt geworden und kann seit einigen Monaten beinahe überhaupt nicht mehr zur Schule gehen, da ihr dauernd schlecht wird und sie sich erbrechen muß.

Das Erbrechen ist nicht ganz neu für die Familie: Sie können sich alle gut erinnern, als es das erste Mal auf einer Ferienreise während der langen Autofahrt in den Süden auftrat. Damals war Vera fünf Jahre alt, hatte nach der Fahrt noch einige Tage mit Übelkeit zu kämpfen. Von der Zeit an tauchte es alle paar Monate wieder auf. Der Kinderarzt konnte keine organische Ursache entdecken.

Dann, mit dem Beginn der Vorpubertät im Alter von elf Jahren, wurde es auf einmal immer schlimmer. Nun beobachteten die Eltern auch, daß immer dann, wenn es Vera schlecht war, bestimmte Verhaltensweisen und Persönlichkeitsveränderungen bei dem Mädchen auftraten: Die eigentlich heitere, kesse Tochter wurde auf einmal aggressiv, unansprechbar, äußerst drängend in ihren Forderungen nach bestimmten Nahrungsmitteln oder Vergünstigungen. Sie wollte stundenlang duschen, kümmerte sich überhaupt nicht mehr um ihren Hasen, der in seinem Käfig verdreckte und verhungert wäre, wenn die Mutter sich nicht erbarmt hätte. Die »Anfälle« dauerten oft ein bis zwei Tage und Nächte. Danach war Vera erschöpft, besorgt, daß sie die Eltern und den Bruder womöglich gekränkt und geärgert haben könnte, besonders lieb und voller Wiedergutmachungswünsche.

Da die Übelkeiten häufiger und häufiger auftraten, Vera deshalb auch oft nicht zur Schule gehen konnte, wurden weitere ärztliche Untersuchungen vorgenommen. Schließlich glaubte man, eine organische Ursache gefunden zu haben, und eine Operation wurde durchgeführt. Mit Vor- und Nachuntersuchungen und der eigentlichen Operation und Nachbehandlung verbrachte die damals 11jährige Vera 6 Wochen im Krankenhaus.

Danach schien es besser. Aber es dauerte nur wenige Monate, und alles ging von vorne los. Ärzte sagten den Eltern, daß die Operation nicht notwendig gewesen sei, da nicht wirklich ein Befund vorgelegen habe, der das Krankheitsgeschehen in Gang gesetzt habe. Die Verzweiflung war groß. Verhaltenstherapeutische Maßnahmen deckten einen wichtigen Zusammenhang auf, nämlich den des sekundären Krankheitsgewinnes. Der Verhaltenstherapeut zeigte Eltern und Kind, wie sehr eine exzessive Schonhaltung dem Mädchen gegenüber eingenommen wurde. Die Eltern bemühten sich sehr, das zu verändern. Es wurden homöopathische Medikamente ausprobiert. Beide Maßnahmen brachten für kurze Zeit Besserung, dann ging es wieder los wie zuvor.

Als schließlich, Vera war inzwischen 14 Jahre, der Schulbesuch fast gänzlich unmöglich geworden war und das Mädchen auch alle anderen Aktivitäten und alle Kontakte mit den Gleichaltrigen aufgegeben hatte, wandten sie die Eltern an mich. Ich versuchte, in diagnostischen Erstgesprächen die psychodynamischen Hintergründe des Krankheitsgeschehens aufzudecken, und kam zu der Hypothese, daß es sich hier um ein hysterisches Konversionssymptom handelte.

Der Zeitpunkt des ersten Auftretens des Symptoms – Vera war fünf Jahre alt gewesen – gab mir einen Hinweis: bis dahin hatte sich das Mädchen relativ störungsfrei und im Ganzen gut entwickelt. In diesem Alter sind die Kinder wegen der Entwicklungsaufgabe, die es zu be-

wältigen gilt, einem unvermeidlichen und letztlich meist entwicklungsfördernden Konflikt ausgesetzt: Sie müssen eine Lösung finden für
leidenschaftlich intensive Gefühle der Liebe und des Hasses, verbunden
mit starken sexuellen Impulsen, die sich auf die Menschen richten, die in
ihrem Leben die Hauptrolle spielen, von denen sie abhängig sind, mit
denen sie sich schon weitgehend identifiziert haben: den Eltern. Die
Kinder kämpfen darum, ihre Allmachtswünsche nicht aufgeben zu
müssen – und die Allmachtswünsche enthalten, wie das Wort sagt,
wirklich alles: Jungen wie Mädchen wollen über ihr eigenes Geschlecht
selbst bestimmen und sich nicht abfinden mit der Festgelegtheit auf nur
eine Lebensmöglichkeit. Sie wollen nicht aushalten, daß die Eltern eine
ganze Generation älter sind und sie selbst aus so vielem noch ausgeschlossen bleiben für eine noch so lange Zeit. Sie wollen ihre Liebes-,
Besitz- und Ausschließlichkeitswünsche an jedem einzelnen der beiden
Eltern drängend in die Tat umsetzen, wollen Vater wie Mutter ebenso
drängend in Zeiten, wo ihren Wünschen nicht stattgegeben wird, buch-
stäblich zum Verschwinden bringen. Dies alles bringt die Kinder unweigerlich und absolut unvermeidlich in Konflikte mit den Werten und
Idealen, die sie durchaus schon von den Eltern in sich aufgenommen
haben: Sie fühlen sich schrecklich, wenn sie sich gerade wieder einmal
gewünscht haben, daß die ja eigentlich sehr geliebte Mutter zum Teufel
sehen soll oder der Vater.

Erschwerend kommt in dieser konflikthaften Zeit hinzu, daß das Ich
noch relativ unreif ist und noch zum Teil dem magischen Denken ver-
haftet. Das bringt dann schwere unbewußte Schuldgefühle in Gang, daß
die bösen Wünsche auch tatsächlich in die Tat umgesetzt würden und daß
dafür eine furchtbare Vergeltung zu erwarten ist.

Das alles erlebte Vera, als sie fünf Jahre alt war. Krankheit und Tod
eines Opas und einer Tante gaben den unbewußten Schuldgefühlen weitere Nahrung. In diesem Konflikt fand sie einen Kompromiß, der sich an
ein sicher auch ursprünglich organisches Geschehen anheftete: Wenn sie
sich erbrach, konnte sie das »Böse« aus sich herausstoßen, konnte sich als
»Kranke« unverantwortlich und unschuldig fühlen, konnte übers Leiden,
das die Übelkeit verursachte, ihrem strengen Gewissen Genüge tun. Sie
konnte die Eltern, von denen sie auf Grund ihrer Wünsche annehmen
mußte, daß sie sie nicht mehr lieben könnten und ihr sehr böse sein
müßten, um sich bemüht machen und sich ihrer Sorge und Pflege
vergewissern. So war sie für eine Zeit wieder in einer Art Gleichgewicht
– bis die Konflikte wieder drängten, die erneute Symptomatik erforderlich
machten.

Dann, mit dem Einsetzen der Veränderungen von Vorpubertät und

Pubertät, wurde diese »Lösung« unzureichend. Liebes-, Haß- und sexuelle Gefühle wurden verstärkt; da sie sich noch immer und mit großer Intensität auf die Eltern richteten, die ja weiterhin die Menschen sind, mit denen die Kinder die stärksten Bindungen haben, geriet sie in noch stärkere Konflikte mit dem Über-Ich: Der reifende Körper stellte nun die Voraussetzungen für die Erfüllung der Wünsche zur Verfügung, das Inzesttabu forderte stärkste Abwehr dieser Wünsche bis hinein ins Bewußtsein: sie mußten verdrängt werden. Bei Vera reichte diese Abwehr, die meist eine Weiterentwicklung zuläßt, nicht aus: Die durch die Operation verstärkten Kastrationsängste forderten weitere Abwehr heraus, die dann wieder ihre pathologischen Folgen hatten: Mit Regression versuchte Vera – natürlich ihr selbst unbewußt – wieder zurückzugelangen in eine frühere Lebenszeit, wo keine Verantwortung für ihre Handlung gefordert werden konnte, wo infantile Abhängigkeitswünsche erfüllt wurden, wo frühkindliche – orale, anale – Triebbedingungen noch akzeptabel waren. Daher gelangen u. a. Schulbesuch und die Kontakte mit den Gleichaltrigen nicht mehr.

Mit Isolierung versuchte sie, die Gedanken von den dazugehörigen Gefühlen zu trennen. Das führte zu einer Verflachung des Gefühlslebens und ließ sie langweilig und phantasielos im Kontakt erscheinen. Mit Reaktionsbildung versuchte sie, ihre starken analen Wünsche – vom Zerstören bis zum Beschützen – in Schach zu halten, was zu zwanghafter Beschäftigung mit Sauberkeit und Ordnung führte. Diese zwanghafte Beschäftigung breitete sich in einer Art Eigengesetzlichkeit noch weiter aus bis in eine richtige Zwangssymptomatik mit Zwangsgedanken- und handlungen: So mußte sie z.B. immer nachprüfen, ob alle elektrischen Kontakte ungefährlich, alle Herdplatten ausgestellt, alle Türen richtig geschlossen sind.

Über die biologischen Prozesse der Pubertät wurden Masturbation und Masturbationsphantasien stark angestoßen und kamen in schwerste Konflikte mit dem sehr strengen Über-Ich. In der unbewußten Masturbationsphantasie, wie man zusammenfassend die inneren Bilder von all dem nennen kann, was ein Mensch je an körperlichen Berührungen und Behandlungen erfahren hat in einem je emotional wichtigen Kontakt, spielten nun Schwangerschaftsphantasien, Urszenenphantasien – also die Phantasie um den Geschlechtsakt – eine Rolle, die mit regressiven sadomasochistischen Anteilen versehen waren. Diese inneren Prozesse gaben dem Erbrechen und der Übelkeit eine neue symbolische Bedeutung, machten sie damit aber auch zu etwas extrem Ängstigendem, Fremden. So ist es zu verstehen, daß es lange brauchte, bis Vera herausfinden konnte, daß sie es selbst in Gang hält und auch beenden kann.

Aber das gehört bereits in den Prozeß der Behandlung. Ich arbeitete mit dem Mädchen fast drei Jahre an den inneren Bedingungen ihrer Krankheit. In der ersten Zeit ging es mir nicht besser als Eltern, Lehrern und Gleichaltrigen: Ich wurde direkt in das Krankheitsgeschehen hineingezogen dadurch, daß Vera jede 2. Stunde wegen Übelkeit und Erbrechen absagen mußte.

Die Deutung der Hintergründe, die vor allem auf dem Wege vor sich ging, daß ich der Patientin versuchte zu zeigen, auf welche Weise sie die Beziehung zu mir gestaltete und warum sie das so tat, führte erst einmal dazu, daß Vera regelmäßig kommen konnte. Auch weiterhin wurde ich in den Prozeß hineingezogen – und das ist ja gerade Teil der analytischen Arbeit und ermöglicht das Aufdecken der unbewußten Beziehungskonstellationen, die verinnerlicht wurden, und das Verstehen der unbewußten Konflikte.

Aufgrund ihrer inneren Überzeugungen, die z.T. auf ihren realen Erlebnissen, zum größeren Teil jedoch auf der Art beruhten, wie sie diese Erlebnisse innerlich verarbeitet hatte, erlebte sie mich als strafende, strenge, verurteilende Frau, vor der sie sich schützen mußte. So groß war ihre Angst vor ihren eigenen aggressiven Impulsen, daß sie sie lange nur in der Projektion auf mich erleben konnte. So wurde ich zur Angreiferin, zur Verfolgerin, die ihr keinen eigenen Raum lassen will und deren Angebot, die innere Welt miteinander anzuschauen, um sie zu verstehen, sie nur als Überwältigungsversuch erleben konnte.

In dem Versuch, Vera zu zeigen, wie sehr ihre Wahrnehmungen meiner Person von ihren eigenen Zuschreibungen gefärbt war, bestand ein Großteil der Arbeit. Daß daneben auch viel Erklären und Einführen in die Welt der Jugendlichen, in den sich verändernden Körper eine Rolle spielte, daß das Sprechen über die schmerzlichen Prozesse der langsamen Ablösung von den Eltern wichtig wurde, versteht sich von selbst.

Im 2. Fallbeispiel war einem Jungen die Lösung der adoleszenten Entwicklungsaufgaben nicht gelungen.

Die Eltern des 14jährigen *Markus* wandten sich an mich, weil vor allem die Mutter sich nicht mehr zu helfen wußte: Markus verwickelte sie jeden Abend vor dem Schlafengehen in stundenlange Gespräche, in denen er auf sich stets wiederholende Art seine Gedanken über mögliche Katastrophen, die passieren könnten, mitteilte. Die Mutter versuchte zuzuhören, seine Ängste zu zerstreuen, mit dem Hinweis auf Realität und Hintergründe zu beruhigen. Das führte nur zu neuen Ideen, die geradezu zwanghaft sich um weitere schlimme Ereignisse drehten, bei denen aber die eigentlich gefürchteten Gefahren eher vage blieben. Die Gespräche bekamen oft geradezu philosophischen Charakter, waren aber wegen der drängenden Intensität, mit der der Junge sie führte, schwer erträglich. Wenn die Mutter sich dann endlich zurückzog, um selbst schlafen zu gehen – ihr Mann hatte seinen Feierabend allein im Wohnzimmer verbracht –, mußte Markus noch seine Rituale durchführen, ohne die er unmöglich hätte einschlafen können. Der Rolladen mußte auf eine ganz bestimmte Weise geschlossen werden, die Stühle mußten einen bestimmten Winkel am Tisch bilden, die Zudecke und das Kopfkissen hatten ihre festgelegte Lage auf dem Bett, selbst das Liegen unterlag Gesetzen, die man nur mühsam als Außenstehender begreifen konnte und deren Rationalisierungen Markus selbst im Tiefsten auch nicht überzeugten –, weil natürlich seine Unruhe mit der genauen Durchführung aller Rituale dann doch nicht in Schach gehalten werden konnte, und seine Gedanken dennoch ihre zwanghafte Macht über ihn ausübten, bis er endlich einschlief.

Die Mühe, mit der er all seine Gedanken und Handlungen einer bestimmten Ordnung zu unterwerfen trachtete, machte sich natürlich auch in seiner Weise, sich zu bewegen, zu sprechen, bemerkbar. Man kann sich vorstellen, daß einem solchen Jungen die Kontakte zu den Gleichaltrigen schwer fallen, und auf die Dauer war es dann auch so: Markus verbrachte außerhalb der Schule seine Zeit fast ausschließlich zu Hause, hatte keine Freunde.

Das alles hatte etwa vom 11./12. Lebensjahr an begonnen, sich zu entwickeln und auszubreiten. Als kleines Kind, so berichtete die Mutter, war Markus besonders »pflegeleicht« gewesen und hatte sich gut entwickelt. Mit drei Jahren sollte er in den Kindergarten kommen. Sein Bruder war gerade geboren, dessen Geburt und ein kurz danach notwendig werdender Krankenhausaufenthalt der Mutter hatte zu ersten Trennungen geführt. Markus Reaktion war unübersehbar: Er wollte nicht im Kindergarten bleiben, konnte sich auch nach vielen Versuchen nicht eingewöhnen, war untröstlich. So wurde der Kindergartenbesuch um ein Jahr verschoben.

Als er dann in die Schule kam, gab es erneut Unruhe und Aufregung in seinem Leben. Der Bruder hatte seine ersten schweren Asthmaanfälle, die Mutter mußte noch einmal ins Krankenhaus. Die Erkrankung des Bruders forderte viel Aufmerksamkeit und Sonderbehandlung. Markus gewöhnte sich in der Schule ein und wurde ein besonders guter, ordentlicher Schüler.

Ich vermute, daß Markus im Alter von gut zwei Jahren die Schwangerschaft seiner Mutter mit hohem Interesse begleitet hat. Phantasien der Kinder in diesem Alter drehen sich um ihre ganz eigenen Vorstellungen vom Geschlechtsunterschied, von Zeugung, Schwangerschaft und Geburt, sind von archaischen Größenvorstellungen und tiefen Ängsten begleitet. Die Körperfunktionen des Essens und der Verdauung und Ausscheidung geben ihnen das Muster für ihre Ideen, die sie über die geheimnisvolle Welt der Erwachsenen-Sexualität entwickeln. Außerdem fließt in ihre innere Welt und deren Gestaltung das ganze Gefühlsleben mit all seinen Gegensätzen ein: Liebe und Haß, leidenschaftliche Wünsche nach Besitzen, Verschlingen, Beherrschen, Zerstören und Wiedererwecken bereiten den Boden für das, was dann im ödipalen Konflikt kulminiert: Geschlechts- und Generationsschranken fordern Anerkennung, die Wünsche der Kinder fordern Auflösung aller Schranken, die ihre Allmacht beeinträchtigen würden – ein extremer Gegensatz.

So kann man versuchen, Markus innere Welt im Alter zwischen drei und sechs Jahren zu rekonstruieren, wobei das sicher nur mit einigen Vereinfachungen möglich ist: Die Tatsache der Schwangerschaft bedrohte seine Vorstellung vom alleinigen Besitz der Mutter, regte seine eigene Hypothesenbildung um Sexualität zwischen den Eltern an, machte ihm sein Ausgeschlossensein mehr als deutlich und stürzte ihn in tiefe Eifersucht. Diese Eifersucht richtete sich dann sehr stark auf den Bruder – was auch deutlich beobachtbar wurde und sich nicht nur in der Phantasie abspielte – und auf den Vater, wo es unbewußt blieb.

Seine Todeswünsche kamen in Konflikt mit seiner Liebe und seinem Über-Ich; er suchte nach Kompromissen, die er dann über die Zeit der Latenz mit starken Reaktionsbildungen fand: er wurde ein besonders guter, ordentlicher Junge.

Man kann sich vorstellen, daß Beseitigungswünsche einem kranken Geschwister gegenüber besonders verpönt werden müssen. Und dann bedrohte die hormonelle Umstellung der Pubertät das gesamte bisher gefundene Gleichgewicht: Sein Ich mit den bis dahin hilfreichen und ausreichenden Abwehrmechanismen war dem Ansturm nicht gewachsen, konnte Phantasie und Realität für eine Weile in bestimmten konflikthaften Bereichen nicht mehr trennen, mußte Zuflucht nehmen zu Regression, wurde immer wieder überwältigt. Masturbation und begleitende Phantasien stürzten ihn in schwere Über-Ich-Konflikte, weil sie so stark an die inzestuösen Objekte gekoppelt sind und die leidenschaftlichen Wünsche – sexuelle und aggressive – für das Ich nicht akzeptabel sind. Die oben beschriebenen Zwänge und Rituale kann man als einen Versuch ansehen, wieder Ordnung ins innere Gefühlschaos zu bringen, wobei aber ein hoher Preis gezahlt werden muß: Der Ordnung wird auf Dauer die gesamte Lebendigkeit, alle Leidenschaft geopfert.

Auf Dauer lassen sich weder Psyche noch Körper derartig knebeln.

Außerdem war da ja auch noch die Tatsache, daß die Mutter so sehr in das Geschehen hineingezogen wurde, was man bei Jugendlichen häufig sieht. Hier hatte es den kompromißhaften Gewinn, daß der Junge sich für die Abendstunden ihres Besitzes sicher sein konnte, weil sie sich seinen drängenden Hilfsappellen nicht entziehen konnte –, und daß zugleich die eigentlichen Wünsche und Ängste, die sich um den Besitz der Mutter rankten, unbewußt bleiben konnten. Aber die Mutter konnte es nicht mehr aushalten und suchte Hilfe.

In der Behandlung wurde dann mit dem sich entwickelnden Prozeß das in Gang gesetzt, was man als stärkstes Hilfsmittel ansehen kann: Ich wurde langsam Objekt der Zwänge und der dahinterliegenden Wünsche, Ängste und Konflikte – und in unserer Beziehung konnte Markus dann auf die Dauer einiges davon aufdecken, was ihn krank gemacht hatte. Das geschah durch meine, das Unbewußte aufdeckende Deutungen ebenso wie durch die Tatsache, daß ich die Zuweisungen, die er mir unbewußt zuschrieb, jeweils nur eine Weile übernahm, bis ich sie verstand und anders reagieren und mich anders verhalten konnte, als er erwartete und kannte. So konnte er eine neue Erfahrung machen und sich langsam trauen, seine innere Welt auf eine andere Weise zu ordnen als durch zwanghafte Abwehr: In seiner neuen Ordnung durften sexuelle und aggressive Wünsche ihren Platz einnehmen, weil er nicht mehr fürchten mußte, daß mit dem Akzeptieren der Wünsche auch die implizierten Handlungen schon je mit einsetzen und ihre zerstörerische Gewalt aus-üben müßten.

Zum Schluß möchte ich an einigen Ausschnitten aus Thomas Manns *Buddenbrooks* zeigen, wie vieles von dem, was in der psychoanalytischen Fachliteratur zu finden ist, intuitiv gewußt und auf wunderbare Weise in Worte gefaßt sein kann.

> Es war Sonntag gewesen, und nachdem er sich mehrere Tage hinter-einander von Herrn Brecht hatte malträtieren lassen müssen, hatte er zur Belohnung seine Mutter ins Stadttheater begleiten dürfen, um den *Lohengrin* zu hören. Die Freude auf diesen Abend hatte seit einer Woche schon sein Leben ausgemacht. Beklagenswert war nur, daß stets vor solcherlei Festen soviel des Widerwärtigen lagerte und bis zum letzten Augenblick die freie und freudige Aussicht darauf verdarb. Aber endlich war doch am Sonnabend die Schulzeit überstanden gewesen, und die Tretmaschine hatte zum letzten Mal in seinem Munde mit schmerzhaftem Summen gebohrt. ...
> Und dann war das Glück Wirklichkeit geworden. Es war über ihn gekommen mit seinen Weihen und Entzückungen, seinen heimlichen Erschauern und Erbeben, seinem plötzlichen innerlichen Schluchzen,

seinen ganzen überschwenglichen und unersättlichen Rausch. ...

Und endlich war doch das Ende gekommen. Das singende, schimmernde Glück war verstummt und erloschen, mit fiebrigem Kopfe hatte er sich daheim in seinem Zimmer wiedergefunden und war gewahr geworden, daß nur ein paar Stunden des Schlafes dort in seinem Bett ihn von dem grauen Alltag trennten. Da hatte ihn ein Anfall jener gänzlichen Verzagtheit überwältigt, die er so wohl kannte. Er hatte wieder empfunden, wie wehe die Schönheit tut, wie tief sie in Scham und sehnsüchtige Verzweiflung stürzt und doch auch den Mut und die Tauglichkeit zum gemeinen Leben verzehrt. So fürchterlich hoffnungslos und bergeschwer hatte es ihn niedergedrückt, daß er sich wieder einmal gesagt hatte, es müsse mehr sein als seine persönlichen Kümmernisse, was auf ihm laste, eine Bürde, die von Anbeginn seine Seele beschwert habe und sie irgendwann einmal ersticken müsse...

Dann hatte er den Wecker gerichtet und geschlafen, so tief und tot, wie man schläft, wenn man niemals wieder erwachen möchte. Und nun war der Montag da, und es war sechs Uhr, und er hatte für keine Stunde gearbeitet! (S. 701/702)

Dargestellt werden die inneren Konflikte zwischen dem triebhaften Ansturm der Pubertät und den Ansprüchen des Über-Ich, der Kampf, die genitale Sexualität ihres antisozialen Potentials zu entkleiden, die Bemühung um eine Lösung des Widerstreits zwischen individuellem Verlangen und moralischer Autorität – und natürlich auch die hohe Sublimierungsfähigkeit eines begabten Jugendlichen.

In der Schule dann:

»Ich habe Angst«, sagte Hanno zu Kai, indem er an der einen Seitenwand des Hofes stehenblieb, sich gegen die Mauer lehnte und mit fröstelndem Gähnen seine Jacke fester zusammenzog...

»Ich habe eine unsinnige Angst, Kai, sie tut mir überall weh im Körper. Ist nun Herr Mantelsack der Mann, vor dem man sich derartig fürchten dürfte? Sage selbst! Wenn diese widerliche Ovidstunde erst vorüber wäre! Wenn ich meinen Tadel im Klassenbuch hätte und sitzenbliebe und alles in Ordnung wäre! Ich fürchte mich nicht *davor,* ich fürchte mich vor dem Eklat, der damit verbunden ist ...«

Kai verfiel in Gedanken: »Dieser Roderich Usher ist die wundervollste Figur, die je erfunden worden ist!« sagte er schnell und unvermittelt. »Ich habe eben die ganze Stunde gelesen ... Wenn ich jemals eine so gute Geschichte schreiben könnte!«

Die Sache war die, daß Kai sich mit Schreiben abgab. Dies war es auch, was er heute morgen gemeint hatte, als er sagte, er habe Besseres zu tun, als Schularbeiten zu machen, und Hanno hatte ihn wohl verstanden. Aus der Neigung zum Geschichtenerzählen, die er als kleiner Junge an den Tag gelegt hatte, hatten sich schriftstellerische Versuche entwickelt, und kürzlich hatte er eine Dichtung vollendet, ein Märchen, ein rücksichtslos phantastisches Abenteuer, in dem alles in einem dunklen Schein erglühte, das unter Metallen und geheimnisvollen Gluten in den tiefsten und heiligsten Werkstätten der Erde und zugleich in denen der menschlichen Seele spielte, und in dem die Urgewalten der Natur und der Seele auf sonderbare Art vermischt, gewandt, gewandelt und geläutert wurden, – geschrieben in einer innerlichen, deutsamen, ein wenig überschwenglichen und sehnsüchtigen Sprache von zarter Leidenschaftlichkeit ...

(S. 720) (...)

»So«, sagte Kai und schlug eine schnellere Gangart an; »nun erzählst du mir ein bißchen von deinem Klavierspiel. Ich will nämlich jetzt etwas Wunderbares schreiben, etwas Wunderbares ... Vielleicht fange ich nachher in der Zeichenstunde an. Willst du heute nachmittag spielen?«

Hanno schwieg einen Augenblick. Etwas Trübes, Verwirrtes und Heißes war in seinen Blick gekommen.

»Ja, ich werde wohl spielen«, sagte er, »obgleich ich es nicht tun sollte. Ich sollte meine Etüden und Sonaten üben und dann aufhören. Aber ich werde wohl spielen, ich kann es nicht lassen, obgleich es alles noch schlimmer macht.«

»Schlimmer?«

Hanno schwieg.

»Ich weiß, wovon du spielst«, sagte Kai. Und dann schwiegen beide.

Sie waren in einem seltsamen Alter. Kai war sehr rot geworden und blickte zu Boden, ohne den Kopf zu senken. Hanno sah blaß aus. Er war furchtbar ernst und hielt seine verschleierten Augen seitwärts gerichtet.

(S. 744)

Beim genauen Vertiefen in den Text kann man erkennen, wie der Autor um die innere Welt von Jugendlichen wußte, wie er Ausdruck fand für das, was in der Fachliteratur als die Ausgestaltung der zentralen Masturbationsphantasie beschrieben wird, die als unbewußte Phantasie die ganze Beziehungsgeschichte in all ihren triebhaften Aspekten enthält und auch da eine große Rolle spielt, wo manifest gar keine Masturbation geschieht.

Am Abend spielte Hanno: Es scholl wie Hörner, die zum Aufbruch riefen ... und eine neue Figur setzte ein, eine kecke Improvisation, eine Art Jagdlied, unternehmend und stürmisch.

Aber es war nicht fröhlich, es war im Innersten voll verzweifelten Übermuts, die Signale, die darein tönten, waren gleich Angstrufen, und immer wieder war zwischen allem, in verzerrten und bizarren Harmonien, quälend, irrselig und süß, das Motiv, jenes erste, rätselhafte Motiv zu vernehmen ... Und nun begann ein unaufhaltsamer Wechsel von Begebenheiten, deren Sinn und Wesen nicht zu erraten war, eine Flucht von Abenteuern des Klanges, des Rhythmus und der Harmonie, über die Hanno nicht Herr war, sondern die sich unter seinen arbeitenden Fingern gestalteten, und die er erlebte, ohne sie vorher zu kennen ... Er saß ein wenig über die Tasten gebeugt, mit getrennten Lippen und fernem, tiefem Blick, und sein braunes Haar bedeckte in weichen Locken seine Schläfen. Was geschah? Was wurde erlebt? Wurden hier furchtbare Hindernisse bewältigt, Drachen getötet, Felsen erklommen, Ströme durchschwommen, Flammen durchschritten? Und wie ein gellendes Lachen oder wie eine unbegreiflich selige Verheißung schlang sich das erst Motiv hindurch, dies nichtige Gebilde, dies Hinsinken von einer Tonart in die andere ... ja, es war, als reize es auf zu immer neuen, gewaltsamen Anstrengungen, rasende Anläufe in Oktaven folgten ihm, die in Schreie ausklangen, und dann begann ein Aufschwellen, eine langsame, unaufhaltsame Steigerung, ein chromatisches Aufwärtsringen von wilder, unwiderstehlicher Sehnsucht, jäh unterbrochen durch plötzliche, erschreckende und aufstachelnde Pianissimi, die wie ein Weggleiten des Bodens unter den Füßen und wie ein Versinken in Begierde waren.

Und es kam, es war nicht mehr hintanzuhalten, die Krämpfe der Sehnsucht hätten nicht mehr verlängert werden können, es kam, gleichwie wenn ein Vorhang zerrisse, Tore aufsprängen, Dornenhecken sich erschlössen, Flammenmauern in sich zusammensänken ... Die Lösung, die Auflösung, die Erfüllung, die vollkommene Befriedigung brach herein, und mit entzücktem Aufjauchzen entwirrte sich alles zu einem Wohlklang, der in süßem und sehnsüchtigem Ritardando sogleich in einen anderen hinübersank ... es war das Motiv, das erste Motiv, was erklang! Und was nun begann, war ein Fest, ein Triumph, eine zügellose Orgie ebendieser Figur, die in allen Klangschattierungen prahlte, sich durch alle Oktaven ergoß, aufweinte, im Tremolando verzitterte, sang, jubelte, schluchzte, angetan mit allem brausenden, klingenden, perlenden, schäumenden Prunk der orchestralen Ausstattung, sieghaft daherkam ... Es lag etwas Brutales und Stumpfsinniges und zugleich etwas asketisch Religiöses, etwas wie Glaube und Selbstaufgabe in dem fanatischen Kultus dieses Nichts, dieses Stücks Melodie, dieser kurzen, kindischen, harmonischen Erfindung von anderthalb Takten ... etwas Lasterhaftes in der Maßlosigkeit und Unersättlichkeit, mit der sie genossen und ausgebeutet wurde, und etwas zynisch Verzweifeltes, etwas wie Wille zur Wonne und Untergang in der Gier, mit der die letzte Süßigkeit aus ihr gesogen wurde, bis zur Erschöpfung, bis zum Ekel und Überdruß bis endlich, endlich in Ermattung nach allen Ausschweifungen ein langes, leises Arpeggio in Moll hinrieselte, um einen Ton emporstieg, sich in Dur auflöste und mit einem wehmütigen Zögern erstarb. –

Hanno saß noch einen Augenblick still, das Kinn auf der Brust, die Hände im Schoß. Dann stand er auf und schloß den Flügel. Er war sehr blaß, in seinen Knien war gar keine Kraft, und seine Augen brannten. Er ging ins Nebenzimmer, streckte sich auf der Chaiselongue aus und blieb so lange Zeit, ohne ein Glied zu rühren.

(S. 744ff.)

Hier wird nochmals das Motiv der unbewußten Masturbationsphantasien berührt, außerdem werden die für die Adoleszenz so typischen Extreme beschrieben, die sich in der Gefühlswelt ebenso ausbreiten wie in den Erwartungen an die Objekte, die der Idealisierung und Entwertung nicht entgehen können, wie auch das Selbst in Größenphantasien flieht, um danach in Leere und Depression zu verfallen.

Eine Balance zu finden, die extremen Pole zu integrieren, bleibt eine der wichtigsten Aufgaben dieser Zeit; sie wird das ganze Leben immer wieder ihre Anforderungen stellen.

Literatur

Blos, P. (1978): *Adoleszenz*. Stuttgart: Klett Cotta

Bohleber, W. (Hrsg) (1996): *Adoleszenz und Identität*. Stuttgart: Verl. Internat. Psychoanalyse, 7-40

Freud, A. (1958): Probleme der Pubertät. In: *Die Schriften der Anna Freud*. Band 8, München: Kindler 1980, S. 319-351

Freud, S. (1905: Drei Abhandlungen zur Sexualtheorie. *Gesammelte Werke V*, S. 27-145

Geleerd, E.R. (1957): Some aspects of psychoanalytic technique in adolescence. *Psychoanal. Study Child* 12, S. 263-283

Jongbloed, U.: Schicksale pathologischer Identifizierungen in der Adoleszenz von Mädchen. In: *Zeitschrift für psychoanalytische Theorie und Praxis XII*, 1/1997 (a)

Jongbloed, U.: Analytische Arbeit mit Adoleszenten – Fragen zu Technik, Setting und Frequenz. In: *Analytische Kinder- und Jugendlichen-Psychotherapie* XXVIII. Jg., 2/1997 (b)

Laufer, M. und E.: *Adoleszenz und Entwicklungskrise*. Stuttgart 1989

Mann, Th.: *Buddenbrooks*, Frankfurt 1986

Tyson, Ph. Und R. (1990): *Psychoanalytic Theories of Development*. New Haven/London:Yale Univ. Press

Winnicott, D.W.: *Kind, Familie und Umwelt*. München 1969

II.

Fragen der
Behandlungstechnik
und
klinische Beiträge

JOCHEN RAUE

»Was macht ein analytischer Kinder- und Jugendlichen-Psychotherapeut?«

Über die Arbeit des Kindertherapeuten im analytischen Prozeß

I.

In dieser Arbeit möchte ich die Aufmerksamkeit auf den analytischen Kinder- und Jugendlichen-Psychotherapeuten richten, auf das, was in den Therapiesitzungen mit ihm passiert, und wie er damit in seinem Inneren arbeitet und so zum analytischen Prozeß beiträgt.

Erst einmal fällt es viel leichter zu beschreiben, was ein Kindertherapeut nicht macht, als zu sagen, was er macht. Weder erzieht er im Sinne eines Erziehers, noch werden die Patienten unterwiesen wie in der Schule. Der Kindertherapeut verabreicht auch keine Medizin oder gibt Anweisungen, noch spielt er zum Spaß mit den Kindern. Also stellt sich die Frage, was denn der Therapeut während der zahlreichen Stunden einer analytischen Therapie, die ja Jahre dauern kann, meistens mehrmals die Woche stattfindet und somit eine lange und intensive Begegnung mit dem Patienten darstellt, macht.

Das Wort »machen« in der Frage vermittelt dabei einen falschen Eindruck, denn es suggeriert äußeres Handeln, das in der Arbeit mit Kindern sicher auch einmal nötig ist; aber es vernachlässigt die innerpsychische Arbeit des Therapeuten und die ist beileibe nichts passives, wie es häufig den Anschein haben kann, sondern ist etwas durchaus aktives.

Dieses möchte ich anhand einiger Fallbeispiele aus Behandlungsstunden erläutern und zu beschreiben versuchen, in der Hoffnung, daß etwas mehr von den Besonderheiten psychoanalytischer Arbeit mit Kindern und Jugendlichen deutlich und die Anstrengung nachvollziehbar wird, die notwendig ist, um mit den jungen Patienten in einen langen, oft schmerzvollen Verstehensprozeß kommen zu können, der die psychoanalytische Arbeit charakterisiert.

II.

Bevor ich mich den klinischen Ausschnitten zuwende, möchte ich noch einige allgemeine Bemerkungen voranstellen, die vielleicht auf den ersten Blick banal erscheinen mögen, aber den Rahmen der Arbeit des Kindertherapeuten verständlicher machen.

Begegnet der Kinderanalytiker einem Kind oder Jugendlichen, so ist er anders als der Erwachsenenpsychoanalytiker nicht nur mit dem Patienten, sondern auch mit dessen Eltern, manchmal auch Lehrern oder anderen wichtigen Personen aus der Umgebung des Patienten real konfrontiert. Er ist also nicht nur mit dem Patienten allein, sondern sieht außerhalb der Stunden meist dessen Eltern und spürt die realen Abhängigkeiten der noch nicht erwachsenen Patienten. Trotzdem liegt sein Hauptaugenmerk auf der »analytischen Situation« mit dem Patienten, in der sich Kind oder Jugendlicher und Therapeut begegnen.

Die analytische Situation stellt eine Begegnung von zwei Menschen dar, die Phyllis Greenacre wie folgt beschreibt: »... wenn zwei Menschen wiederholt miteinander allein sind, dann entstehen irgendwelche Gefühls-bande zwischen ihnen.« (Greenacre, 1954)

Dies ist eine sehr einfache Beschreibung. Sie weist aber auf den wichtigen Beziehungsaspekt in der menschlichen Begegnung hin und auf den Aspekt des Gefühls, also auf etwas wenig Vernünftiges. Eine solche Begegnung von zwei Menschen stellt eben auch die analytische Sitzung dar, wenn auch unter besonderen Bedingungen und mit besonderen Anliegen, die sie von der normalen Begegnung grundlegend unterscheidet.

Irma Brenman-Pick beschreibt mit der Eigenart der kleinianischen psychoanalytischen Sprache diese psychoanalytische Begegnung etwas genauer und formuliert: »Wenn es einen Mund gibt, der eine Brust sucht, weil diese Fähigkeit angeboren ist, dann gibt es hierfür meiner Meinung nach ein psychisches Äquivalent, d.h. einen Gemütszustand, der einen anderen Gemütszustand sucht.« (Wörterbuch der kleinianischen Psychoanalyse, 1993, S. 411f.)

Damit nimmt sie Bezug auf die Begegnung zwischen Mutter und Kind und weist auf das Mütterliche im Analytiker hin, d.h. der Analytiker muß wie eine Mutter offen für das sein, was der Patient in die Beziehung zu ihm hineinprojiziert, um dann in der Umkehr in der Gegenübertragung innerlich damit arbeiten zu können, so daß er zu einem Verständnis des Angebotenen gelangen kann. Mit Gegenübertragung meine ich hier kurz gesagt, alle inneren Reaktionen des Analytikers auf das, was der Patient ihm anbietet.

Der Kindertherapeut bzw. Kinderanalytiker hat ja, wie jeder Analytiker, das Ziel, den unbewußten inneren Motiven und Gründen im Patienten auf die Spur zu kommen, die diesen dazu veranlaßt haben, Symptome zu entwickeln, die seine Einschränkungen und Leiden verursachen und ihn haben seelisch erkranken lassen.

Ist dazu schon beim erwachsenen Patienten eine besondere Situation notwendig, die z. B. mit der Couch, der Haltung des Analytikers der gleichschwebenden Aufmerksamkeit, freier Assoziation so wohlbekannt und von vielen oft, ohne daß sie sie kennen, gefürchtet ist, so arbeitet der analytische Kindertherapeut mit den Kindern und Jugendlichen unter speziellen, oft erschwerten Bedingungen.

Er wird mit einer Situation konfrontiert, in der es beim Kind keine freie Assoziation gibt, die Übertragung mit den Eltern geteilt werden muß, in der sich auf Seiten des Patienten nur ein Minimum an Leidensdruck und Selbsteinsicht findet, gepaart mit einem Maximum an Widerstand, in der das therapeutische Bündnis vom Patienten aus oft unstabil ist und in Zeiten negativer Übertragung der elterlichen Unterstützung bedarf, da die Kinder sonst wegbleiben würden. Anders gesagt, die gleichschwebende Aufmerksamkeit des Kindertherapeuten unterliegt höchsten Gefährdungen, geht manchmal verloren und muß immer wieder neu überprüft und hergestellt werden.

Trotzdem streben wir in der Kinderanalyse, wie Anna Freud immer wieder betont, die gleichen therapeutischen Ziele wie die Erwachsenenanalyse an, wie Rückgängigmachen von Verdrängungen, Regressionen und untauglichen Konfliktlösungen, Erweiterung des Herrschaftsbereiches des Ich und, als spezifisches Ziel der Kinderanalyse, die Befreiung der Entwicklungskräfte von Fesseln und Hemmungen, so daß sie wieder ihre Rolle im kindlichen Wachstumsprozeß übernehmen können (vgl. A. Freud, IX, S. 2562). Dazu benötigen wir in der Arbeit mit Kindern technische Veränderungen und Modifizierungen, denn die »spezielle Technik der Kinderanalyse, soweit sie überhaupt speziell ist, läßt sich aus einem einfachen Satz ableiten: daß der Erwachsene – wenigstens weitgehend – ein reifes und unabhängiges Wesen ist, das Kind ein unreifes und unselbständiges« (A. Freud, Bd. I, S. 12).

Wir, die Kindertherapeuten, müssen also einen Raum anbieten, in dem der junge Patient Möglichkeiten findet, sich seinem Entwicklungsstand gemäß auszudrücken und entfalten zu können. Rein äußerlich z. B. bieten wir einige Spielsachen, Mal- und Bastelmaterial an, dazu eine Haltung, die ein Kind diesen Raum nutzen und »besetzen« läßt zur Gestaltung seiner inneren Welt und Konflikte. Dies alles – Therapieraum, Zeitfestlegung, die neutrale analytische Haltung des Kinderanalytikers – sind

Mittel zum Zweck, um mit dem Kind in einen Dialog über seine unbewußte innerpsychische Welt, also in eine Übertragungsbeziehung zu kommen, in der es gemachte Erfahrungen seiner Vergangenheit, aber auch gegenwärtige konflikthafte Haltungen, Gefühle und Verhaltensweisen mit dem Analytiker erleben kann, um andere und ichgerechtere Konfliktlösungen für sich zu gewinnen.

Nun war mehrmals schon von Übertragung und Übertragungsbeziehung die Rede, die beim Kind und auch beim Jugendlichen aus Gründen der Entwicklung erschwerten Bedingungen unterliegen. So drängen sich in der Übertragung des kleinen Kindes aus dessen aktueller realer Abhängigkeit heraus die Übertragungen der gegenwärtigen Erfahrungen und Gewohnheiten mit den Eltern erst einmal im Vordergrund, vor denen von früheren Erfahrungen aus der Vergangenheit, die meist viel schwerer zu erreichen sind. Zudem gestaltet sich die Übertragung beim Kind auch deshalb schwierig, da es nicht wie der Erwachsene bereit ist, »eine Neuauflage seiner Liebesbeziehungen vorzunehmen, weil – so könnte man sagen – die alte Auflage noch nicht vergriffen ist. Seine ursprünglichen Objekte, die Eltern, sind noch in Wirklichkeit, nicht wie beim erwachsenen Neurotiker in der Phantasie, als Liebesobjekte vorhanden, zwischen ihnen und dem Kind bestehen alle Relationen des täglichen Lebens, alle Befriedigungen und Enttäuschungen werden noch realiter an ihnen erlebt. Der Analytiker tritt als eine neue Person in diese Situation ein, er wird sich wahrscheinlich mit den Eltern die Liebe oder den Haß des Kindes zu teilen haben.« (A. Freud, Bd. I, S. 51) Anna Freud bemerkt weiterhin dazu: »... das Kind aber weiß uns nicht viel über seine Krankengeschichte anzugeben. Seine Erinnerung reicht, ehe man ihm in der Analyse zu Hilfe kommt, nicht weit zurück. Es ist von der jeweiligen Gegenwart so sehr in Anspruch genommen, daß die Vergangenheit daneben verblaßt.« (A. Freud, Bd. I, S. 31)

Viele Kinder betrachten und benutzen den Kindertherapeuten zunächst als ein reales Objekt, mit der Erwartung, er möge die Eltern dazu bringen, bestimmte Dinge zu lassen oder zu gewähren. Andere wiederum fordern ihn als eine Art »Hilfs-Ich« oder sie idealisieren den Therapeuten, um ihn mit überhöhten Wünschen zu überfrachten.

Jugendliche wiederum stehen aus dem Wunsch heraus, möglichst unabhängig zu werden und sich vom Erwachsenen abzugrenzen, einer Übertragungssituation von vornherein mißtrauisch oder ablehnend gegenüber.

Wir haben es also als Kindertherapeuten oft mit Bedingungen zu tun, die dem Eingehen einer intensiven Übertragungsbeziehung entgegenstehen und diese eher behindern als fördern.

III.

Nach diesen einführenden Bemerkungen zu den inneren wie äußeren Rahmenbedingungen einer analytischen Psychotherapie mit Kindern und Jugendlichen, möchte ich nun eine erste klinische Situation betrachten. Dabei soll die Aufmerksamkeit, quasi wie ein Fokus, immer auf den analytischen Kindertherapeuten gerichtet sein, um besser studieren zu können, warum dieser sich so und nicht anders verhielt oder verhalten konnte. Dies bedeutet, daß die Patienten etwas in den Hintergrund rücken, obwohl sie ja das Hauptobjekt des Interesses des Kindertherapeuten sind und es naheliegt, sich mit ihren speziellen Problemen und Konflikten zu beschäftigen und weniger den Blick auf den Therapeuten zu richten. Dies wiederum ist aber das Hauptanliegen dieser Arbeit.

Beim ersten Beispiel handelt es sich um die zweite Begegnung im Rahmen der Erstgespräche mit dem 6jährigen Klaus und seiner Mutter. Beide mußten gemeinsam in den Therapieraum kommen, da der Junge die Mama nicht alleine lassen konnte. Ich muß erwähnen, daß die Mutter den Sohn wegen nächtlichen Einnässens anmeldete, im Elterngespräch aber ein schwerer traumatischer Unfall des seinerzeit dreijährigen Jungen beim Baden im Beisein der Mutter in den Mittelpunkt rückte. Dieser Unfall war mit schweren Verletzungen im Rectalbereich verbunden, die Operationen erforderlich machten. Der hier auffallende Gegensatz zwischen Anmeldungsgrund und dem im Interview überraschend Berichteten war auch deshalb gleich zu Beginn von Bedeutung, weil die Eltern das erste Mal seit dem dramatischen Ereignis in diesem Gespräch mit mir auch miteinander darüber sprachen. Die Situation im Erstgespräch war nun folgende:

Klaus und seine Mutter kommen in den Therapieraum und setzen sich in den Sessel, der Junge auf dem Schoß der Mutter halb liegend, halb sitzend. Mir scheint, er hat diese »voll im Griff«. Er sitzt zudem von mir abgewandt, mir sein Hinterteil zustreckend. Genauso hatte er die erste Sitzung verbracht. Die Mutter redet immer wieder auf ihn ein, ist verzweifelt, beschwert sich einmal, es sei so heiß, versucht den Sohn wegzuschieben, aber Klaus verharrt eisern auf ihrem Schoß. Ich selbst empfinde große Hilflosigkeit, weiß mir auch keinen Rat, besonders nach dem ersten Gespräch, in dem keine Intervention fruchtete, und frage eher hilflos, ob das auch woanders so sei? Dabei komme ich mir sehr aggressiv und eindringend vor – wie die Ärzte damals nach dem Unfall, phan-

tasiere ich für mich im Stillen. Die Mutter bestätigt, es sei immer so, besonders schlimm seit einem Jahr, sie könne nicht konsequent sein. Sie schildert, daß Klaus sich kaum von ihr trennen könne und sie fast immer zusammen seien. Ich sehe, wie sie den Sohn nicht von ihrem Schoß bekommt, ihn auch nicht herunterschieben kann, denke mir, er hält sie fest, weil sie – so muß er es unbewußt erleben – ihn damals fallen ließ. Dabei hält er mir das hin, wo die Verletzungen waren, und ich komme mir wieder eindringend vor. Auch der Gedanke: »eine heiße Kiste!« streift mich. Wir sitzen alle drei da mit zunehmender Ratlosigkeit und Ohnmacht, die mein Gegenübertragungsgefühl immer mehr beherrscht.

Mir fällt der Vater ein, der so erschreckt war, daß der Unfall die Mutter im Gespräch noch immer zum Weinen bringt, wo doch alles schon so lange vorbei ist, und daß er sich bei Problemen der beiden lieber zurückzieht und etwas anderes tut. In mir entsteht immer stärker das Bild, daß etwas fehlt, um die beiden, Mutter und Sohn, zu trennen.

Ich mache dann nach längerer Zeit den Vorschlag, ein Spiel zu dritt zu spielen, und hole eine Spielesammlung heraus. Der Junge lehnt trotzig ab, aber die Mutter wird mutiger, schiebt ihn weg und holt seine »Spezis«, wie er seine kleinen Tierfiguren nennt. Klaus wacht nun regelrecht auf, steckt die Spezis in die Tasche – wie zur Sicherheit, denke ich –, und wir spielen zwei der Würfelspiele, in denen er zunehmend sicherer wird, angeberisch prahlt und mich herausfordernd anlacht. Am Ende der Stunde ruft er, er wolle wiederkommen, um im Flur zu sagen, lieber doch nicht.

Beim nächsten Gesprächstermin muß die Mutter nicht mehr mit in den Raum, dafür bringt Klaus mir pausenlos alles Mögliche zum Basteln bei, und wir können ein wenig über seine Angst sprechen.

In diesem Beispiel fällt als erstes meine Intervention, die Spiele herauszuholen, auf, die das Erstgespräch so entscheidend verändert hat und den weiteren Verlauf bestimmte. Die Frage ist, warum habe ich das so gemacht?

Meine inneren Reaktionen und Gedanken während der Stunde wurden durch verschiedene Arten von Informationen beeinflußt, die letztlich meinen Entschluß, die Spiele zu holen, motivierten. So kannte ich etwas aus der Geschichte des Jungen und der Familie, hatte aktuell in der Sitzung starke, subjektive Eindrücke und Gefühle und hatte mir eine lange Zeit das, was mir Sohn und Mutter vorführten, betrachtet.

Um nun besser ordnen zu können, was da in mir als dem Kinderanalytiker geschehen sein könnte, möchte ich kurz das Konzept von Hermann Argelander zur Hilfe nehmen, der dort für das psychoanalytische

Erstgespräch drei Arten von Informationen unterscheidet, mit denen der Psychoanalytiker arbeitet:

• Objektive Informationen, zu denen er persönliche und biographische Angaben über den Patienten zählt, aber auch beobachtbares Verhalten.

• Subjektive Informationen, deren Verläßlichkeit die situative Evidenz ist, d.h. das Gefühl einer prägnanten Übereinstimmung zwischen Information und dem Geschehen in der Situation.

• Szenische und situative Informationen, die eine Akzentverschiebung der subjektiven darstellen, d.h. das Erlebnis der Situation steht im Vordergrund (vgl. Argelander, 1970, S. 12ff.).

Das Instrument der Wahrnehmung ist dabei einzig und allein die Persönlichkeit des Interviewers, also Analytikers, eingesetzt und abgestimmt auf das unbewußte Beziehungsfeld mit dem Patienten.

Damit können wir die Frage, was ich in dem Gespräch mit dem Patienten und seiner Mutter gemacht habe, etwas genauer betrachten.

Die ungewöhnliche Szene, die Klaus und seine Mutter ohne große Worte vor mir, einem Dritten, inszenierten, hat mich zu einer Reaktion, nämlich der des Spielangebots, veranlaßt. Überflüssig zu sagen, daß es sich bei der Inszenierung um eine unbewußte handelt. In der szenischen Darstellung bekam ich, gleichsam verdichtet und überarbeitet, eine Wiederholung des traumatischen Unfalls und dessen Folgen für die psychische Entwicklung des Patienten erzählt: der Junge auf dem Schoß der Mutter, anklammernd, kontrollierend, mir den Rücken zuwendend usw. Und ich selbst werde Teil dieser Inszenierung, indem ich verschiedene Seiten des innerpsychischen Geschehens an mir spürte, wie Ohnmacht, Ratlosigkeit, auch Zorn und Mitleid. Ich spürte damit zum einen, wie sich der Junge damals gefühlt haben muß, überwältigt, ohnmächtig, ausgeliefert; zum anderen aber wurde ich auch von ihm als Aggressor phantasiert und gefürchtet und zu einem gemacht, dem er aus tiefer Angst heraus in Umkehrung des passiv Erlittenen nun aktiv die Kehrseite, die Rückseite, hinhält.

Objektiv wußte ich aus dem Gespräch mit den Eltern etwas über den Unfall, auch über das Einnässen, das mir bei der Anmeldung erst einmal angeboten worden war, und die Familienbeziehung, in der nicht viel geredet wird und der Vater lieber verschwindet. Subjektiv bekam ich immer stärker den Eindruck einer unauflöslichen Verstrickung des Jungen mit der Mutter und deren Schuld- und Schamgefühl sowie ihrer absoluten Hilflosigkeit, irgendetwas zu bewegen.

Alles zusammengenommen verdichtet sich so in mir die diagnostische Hypothese eines mit vielen Ängsten und Aggressionen verbundenen Separationskonfliktes, den aufgrund der Umstände in der frühen Entwicklung beide, Mutter und Sohn, nicht bewältigen können, und es wurde deutlich, daß ein Dritter fehlt, der mildert, bewältigen hilft und trennt – eine Funktion, die ich dann schließlich in der Übertragungsszene übernahm. Ich wurde also, sicherlich auch aus der Abwehr der schrecklichen Schuldgefühle über den schlimmen Unfall und der damit verbundenen enormen Angst und Wut heraus, zu einem väterlichen Objekt, an dem Mutter und Sohn erfahren können, daß diese Situation nicht so bestehen bleiben muß. Mit meinem Vorschlag zu spielen gab ich, in der Funktion eines entwicklungsfördernden Objekts, Klaus und seiner Mutter Raum für eine neue Erfahrung zu dritt, die in der späteren Therapie eine so große Rolle spielen sollte.

Darüberhinaus weisen das Symptom des Einnässens und mein flüchtiger Gedanke an »eine heiße Kiste« darauf hin, daß die Folgen für die Entwicklung des Jungen noch weiter reichen, denn auch die ödipale Entwicklung scheint belastet zu sein und droht zu mißlingen. Nicht nur hinten funktioniert es nicht richtig, sondern auch vorne geht es nicht, könnte man sagen. Der Patient muß in einer nicht altersgemäßen Entwicklungsphase gleichsam regressiv stecken bleiben und kann keine progressiven Entwicklungsschritte mehr machen.

Das Beispiel veranschaulicht, daß der Kindertherapeut einer sehr komplexen Situation gegenübersteht, in der er sich anhand verschiedener Informationsebenen innerlich orientieren muß, um sich ein Bild von der innerpsychischen Welt des Kindes machen zu können. Er nimmt einem Container ähnlich gleichsam alles auf, um durch seine innere Arbeit, die keineswegs nur eine kognitive ist, einen ersten Verstehenszugang für die unbewußten Konflikte und Gefühle zu bekommen, die den Patienten so quälen. Dabei ist der Kindertherapeut stark auf die Wahrnehmung seines eigenen Unbewußten angewiesen, dessen Analyse ihm Hinweise auf die Bedeutung des Spiels und der non-verbalen Kommunikationen des Kindes vermittelt, wie Esther Bick in ihrer Arbeit »Kinderanalyse heute« betont (vgl. in: Bott-Spillius, Melanie Klein heute, 1991).

Dies möchte ich an einem weiteren Beispiel der 10jährigen Patrizia, einem Pflegekind, deren Behandlung schon etwas fortgeschritten war, verdeutlichen. Sie kam damals angesichts der Schwere ihrer Konflikte vier Stunden in der Woche. Dies ermöglichte eine intensive Beziehung zu ihr und machte ihre massive Angst überhaupt erst aushaltbar.

In der 5. Behandlungsstunde schweigt Patrizia lange. Einsamkeit und Isolation breiten sich aus, und Patrizia malt schließlich ein Bild, das einen ihrer Grundkonflikte ausdrückt und quasi einen roten Faden für die Behandlung darstellte.

Sie malt eine einsame Insel im Meer mit Palmen, zwischen denen eine Hängematte gespannt ist, in der jemand sitzt, der einen Koffer mitgebracht hat. Eine Urlaubsidylle.

Aber in meiner Wahrnehmung breitet sich eine belastend einsame Atmosphäre aus, und ich frage sie ziemlich spontan, wie man denn auf diese Insel komme.

Schnell, um die Einsamkeit, die ich auch mit meiner Frage wohl überspielen will, wegzubekommen, malt Patrizia ein Boot mitten ins Meer.

Dann kommt sie auf Alltägliches zu sprechen, und die Stimmung ist erst einmal wie weggeblasen, stellt sich gegen Stundenende jedoch wieder ein, ohne daß ich sie aufnehmen und verbalisieren könnte.

Wissend, daß ihre leiblichen Eltern sie nicht haben und schützen konnten und auch die Großeltern sie nicht aufnehmen wollten, verdichtete sich in mir das Gefühl, daß es darum geht: Wie kommt sie aus ihrer inneren Isolation, Angst und Einsamkeit heraus und wie zum Objekt, also in der Übertragung zu mir? Oder: Wie kann es gehen, daß jemand ihr nahe kommt, und wie komme ich zu ihr in die Einsamkeit – mit all den vielen Fragen und Zweifeln, z.B. ob ich zuverlässig bin?

In den folgenden Stunden beschäftigt sich Patrizia immer wieder damit, ob sie attraktiv ist, ob man sie schön findet u.ä.

In der 69. Sitzung führt sie nun ein Spiel ein: »Fingerschlagen«, bei dem, wenn man bei einem Kartenspiel eine bestimmte Farbe, z.B. Herz, Pik o.ä., hat, der andere einen streicheln, hauen oder kneifen bzw. auf die Hand schlagen muß. Sie erklärt mir alles sehr ausführlich, fügt aber auch hinzu, daß wir das Spiel nicht spielen könnten, denn zu zweit seien wir zu wenige. Meine einzige Deutung, die ich ihr dazu gebe, ist: »Wenn wir gespielt hätten, hätten wir uns berühren müssen.«

In der Folge bringt Patrizia dann erstmals ihre große Unsicherheit, wer und wie ich bin und die Frage in die Stunden, ob ich sie mag.

Deutlich wird an diesem Beispiel, wie ich versuche, der Patientin bei ihren Gedanken und Inszenierungen zu folgen, mich mit ihr in ihre Aktivitäten gleiten lasse, um aufzunehmen, was sie mir mit ihrer Art des Umgehens sagen will.

So war es in der 5. Sitzung zwar möglich, Kontakt zu ihren Gefühlen zu bekommen, es war aber noch nicht möglich, die bedrohlichen Affekte in Worte zu fassen. Erst im Spiel viel später in der Behandlung kann dann Patrizia einen Schritt weitergehen und sich annähern, wenn auch mit großen Ängsten und auf Distanz.

Es bedarf beim Therapeuten großer Geduld und Einfühlung in die unbewußte Gefühlswelt der Patienten, um einen geeigneten Zeitpunkt zu finden, an dem eine Deutung auch wirklich beim Patienten ankommt. Patrizia vermittelt mir in der ersten Situation nicht nur etwas von ihrer unbewußten inneren Welt, in der Einsamkeit, Angst und Verlasssensein eine große Rolle spielen. Sie vermittelt mir die damit verbundene Bedrohlichkeit, wenn all das in unsere Beziehung käme. So lasse ich das gemalte Bild erst einmal so stehen, um ihre Abwehr und Sicherheit nicht zu gefährden. Erst nachdem sie eine sicherere Beziehung zu mir gestalten konnte, war es möglich, ihre Angst in Worten anzudeuten.

Immer wieder stellt sich das Problem, die Aktionen eines Kindes in den Stunden dahin gehend zu überprüfen, inwieweit sie auch als Widerstand gegen den Fortgang des analytischen Prozesses benutzt werden; Widerstände unterscheiden sich von einem grundsätzlichen Widerwillen des Kindes, sich am analytischen Prozeß zu beteiligen. Widerstände entwickeln sich im Laufe der Behandlung in vielfältiger Weise und sind Bestandteil des analytischen Prozesses: »Wir merken bald, die Übertragung ist selbst nur ein Stück Wiederholung und Wiederholung ist Übertragung der vergessenen Vergangenheit nicht nur auf den Arzt, sondern auch auf allen anderen Gebieten der gegenwärtigen Situation.« (S. Freud, GS. X, S. 130)

»Man muß dem Kranken die Zeit lassen, sich in den ihm unbekannten Widerstand zu vertiefen, ihn durchzuarbeiten, ihn zu überwinden, indem er ihm zum Trotze die Arbeit nach der analytischen Grundregel fortsetzt.« (a. a. O, S.135)

»Dieses Durcharbeiten der Widerstände mag in der Praxis zu einer beschwerlichen Aufgabe für den Analysierten (sprich den kindlichen oder jugendlichen Patienten, J.R.) und zu einer Geduldsprobe für den Arzt (also den Kindertherapeuten, J.R.) werden.« (a. a. O., S. 136)

Der analytische Kinder- und Jugendlichen-Psychotherapeut, so möchte ich festhalten, geht also mit dem Patienten eine besondere Beziehung ein, in der das Kind oder der Jugendliche seine Übertragungen gestalten kann, die in einem langen Prozeß benutzt werden, um unbewußte Konflikte, Wünsche, Ängste und Gefühle und die dazugehörenden Widerstände in Worte zu fassen, die dem Patienten entweder fehlen oder verloren gegangen sind und ihn stagnieren lassen.

IV.

Es war bisher immer wieder vom psychoanalytischen Prozeß die Rede, und ich möchte mit den folgenden drei Behandlungsstunden aus verschiedenen Phasen einer 2½jährigen analytischen Kindertherapie mit zwei Wochenstunden diesen ein wenig deutlicher werden lassen und zeigen, wie sich ein Thema in den Stunden immer wieder auf ganz verschiedenen Ebenen als Widerstand gestalten kann, entfaltet und schließlich deutbar und der Bearbeitung zugänglich wird. Der Kindertherapeut pendelt in diesem Prozeß gleichsam innerlich zwischen den verschiedenen Ebenen des dargestellten Materials in den Stunden, seiner Gegenübertragung und der Übertragung als Ausdruck des Unbewußten des Patienten hin und her. Ich will mit meinen Überlegungen zugleich möglichen Einwänden begegnen, wie sie oft von Eltern und Erziehern zu hören sind, Kinder seien mit der analytischen Arbeit überfordert und nicht in der Lage, Einsichten zu gewinnen. Allerdings muß ich diesen Einwänden insofern recht geben, als, wie ich schon erwähnt habe, in den seltensten Fällen Kinder von vorneherein eine Krankheitseinsicht besitzen, auf Veranlassung von anderen Personen in die Behandlung kommen und zunächst auch keine Motivation haben, Einsicht in die Gründe ihrer Symptome zu bekommen, die sie als durchaus normale Äußerungen ansehen wollen.

Im folgenden Beispiel geht es um den 5jährigen *Rene,* der wegen Stotterns und Angst kam und nicht alleine schlafen konnte. Mit zwei Jahren war er zu einer Tagesmutter gekommen und begann von da an mit dem Stottern, das sich vor allem bei Aufregung störend bemerkbar macht, berichteten die Eltern. Seine Mutter benennt sein Schreien von damals, wenn sie wegging, »traumatisch« und fügt hinzu, daß sie es nicht ertragen konnte.

Schon im Erstgespräch war es für Rene unerträglich, nicht kontrollieren zu können, wie lange die Stunde noch dauerte, so daß ich ihn mit meiner Uhr ausstattete, was seine Angst ein wenig milderte. Auch die Mutter gehen zu lassen, fiel ihm außerordentlich schwer. Die Therapie beginnt er dann mit stundenlangem Spielen – immer dieselben Regelspiele, wie »Fang den Hut« u.a. Ich spiele mit, ohne daß sich etwas täte.

In der 20. Stunde spielen wir wieder, und ich spüre zunehmend ein Gefühl, nicht mehr zu wollen, fühle mich beherrscht und blocke das Spielen schließlich ab. Noch ein Spiel handelt Rene mir ab, doch auch nach diesem Spiel ignoriert er die Abmachung und will weiterspielen.

»Das Spielen macht sich so dick und das Sprechen mit mir ist so dünn«, sage ich ihm schließlich. Er muß lachen. »Mir fällt ein, Du mußt dauernd auf die Mama aufpassen, sagtest Du einmal«, fahre ich fort. Herrisch kommandiert Rene: »Los! Spielen!« Ihm sei sonst langweilig, sagt er, und ich erwidere, wenn die Stunde rum ist, dann ist er wieder bei der Mama, darauf lege er ja immer großen Wert. Die Mama brauche ihn,

kommt als Antwort, aber wozu, erfahre ich nicht. Vielleicht, damit sie nicht weggeht, überlege ich. Aber er will spielen. Ich sage: »Ich muß auf-passen, daß das Spielen hier nicht zu dick wird«. Daraufhin fragt Rene, wie lange er noch hierbleiben muß. Wir geraten jetzt in einen regel-rechten Kampf darüber, warum er kommen muß und daß er zur Mama will. Plötzlich sagt er wie aus heiterem Himmel: »Rate, wie alt ich bin.« Ich bin überrumpelt, vermute eine wenig ins Blaue hinein angesichts der Trennungsszene mit zwei Jahren: »Zwei Jahre.« »Nein«, meint Rene, er sei ein Jahr. Und er geht mit einem gewissen Triumph aus der Stunde.

Was ist in der Stunde passiert? Ich bin mit Rene in einen heftigen Kampf, einen analen Machtkampf verstrickt, fühle mich beherrscht und kon-trolliert, sodaß ich Verärgerung spüre und anfange, mich zu wehren.

Wir verstehen uns kaum. Alles, was ich sage, lehnt Rene ab. Er will spielen, denn da liegt seine Möglichkeit, zu beherrschen und mich klein zu kriegen, so daß ich mich ohnmächtig und hilflos fühle. Vielleicht wie er? Deutlich wird, wie sich in meiner Gegenübertragung vieles von dem Patienten und dessen Gefühlen wiederfindet: seine Angst, das Objekt nicht unter Kontrolle zu haben, klein zu sein, aber auch seine Wut und seine Beherrschungswünsche. Nichts davon kann ich für ihn formulieren und in Worte bringen, und wenn, dann nur stotternd und unangemessen.

Die 20. Stunde bewegt sich zwischen den beiden Polen Beherrschung und Angst, die auch während der weiteren Behandlung eine große Rolle spielten. Ich möchte nun zur 101. Stunde kommen.

Rene sitzt da und schaut. Er hebt seinen Fuß so hoch, so daß er die Uhr an der Wand nicht mehr sehen kann. »Wenn ich den Fuß so hoch halte, ist die Uhr weg«, sagt er.

»Dann gibt es aber auch keine Zeit, und die willst Du weghaben«, sage ich.

»Das wäre was«, freut sich Rene.

»Dann gäbe es aber keine Jahre und Tage und keinen Unterschied zwischen uns«, sage ich. »Ja, aber man könnte sich verwandeln«, er-widert Rene, »mal groß sein und mal klein.«

Er phantasiert, daß er gegenüber Tina, seiner großen Schwester, 14 Jahre alt sein könnte. »Größer als die«, sage ich.

»Ja«, meint Rene, »bei der Mama drei Jahre alt, und ich bekäme Brei.« Beim Papa wäre er 16, dann könnte er mit dem kämpfen und Judo machen, fährt Rene fort.

»Wozu?« frage ich.

Rene meint: »Dann gewinne ich und bin der Sieger.«

Und er könne bestimmen und der Chef sein, greife ich etwas aus den

*Stunden vorher auf, in denen er dauernd auf meinem Sessel sitzen wollte
und es auch ein paar Mal geschafft hatte, dort zu sitzen.*

*Offenbar wird ihm die Situation nun zu dicht, denn jetzt will er Fußball
spielen, und ein richtiger Wettkampf entsteht, den er gewinnt. Rene
triumphiert. Ich erinnere daran, wie schlimm es für ihn ist zu verlieren.
Rene sagt, wenn er groß ist, wird er immer gewinnen, und reicht mir
kumpelhaft die Hand zum Abschied.*

Hier wird nun deutlich eine Veränderung in der Beziehung sichtbar. Der
Kampf der 20. Stunde wird in der Übertragung verstehbarer und kann vor
allem in Worte gefaßt werden.

Ich möchte noch eine dritte Stunde, die 138., aus der Arbeit mit Rene
vorstellen. An ihr wird noch einmal deutlich, wie sich in den Assoziationen und Gedanken des Kindertherapeuten die subjektiven, objektiven
und szenischen Elemente verbinden und eine Gestaltung der tiefen
Ängste und unbewußten Wünsche, die den Patienten so an die Mutter
fixieren, in der Übertragung möglich wird. Außerdem zeigt sie, wie weit
die Entwicklung im Behandlungsprozeß fortgeschritten ist.

*Rene kommt, noch der Mutter zuwinkend. Das sei so, als verreise sie,
sage ich dazu. Nein, die verreise nicht, sagt Rene. Ich finde, er tue so, als
wäre das so wie damals, als er ihr mit zwei Jahren nachschrie, überlege
ich laut. Ja, das wisse er noch, er stand vor einer Tür mit so Glasstäben
und donnerte dagegen und die Mama fuhr mit dem Mazda weg.*

»So erlebst Du es immer noch«, sage ich, und Rene bejaht dies.

*Nach einer Pause sage ich, ich hätte den Eindruck, er wolle eigentlich
klein bleiben.*

»Ach ja, ein Baby sein ist viel schöner«, sagt Rene sinnend.

*»Warum das?« frage ich, und er sagt: »Dann kann ich eine Nuckel-
flasche haben. Die Mama ist immer da, und ich brauche nicht in die
Schule und kann mehr tun.«*

*»Ja«, sage ich, »das wäre toll. Du tust das auch, daß Du klein bist,
möchtest dein Stottern behalten z.B., hast du einmal gesagt.«*

»Das ist viel besser, viel besser«, betont Rene.

*Dann schweigen wir, und Rene fällt ein, daß er jetzt Tennis spiele.
Stolz erzählt er davon und fragt dann, ob wir noch etwas spielen könnten.
Wir spielen »Mensch Ärgere Dich Nicht«, und er spielt lustvoll rivali-
sierend.*

Diesmal stehen Renes regressive Wünsche im Vordergrund, weniger sein
Wunsch, der Chef zu sein. Die Assoziation von mir, er winke der Mutter
so, als ob sie verreise, führt mich zu der Szene im Alter von zwei Jahren.
Und so kann ich mit Rene ins Gespräch über die unbewußten Wünsche

kommen, wieder klein zu sein und die Mutter ganz zu haben, die er mir in der Übertragung in vielen Stunden immer wieder gestaltet hatte. Daß Rene daran festhält, bedeutet zunächst, nicht groß werden zu müssen, nicht verzichten zu wollen und die eigenen Begrenzungen verleugnen zu wollen.

Deutlich ist jedoch auch eine Vorwärtsentwicklung zu spüren, denn wir können über seine Ängste, seine Erfahrung und seine Wünsche sprechen. Rene stottert nicht mehr. Anhand der Analyse meiner Gegenübertragung und der Arbeit an den Widerständen des Patienten, die sich in seiner Art und dem Umgang mit Spielen manifestierten, ist die Einsicht bis zu dieser Stunde vorangeschritten.

In dieser Zeit teilen mir die Eltern erhebliche Fortschritte von Rene mit. Lachend berichtet die Mutter, daß Rene ihr einmal auf die Frage, er könne doch jetzt im eigenen Bett schlafen – er schlief immer bei der Mutter –, antwortete: »Aber Mama, Du wolltest doch, daß ich bei Dir schlafe!« – womit er einen unbewußten Wunsch der Mutter getroffen hatte.

An den drei Stunden aus der Behandlung des kleinen Rene wird deutlich, wie diese in einen Prozeß eingebettet sind und dessen verschiedene Phasen repräsentieren. So kann mein Bemühen, den Gestaltungen, den Spielen und Äußerungen des Patienten zu folgen und gerecht zu werden, nachvollzogen werden und die ständige innere Arbeit des Therapeuten, szenische, subjektive und objektive Eindrücke und Informationen zu erarbeiten, die das Unbewußte des Patienten repräsentieren und die Gegenübertragung im Analytiker gestalten, und wie diese dann wiederum für den Patienten genutzt werden kann, der voller Widerstände an seinen Symptomen, regressiven Wünschen und Allmachtsphantasien festhalten will.

Natürlich wird schon in der dargestellten 20. Behandlungsstunde spürbar, in welcher Not der Patient ist, wenn er seine Angst in den intensiven Wunsch verwandelt, mich und die Stunde zu kontrollieren, und dabei meinen Unwillen erzeugt, den ich dann in die Deutung brachte, das Spiel ist zu dick. Doch erst in einer sehr viel späteren Phase der Therapie konnte dies nach langer Arbeit zu Versprachlichung führen, die dem Patienten neue innere Spielräume zum Aufgeben seines Symptoms und seiner Größenphantasien ermöglicht.

Etwas in Sprache bringen, was bisher nicht versprachlicht werden konnte, ist eine der wichtigsten Aufgaben des analytischen Kindertherapeuten. Sprache kann Unerträgliches, Unaushaltbares greifbar machen. Mit Sprache wird zudem die Realität der Trennung von Subjekt und Objekt deutlich, gleichzeitig ist sie auch die Möglichkeit, den bestehenden

Abstand zwischen beiden symbolisch zu überbrücken.

Helmut Schäberle sagt in seiner Arbeit »Zur Funktion der Sprache in der Psychoanalyse von Kindern« dazu: »Das Kind erlebt ein Objekt (hier den Kindertherapeuten, J.R.), das die Projektion akzeptiert. Der erste Schritt ist dabei das Durcharbeiten der Projektion in der Gegenübertragung, dies bis dahin, daß die Gegenübertragung sprachliches Niveau erreichen muß. Die sprachliche Deutung ist der zweite Schritt, der die Reintrojizierung als brauchbaren Anteil ermöglicht.« (Schäberle, 1995, S.16)

V.

Psychoanalyse ist nichts Geplantes. Schon mit der Anmeldung beginnt die Beziehung zum Patienten, schon hier wird die unbewußte Dynamik der Konflikte wirksam, wie das erste Beispiel zeigt. Oft ist es überraschend, was in einer Stunde passiert, und genauso überraschend, wie sich eine Deutung oder eine Einsicht im Kindertherapeuten herstellen kann.

Dies möchte ich noch einmal an einer Behandlungsstunde mit einem Jugendlichen verdeutlichen, der mit großen Ängsten, verbunden mit grausamen Phantasien kam. Er war zudem von einem fremden Mann im Schwimmbad sexuell belästigt worden war und hatte dieses als sehr überwältigend erlebt.

Die Arbeit mit Jugendlichen stellt wieder ganz andere Anforderungen an den analytischen Kinder- und Jugendlichen-Psychotherapeuten als die mit Kindern, denn hier hat nicht mehr das Spielen eine solch herausragende Bedeutung, sondern im Mittelpunkt steht das Sprechen, zu dem sich ein intensives Agieren außerhalb und innerhalb der Stunden gesellen kann. Auch sind die Widerstände auf sehr innige Weise mit der Verselbständigung, der Ablösung von den Eltern und den altersgemäßen Ängsten vor Abhängigkeit verbunden.

Was mich veranlaßt, die folgende Stunde aus einer langen Behandlung darzustellen, ist, daß in ihr etwas für die Arbeit des Kindertherapeuten Grundlegendes zum Ausdruck kommt. Die innere Offenheit des Therapeuten für noch so merkwürdig erscheinende, überraschende Gedanken und Aktionen ist die Grundvoraussetzung, um zu oft ungeahnten Einsichten in tiefere, unbewußte Schichten des Verhaltens und der innerseelischen Vorgänge zu gelangen, die uns sonst verschlossen geblieben wären.

Meine emotionale Einstellung vor der Stunde war durch die vorausgegangene lange quälende Phase geprägt, in der der mittlerweile 14jährige Julian über seine Ängste geklagt hatte, die ihn so sehr heimsuchten und bei denen ich ihm doch nicht helfen konnte. Ich fühlte mich durchaus genauso hilflos wie der Patient selbst. So ging ich in die Stunde.

Es ist die 80. Behandlungsstunde, und Julian klagt als erstes über seine Angst: »Wenn ich im Bad stehe, sehe ich hinter mir in der Badewanne eine Leiche.« Wenn er alleine zu Hause ist, traut er sich kaum, sich umzudrehen. Die Leiche ist ein Mann, erstochen, erfahre ich auf Befragen. Er weiß, daß er das nur denkt, aber er kann sich kaum rühren vor Angst, denn: Ist es wirklich nur Einbildung?

Dann fällt ihm ein Traum über den Schwimmbadmann ein: Er traf diesen, und er sagte ihm, wie toll er dessen Art fand. Dann ging er mit ihm nach Hause. Da waren lauter Bilder von nackten Kindern. Er trank was und wollte gehen, aber der Mann wollte ihn nicht gehen lassen. Da rannte Julian weg, der Mann im Auto hinter ihm her. Doch er merkte sich die Nummer und lief zur Polizei.

»Dann hast Du den Mann im Traum verführt«, sage ich. »Ja«, bestätigt Julian, versucht aber die Deutung abzuschwächen, denn der Mann hat ihn gelinkt und er, Julian, jetzt den.

D.h. daß Julian die traumatische Situation umgedreht, sich mit dem Aggressor identifiziert hat. Er schweigt dann in der Erwartung, ich möge etwas dazu erklären.

Spontan fällt mir die Leiche in der Badewanne ein und sein Satz zu seinem früheren Bettnässen: »Ich kann nichts dafür« – eine Äußerung, die charakteristisch für Julain ist, etwas zu tun und zu sagen: »Ich kann nichts dafür...«

Nach einiger Überlegung sage ich: »Wie kommt eigentlich die Leiche in die Badewanne«?

»Das weiß ich doch nicht«, meint Julian verblüfft.

»Ja, irgendeiner hat sie doch dahin gelegt«, fahre ich fort.

»Das weiß ich aber nicht«, meint Julian.

»Aber ich«, sage ich.

Julian ist interessiert, und ich füge hinzu: »Nämlich Du, denn Du denkst dir das ja aus.«

Julian ist regelrecht schockiert und schildert dann, daß in der Leiche ein Messer steckt, so ein großes, wie seine Oma eines hat.

»Dann könntest Du ja der Mörder sein«, fahre ich fort. Julian zweifelt, denn er würde doch nie jemanden umbringe. Aber in Gedanken vielleicht?

Er schildert, es ist ein Mann, ja, der Mann aus dem Schwimmbad, phantasiert er weiter. Julian ist verwirrt.»Denn das ist doch Phantasie«, betont er. Dabei wird deutlich, daß er innerlich bedroht ist, diese fast als wirklich zu erleben. Er verlangt, ich solle ihm diese Verwirrung weg- nehmen oder ihn davor schützen.

Er findet es seltsam, wie er hier dargestellt wird, sagt er dann distan- ziert. Ich sage, daß er es ist, der sich so darstellt hier – immer und immer wieder. Er mache sich klein und ohnmächtig, was er ja auch oft so er- fahren hat. Mit seinen Phantasien zeige er aber auch, wie wütend und aggressiv er sein kann.

Julian ist nach dieser Stunde erregt und aufgewühlt, und er fühlt sich geschockt, sagt er in der folgenden Sitzung, daß er das sein soll, der so ist.

Mit der sichtbar werdenden Umkehrung der traumatischen Erfahrung und der Identifizierung mit dem Aggressor hatte Julian sich vor seinen starken Verführungswünschen, aber auch vor seinem Haß, die beide in der Übertragung remobilisiert werden, bisher schützen können.

Entscheidend an dieser Stunde war, daß ich die Angst als etwas Aktives, vom Patienten Induzierten wahrgenommen und für ihn sichtbar gemacht habe. Damit eröffnete sich dem Jugendlichen eine Distanzie- rungsmöglichkeit und eine neue Sicht seiner Angst, seines Handelns und schließlich von sich selbst. Der unerwartete neue Blick auf eine Angst, der man sich zuvor ausgeliefert fühlt, wird möglich, wie hier exem- plarisch gezeigt, durch eine Deutung, auf die oft lange gewartet werden muß und der eine zähe Arbeit an den Widerständen vorausgeht.

Die Komplexität der Arbeit des analytischen Kinder- und Jugendlichen- Psychotherapeuten kann nur unzureichend beschrieben werden. Sand- ler/Kennedy/Tyson schreiben dazu: »Es gibt keinen Leitfaden der psycho- analytischen Technik für die Behandlung von Erwachsenen und Kindern. Ihrer Natur nach entzieht sich die psychoanalytische Technik einer starren Festlegung in einem Werk solcher Art. Die Technik der Psychoanalyse ist das Produkt einer ganzen Reihe von Einflüssen, die auf den Therapeuten einwirken, unter anderem seiner eigenen persönlichen Psychoanalyse, seiner Beziehung zu Lehrern und Supervisoren und des Kreises der Patienten, mit denen er in seinen Ausbildungsjahren als Psychoanalytiker zu tun hat.« (1982, S.11) Das heißt, daß der analytische Kinder- und Ju- gendlichen-Psychotherapeut sich dem ständigen Prozeß der Selbstanalyse und der kritischen Überprüfung seines therapeutischen Handelns unter- ziehen muß, damit er jedem Patienten, dessen Individualität, seinen un- bewußten Konflikten und seinen Inszenierungen gerecht werden kann.

Literatur

Argelander, H.: *Das Erstinterview in der Psychotherapie*, Darmstadt 1970

Bick. E.: Kinderanalyse heute, in: Bott-Spillius, E. (Hrsg.): *Melanie Klein Heute,* Bd. 2, Weinheim 1991

Brenman Pick, I.: Durcharbeiten in der Gegenübertragung, 1991, in: Hinshelwood, R. D.: *Wörterbuch der kleinianischen Analyse*, Stuttgart 1993

Freud, A.: Vier Vorträge über Kinderanalyse 1927, in: *Die Schriften* Bd. I, S. 11-57, München 1980

Dies.: Kinderanalyse als Spezialfach der Psychoanalyse, in: *Die Schriften* Bd. IX, München 1980

Freud,S.: Erinnern, Wiederholen und Durcharbeiten, *GW. Bd.* X, S. 126-136, Frankfurt a.M. 1981

Greenacre, Ph.: The Role of Transference, 1954, *Journal of the American Psychoanalytic Assosiation* 2, zit. nach Malcolm, J., *Fragen an einen Psychoanalytiker*, Stuttgart 1983.

Schäberle, H.: Zur Funktion der Sprache in der Psychoanalyse von Kindern, In: *Analytische Kinder- und Jugendlichen-Psychotherapie,* Heft 85, 1/1995

Sandler/Kennedy/Tyson: *Gespräche mit Anna Freud*, Frankfurt 1982

ROSE AHLHEIM

Das »normale« Setting: zwei Wochenstunden für das Kind

Zwei Kindertherapien im Vergleich[1]

Die meisten Kindertherapien werden in einem Setting durchgeführt, das sich als das gängige, normale durchgesetzt hat, das von den Krankenkassen und den Gutachtern als Regelfall akzeptiert ist und im Einzelfall oftmals ohne große Überlegungen für indiziert und passend gehalten wird: zwei Wochenstunden für das Kind, ein Elterngespräch alle zwei Wochen. Offenbar stellt diese Behandlungsfrequenz in vielen Fällen einen brauchbaren Kompromiß dar: Wir wünschen uns einerseits eine therapeutische Beziehung zu dem Kind, die dicht genug ist für die Herausbildung und (was das Entscheidende ist) die systematische Bearbeitung von Übertragungsphantasien; wir brauchen eine Stundenabfolge, die das Anknüpfen von einer Stunde zur nächsten, das Festhalten von gemeinsamen Erfahrungen ermöglicht. Das Kind andererseits und mehr noch seine Eltern haben Schwierigkeiten, sich auf das Abenteuer einer dichteren Frequenz einzulassen: geht nicht zu viel Freizeit verloren, braucht nicht das Kind Zeit zum Spielen mit seinen Freunden, wie soll das tägliche Bringen und Abholen organisiert werden? Es gibt immer erwägenswerte Einwände, ganz abgesehen von den geltenden Regelungen der Krankenkassen.

Im folgenden Beitrag soll die Arbeit in dem »Regelsetting« dargestellt werden, das sozusagen den kleinsten gemeinsamen Nenner der verschiedenen Interessen darstellt. Ich habe die Behandlungen zweier Vorschulkinder aus vergleichbarem sozialem Umfeld ausgewählt, die mir zufällig fast gleichzeitig mit gleicher Symptomatik von ihren Eltern vorgestellt wurden. Es wird zu zeigen sein, daß für diese Kinder dennoch das Setting jeweils ganz eigene Schwierigkeiten mit sich brachte.

Beide Kinder litten an einer schweren Neurodermitis. Diente die Hauterkrankung für die kleine Lena (im Sinne eines Konversionssymptoms)

---

[1] Über beide Behandlungen habe ich bereits berichtet unter dem Titel »Salz auf der Haut und Tintenwolke« in: *Beiträge zur analytischen Kinderpsychotherapie* Heft 77, Febr. 1993, S.44-59

der symbolischen Darstellung innerer Konflikte, so begegnete mir im Fall des gleichalten Florian eine innere Welt, die wenig von symbolhaften Phantasiegebilden belebt schien. Die psychische Arbeitsweise dieses Jungen erinnerte an die Formation, die für Erwachsene als »psychosomatische Struktur« beschrieben worden ist. Es zeigte sich jedoch, daß auch dies als eine schöpferisch genutzte Abwehrbildung zum Schutz gegen unerträgliche Ängste zu verstehen war.

Zwar ist es eine Binsenweisheit, daß der simple Rückschluß vom Erscheinungsbild einer Erkrankung auf die Psychodynamik, die ihr zugrunde liegt, nicht zulässig ist. Trotzdem gehören gewisse Zuordnungen von spezifischen Konfliktbereichen und bestimmten Symptombildern zum Allgemeingut. »Neurodermitis« – vielfach assoziieren da Therapeuten »kühle Mutter«, »distanzierte Mutter«, »kann ihr Kind nicht richtig halten«. Und in der Tat bringt diese Erkrankung auch von der somatischen Seite her ihre eigenen Schwierigkeiten für Mutter und Kind mit sich. Ein hautkrankes Baby wird gerade dann vom Juckreiz geplagt, wenn es Wärme erhält und zur Ruhe kommt. Ein prekäres Problem für die Mutter, die zwischen Nähe und Distanz den ganz schmalen Grat dessen herausfinden muß, was für ihr Kind zuträglich ist.

Beide Patienten, Lena und Florian, waren mit der erkennbaren Neigung zu Neurodermitis mit ihren typischen Hautveränderungen geboren, es gab diese Konstitution in den Familien, und beide haben etwas ganz Eigenes daraus gemacht. Beide waren drei Jahre alt, als ich sie kurz hintereinander zum Erstgespräch sah.

Zuerst kam *Lena*. Ihre Neurodermitis war von Anfang an mit Creme und Badeöl behandelt worden, ohne daß dies den Eltern dramatisch vorgekommen wäre. Zu einem plötzlichen Aufblühen kam es, als Lena dreieinhalb Jahre alt war. Vorausgegangen waren zwei Angsterlebnisse, von denen mir die Eltern im Erstgespräch berichteten. Ein Kindergartenbetreuer namens Wolf – seit einem Unfall beinamputiert – hatte sich unbeobachtet geglaubt, die Beinprothesen abgeschnallt und neben sich gestellt. So aber hatte ihn Lena überrascht. Kurz darauf war die Kindergruppe im Puppentheater – es gab *Rotkäppchen* –, und Lena geriet in panische Angst vor dem Wolf. »Kastrationsangst also« – die Eltern hatten noch einmal nachgelesen.

Diese Eltern hatten eine unendliche Geduld mit ihrem hautkranken Kind. Abend für Abend brauchte Lena viele Stunden bis zum Einschlafen, sie mußte gecremt, gekrault, gestreichelt und getröstet werden. So hatte immer einer der Ehepartner »Dienst« am Kinderbett, auch nachts, wenn Lena immer wieder unter quälendem Juckreiz aufwachte. Das Ehebett war aufgelöst. Nach einem genauen Plan teilten sich die

Eltern die Aufgaben, um »Gleichheit« herzustellen.

Lena malte im Erstinterview – eine Insel (Kringel), ringsum Meer (Kringel drumrum), auf der Insel sei »ein sooo langes Ding« (quer durch die Kringel gemalt) und auch eine Spinne, die sei am Strand und kitzle einen im Wasser an den Füßen. »Lustig oder ein bißchen unheimlich?« frage ich. »Unheimlich!« sagte sie leise und entschieden. Sie sei auch mit den Eltern schon auf Kreta gewesen. »Wir haben im Hotel gewohnt, in nur einem Zimmer!« Dazu malte sie im Wechsel kleine – große – kleine – große – Kringel. Dann wandte sie sich den Handpuppen zu, untersuchte genau das Klappmaul des Krokodils und erzählte dann: »Ich war in *Rotkäppchen* mit dem Kindergarten, da habe ich Angst gekriegt. Ich wollte, daß sie aufhören, aber sie haben einfach weitergespielt!«

Dieser Satz, dazu die Mitteilung von dem »nur einen Zimmer« und vor allem das rhythmische Auf und Ab beim Kringelmalen brachten mich auf die Idee, ob Lena die Eltern beim Liebesakt beobachtet haben könnte. Ja – die Mutter errötete, als ich danach fragte – einmal, auf Kreta im Zelt, nach diesem Urlaub hätten sich die beiden Angstszenen ereignet und die Krankheit sei ausgebrochen.

Die Therapie begann mit einer Vorlaufphase, in der Lena mir ihre glänzende Begabung und ungewöhnlichen Fähigkeiten vorführte. Sie stellte die ideale kleine Patientin dar, die sich mit den Worten »Wo waren wir doch stehengeblieben?« vor das Puppenhaus setzte und mich trösten konnte, wenn ich sagte, etwas noch nicht zu verstehen: »Wir spielen es eben so lange, bis wir es verstehen.« Mühelos knüpfte Lena genau an der Spielszene wieder an, die am Ende der letzten Stunde gestanden hatte.

Indessen begann ich mich bald zu langweilen, denn in dieser ersten Phase konnte ich nur zuschauen, wie die Puppenhauskinder omnipotent übereinanderkugelten und die Erwachsenen drangsalierten. Ich mußte so lange Zuschauerin bleiben, bis es mir gelang, den Zwiespalt des begabten Kindes zu deuten, das doch auch klein sein möchte und ohne Vorgaben und Vorleistungen geliebt werden will, und die Traurigkeit, die den Abschied von der ersten Kindheit begleitete.

Daraufhin kam sehr schnell eine Übertragungsbeziehung zustande, von der ich ausführlicher berichten möchte. Ich beginne mit zwei aufeinanderfolgenden Stunden.

Lena will heute Zirkus spielen. Der Clown fällt dauernd irgendwo runter, er will das gar nicht, es ist nicht lustig; auch der Zirkusdirektor kann nicht helfen.

Dann wird »Rosalinde« auseinandergemacht – in einer Kiste zersägt – ohne Blut!

»Fehlt was?« frage ich.

»Nein, man kann es wieder dran machen. Auseinandernehmen und wieder dranmachen, ganz ohne Blut!«

Ich: »Das wär doch schön, wenn man dir einfach noch was dranmachen könnte.«

»Ja, das wär toll«, und Lena macht der Mutterpuppe noch was dran: einen kleinen länglichen Plastikbaustein da, wo der Penis wäre. Als sie das Steinchen beiseite legt, lasse ich die Puppe sagen: »Ich bin noch genau wie vorher.«

Jetzt legen sich zwei Puppen auf ein Bett, und ein Auto fährt drüber. »Eigentlich ist man dann tot, nicht?« Damit wechselt Lena das Spiel.

Das Auto fährt mit seiner Stoßstange eine Tanne um, mit heftigen Stößen. Es hat einen Gepäckträger, darauf wird schließlich die gefällte Tanne gelegt.

»Aber die Tanne war zu stark, sie drückt das Auto kaputt«, sagt Lena. Sie will jetzt lieber Weltraum spielen, da könne nichts kaputtgehen. »Kennst du Captain Future?«

»Nein, kenn ich nicht, aber ich kenne Kinder, die haben Angst, daß was kaputtgeht.«

Lena: »Ich auch – ich kenn' mich doch selbst!«

Ich: »Was geht kaputt? Hat es mit Papa und Mama zu tun?«

»Meine Eltern sagen, nichts geht kaputt.«

»Aber du bist dir nicht so sicher?«

»Nein!« Sie packt die Mädchenpuppe in das Raumschiff, das sie inzwischen aus Plastikteilen zusammengebaut hat.

»Dadrin ist sie sicher«, sage ich, »du bist auch sicher. Wenn du hier bei mir bist, können wir über das Kaputtgehen sprechen, und es passiert nichts.«

Lena: »Es sind nur Spiele.«

»Ja.«

»Und ich werde auch nicht gefressen?«

»Nein, du wirst nicht gefressen. Aber wir können davon sprechen.«

»Es sind nur Gedanken«, sagt Lena. Sie packt Mädchen- und Jungenpuppe in das Raumschiff. Das Raumschiff soll am Abend zu Hause landen – zur freudigen Überraschung von Eltern und Großeltern kommen die Kinder zum Vorschein. »Ich möchte ein Baby sein, das schon aus dem Bauch ist«, sagt Lena.

Ich: »Oder ein Baby, das rein kann und raus, so wie es will?«

»Ja!«

Die nächste Stunde, drei Tage später: Lena ist erst ein wenig ängstlich, sitzt lange auf der Toilette, versteckt sich unter dem Tisch, flüstert mir schließlich ins Ohr, was wir spielen sollen: »Papa und Mama ficken.«

Und ich soll die Kinder spielen, die das Ganze sehen.

»Das ist wohl im Bett?« frage ich. Keine Antwort. »Oder im Zelt?«

»Ja, auf der Luftmatratze, sie schaukeln so auf und ab.«

Lena läßt nun Vater- und Mutterpuppe unter der Bettdecke auf und ab schaukeln und macht dazu Geräusche. Dann erscheint mitten aus dieser Szene das winzige Puppenhaus-Baby unter der Decke hervor. Lena ist sehr besorgt, ob es heil ist oder ob was kaputt ist. Sie wiederholt das Spiel mehrfach, auch ich muß das Kind untersuchen, ob es unversehrt ist. Dabei ändert sich die Erscheinung des Vaters. Er grunzt ganz laut und furcherregend, dazu hält Lena mit stoßenden Bewegungen das ehemalige Raumschiff als riesenhaften, kantigen Phallus in der Hand.

Das Klingeln des echten Vaters unterbrach dieses Spiel.

Die Stunde darauf begann schwierig. Lena hatte sich schon zu Hause vorgenommen – sagte sie –, daß sie nicht zu mir hereinkommen werde. Und das setzte sie über lange Zeit fort. Sie klammerte sich an die Eltern, sie wollte nicht über meine Schwelle treten, sie begann zu schreien, wenn ich etwas sagen wollte, manchmal begann sie auch im Treppenhaus zu brüllen, panische Angst in den Augen. Wir versuchten alles Mögliche. Die Eltern kamen mit ins Zimmer, oder ich setzte mich mit ins Vorzimmer, wir versprachen, die Tür offenzulassen, ich las ihr vor. Kleine Kompromisse gelangen, aber kaum versuchte ich etwas zu sagen, so schrie sie aus Leibeskräften und stopfte sich die Haare in die Ohren. Ich begann, mich als Hexe zu fühlen, die unschuldige Kinder in den Backofen lockt, fühlte mich mit meinem Latein am Ende und wurde schließlich auch ärgerlich: so schlimm war ich ja nun doch nicht!

Jetzt war es für Lena sehr schwer, die relativ langen Pausen zwischen den Stunden zu überbrücken. Sie fürchtete offensichtlich, bei mir, in meinem Zimmer könnten die Phantasien Wirklichkeit werden, denen sie dort spielend Gestalt gegeben hatte. Mich fürchtete sie vermutlich zugleich als Verführerin und als strafende Rächerin, die ihr etwas antun würde. Diese Ängste überwucherten von einer Stunde zur nächsten die reale Erfahrung, daß trotz »schlimmer« Gefühle und Gedanken nichts Schlimmes passieren würde.

Einmal erzählte die Mutter, warum Lena nicht bei mir bleiben wolle. Sie habe gesagt, ich hätte eine gläserne Barbie-Puppe, die gehe so leicht kaputt, man dürfe sie nicht anfassen. »Du hast geträumt, Lena«, sage ich, und wieder wurde sie böse: »Mir sind die Haare in die Ohren gewachsen, ich verstehe gar nichts, was du sagst!« Sie griff aber doch nach der Hand der Mutter und besah sich mit ihr alle Spielsachen genau.

Auch die Eltern waren nicht glücklich in dieser Zeit. »Bei uns ist alles so aufgeteilt«, sagte die Mutter unzufrieden. Beide Eltern empfanden erstmals Ärger und Gereiztheit angesichts der abendlichen Beruhigungs-rituale, des wechselnden »Dienstes am Kinderbett«. Nebenbei erfuhr ich, daß es jetzt nicht mehr der Juckreiz war, der Lena am Einschlafen hin-derte, sondern Angst. Während ich darin einen wichtigen Fortschritt in Richtung auf psychische Bewältigung, fort von der Somatisierung sah, war für die Eltern die Situation um nichts leichter geworden. Auch an sie stellte das zweistündige Setting in diesen Wochen besondere Ansprüche, denn ihr Durchhaltevermögen wurde durch Lenas Ängste auf eine harte Probe gestellt, und diese Ängste wären für Lena vermutlich bei einer dichteren Frequenz weniger überwältigend gewesen.

Allmählich kam Lena dann wieder öfter für längere Sequenzen ins Zimmer, spielte auch wieder, die Tür durfte ab und an, dann öfter ge-schlossen sein. Lena begann zu kokettieren; sie erzählte den Eltern, die ganze Zeit hätte sie draußen gesessen, während sie in Wirklichkeit gleich nach deren Fortgehen zu mir herein gekommen war. Eine Phase des Durcharbeitens im Spiel setzte ein. Sie spielte Geburts- und Koitusszenen und war besorgt um die Gesundheit des Kindes, so daß ich wiederholt sagte, auch sie könne vielleicht glauben, die Haut sei beim Geboren-Werden aufgerieben worden, vom Papa oder von der Mama. Obwohl die Deutung ihr Angst machte, wiederholte sie das Spiel immer wieder, auch im Zusammenhang mit Kastrationsphantasien: War dem Neugeborenen beim Geburtsvorgang etwas »abgegangen«? Sie war auch ein »Riesen-mädchen«, das außer dem weiblichen Körper noch einen Penis hatte. Sie ließ die Puppenkinder klauen: sie klauten Bücher, sie klauten Essen, sie klauten »Verhütungsmittel«, das Lena bezeichnenderweise in dem Töpfchen phantasierte, das ihr bis dahin als Salbentopf gedient hatte. Die Puppeneltern rächten sich grausam: Sie fraßen die Kinder auf, gesotten und gebraten, wieder und wieder, oder *sie streuten ihnen Salz auf die Haut und leckten* es *des Nachts heimlich ab.*

Hier sehen wir eine weitere Bedeutung, die das Symptom gewonnen hat: Bestrafung für sexuelle Erregung und sexuelle Phantasien, die Lena als Raub an den Eltern erlebte, aber auch eine Verschiebung der Erotik auf die Haut.

Daß sexuelles Erleben einem Raub gleichkam, hatte zwei Seiten. Einerseits wollte Lena auch etwas haben, was den Eltern gehörte, ande-rerseits hätte eine gelingende Befriedigung am eigenen Körper für Lena einen Schritt zur Verselbständigung bedeutet und insofern den Eltern das Kind geraubt, das sie zwischen sich gezogen hatten.

Lenas Ekzem wurde wieder schlimmer, als die Angst vor mir nachließ. Freilich war auch dieses Nachlassen ein Auf und Ab. Sie fiel von ihrem Stühlchen, stieß sich an meinem Sessel das Knie oder floh unter den

Tisch und holte sich dort eine Beule am Kopf. Aber sie konnte die Ohren offenlassen, wenn ich sagte: »Jetzt glaubst du, ich hätte dich gestoßen. Warum sollte ich dir denn wehtun?«

Rotkäppchen tauchte in einer Stunde auf: Wir machten aus einem Papierstreifen einen »Film« mit Bildern der Geschichte, und der Puppenvater war der Filmvorführer. Er führte den Film den Puppenkindern vor, und sie versteckten sich vor Angst. Trotzdem führte er den Film bis zu der Stelle vor, an der der Wolf im Bett liegt, und ließ ihn da stehen. Zum Trost für die ausgestandene Angst schenkte er den Kindern lebendige Tiere. Für einige Stunden wurde dies das Hauptmotiv: ein lebendiges Tier (»vielleicht auch ein Kind«, sagte ich dazu) vom Vater geschenkt bekommen. Auch hier war Angst im Spiel: Lena setzte die Tiere in eine kleine Eisenbahn und meinte, die würde aber kaputtgehen, wenn der Vater sich draufsetzen würde.

»Es ist eine Kindereisenbahn und nicht für Erwachsene«, sagte ich.

»Aber wer versteht das?« fragte Lena verzweifelt.

»Der Vater versteht das«, sagte ich, »er weiß genau, daß Kinder klein sind.«

Die Kinder im Puppenhaus bekamen ein Zimmer für sich allein, eine Sauna für sich allein, Bücher, die die Eltern nicht kannten. Ich bestätigte Lena, daß die Kinder ihren Körper für sich allein haben dürfen. »Sie müssen den Eltern nichts klauen, sie haben selbst etwas für sich allein. Die Eltern gönnen es ihnen auch, so wie auch ich dich nicht angreifen werde, weil du etwas für dich allein haben willst.« In einer anrührenden Stunde verständigten wir uns über das Onanieren vor dem Einschlafen.

Die Eltern klagten zu dieser Zeit, sie hätten gar keine Zweierbeziehung mehr. Sie hätten immer Lena »zwischen sich gezogen«, um es nicht zu merken. Im Rückblick auf die eigene Lebensgeschichte meinten sie – beide Nachkriegskinder –, Vater und Mutter hätten ihnen weder eine Zweierbeziehung noch eine befriedigende Geschlechtsidentität vorgelebt. Sie müßten erst noch damit zurechtkommen, »Mann« und »Frau« zu sein.

Immer wieder spielte Lena Szenen vom Klauen, vom Fressen, von der Gier. Allmählich war das »Menschenfressende« beim Räuber (einer Handpuppe) lokalisiert. Er stellte Gier, Neid und Gefräßigkeit dar. Seit einem Jahr kam Lena nun zur Therapie. Im Laufe des zweiten Winters wurde der Räuber gezähmt, das Riesenmädchen Lena brachte ihm Manieren bei. Gegen Ostern dann ließ Lena ihn sterben. Der Menschenfresser schied langsam und friedlich dahin, Lena – das Stethoskop in den Ohren – meldete mir die schwindenden Herztöne, bis keiner mehr kam, sie war ernst, fast feierlich gestimmt.

Nun blieb noch die Versöhnung mit den beneideten, rachsüchtigen

Eltern. Konsequent warf Lena sie zu Beginn jeder Stunde aus dem Puppenhaus: »Ihr könnt woanders Liebe machen, geht in den Park!« Sie erzählte mir einen Angsttraum: Sie habe die Eltern miteinander unter dem Tisch sitzen sehen, »und sie hatten einen Hexenschuß«. In der drittletzten Stunde holte sie die Puppeneltern wieder herein: »Ihr mußtet ja nur wegen dem Einen weg. Aber ihr müßt ja auf die Kinder aufpassen, ihr könnt jetzt wiederkommen.«

Noch einmal zur Vergegenwärtigung die Bedeutung der Hautsymptomatik, wie sie sich in der Therapie herausschälte:

1. Lena phantasiert sich als mitanwesend beim Geschlechtsakt, den sie mit der Geburt ineinanderschiebt. Die Beobachtung der Urszene hat sie mit Erregung überflutet, ein »somatisches Entgegenkommen« erlaubt die Verschiebung der Erregung auf die Haut. Lena glaubt sich zerschunden und aufgerieben durch eine rauhe Vagina oder einen verletzenden Penis.

2. Die Phantasie »Salz auf der Haut« enthält zugleich eine erotische Szene zwischen ihr und den Eltern und die Bestrafung.

3. Die vielen Szenen vom Gefressenwerden (gesalzen und gebraten) aktivieren oralsadistische Phantasien, sind aber eingebunden in die ödipale Thematik. Die »gebratene« Haut in den kannibalistischen Szenen ist die Strafe für Gier und orale Aggression, dies klingt als Nebenthema im ödipalen Drama immer mit.

Die Dynamik ist die einer Konversion, der Verschiebung eines innerpsychischen Konflikts auf ein körperliches Symptom. Damit erhält das somatische Symptom eine Aura von symbolischen Bedeutungen, eine Darstellungsfunktion, es enthält den verbotenen Wunsch und zugleich seine Abwehr.

In dieser Therapie hatte ich in der kritischen Zeit des agierten, angsterfüllten Widerstands den Wunsch nach einer dichteren Frequenz. In den Pausen zwischen den Stunden konnten Lenas Phantasien, die mich projektiv zur verführenden und zugleich rächenden, jedenfalls gefährlichen Angstfigur machten, allzu üppig die Realitätswahrnehmung überwuchern. Solange indessen die symbolische Verständigung zwischen der Patientin und mir intakt war, konnte das kleine Mädchen die Tage zwischen den Stunden mühelos überbrücken.

Auch *Florian* war noch nicht ganz vier Jahre alt, als ich ihn kennenlernte. Vom Beginn seines Lebens an war er geplagt von einem juckenden Exanthem, oftmals hatte er offene Hautflächen, die behandelt werden mußten und ihn quälten.

Florian war das zweite Kind eines ehrgeizigen Elternpaares. Jahrelang hatte sich eine Schwangerschaft nicht einstellen wollen, so daß die Eltern schließlich einen Adoptionsantrag stellten. Auf eine lange Wartezeit gefaßt, ging die Mutter damals zugleich daran, sich eine selbständige berufliche Existenz als Journalistin aufzubauen. Um sich in ihrem Metier freiberuflich durchsetzen zu können, mußte sie viel und konzentriert arbeiten. Zu ihrer Überraschung erhielten die Eltern aber sogleich ein Adoptivkind, den wenige Wochen alten Torsten, und sie wagten die Adoption nicht abzulehnen. Kaum war Torsten im Haus und in dem eiligst beschafften Kinderbettchen neben dem Schreibtisch untergebracht, da wurde die Mutter mit Florian schwanger. Für zwei Kinder aber war die Wohnung zu klein, so mußte dann nach Florians Geburt erst einmal ein Haus gekauft, umgebaut und renoviert werden. Zum Glück sei Florian ein ruhiges, zufriedenes Kind gewesen, man habe ihn in ein entferntes Zimmer schieben und dort schlafen lassen können – anders als den lebhaften und expansiven Adoptivsohn Torsten. Die Mutter war von der entstandenen Situation rundum überfordert, glaubte aber, mit zusammengebissenen Zähnen alles bewältigen zu müssen, was sie sich vorgenommen hatte. Aus Florians erstem Lebensjahr brachte sie die Überzeugung mit, eine schlechte, ungenügende Mutter zu sein, und in die harte Selbstanklage, wie sehr sie den kleinen Florian vernachlässigt habe, mischte sich Verbitterung ihrer eigenen, ungenügenden Mutter gegenüber. Die Verbitterung galt auch ein wenig dem adoptierten Torsten, der in seiner fordernden Art allzuviel für sich in Anspruch genommen habe, was dann dem stilleren Florian wohl gefehlt habe. Torsten, ein Jahr älter als Florian, war das erklärte Sorgenkind der Familie, ständig gekränkt, angespannt und aggressiv geladen. So ging denn auch dem Beginn der Kindertherapie eine Debatte voraus, welches der Kinder dringender Hilfe brauche.

Florians Anblick erschreckte mich. Sein Gesicht war kaum zu erkennen: verquollen, gerötet, mit Krusten bedeckt. Es fiel mir nicht leicht, Sympathie für dieses Kind zu empfinden, zumal Florian mit der Interviewsituation offenbar wenig anzufangen wußte.

Florian kam brav mit ins Zimmer, während die Mutter schnell und kommentarlos verschwand. Verloren, mürrisch wirkend, mit deutlichem Desinteresse stand er im Raum. An seiner Stelle setzte ich mich dann vor das Regal mit den Spielsachen und überlegte laut, was man hier wohl anfangen könne. Er folgte meinem Beispiel, wandte sich dem Spielzeug zu und nahm eines nach dem anderen in die Hand, betrachtete es, ohne eine Miene zu verziehen, und ließ es dann auf den Teppich fallen. So verbreitete er, ohne selbst irgendwie bewegt zu wirken, langsam ein Chaos um sich her. Ich versuchte, mit Worten Kontakt zu ihm zu finden, mich in seine Situation nach dem raschen Fortgehen der Mama einzufühlen, er fuhr fort in seiner wahllosen Beschäftigung. Schließlich gefiel ihm anscheinend eine kleine Eisenbahn, er ließ sie inmitten der umherliegenden Sachen mit »sch-sch« hin- und herfahren und vertiefte sich in dieses Spiel. Überraschend sagte er dann, er müsse mal und ich solle mitkommen. So stand ich dabei, während er sich zu einer längeren Sitzung niederließ, und putzte ihn auf sein Verlangen ab. Ich sah seine zerschundene Haut und erschrak wieder: ich fand keine unversehrte Stelle an seinem kleinen Körper. Diese direkte körperliche Verständigung rührte mich an, Florian hatte eine Verbindung zu mir hergestellt.

Die Eisenbahn, die diese Szene eingeleitet hatte, fuhr später auch auf den Bildern herum, die wir zusammen malten, und sie fuhr durch ein verschlungenes System von Kurven, das wir dann noch später als das Innere von Florians Bauch erkannten. So mag auch die Eisenbahn im Erstinterview das Hin und Her in Florians Bauch dargestellt haben, das dann zur Entladung führte.

Zum Vergleich möchte ich an Lenas Erstinterview erinnern: sie gab mir verschlüsselt Auskunft über ihren Triebkonflikt. Anschließend ging auch Lena zur Toilette, von dort rief sie die Mutter zum Helfen herbei. Damit hatte Lena sich von mir gelöst und die Stunde beendet. Florian dagegen konnte gerade über den Körpervorgang eine konkrete, nicht-symbolische Beziehung zu mir aufnehmen.

Das Fehlen einer symbolischen Verständigung irritierte mich in den folgenden Wochen zunächst ziemlich.

Der körperliche Austausch setzte sich in den Therapiestunden fort. Florian mußte wieder abgeputzt werden. Er zog sich Schuhe und Strümp-fe aus und kratzte sich blutig, bis ich sagte, nun wüßte ich, wie schrecklich ihn das Jucken quält. »Du hast geguckt. Fertig, anziehn!« sagte Florian und zog die Strümpfe wieder an.

Seine Spielversuche blieben unstet, wie getrieben, ohne Handlung. Er verlangte nach Bauklötzen und benutzte sie, um sich hineinzusetzen. Er wollte Papier kleben und verstreute Schnippel über das Zimmer. Er krähte: »Kaspertheater, nein, doch nicht – doch, Kaspertheater! – nein, doch nicht...« »Der Suppenkasper ißt seine Suppe nicht«, murmelte Florian zwischendrin. Farbe benutze er zum Schmieren, mit Worten matschte er so herum, daß ich ihn nicht verstehen konnte.

Nach einigen Stunden dachte ich, Florians Unruhe und Ziellosigkeit hingen mit dem Fortgehen der Mutter zusammen, und bat sie deshalb, im Vorzimmer zu warten. In der Tat wurde er freundlicher, zugänglicher, aber mehr anzufangen war mit ihm nicht. Er kam sichtlich ungern zu mir ins Zimmer. Immerhin entdeckte er, daß er mich zum Malen anstellen konnte.

»Mal was!«

»Und was soll ich dir malen?«

»Alles!« Meine ersten Versuche – Haus, Baum, zur Auswahl Nuckelflasche, Suppentopf, ein Indianer – kritzelte er ausnahmslos durch. Damit verbrachten wir Stunden: ich malte, er kritzelte darüber. In seiner neunten Stunde sollte ich Entenkinder malen, die die Entenmutter auffressen. Und eine Entenmutter, die die Entenkinder auffrißt. Um diese schwierige Aufgabe kam ich dann doch herum, weil Florian nach den ersten Strichen meinerseits wie wild zu schmieren begann.

»Du läßt ja selbst alles verschwinden. Wie wenn du alles auffrißt!« sagte ich.

Florian machte anstelle einer Antwort seine Hose sehr naß.

»Eine Überschwemmung, die alles verschwinden läßt!« sagte ich.

Nach dieser Episode wurde Florian »zivilisierter«. Auf dem Zeichenpapier durfte etwas stehen bleiben, und auf sein Geheiß malte ich in das Geschlinge von Kurven, das er mir vorgab, Schlangen von Autos und Zügen hinein. Dann malte ich Wasser. Florian war am Meer gewesen und wollte das Meer auf dem Bild haben. Viele kleine Schiffe, große Bojen an dicken Ankerketten, Fische und immer mal wieder ein hungriger Haifisch, vor dem Florian dann Angst bekam – ich malte sozusagen nach Diktat. Ich war froh, ein Medium gefunden zu haben, das ich zwischen uns wußte. Auch Florian schien ruhiger und weniger ängstlich in die Stunden zu kommen.

Aber diese Form von Symbolisierung war gewissermaßen eine dünne Schicht über den Körpervorgängen. Ich möchte das an einem beliebigen Stundenablauf zeigen, ich habe eine Stunde nach vier Monaten Therapie herausgegriffen:

Florian kommt mit Skihandschuhen, Anorak und dicker Skimütze ins Zimmer. Die Jacke hat er schon oft anbehalten, und ich habe dazu gesagt, er brauche eine Hülle um sich herum, weil seine Haut ihn nicht genug schütze.

»Jetzt brauchst du auch noch Handschuhe und Mütze?« frage ich.

Er murmelt etwas, das ich nicht verstehe.

Ich frage nach, wieder matscht und kaut er ein unverständliches Wort daher. Ich frage, ob es vielleicht Absicht ist, daß ich ihn nicht verstehen soll.

»Ich habe einen Schutzhelm!« sagt er klar artikuliert und ungehalten. Wortlos holt er Zeichenblock und Stifte, schlägt das Blatt vom letzten Mal auf: Bojen und winzige Schiffe im Wasser. »Dasselbe malen!«

Ich zeichne wieder Schiffe, Fische ...

»Kleine Wale sind das«, meint Florian und fügt ihnen Haifischflossen an. »Ich hab Hunger«, murmelt er leise, dann quengelnd: »Hunger!«

»Wie ein hungriger Walfisch«, sage ich, und vor Aufregung wischt er die Stifte vom Tisch. Ich male einem Walfisch einen leeren Topf hin, und Florian malt etwas hinein: »Lieblingswürmer.« Dann springt er auf, jammert »Hunger«, stürzt aus dem Zimmer (die Mutter ist nicht da), kommt mit einem Buch zurück. Er will vorgelesen kriegen und versucht es dazu mit Daumenlutschen. Enttäuscht stößt er das Buch weg: »Ich hab Hunger!«

Ich sage: »Vorgelesen kriegen ist doch ein bißchen so wie gefüttert werden.«

»Nein! Will essen!«

»Und der Daumen hat auch nicht geholfen?«

»Nein! Auch nicht!« Florian ist verzweifelt, nicht zu trösten. Er läuft wieder hinaus, holt andere Bücher, blättert hektisch immer schneller um, weil er nur »Quatsch« darin findet, ich komme gar nicht mehr zu dem Versuch, ihm vorzulesen. Als die Mutter kommt, zögert er das Fortgehen hinaus, von Hunger ist nicht mehr die Rede.

Florian ließ fast den Eindruck entstehen, als sei er nicht altersgemäß entwickelt. Aber das wußte er zu korrigieren: Er brachte seine Blockflöte mit und spielte mir etwas vor. So klar im Ton, sensibel und musikalisch im Fluß, daß ich ganz ergriffen war. Außerhalb der Stunden fiel er auch durch seinen klaren Kopf auf, durch eine differenzierte Sprache und auffällig gute Fähigkeiten im Rechnen, so daß die Mutter stolz auf ihn war. Um so rätselhafter blieb mir, daß Florian bei mir nach wie vor nicht spielen konnte und dieses eigenartig diffuse Getriebensein zeigte.

Nach abermals einigen Wochen verstand ich besser, was in ihm vorging. Auch dazu möchte ich einen Stundenverlauf berichten.

Er kommt mit einem Trappeln der Stiefel ins Zimmer, das zum Ritual geworden ist und vermutlich heißt »da bin ich«. Auf dem Kopf die Mütze – der »Schutzhelm«. Zwei Zwiebacke, die er in der Hand gehalten hat, legt er auf den Tisch. Ohne mich groß zu beachten, fährt er sich mit der Hand in die Hose und steckt vermutlich den Finger in den Anus, denn er kommt bräunlich verschmiert wieder zum Vorschein. Selbstversunken riecht er daran. Nimmt dann mit derselben Hand einen Zwieback und kaut daran. Stellt einen Puppenkochtopf auf den Tisch und spuckt hinein. Seine Hand ist nun auch mit Zwiebackmatsche verklebt. Er vermengt im Töpfchen Spucke und Zwiebackkrümel, nimmt dann das Blasrohr und versucht zerkauten Zwiebackbrei aus seinem Mund hindurchzuspucken, in den Kochtopf hinein. Während mich schaudert, ist er lebhaft vertieft in sein Vorhaben. An dieser Stelle greife ich ein und sage: Er menge da alles durcheinander, Aa und Spucke und Essen und Pipi. An seinem

Körper aber sei alles getrennt. »Das Essen kommt in den Mund und du schluckst es runter. Das Aa kommt aus dem Popoloch, das ist hinten. Spucken kannst du aus dem Mund heraus. Das Pipi kommt aus dem Pipirohr, das ist vorne, weiter unten.« Florian schrickt zusammen, weicht an die Wand zurück und ruft nach der Mama. Selbst erschrocken von der Wirkung meiner Worte, sage ich, ich hätte ihn nicht erschrecken wollen. Florian zieht sich in eine Ecke zurück, die Hände vor dem Genitale, die Skimütze ins Gesicht gezogen, und wimmert nach der Mama. Schließlich versuche ich, ihm mit dem Vorschlag zu helfen, ich könnte ihm vorlesen, bis die Mama komme, damit er keine Angst haben müsse. Das ist eine Äußerung meiner Hilflosigkeit, aber Florian weiß daraus etwas zu machen. Er holt, dankbar für die Lösung der Situation, aus dem Vorzimmer ein Buch, aus dem ihm die Mutter beim Warten schon vorgelesen hat, *Der kleine Seeteufel.* Auf der Flucht vor seiner bösartigen Seeteufelfamilie rettet sich ein Seeteufeljunge zu seinem Freund, dem Tintenfisch. In einer mächtigen trüben Tintenwolke verschwindet der Kleine und kann entwischen.

Von nun an gehörte dieses Buch zum Ritual unserer Stunden. Auch meine regelmäßigen Ergänzungen hörte sich Florian friedlich an: So wolle er es auch gern machen, eine Wolke von Durcheinander um sich herum. Man solle an ihm nichts sehen, ihn nicht erkennen können, dann fühle er sich sicher.

Die Hautkrankheit – soviel hatte ich zu Anfang verstanden – hatte es Florian sehr schwer gemacht, seine Konturen, die Körpergrenzen zu entdecken und zu besetzen. Wenn aber die Körpergrenze nicht klar repräsentiert ist, kann es keine sichere Unterscheidung von »innen« und »außen« geben. So hatte Florian einen psychischen Binnenraum für sich nicht klar genug ausbilden und absichern können. Nun begriff ich, daß er gerade diese somatische Erschwernis *in den Dienst seiner Angstabwehr gestellt hatte.* Aktiv durchkreuzte er die Herausbildung eines Körperschemas, nach der unbewußten Logik: Was nicht zu erkennen ist, das kann auch nicht angegriffen oder fortgenommen werden. Es fehlte ihm an der Vorstellung von räumlichen Beziehungen, was seinen Körper anging, und er wehrte sich ängstlich dagegen, solche Beziehungen herzustellen.

Wovor aber hatte Florian Angst? Die schützende Geste – Hände vor das Genitale – ist eindeutig. Besondere Lebensumstände der Familie hatten es dem Elternpaar sehr schwer gemacht, gemeinsam »Vater« und »Mutter« für ihre Kinder zu werden. Florian hatte den Vater als Schutz bietenden Dritten noch nicht entdeckt und internalisiert, eine Triangulierung noch nicht hinreichend zustande gebracht. Wir können vermuten, daß das unbefriedigende erste Lebensjahr – komprimiert in dem eingangs berichteten Erinnerungsbild der Eltern:»Mutter beschäftigt, Florian im Abstellraum« – auch in Florian ungute Gefühle, Haß auf eine versagende Mutter zurückließ, zumal die Unzufriedenheit und das Schuldgefühl der Mutter ihm darin entgegenkamen. Wir können ebenfalls vermuten, daß projektive Ängste vor Vergeltung das kleine Kind beunruhigten. Dafür gibt es auch einen isolierten Beleg:»Du sollst mir Entenkinder malen, die ihre Mutter auffressen, und eine Entenmutter, die ihre Kinder auffrißt.« Diese furchterregende Phantasie, hier sogar symbolisch in einer Szene repräsentiert, mußte Florian gleich verwischen und durch eine Überschwemmung verschwinden lassen. Ebenso wie Lena ist auch Florian noch mit angstbesetzten Vorstellungen vom Verschlingen und Verschlungenwerden beschäftigt. Mit der phallischen Reifung der Genitalzone kommt unvermeidlich eine Zentrierung der projektiven Ängste auf diese hocherregbare Zone – kurz: eine Angst vor Kastration – zustande.

»Aber was sie nicht sehen kann«, so mochte Florian unbewußt denken, »das kann sie mir auch nicht wegnehmen.« Und daher der plötzliche Schreck, als ich sehen konnte, was er »vorn« und »hinten«, »oben« und »unten« hatte.

Von hier aus können weitere Überlegungen die Frage klären helfen, warum die symbolische Verständigung mit diesem doch gut begabten Jungen in unseren Stunden so karg und spärlich war. Auch unter seinen innerpsychischen Repräsentanzen hatte Florian möglicherweise wenig Querverbindungen hergestellt. Die Objektbeziehungen sind ja zunächst in einzelnen erinnerten Handlungssequenzen repräsentiert und gewinnen eine stabile innere Präsenz in dem Maße, in dem aus den vielen einzelnen Interaktionsszenen das immer wiederkehrende Objekt zu einem Ganzen zusammengefügt wird. Ein vielfältiges Verknüpfen, In-Beziehung-Setzen, Vergleichen und Vernetzen der Erinnerungsspuren ermöglicht die Synthese der Objektrepräsentanzen und umgibt sie mit einem Hof von emotionalen Konnotationen.

Diese begleitenden emotionalen Ober- und Untertöne einer Repräsentanz entstammen also der Vielfalt der Ursprungsszenen, die zu ihrer Entstehung beigetragen haben.

Eine plausible Theorie zur Genese der psychosomatischen Struktur bei erwachsenen Patienten bezieht sich auf eben diesen Prozeß der Symbolbildung (vgl. Zepf 1978). Mit den Begriffen »Alexithymie« und »operatives Denken« wird die eigentümlich emotionsarme Sprech- und Denkweise der psychosomatisch Kranken bezeichnet. Die gefühlshaften Begleittöne sind in den Repräsentanzen nicht mitenthalten. Um eine ärmliche, karge Innenwelt ist eine Schale von einwandfrei funktionierenden Denk- und Sprachprozessen gebildet, deren Begriffe und Symbole eigentümlich leer wirken, frei von dem affektiven vielschichtigen Kontext, aus dem Sprachsymbole ihren emotionalen Bedeutungshof erhalten.

Man erinnere sich an Lena: ihre Spielsymbolik gab komplexe Szenen wieder, Interaktionen einschließlich der begleitenden Körpersensationen und der konflikthaften Affekte. Lena verfügte über innere Bilder ihrer Objekte, die sie unabhängig von einem konkreten, realen Kontext phantasierend in immer neuen Spielszenen agieren lassen konnte.

Florians Symbole – der Zug, die Autoschlange, der hungrige Walfisch, die Boje, die ruhig im Wasser dümpelt – gaben vielfach Körperzustände oder Körpervorgänge wieder. Wie unter den Regionen seines Körpers, so hatte er vielleicht auch unter den Einzelszenen seiner erinnerten Interaktionen wenige Verknüpfungen hergestellt. Jedenfalls war ihm symbolisches Handeln im Spiel nicht leicht möglich. Die Kargheit und Armut seiner belebten Innenwelt entsprach durchaus dem Bild der psychosomatischen Struktur, wie sie für erwachsene Patienten beschrieben wird. Eine Differenzierung und Strukturierung seiner Phantasiewelt, die Absicherung eines psychischen Binnenraumes, in dem er Affekte »halten« könnte, würde er jedoch erst dann leisten können, wenn er die verwischende, vernebelnde Modalität seiner Angstabwehr aufgeben könnte. Denn die berichtete Szene zeigt ja, daß es nicht um einen »Mangel«, ein »Defizit« ging, sondern um eine *aktiv genutzte und festgehaltene Abwehrformation.*

Welch gute Dienste diese dem Kind leistete, möchte ich nochmals an einer kleinen Sequenz verdeutlichen. Wieder zum Vergleich ein Verweis auf Lena: Wenn sie vom Stuhl fiel oder sich den Kopf stieß, so klagte sie mich an. Bei mir hatte sie sich wehgetan, ich hatte ihr etwas angetan, und sie fügte das Erlebnis in den Zusammenhang der aktuellen Übertragungsphantasien ein.

Auch Florian tat sich einmal weh: Er hatte das Blasrohr in den Mund gesteckt und rüsselte damit im Zimmer umher, und ich tat die üblich ordnende Arbeit: Es mache ihm Spaß, mir ein langes Rohr vorzuführen, und wir beide wüßten wohl, daß sein eigenes »Rohr« anderswo säße, nämlich tiefer da vorn. Florian quittierte das – wir waren schon ein ganzes Stück weitergekommen – mit einem vergnügten schalkhaften Blick. Da stolperte er und stieß sich das Blasrohr so in den Mund, daß es eine tiefe Schnittverletzung am weichen Gaumen gab. Ich war sehr erschrocken, mußte ihn auch real versorgen, damit es nicht zu einer Schwellung und Atemnot kam, und erwartete nun gerade in dem doch angesprochenen phallischen Kontext eine Angstreaktion. Es kam gar nichts, weder jetzt noch später.

Ein Plastikrohr hatte ihn geschnitten, so wie man sich das Knie aufschlägt, na und? Den Phantasiezusammenhang – »Verletzung durch einen eindringenden Phallus« – konnte er einfach abtrennen und negieren. Der Ort der Verletzung an einem doch verborgenen und intimen Ort spielte gar keine Rolle, vermutlich war dem Kind seine topographische Unklarheit hilfreich.

Dennoch gab ich mir im Laufe der Therapie alle Mühe, Ordnung in diese Unklarheiten zu bringen. Wir malten und malten und sortierten dabei: oben – unten, innen – außen, groß – klein. Florian begann sich für räumliche Beziehungen zu interessieren, und ich zeichnete ihm Wegepläne. Aufmerksam, fast aufgeregt, nahm er zur Kenntnis: Hier ist sein Haus, da ist mein Haus, er kann vom einen zum anderen fahren, und beide bleiben sie unverändert da stehen, wo sie sind! Er kann hier bei mir sitzen, und sein Haus steht trotzdem weiterhin an seinem Platz, und der Bruder ist dort und spielt, gerade jetzt! Wir können uns vorstellen, was der Papa gerade tut und die Mama gerade tut, und doch ist Florian hier bei mir. Er begann selbst zu zeichnen. Im Auto fahren sie über eine geschlängelte Straße von ihrem Haus ans Meer. Oder Männer – der Papa darunter – steigen auf einen Berg und kommen auf der anderen Seite wieder unten an. Florian wollte Häuser sehen mit Keller und Zimmer und Dachboden, mit Wasserleitungen und Ofenrohren darin. Und schließlich wollte er wissen, wie es im Bauch aussehe, bei der Mama und bei ihm und beim Papa. Das Aufklärungsbuch aus dem Vorzimmer befriedigte ihn nicht, ich mußte malen. Auch den Gang der Speisen und Getränke durch den Körper. Mir war zuvor nie aufgefallen, wie hier ein Trugschluß lauert: Denn das Essen verändert sich auf seiner Reise und ist, wenn es wieder zum Vorschein kommt, nichts mehr wert. Aber wenn die Mama verschwindet und wiederkommt oder der Papa, so ist es ganz anders, sie sind unverändert und unversehrt.

Viele Stunden brachten wir so zu, ordnend, sortierend, verbindend. Unterdessen klärte sich Florians Haut, zum ersten Mal sahen auch die Eltern sein Gesicht ganz unentstellt. Ein niedlicher, sensibler Junge mit klaren Zügen kam zum Vorschein, und auch ein Kind, das in Konflikte mit den Eltern geriet. Florian konnte trotzen und übelnehmen und damit den Bruder Torsten entlasten, dem die Rolle des Bösewichts bis dahin allein zugefallen war. Erleichtert stellten die Eltern fest, zwei »normal problematische« Kinder zu haben. Florian schaffte es auch, sich den Papa zu erobern als Gefährten für männliche Unternehmungen, real und in der Phantasie.

Aber es war wiederum ein Körpervorgang, mit dem er mir zeigte, daß er Vertrauen gewonnen hatte. Nach etwa 150 Stunden bekam er auf dem Weg zu mir hohes Fieber, hochrot wankte er ins Zimmer, ließ sich auf das

Sofa fallen und schlief fest ein, um nach 50 Minuten frisch und fieberfrei wieder aufzuwachen.

Bis er sich in dieser Weise in der Stunde regressiv entspannen konnte, hatte Florian einen langen Weg zurückzulegen. Die Therapiestunden waren für ihn sicher eine harte Arbeit. Die ungewohnte Erwartung an ihn, eine offene Situation nach seiner Phantasie zu gestalten, mußte ihn verunsichern und ängstigen. Jeder Stundenbeginn stellte seine Tapferkeit erneut auf die Probe.

Wir können uns hier abermals fragen, ob das geläufige Setting mit zwei Wochenstunden die bestmögliche Behandlungsform war. Vielleicht wäre es Florian leichter gefallen, die neuartige Beziehung zu mir zu verinnerlichen und aufrecht zu erhalten, wenn wir uns in einer dichteren Frequenz hätten sehen können. Ein Mehr an äußerem Aufwand hätte womöglich die innere Anstrengung verringert. Andererseits konnte die Therapie bei insgesamt 180 Stunden Florians Reifungs- und Differenzierungsprozeß zweieinhalb Jahre lang begleiten und ihm Zeit zum Wachsen lassen.

Immer wieder tritt uns in der Behandlung so junger Kinder offen und lebendig entgegen, was bei Älteren – und erst recht bei Erwachsenen – mühsam rekonstruiert werden muß.

Lena hat uns gezeigt, wie aus einer Körperphantasie (»Papa und Mama machen Liebe und zerreiben dabei mich, das Baby in der Mama«) ein somatisches Symptom entstand – vorgebahnt durch die konstitutionelle Erregbarkeit der Haut. Wir konnten in ihren Spielphantasien weitere Bedeutungen erkennen, die das herausgebildete Hautsymptom erhalten hatte: »Ich werde eingesalzen, gebraten und gesotten, die Eltern lecken mich nachts heimlich ab.«

Florian kann uns lehren, wie auch der Verzicht auf symbolische Darstellung und Verständigung, der eine »psychosomatische Struktur« ausmacht, eine aktive Schöpfung sein kann, die dem Schutz und der Angstabwehr dient. Florians »Mangel« an symbolischer Repräsentation und Interaktion machte einen Sinn auf dem Hintergrund der unbewußten Phantasie, die ihr zugrunde gelegen haben mag: »Was nicht zu unterscheiden ist, das kann nicht getrennt werden. Was nicht zu erkennen ist, das kann nicht fortgenommen werden.«

Beide Kinder konnten gut von einer zweistündigen Psychotherapie profitieren. Beide stellten eine dichte therapeutische Beziehung zu mir her, wie sie nicht immer in den zweistündigen Therapien zustande kommt. Beide hatten indessen Angst auszuhalten und zu bewältigen – Lena während einer Episode von einigen Wochen, Florian über weite Strecken seiner Behandlung –, die vermutlich bei einer dichteren Frequenz milder ausgefallen wäre.

Beide Kinder ließen mich das therapeutische Setting als einen brauchbaren Kompromiß erleben, der ein analytisches Arbeiten ermöglicht, aber seine besonderen Anforderungen an die Patienten, an ihre Eltern und an die Behandlungstechnik stellt.

Literatur

S. Zepf, Primäre Sozialisation und alexithyme Defekte in der Symbol- und Begriffsbildung, in: G. und A. Overbeck (Hg.), *Seelischer Konfikt und körperliches Leiden*, Reinbek bei Hamburg 1978, S. 327-334

ULRIKE JONGBLOED-SCHURIG

Kinderanalyse – Überlegungen zur Indikation intensiver Langzeittherapien

Vermutlich führen einander widersprechende Motive dazu, daß wir immer wieder auf die Suche gehen nach neuen Wegen, wie wir die seelischen Verwicklungen und das Leid unserer Patienten verstehen und ihnen damit vielleicht zu besseren Lösungen verhelfen können. Da gibt es einerseits kritisches Erkenntnisinteresse, aber auf der anderen Seite auch die Kränkung, nie Herr im eigenen Haus sein zu können, wie Freud es beschreibt; diese Kränkung, die die Macht des Unbewußten auslöst, stellt eine ständige Verführung dar, sich auf die Suche nach *der* Methode, *der* Theorie, *der* Technik zu machen, die eine Herrschaft über das Unbewußte scheinbar doch ermöglicht. Dem kann man nur mit der Anstrengung begegnen, einen ständigen Versuch der Ideologiekritik zu unternehmen, indem man sich selbst einer intensiven Analyse unterzieht, sich Supervisionen zunutze macht und in Kollegengruppen über Fälle spricht, um die Kränkungen der Begrenztheit der eigenen Arbeit immer wieder zu ertragen und letztlich als Anstoß zu nutzen.

Eine introspektive Haltung, die die je eigenen Motive, Handlungen, technischen Maßnahmen, theoretischen Überzeugungen immer wieder der Analyse unterzieht, ist ebenso eine wichtige Voraussetzung für psychoanalytisches Arbeiten wie die empathische Haltung, mit der wir versuchen, uns in fremdes Seelenleben zu vertiefen. Mit Hilfe der introspektiven und der empathischen Haltung versucht man, die emotionalen, psychischen Organisationsprinzipien, von denen man selbst geleitet wird und die unsere Patienten leiten, zu erkennen.

Ich denke, daß das Zusammenspiel beider Personen eines psychoanalytischen Prozesses unter dialektischen und intersubjektiven Gesichtspunkten der Analyse unterzogen werden muß: So ist Übertragung nicht zu sehen als eine reine Wiederholung aus der Vergangenheit und der Pathologie der Patienten, die wir sozusagen einer »objektiven« Beobachtung unterziehen könnten, sondern als ein Produkt der Interaktion in den analytischen Stunden anzusehen (vgl. Argelander 1970, Eckstaedt et al.1980).

Die Essenz der psychoanalytischen Arbeit liegt nicht in irgendeinem spezifischen Prozedere, sondern wird durch eine Haltung konstituiert, die die Kliniker dem Material entgegenbringen und mit der sie den Prozeß aufrechterhalten, der in dem sich entwickelnden Dialog mit dem Patienten stattfindet (vgl. Atwood et al. 1997).

Daraus ergibt sich, daß einzelne technische Maßnahmen immer dem Vorrang der psychoanalytischen Methode untergeordnet sein müssen, daß technische Vorgehensweisen unreflektiert einem Ziel dienen können, die mit den Zielen einer psychoanalytischen Behandlung nicht mehr zu verbinden sind: dann spielen z.B. Werte und Konventionen eine Rolle (vgl. Deserno 1994). »Die psychoanalytische Methode verknüpft unbewußte und bewußte Daten durch Deutung von Übertragung und Widerstand, die sich im Rahmen eines abstinenten Settings ausbilden.« (Klüwer 1998)

Analytische Kinderpsychotherapie basiert auf der grundlegenden Erkenntnis und Erfahrung, daß alle Patienten ihre verinnerlichten Objektbeziehungsmuster mit in die analytische Situation bringen, die deren Ausgestaltung und ihr Verstehen ermöglicht und erleichtert.

Man könnte sagen, daß wir die Übertragung nutzen, um die unbewußt gewordenen Beziehungserfahrungen und deren innere Bearbeitung aufgrund der Wünsche, Projektionen, Konflikte durch die Patienten zu verstehen. Um sie zu verstehen, ist es sicher unausweichlich, daß wir immer wieder zu einem Teil mit in die intendierten pathologischen Muster hineingezogen werden. Das Verstehen ermöglicht dann eine *andere* Antwort als die unbewußt von den Patienten erwartete – und das erleichtert dem Patienten die Erfahrung, uns *anders* als die ursprünglichen Objekte, die in der Übertragung gesucht wurden, zu erleben – also eine *neue*, hilfreiche, verändernde Erfahrung zu machen.

Andererseits machen wir oft die Erfahrung, daß die beiden wichtigen Schritte, die die Übertragungsdeutung zum hilfreichen Instrument der Arbeit machen, nicht weiterhelfen:

1. das Bewußtwerden der Gefühle dem Therapeuten gegenüber und
2. die Deutung, daß Impuls und Gefühl sich auf ein Phantasieobjekt und nicht auf ein reales Objekt richten.

Diese Deutungen setzen voraus, daß die Patienten grundsätzlich über ihre Denkfunktionen (je nach Alter natürlich) verfügen können, daß Selbst- und Objektrepräsentanzen, Repräsentanzen von Gefühlen, Gedanken, Vorstellungen vorhanden sind, daß Phantasie und Realität, Innen und Außen unterschieden werden können, daß innere Zustände und Affekte als solche erkannt und verbalisiert werden können, daß die Affekte keine überwältigende, traumatisierende Qualität haben und daß Kausalität in einem zwischenmenschlichen Kontext erkannt werden kann.

Wenn das alles gestört ist, dann ist auch eine Arbeit an der Wiederentdeckung von bedrohlichen Gedanken und Gefühlen, die aufgrund eines Konflikts und von Abwehr zurückgewiesen worden sind, so nicht möglich.

Dann ergeben sich ganz besondere Schwierigkeiten, die sich auch als unüberwindlich herausstellen können, wenn man versucht, im begrenzten Setting mit einer oder zwei Wochenstunden zu arbeiten.

Der psychoanalytische Prozeß ist in seiner Gestalt in einer begrenzten Therapie sehr viel schwerer zu erkennen und zu verstehen, der Materialfluß aus dem Unbewußten ist geringer, die Übertragungsgestaltungen sind weniger deutlich, die Gegenübertragung weniger kontinuierlich, der Widerstand wird in den langen Pausen zwischen den Stunden immer wieder aufs Neue verfestigt, die negative Übertragung ist weniger gut zu bearbeiten, weil sie so schwer auszuhalten ist in dem viel grobmaschigeren, unsichereren Netz, das diese spezielle Beziehung zur Verfügung stellen kann.

So kann die Abwehr gegen die Angst, das Objekt durch Angriffe zerstören zu können, kaum bearbeitet werden. Selten gelingt es in Therapien, neben den Abwehrdeutungen auch auf *überzeugende* Weise den Inhalt des Abgewehrten in Übertragung und Material zu erforschen, sich darstellen zu lassen und so lange zu warten, bis das Kind selbst ganz dicht vor der Erkenntnis steht, so daß die Therapeuten nur noch einen letzten Anstoß geben brauchen.

So läßt sich eine analytische Haltung – die besagt: Ich stelle mich meinen Patienten für *ihre* innere Welt, *ihre* Verwechslungen, *ihre* unbewußten Phantasien zur Verfügung und schaue, wie ich das auf die Dauer selbst verstehen und dann deuten kann – viel schwerer zur Verfügung stellen, und die größere Aktivität, die begrenzte Therapien fordern, bringt uns oft in Identitätsprobleme, die sich zwischen den Polen Analyse und Erziehung bewegen, die doch letztlich unvereinbar sind. Aber die Vertiefung in das Unbewußte braucht einfach Zeit, ebenso wie die Festigung des neu Erkannten im Prozeß des Durcharbeitens. So ist klar, daß die Ziele bei Therapien und Analysen sich entlang eines Kontinuums erstrecken, was nichts mit Wertigkeit zu tun hat.

Ganz ohne Frage kann man leichtere neurotische Störungen in einem ein- bis zweistündigen Setting analytisch behandeln. Es handelt sich um Patienten mit einer insgesamt eher neurotischen Struktur – d.h. sie verfügen über eine in Gang gekommene Über-Ich-Entwicklung, sie leiden an verinnerlichten Konflikten, sie haben ein Ich entwickelt, das in der Lage ist, im Großen und Ganzen Affekte zu regulieren; sie haben die Fähigkeit zur Bildung von Selbst- und Objektrepräsentanzen, die durch nicht zu primitive Abwehren zwar gestört, aber nicht gänzlich verzerrt sind.

Hier stören die verinnerlichten Objektbeziehungen die gegenwärtigen Beziehungen, indem die realen Objekte durch die Brille der unbewußten Wiederholungen, Rollenzuweisungen, Verzerrungen, unbewußten Phantasien nicht so wahrgenommen werden können, wie sie wirklich sind. (Wobei ich hier keineswegs einen positivistischen Standpunkt einnehmen möchte: Ich sagte bereits zu Anfang, daß eine endgültige Herrschaft über das Unbewußte nicht möglich ist.) Aber die Verzerrungen der inneren Welt und der Beziehungen auf einer neurotischen Ebene können in einer analytischen Behandlung mit Hilfe der Fähigkeit zur Selbstreflexion (was bei kleineren Kindern entsprechend ihrer Entwicklung einen unreifen Level hat) bewußt gemacht und verändert werden. Angelika Wolff bringt ein schönes Beispiel dafür in diesem Band.

Für schwere Entwicklungspathologien, Borderlinestörungen, narzißtische Störungen sieht das ganz anders aus, vor allem, wenn man mit der psychoanalytischen Behandlung das Ziel verbindet, entwicklungsfördernd den Auf- und Umbau einer seelischen Struktur zu ermöglichen, die die oben genannten Fähigkeiten zum Inhalt hat.

Erst dann, wenn dieser Stand erreicht ist, der mit dem inneren Aufbau von nicht zu sehr gestörten Selbst- und Objektrepräsentanzen verbunden ist, setzt in einem (natürlich nur idealtypisch zu verstehenden) zweiten Schritt die einsichtsfördernde Arbeit ein, unter der man das Aufdecken, Verstehen und Integrieren unbewußter Konflikte meint, die die Weiterentwicklung hindern.

Wenn man davon ausgeht, daß der Aufbau der inneren Welt, der seelischen Struktur, über eine endlose Kette von verinnerlichten Beziehungsgestaltungen geschieht, dann ist seelische Störung immer Ausdruck von gestörten Beziehungserfahrungen – wobei ich hier in Freudscher Tradition durchaus dialektisch denke und mir seine Ergänzungsreihe zum Vorbild nehmen möchte; die Ursache der gestörten Beziehungserfahrung mag sowohl in Störungen und Unfähigkeiten des Selbst als auch der Objekte liegen – oder genauer, dürfte immer eine Mischung aus beidem sein –, wobei ich durchaus nicht in Abrede stellen will, daß Kinder sehr destruktiven Erfahrungen durch sehr gestörte Eltern oder andere wichtige Objekte ausgesetzt sein können.

Ausgangspunkt sind Beziehungserfahrungen, auch das Selbstgefühl entwickelt sich aus den verinnerlichten elterlichen Imagines.

Wenn die Erfahrungen objektiv so zerstörerisch sind, daß sie nicht ausgehalten werden können, oder als so destruktiv erlebt werden, daß sie unerträglich erscheinen, setzt in der seelischen Entwicklung oft schon sehr früh oder an späterer Stelle der Entwicklung, bei hoher Überwältigung entsprechend »primitiv«, eine Vorform der Abwehr ein, die bereits die psychologischen Prozesse hemmt, die erst zur Bildung psychischer Repräsentanzen führt (Fonagy et al 1993).

Dann wird sehr früh das In-Gang-Kommen von Denkprozessen gestört, dann wird das Erleben und Repräsentieren von emotionalen Erfahrungen abgeblockt, dann wird die Beschäftigung oder selbst die Wahrnehmung der eigenen inneren Welt mit ihren Befindlichkeiten ebenso ganz früh verhindert und abgewehrt wie die Beschäftigung mit der inneren Welt der Objekte. Man kann sich vorstellen, daß bei solchen Störungen die somatischen Erkrankungen vielfältig sind, daß das Agieren, häufig in sehr selbstdestruktiver Weise, aber auch in objektschädigender Art, im Vordergrund steht, daß die Affekte immer wieder das schwache Ich überwältigen, was zu entsprechenden pathologischen Auswirkungen führt.

Aus dem Gesagten erwächst ganz automatisch das »Programm« einer analytischen Behandlung solcher Patienten: Da die Störung Ergebnis gestörter Objektbeziehungen ist, kann nur eine neue, weniger gestörte Beziehung hier eine Veränderung bewirken.

Ich denke da an ein ganz alltägliches, für mich aber sehr eindringliches kleines Erlebnis im Park: Eine Mutter kommt mit ihrem etwa sechs Monate alten Säugling, der im Buggy sitzt, mir entgegen. Außerdem läuft auf dem Weg ein sehr großer Schäferhund, der sich direkt dem Kinderwagen nähert. Die Mutter geht mit innigem Affekt und tiefer Verbundenheit auf das Kind ein, das in einer Mischung aus Neugierde und Furcht schaut, und sagt mit einer angstfreien, neugier-weckenden, lebendigheiteren Stimme: »Oh schau, da kommt ein ganz großer Hund«, worauf das Kind in einen Jauchzer ausbricht, der der Stimmung, die in der Stimme der Mutter lag, entspricht.

Man stelle sich vor, was für eine innere Welt dieses Kind aufbaut auf Grund seiner Beziehungserfahrung im Gegensatz zu anderen, bei denen die Vermittlung ständig mißlingt und somit ständig hohe Angst macht und die entsprechende Abwehr in Gang setzt. Selbstverständlich ist das eine »harmlose« Szene im Vergleich zu Geschehnissen, wo die elterlichen Objekte selbst diejenigen sind, die diese überwältigende Angst auslösen.

Wie gesagt: das Programm der analytischen Bearbeitung solcher Störungen basiert auf Beziehungserfahrungen. Man weiß, daß unser Hauptinstrument die Arbeit mit Übertragung und Gegenübertragung ist – also die Beziehungsgestaltung in all ihren unbewußten Verflechtungen. Man weiß auch, daß das, was man da zu sehen bekommt, letztlich als Externalisierung und Projektion verinnerlichter Objektbeziehungen zu verstehen ist. Diese Projektionen in ihren Verästelungen aufzunehmen, zu verstehen, zu deuten, ist komplex und schwierig genug, braucht eine intensive Beziehung und Zeit. Wenn der Prozeß der Repräsentation von Beziehungen auch schon gestört ist wegen furchtbarer, traumatischer Erlebnisse, kann man sich dem überhaupt nur annähern in einem langen, intensiven, analytischen Prozeß. Man muß sich vergegenwärtigen, daß bei diesen schwerer gestörten Kindern die unbewußte innere Welt so chaotisch, so weit entfernt ist von dem, was wir kennen, in was wir uns einfühlen können, was zu unseren üblichen Funktionsweisen und Erfahrungen gehört, daß völlig klar wird, daß die Arbeit an einer solchen inneren Welt lange Zeit braucht und eine intensive Beziehung.

Was den Prozeß u.a. auch noch so langwierig sein läßt, ist die Tatsache, daß nach den Gesetzen des Unbewußten eben gerade erneut vom kranken Kind unbewußt eine gestörte Beziehung in Gang gesetzt wird – und wir Therapeuten können das erst einmal nur aufnehmen, Teil der Störung werden –, bis wir in der Lage sind, aus dem pathologischen »Spiel« auszusteigen und den Patienten die Erfahrung zu ermöglichen, daß sie uns nicht wirklich zerstören können (Winnicott, 1971).

Aus meiner eigenen Erfahrung mit den verschiedenen Settings von ein bis vier Stunden in der Woche möchte ich etwas berichten, was für mich sehr wichtig geworden ist beim Suchen eines theoretisch-technischen Standpunktes: Die Patienten, die ich über einen längeren Zeitraum fast täglich sah, haben – wie kann es auch anderes sein – einen viel intensiveren Eindruck in *meiner* inneren Welt hinterlassen bis hin zu der Tatsache, daß sie *die* Patienten sind, von denen ich gelegentlich träumte. Das ist natürlich eine sehr persönliche, intime Mitteilung, die kein Anrecht auf Generalisierung hat. Aber sie zeigt deutlich, wie unbewußte Prozesse zwischen den Patienten und den Therapeuten angestoßen werden – und ums Arbeiten am Unbewußten geht es ja letztlich in der Psychoanalyse am allermeisten. So ist also in dem intensiveren Setting das Entstehen und das Verstehen der unbewußten Übertragungs-Gegenübertragungsdynamik viel ausgeprägter. Da aber, wie ich oben schon sagte, die innere Welt sich über Beziehungserfahrungen aufbaut, ist das für manche Patienten die einzige Chance.

Wie sollte ein Kind (und mit ihm der Therapeut) es aushalten, sich der ängstigenden chaotischen inneren Welt, die es ja aus gutem Grund tief abgewehrt hat, zu nähern, wenn es nicht über eine ausreichend lange Zeit erlebt hat, daß es mit all dem Furchtbaren in sich in der analytischen Beziehung gehalten wird? Nur diese Erfahrung des Gehaltenseins ermöglicht weitere Regression, die hochbeängstigend ist, aber weitere Vertiefung erst ermöglicht. Die Erfahrung, daß die überwältigenden Affekte ihren Ort in der Beziehung haben können, ermöglicht deren langsame Bewältigung und Integration.

Daß diese Aufgabe, das »Halten«, eine äußerst schwierige sein kann, macht man sich häufig nicht klar. Die Erfahrung mit schwer gestörten Kindern, deren innere Welt von Destruktivität überwältigt zu werden und deren Sehnsucht nach Liebe in diesem Strudel unterzugehen droht, zeigt, daß die Gegenübertragung in solchen Prozessen häufig sehr schwer auszuhalten ist. Es kostet viel Kraft, den Impuls, sich zu rächen, zu verstehen und nicht zu agieren, den Haß auszuhalten, die Hoffnungslosigkeit, die sich oft einstellt, nicht zum Abbruch der Behandlung beitragen zu lassen, das Nicht-Verstehen, Nicht-Wissen, Nicht-Können über lange Zeitstrecken zu ertragen.

Vielleicht ist hier ein nicht zu unterschätzender innerer Beitrag von Seiten der Therapeuten gegen das Arbeiten in der intensiven Beziehung einer Kinderanalyse zu suchen. Man könnte sagen, Therapien, in denen man die Kinder seltener sieht, fordern das größere technische Geschick, wenn man überhaupt ans Unbewußte rühren will – Analysen mit sehr gestörten Kindern fordern die größere Kraft im Aushalten von z.T. furchtbaren Gegenübertragungsgefühlen.

Da ist auch eine der Wurzeln fürs Umschwenken auf Schultz-Henckesche Positionen und die psychagogische Arbeit im Kathartischen zu suchen: Beides ist darauf gerichtet, das Unbequeme an der Psychoanalyse aufzugeben, die Triebnatur des Menschen, die Macht des Unbewußten.

Bei der intensiven analytischen Arbeit geht es um das Bereitstellen einer Beziehung, in der der Therapeut über lange Strecken das ihm Zugeschobene aufnehmen und ertragen muß, bis der Inhalt gut genug verstanden ist *und* außerdem die Fähigkeit der Patienten, eine Deutung zu begreifen, entstanden oder gewachsen ist. Wenn das der Fall ist, dann ermöglichen Übertragungsdeutungen die Erfahrung des Therapeuten als *anderes* Objekt, das dann – aber nur unter der Voraussetzung einer intensiven Beziehung – verinnerlicht werden kann und so bei der Neu- und Umstrukturierung der inneren Welt helfen kann.

Patienten, die Deutungen auf Grund ihrer defizitären Struktur und der traumatischen Erlebnisse noch gar nicht verstehen können, brauchen außerdem folgende technische Vorgehensweise über einen langen Zeitraum (Fonagy, 1993), von der man auch sagen kann, sie spiegele die Beziehungserfahrung zwischen einem sehr kleinen Kind und einer hinreichend guten Mutter und ermögliche die Rehabilitation der psychischen Prozesse, die zur Bildung einer inneren Repräsentanzenwelt beitragen:

– für die Patienten muß die Möglichkeit geschaffen werden, in die innere Arbeit des Analytikers einbezogen zu werden (es geht also um

Beteiligung, Verwicklung, Engagement);

– viele Interventionen sollten sich auf den angenommen Zustand der inneren Welt des Patienten beziehen, d.h. das Interesse und Einbezogensein des Analytikers in die innere Welt des Patienten und die Interaktion wecken das Interesse dieser Patienten an ihrer eigenen inneren Welt und fördern damit die Entwicklung;

– überflutende Affekte werden mit Hilfe der analytischen Beziehung in kleine, erträgliche Quantitäten umgewandelt;

– die Unterscheidung von Phantasie und Realität, innen und außen, wird gefördert;

– notwendige Grenzen werden in einer als wichtig erlebten Beziehung eher als verständlich akzeptiert.

Kinderanalysen werden nur selten durchgeführt. Die Hintergründe dürften vielfältiger Art sein: Die Veränderung des wissenschaftlichen und politischen Klimas, in dem die Psychoanalyse aufs Neue, wie so oft in ihrer Geschichte, als unwissenschaftlich, ineffektiv, zu zeitaufwendig, anachronistisch abgelehnt wird, die unterschiedlichen Auffassungen *innerhalb* der psychoanalytischen Gruppen und kindertherapeutischen Ausbildungsinstitute, die zu je unterschiedlichen Traditionen und Erwartungen geführt haben.

Argumente, die die bestehenden Kassenrichtlinien zur Rationalisierung verwenden, helfen da nicht weiter. Es kann nicht darum gehen, dies als gegeben vorauszusetzen und die *inhaltliche* Diskussion dem unterzuordnen im Sinne etwa von Fragestellungen wie: ist es besser – oder schlechter – bei einer gegebenen Stundenzahl den Prozeß in ausgedünnter Form zeitlich zu verlängern oder lieber im intensiven Setting entsprechend zu verkürzen? Das trifft einfach nicht den Punkt der Auseinandersetzung um das, *was* ein psychoanalytischer Prozeß überhaupt ist, was er vor allem bei Kindern ist, welche Wege in die innere Welt, ins Unbewußte, in die unbewußten Phantasien und pathologischen Abwehren, die Weiterentwicklung verhindern, führen. Das ist die zentrale, vor allen Kassenrichtlinien und Gutachtermeinungen immer wieder zu stellende Frage.

Ich möchte versuchen, einige meiner Überlegungen an einem Fallbeispiel zu exemplifizieren. Man wird sehen, wie hier Konflikt und Defizit komplementär ineinandergreifen und dementsprechend die eher einsichtsfördernden Interventionen sich mit den eher entwicklungsfördernden abwechseln.

Der damals 5½jährige *Peter* wurde von seinem Vater angemeldet, weil er noch stets einnäßte, Nägel kaute, mit Feuer spielte, stahl, sich selbst häufig verletzte, im Kindergarten so aggressiv war, daß er dort nicht mehr bleiben sollte.

Seine Eltern trennten sich nach schweren Krisen, als er zwei Jahre alt war. In dieser Zeit kam er mit Lungenentzündung ins Krankenhaus. Er blieb dann noch zwei Jahre mit seiner drei Jahre älteren Schwester bei der Mutter. Dann gab die ihn, nun 4jährig, dem Vater, weil sie sich überlastet fühlte. Sie sah ihn seither sehr selten und unregelmäßig.

Man kann sich vorstellen, daß die analytische Arbeit bei dieser Symptomatik und diesen Vorbedingungen erst einmal dazu führte, daß das zerstörerische und selbstschädigende Verhalten, das dazu dienen sollte, das Entstehen oder das Wiederauftauchen von tief schmerzlichen Gefühlen zu verhindern, sich in unserer Beziehung ausbreitete. Der Junge griff immer wieder meine Person, meinen Raum, meine Gegenstände an auf eine so entwertende, oft verachtende Weise, daß ich viel Kraft brauchte, meine Gegenübertragung in mir selbst zu verarbeiten. Die Schwierigkeit war, den Impulsen Raum für Ausdruck zu lassen und doch immer wieder früh genug einzugreifen, daß er sich oder mich nicht verletzte. Es gelang durchaus nicht immer, und ich bin sicher, daß Peter sehr oft direkter Zeuge meines Kampfes wurde, mich nicht zu sehr involvieren zu lassen, letztlich, mich nicht zu rächen. Ganz oft hatte ich den Eindruck, daß meine Denkfähigkeit während der Stunden verloren ging und ich dadurch drohte, meinen heftigen Affekten zu unterliegen. Es gab monatelang kein Sprechen über Innenwelt zwischen Peter und mir.

Bei nachträglicher Reflexion fand ich Entlastung in der wachsenden Überzeugung, daß die Momente, in denen ich eingreifen mußte, auch die, in denen es mir nicht gelang, das ohne deutlichen eigenen Affekt zu tun, als sinnvoll und zur Arbeit gehörig anzusehen sind, als etwas, das über erzieherische Maßnahmen im engeren Sinn hinausgeht und genuin analytisch ist.

Ich berichte aus zwei Stunden, die nach einigen Monaten vierstündiger Behandlung stattfanden.

Peter kommt und verwandelt in großer Geschwindigkeit das Zimmer in ein Chaos – eine Aktion, die mich sofort in hohe Alarmbereitschaft versetzt. Ich sage: »So werde ich ganz durcheinander, ich muß furchtbar aufpassen – ich denke, du bist auch ganz durcheinander von innen.«

Mit dieser Intervention betone und vertiefe ich den interaktionellen Anteil – vom Chaos-Machen im Zimmer auf das innere Durcheinander in mir selbst und ihm. Außerdem ermögliche ich dem Jungen durch die Äußerung meiner eigenen Gefühle einen Zugang zu seinen Gefühlen, baue also eine Brücke von der Außen- in die Innenwelt.

In dem, wie der Junge auf meine Intervention reagiert, kann man sehen, daß er sich in einem rudimentären Ausmaß verstanden gefühlt hat: Er baut eine Höhle. Das ist natürlich gegenüber Chaos-Machen eine symbolische, gestalterische Handlung.

Selbstverständlich ist jetzt das Quälende in unserer Beziehung nicht verschwunden. Aus seiner Höhle heraus nämlich stellt Peter viele drängende, quälende Fragen, die rasch hintereinander kommen, oft eine entwertende Qualität haben, z.B.: »Wie alt bist du, du blöde Kuh, Arschficker.« Ich fühle mich unter Beschuß und denkunfähig. Ich sage: »So kann ich überhaupt nicht denken, ich brauche Zeit.«

Wieder ziele ich mit meiner Intervention aufs interaktive Geschehen, sage dem Jungen, daß er mich mit seinem Bombardement zwar »außer Gefecht« setzt und damit auch verhindert, daß er mich im Winnicottschen Sinn als Objekt verwenden kann – aber ich breche den Kontakt nicht ab, verweise auf das, was ich brauche (Zeit), und darauf, daß es selbstverständlich weitergehen wird, wenn wieder Zeit zum Denken ermöglicht wird.

Daraufhin beginnt Peter ein Spiel mit mir. Er hat also meine Intention, das Geschehen zwischen uns beiden in den Mittelpunkt zu stellen, verstanden und weitet sein Angebot deutlicher auf mich aus.

Das Spiel besteht darin, daß Peter einzelne Körperteile aus seiner Höhle hervorstreckt und ich die benennen soll. Direkt erinnert das natürlich an Szenen, wo der Säugling z.B. vor der Mutter auf der Wickelkommode liegt und sie einzelne Körperteile zudeckt und sie dann in einem Höhepunkt von aufregend-schönen Gefühlen und intensivem gemeinsamen Erleben wieder »entdeckt« und benennt.

So kann Peter das natürlich überhaupt nicht spielen, weil seine Sehnsucht nach dem Guten in der frühen Beziehung zur Mutter seit Jahren auf mehr oder weniger primitive Weise abgewehrt wird – ebenso, wie er sich des Hasses auf die Mutter gar nicht bewußt werden, ihn überhaupt nicht fühlen kann. Beides ist ganz in die agierende Gestaltung der analsadistischen Beziehung eingebunden.

Dementsprechend hat sein »Spiel« mit mir nichts Spielerisches, sondern ist äußerst unangenehm, quälend, in seinem Ablauf ständig gestört. Ich sage: »Es soll bei uns nicht schön und gemütlich sein.« Er schreit, wie so oft: »Halt's Maul« – aber es gibt doch eine kleine Pause.

Wieder kann man sagen, daß es eine Deutung ist, in der ich etwas von meinen und seinen Gefühlen und Wünschen ausdrücke, von seiner unbewußten Absicht und seiner Abwehr. Es ist indirekt ein Verständnis darin enthalten, daß er selbst Sehnsucht nach einer befriedigenden Beziehung hat.

In der Stunde sagt Peter nach der kleinen Pause: »Weißt du, was ich geträumt habe?«

So haben letztlich meine Interventionen einen Weg vom äußeren Chaos in die innere Welt ermöglicht, natürlich nur deshalb, weil dieser Stunde viele Stunden mühsamsten Arbeitens und quälender Interaktionen vorausgingen.

Wir geraten noch einmal kurz in den Clinch: Als ich Peter bitte, mir seinen Traum zu erzählen, verweigert er natürlich und fordert mich auf, ihm meinen Traum zu erzählen. Ich finde wieder Anschluß an seine Gefühle und deren Abwehr in den analsadistischen Inszenierungen, indem ich frage: »War es ein schlimmer Traum?«

Nun kann er erzählen: »Ich habe geträumt, der Papa hat eine Traube in einer Nuß gegessen, die war vergiftet, da ist er tot umgefallen vom Fahrrad, da haben wir das Geld genommen und haben uns eine Ritterburg gekauft.«

Ich frage: »Wer ist wir, wer war noch bei dir?«

»Die Miriam und andere Kinder, fünf, wir sind dann zum Krankenwagen, und der hat gesagt, es ist wirklich so, er ist tot, da haben wir geweint. Nein, wir haben nicht geweint.«

Ich frage: »Wie ist es dir gegangen nach dem Traum?«

Er, ganz kühl: »Ich habe nicht geweint, weils ja nicht so war« – und mit großer Geschwindigkeit ist er wieder dabei, die quälenden Provokationen vom Beginn der Stunde zu inszenieren, er versucht, mir weh zu tun. Ich muß ihn festhalten, was wegen der wütenden Gefühle, die seine Angriffe mir machen, große Beherrschung kostet.

Ich versuche, meinen Gedanken zu äußern: »Ich glaube, der Traum hat dich erschreckt. Wenn wir jetzt Streit kriegen, fühlst du das nicht so.« Ich bin unsicher, was er davon aufnimmt, auf jeden Fall geht er aufs Klo und macht einen Haufen. Es ist das Ende der Stunde. Ich habe das deutlich als ein Geschenk verstanden: hier wird die Liebe auf dem gleichen psychischen Level ausgedrückt wie in den analsadistischen Szenen der Haß.

Zur nächsten Stunde – es liegt ein Wochenende dazwischen – sagt mir der Vater gleich im Flur, daß Peter im Kindergarten Streichhölzer angezündet hat und daß es überhaupt nicht gut geht. Ich erschrecke und fühle mich verantwortlich. Der Junge hat unterdessen wieder ganz rasch Chaos veranstaltet und empfängt mich mit den bekannten quälenden Fragen, die mich sehr bedrängen.

Ich sage: »Heute bist du ganz wütend und aufgeregt.«

Er schmeißt Polster durchs Zimmer, nimmt härtere Gegenstände, so daß ich Angst und Wut bekomme und eingreifen muß.

Ich sage: »Heute sollen wir ganz doll Streit kriegen, ich soll ganz bös' auf dich werden, ich glaube, du fühlst dich bös', dir geht's nicht gut heute.«

Er macht ein Riesenpaket aus Puppen, Hausrat, packt alles in einen kleinen Teppich, es sieht aus wie ein Umzug. Plötzlich will er es nach mir schmeißen. Ich halte ihn und das Paket fest und wiederhole nochmals, daß er sich heute nicht gut fühlt.

Da sagt er: »Ja, das stimmt. Ich habe Streichhölzer angezündet – aber die Petra auch.«

»Da hast du auch schon im Kindergarten etwas Schlimmes, Gefährliches gemacht, damit du geschimpft bekommst. Ob das mit deinem Traum zu tun hat?«

»Welchem?«

»Wo der Papa tot vom Fahrrad gefallen ist.«

»Hä, der hat eine Traube gegessen, die war vergiftet.«

»Ja, und dann hast du im Traum geweint.«

Er meint: »Ja, in Wirklichkeit nicht.«

Ich antworte: »In Wirklichkeit ist der Papa auch nicht tot.«

Er sagt: »Das wäre auch ganz schlimm. – Weißt du, was dann wäre?«

Ich: »Ich denke, du würdest nicht wissen, wohin du gehen sollst.«

Er: »Ich geh dann zur Mama.«

Ich: »Du wärst nicht sicher, ob die das will.«

Er: »Aber die muß!«

Ich: »Das tut ja weh, wenn du nicht sicher sein kannst.«

Er holt einen Stuhl ans Fenster und klettert sehr rasch aufs Fensterbrett. Es ist ein sehr großes Fenster im 3. Stock, ich erschrecke und halte ihn fest. Er ist in einer Stimmung, wo er sich selbst gefährden könnte.

Ich sage: »Da ist ein großes Durcheinander in deinem Kopf – wie hier im Zimmer. Ich glaube, da hast du Vieles noch nicht verstanden.«

Es ist das Ende der Stunde, und Peter verwickelt mich in ein Gerangel ums Schuheanziehen – er kann noch keine Schuhe binden und nützt meine Hilflosigkeit aus, in die ich gerate, indem ich sie ihm zubinde.

Ich sage: »Es ist auch immer wieder schwer, wegzugehen, das macht dich auch oft zornig.«

Man sieht hier, wie in der Stunde davor, den dauernden Wechsel von Agieren und Fühlen und Verbalisieren. Die Arbeit führte dazu, daß Peter sich seiner Gefühle für die Mutter bewußter werden konnte. Bis dahin hatte er jede Andeutung meinerseits damit beantwortet, daß er schrie: »Ich *wollte* zu meinem Papa!« Hier nun kann er, zwar noch auf einer anal-zwingenden Ebene (»Aber die muß!«) seinen Wunsch, bei der Mutter zu sein, selbst fühlen und mir gegenüber äußern.

Man kann deutlich sehen, wie ich ständig Position und Funktion wechsele: Von der schützenden, eingreifenden, festhaltenden, sehr realen Person mit eigenen Affekten werde ich zur Therapeutin, die Innenwelt erforscht und verbalisiert, Einsicht ermöglicht. Die *holding function*, die sich in dieser Behandlung oft so äußerst konkret mit Festhalten und Verhindern von Verletzungen äußerte, hat in dieser Stunde ganz real in der Szene am großen Fenster dazu geführt, daß der Junge, mit Winnicott zu sprechen, überlebte und somit ich in ihm auch.

Fast alle Deutungen blieben im Hier und Jetzt – eine Auflösung in dem Sinne, daß der Junge die Als-ob-Qualität der Übertragungsgefühle oder die symbolische Natur der Übertragung hätte verstehen können, war wegen seines Alters und seiner Störung damals ebensowenig möglich wie das Verstehen der Tatsache, daß Gefühle der Gegenwart häufig Gefühle von früher repräsentieren. Dennoch kann man sagen, daß ich vorwiegend Deutungen von Übertragung und Gegenübertragung verwendet habe.

Außerdem finde ich es wichtig, zu betonen, wie sehr ich durch meine Interventionen auch ein reales Objekt für Peter war, indem ich ihm Einblick gewährte in die Funktionsweise meiner eigenen inneren Welt.

Man kann sich vorstellen, daß es lange dauerte, bis Peter eher in der Lage war, das zu verbalisieren, was er fühlte, statt es zu agieren und damit sich und andere zu gefährden. Ich war froh, als er nach etwa einem Jahr einmal sagen konnte: »Ich habe Heimweh nach meiner Mama.«

Literatur

Argelander, H. (1970): *Das Erstinterview in der Psychotherapie*, Darmstadt,

Atwood, Orange, Storolow (1997): *Working intersubjectively*. Hillsdale NJ

Deserno, H. (1994): *Die Analyse und das Arbeitsbündnis*, Frankfurt a. M.

Eckstaedt, A., Klüwer, R. (1980): *Zeit allein heilt keine Wunden*, Frankfurt a. M.

Fonagy, P., Moran, G., Edgcumbe, R., Kennedy, H., Target, M. (1993): The Role of Mental Representations and Mental Processes in Therapeutic Action. *Psychoanalytic Study of the Child*, 48/93

Klüwer, R. (1998): *Fokus – Fokaltherapie – Fokalkonferenz*. Vortrag auf der Fokalkonferenz 1998 (unveröffentliches Manuskript).

Winnicott, D. (1971): *Vom Spiel zur Kreativität*, Stuttgart

ANGELIKA WOLFF

Fokaltherapie
bei Kindern und Jugendlichen –
vorläufiger Bericht über ein Projekt

In Differenz zur »Kurzzeittherapie«, wie sie im Leistungskatalog der Krankenkassen steht und mit der einmal Kriseninterventation, einmal Probetherapie und einmal auch ein eigenes Verfahren gemeint sein kann, handelt es sich bei der Fokaltherapie um ein für den Bereich der Erwachsenen-Behandlung klar umschriebenes, psychoanalytisches Behandlungskonzept, das ursprünglich von Michael Balint entwickelt wurde. Balints Ansatz wurde in den 60er Jahren am Sigmund-Freud-Institut in Frankfurt aufgegriffen, und seither ist in Frankfurt Fokaltherapie und ihre Einbettung in das spezielle Instrument der Fokalkonferenz eng mit der Person von Rolf Klüwer und seinen zahlreichen Veröffentlichungen zum Thema verbunden. Das Profil, das das elaborierte Fokaltherapie-Verfahren im Laufe von gut drei Jahrzehnten gewonnen hat, ist dabei unübersehbar beeinflußt durch die Arbeiten des Sigmund-Freud-Instituts über das psychoanalytische Erstinterview und die Verwendung der Szene und des szenischen Verstehens als Erkennungsinstrument.[1]

Fokaltherapie stieß in der psychoanalytischen Gesellschaft von Anfang an keineswegs nur auf Interesse oder gar Gegenliebe. Sie wurde vielmehr auch als Angriff auf die eigentliche Methode der Psychoanalyse aufgefaßt und als willfähriges Angebot an den Widerstand gegen die Psychoanalyse kritisiert. Unter gesundheits- und berufspolitischen Gesichtspunkten ist diese Kritik heute durchaus ernstzunehmen: Kurze Therapien zur zielstrebigen Beseitigung von psychischen »Störungen« werden allgemein bevorzugt. So mußten wir, als wir am Institut für analytische Kinder- und Jugendlichen-Psychotherapie in Frankfurt das Projekt zur Entwicklung eines Fokaltherapiekonzepts für Kinder- und Jugendliche einrichteten, uns fragen, ob wir uns damit womöglich selbst das Wasser der »Psychoanalyse, die ihre Zeit braucht« abgraben.

Von der Sache her sind diese Bedenken unbegründet. Wir wußten aus

---

[1] Die allgemeine theoretische Fundierung des Verfahrens, auf der auch unser Projekt fußt, wird in dieser Arbeit nicht ausgeführt. Verwiesen sei auf Klüwer (1995).

der Arbeit von Klüwer und ihren Wurzeln in Michael Balints »Werkstatt«, daß Fokaltherapie keineswegs ein »schlankes« Verfahren ist. Aufwand und Kosten verschieben sich lediglich auf den Therapeuten, der allerdings einen hohen Erkenntnisgewinn dabei erzielen kann. Die Neugier *darauf*: auf die intensive, analytische Arbeit, die – wie wir aus der Arbeit mit dem Erstinterview wissen – gerade am begrenzten Fallmaterial besonders ergiebig sein kann, war denn auch das entscheidende Movens für unser Projekt Fokaltherapie.

Als wir Ende April 1994 zu unserer ersten Konferenz zusammenkamen, waren wir rasch über die Arbeitsweise, die wir von Klüwers Fokalkonferenz übernehmen wollten, einig:

- An der Konferenz nehmen niedergelassene Kollegen und Kandidaten im fortgeschrittenen Stadium der Ausbildung teil.
- Jeder Teilnehmer muß breit sein, im Laufe der Zeit selber einen Fall vorzustellen.
- Jede Stunde einer Fokaltherapie wird vom Therapeuten ausführlich protokolliert, in der Konferenz verteilt und verlesen.
- Jede Konferenz wird von einem anderen Teilnehmer protokolliert.
- Dieses Protokoll wird zu Beginn der nächsten Konferenz und vor dem Bericht der nächsten Behandlungsstunde verlesen.
- Die Konferenz tagt wöchentlich.
- Die Analyse der Gruppendynamik der Konferenz – einschließlich z.B. einer Kritik an der Technik des vortragenden Therapeuten – wird streng und ausschließlich zum Verständnis des Falls verwendet.

Bei dieser Arbeitsweise entsteht eine dichte Kommunikation zwischen therapeutischem- und Gruppenprozeß, zwischen individueller Verarbeitung und analytischer Reflexion in der Gruppe und zwischen dyadischen und triadischen Prozessen. So gesehen kommt Fokaltherapie dem Zeitgeist natürlich keineswegs entgegen. Man muß sich nur vergegenwärtigen, daß eine Stunde Fokaltherapie mit dem Patienten in Wirklichkeit 4-5 Stunden psychoanalytisches Arbeiten mit dem Material umfaßt. Dies bedingt eine hohe libidinöse Besetzung des Falls durch den Therapeuten, die von der Dichte her der in einer hochfrequenten Behandlung kaum nachsteht. Dennoch gibt es natürlich einen gravierenden Unterschied: Der Patient selbst ist nämlich lediglich an einer einzigen Stunde beteiligt, während der Anteil der Arbeit des Therapeuten, potenziert durch die Arbeit der Konferenz, ein vielfacher ist. Hier deutet sich ein grundsätzliches Problem des Fokalkonzepts an: daß nämlich der Patient – ganz anders als in der hochfrequenten Behandlung – an dem überwiegenden Teil der Erarbeitung des Verständnisses nicht persönlich beteiligt ist und daß der Therapeut mit seiner durch die Konferenz erheblich vertieften Analyse sich vom therapeutischen Prozeß des Patienten möglicherweise weit entfernen kann. In unserem beruflichen Selbstverständnis als Psychoanalytiker aber besitzt der unschätzbare Wert des auf Beziehung basierenden analytischen Prozesses einen zentralen Stellenwert. Deshalb ist das genannte Problem gleich in der Anfangszeit unserer Fokalkonferenz aufgekommen und taucht seitdem als ungutes Gefühl des einen Fall vorstellenden Therapeuten immer wieder auf: Der Therapeut empfindet dann das in der Konferenz Erarbeitete als Druck, der die folgende Stunde mit dem Patienten »von außen« zu stören droht und gegen den er innerlich rebelliert. Uns überraschte jedoch immer wieder das interessante Phänomen, daß de facto vor der realen Begegnung des Therapeuten mit dem Patienten die Inhalte der letzten Konferenz der zeitweisen Amnesie verfallen waren und daß während der Stunde selbst entgegen aller Befürchtung die analytische Haltung und die spontane Vertiefung in das unmittelbare therapeutische Beziehungsgeschehen den Sieg über drohenden analytischen Ehrgeiz davontrugen. Häufig fanden wir sogar den Fokus – und mochte er noch so einvernehmlich, zutreffend und griffig formuliert sein – ins Vorbewußte des Therapeuten verbannt.

Da wir uns mit unserem Projekt noch in der ersten Erprobungsphase befinden, stehen zunächst Fragen der allmählichen Konzeptualisierung und der praktischen Durchführung im Vordergrund der Diskussion. Unser Forschungsinteresse an Fokaltherapie war aus der Praxiserfahrung erwachsen, daß es Kinder, Jugendliche und Eltern gibt, die aus unterschiedlichen Gründen nicht für eine analytische Langzeitbehandlung in Frage kommen. Wenn wir uns bisher in solchen Fällen zu einer niederfrequenten, kurzen Therapie bereit erklärt hatten, so häufig in dem Bewußtsein, uns auf eine minderwertige Notlösung eingelassen zu haben; zum einen, weil wir uns für kurze Therapien methodisch für nicht kompetent ansahen, zum anderen aber auch, weil sich in der analytischen Kinder- und Jugendlichen-Psychotherapie eine Rite-Behandlung von zweistündiger Frequenz und etwa zwei Jahren Dauer etabliert hat – und Routinen ist zueigen, daß sie das, was in der Regel vielleicht gut ist, leicht auch zum einzig Denkbaren werden lassen.

Auf der anderen Seite gingen wir davon aus, daß Frequenz und Dauer einer Behandlung wichtige, aber nicht die einzigen Variablen für einen befriedigenden analytischen Prozeß darstellen; und die meisten von uns teilten die etwas ungläubig gehandelte Erfahrung, daß in einzelnen Fällen in nur wenigen Stunden eine ungewöhnlich tiefe und intensive Arbeit in Gang kommt, die wichtige Veränderungsprozesse auslösen kann. So konnten wir uns vorstellen, daß es in unserem Patientenkreis Fälle gibt, für die eine begrenzte Behandlung nicht nur ein schlechter Kompromiß ist, sondern für die eine fokal konzipierte, kurze Therapie hinreichend, vielleicht sogar besonders gut geeignet ist.

Und manchmal mag eine zunächst von außen aufgezwungene Notlösung sich schließlich sogar als eine gute Lösung herausstellen. So war es bei unserem ersten Fall.

Imke,[2] 21 Jahre alt, war wegen dramatisch zwanghaften Haareausreißens auf Umwegen zur Kinder- und Jugendlichen-Psychotherapie empfohlen worden. Sie befand sich in einer schweren Krise, die auch das bevorstehende Abitur ernsthaft gefährdete. In dieser Situation lehnte der Gutachter der Krankenkasse den Antrag auf Langzeittherapie bei einer Kinder- und Jugendlichen-Psychotherapeutin unter Hinweis auf die Altersgrenze ab. Angesichts der akuten Krise erreichte ich bei der Krankenkasse wenigstens die Bewilligung einer Kurzzeittherapie – zunächst sah also alles nach einer Notlösung aus. Bei genauerer Analyse in der Fokalkonferenz konnten wir aber einen tieferen und durchaus guten Sinn finden.

Die schwere Symptomatik und die Krise der Patientin hatten zu tun mit der »Reifeprüfung«, dem Erwachsenwerden und der Loslösung aus dem Elternhaus; und dieser unausweichlich anstehende Entwicklungsschritt hatte im psychischen Erleben der Patientin unbewußt die infantil-neurotischen Konflikte aus der Zeit nach der Geburt ihres behinderten Bruders wiederbelebt. Damals hatte sie sich von den Eltern verstoßen gefühlt und vorübergehend mit Einschlafängsten reagiert, die für die Eltern neben der Belastung durch das behinderte Kind unerträglich gewesen waren. In kontraphobischer Reaktion darauf war Imke vordergründig ein überaus selbständiges, vernünftiges Mädchen geworden – sehr zum Stolz der Eltern.

Die gutachterliche Ablehnung der Jugendlichen-Psychotherapie wegen des tatsächlich erwachsenen Alters der Patientin hatte bei näherer Betrachtung die frühe und nun entwicklungsbedingt aufgebrochene Wunde empfindlich getroffen und insofern mit Recht Anlaß zur Sorge gegeben. Andererseits aber hatte das Gutachterwort auch die unausweichliche Realität des Erwachsenwerdens und das Vertrauen auf das Gute darin in den Mittelpunkt der Aufmerksamkeit gerückt und – unbeabsichtigt – zur Inszenierung des Fokus geführt, den wir folgendermaßen formulierten:

»Ich will mich trennen, kann es aber nicht, weil ich denke, ich habe ja keinen und verliere dann alles; deshalb brauche ich die Mutter, der ich Vorwürfe machen kann und die sich Sorgen macht, weil sie mir nicht das Richtige geben kann.«

---

[2] Über Imke wird in anderem Zusammenhang auch in dem Beitrag *Die Geburt eines Geschwisters – eine Krise in der Kindernentwicklung* in diesem Band berichtet.

Aus der Notlösung war ein dynamischer Fokus geworden, der – wie von einer Fokusformulierung zu fordern ist – die Übertragungsszene, den aktuellen (Entwicklungs-)Konflikt und die infantile Vergangenheit erfaßte.

In den gut drei Jahren seit Beginn des Projekts haben wir auf der Suche nach positiven Indikationen für Fokaltherapie eine ganze Reihe Erstinterviews und probatorische Sitzungen diskutiert, zwischendurch die schmale Literatur, die sich speziell auf Kinder und Jugendliche bezieht, gesichtet, und wir haben bisher fünf Fokaltherapien erprobt – darunter eine 10stündige Fokaltherapie mit Eltern und zuletzt eine 25stündige Mutter-Säugling-Therapie.

Die sechs Monate dauernde Behandlung des 4jährigen *Tobias* möchte ich im folgenden beispielhaft darstellen. Sie war unsere erste Fokaltherapie mit einem Kind, anhand derer wir wichtige Fragen der Konzeptualisierung erstmals diskutieren konnten.

Tobias war gerade vier Jahre alt, als er in der Ambulanz unseres Instituts angemeldet wurde. Zum ersten Gespräch kam die Mutter ohne den Vater. Sie schilderte mir, daß Tobias, ein ängstlicher, aber gut entwickelter Junge, seit nunmehr zwei Jahren mit unglaublicher Energie 7-8 Tage lang den Stuhl einhalte, bis sein Bauch dick und hart werde und schließlich Einläufe unbedingt erforderlich werden – und selbst diese halte er noch extrem lange ein. Alle möglichen Versuche von Müsli bis Rhizinusöl seien nach vorübergehendem Erfolg gescheitert, zumal Tobias nach kurzer Zeit alles Gutgemeinte strikt verweigere. Beim ersten Auftreten der Symptomatik mit zwei Jahren sei Tobias im Krankenhaus eine Woche lang unter Anwesenheit der Mutter gründlich und ohne Befund untersucht worden, und dort hatten zum ersten Mal Einläufe Abhilfe geschaffen, die die Eltern seitdem im Notfall und zunehmend regelmäßig selber anwenden. Die Sorge vor körperlicher Gewöhnung führte zur Vorstellung in der Institutsambulanz– ein Schritt, der der Mutter offensichtlich schwergefallen ist.

Mir imponiert in dem Erstgespräch mit ihr die Inszenierung einer »Verstopfung« des Psychischen: Obwohl die Mutter selber kurz eine flüchtige Überlegung zum zeitlichen Zusammenhang mit der Geburt der Schwester anstellt, als Tobias 20 Monate alt war, blockt sie das Gespräch darüber ab und betont, es habe entgegen der großen Sorge der Eltern überhaupt keine Anzeichen von Eifersucht gegeben – im Gegenteil. Sie präsentiert mir das drückende Symptom des Kindes und die für alle unerträglichen Gewaltmaßnahmen der Eltern als unbegreifliches Faktum, vor dem ratlos stehenzubleiben sie auch mich zwingt. Und ich weiß, es muß etwas geben, von dem gut wäre, es könnte raus; aber ich komme nicht heran. Es scheint mir, als sei es für die Eltern weniger schlimm, seit nunmehr zwei Jahren – das ist die Hälfte von Tobias' Leben! – gewaltsame Eingriffe zulassen bzw. selber ausführen zu müssen, als nach psychischer Bedeutung und einem Zusammenhang mit den familiären Beziehungen zu fragen – gerade so, als lauere da etwas sehr Bedrohliches. Als ich diesen Gedanken äußere, kommen der Mutter spontan die Tränen, die sie aber sofort wegwischt; die Bedeutung bleibt zurückgehalten.

Im folgenden Gespräch mit beiden Eltern, zu dem sie die kleine Mira mitbringen, ist die Situation wohltuend anders. In dieser harmonischen Konstellation erinnern die Eltern sich, wie der Verstopfung nach der Geburt der Schwester unmittelbar vorausgegangen war, daß Tobias viele Male am Tag die Windel vollgemacht hatte. Dies war den Eltern, die nun ein zweites Wickelkind hatten, zu viel geworden, so daß sie Tobias mit aller Macht beizubringen versuchten, er habe der Große zu sein.

Zum Kinderinterview kommt die Mutter mit beiden Kindern eine halbe Stunde zu spät – wegen der Verkehrsverhältnisse. Tobias verschwindet hinter der winzigen, strahlend-koketten Schwester, so daß ich ihn mir »hervorholen« muß. Er ist ein zierlicher, blasser Junge, der tapfer mitkommt, zu Anfang angemessen unsicher sein Gesicht verbirgt und sich dann zunehmend als ein süßer Junge entpuppt: Gerade hat er zu pfeifen gelernt, führt er mir stolz vor! Überhaupt zeigt er gerne, wie groß er schon ist, während er alles andere, das – an der Mimik sichtbar – in ihm arbeitet, für sich behalten muß. Dabei drückt es spürbar! Meine Bemerkung zur Anfangsszene, wie schwierig es für ihn mit der kleinen Schwester sein muß, wirkt befreiend. Tobias erzählt, wie die Mama die Mira zum Spazierengehen mit den Hunden mitnahm und ihn alleinließ, und er erzählt von schlimmen Träumen, in denen er gebissen wurde. Ich deute, daß er Strafe fürchtet, wenn er die Mira am liebsten wegbeißen will. Daraufhin attackiert er mich spielerisch und mit hintergründig verführerischem Lächeln mit seinem Arm, den er zur Schlange macht, um anschließend beide Arme in die Pulloverärmel fest zurückzuzwingen. Bei aller Kürze war diese Stunde sehr gefüllt, und mir kam zum ersten Mal der Gedanke an eine mögliche Fokaltherapie.

Im zweiten Interview zeigt sich Tobias ganz vertraut und knüpft mit einem aus dem Wartezimmer mitgebrachten Buch über wilde Tiere an die letzte Stunde an. Dabei kann er mir anhand der Bilder seine phallischen Phantasien wunderbar lebhaft entfalten. Ganz selbstverständlich greift er Bezüge, die ich zu ihm herstelle, auf. Er erzählt, daß der Papa verreist ist und er bei der Mama geschlafen hat. Gleichzeitig mimt er beim Zeigen auf einen großen Büffel unheimliche Affekte und verbirgt sich ängstlich verschämt hinterm Tisch. Beim neugierigen Vergleichen der verschiedenen Tierschwänze auf der letzten Seite des Bilderbuchs assoziiert er, daß er ein ganz großer Mann wird und – unter Zögern – daß die Mira später eine Frau wird und »so ganz große Busen« bekommt. Prompt will er zur Mama laufen, um das Buch zurückzubringen, läßt sich aber leicht auf das Ende der Stunde vertrösten und geht zum Spiel mit Autos über. Zwei Personenautos und einen Krankenwagen stellt er sternförmig so auf, daß die Schnauzen sich berühren und sie eine geschlossene Figur bilden. Dann stellt er fest, die Feuerwehr fehle, und er versteift sich eskalierend darauf, aus einem anderen Zimmer eine holen zu müssen. Schon ist er an der Tür und im Flur, stoppt aber angesichts der verschlossenen Türen von selbst und kehrt jämmerlich klagend zurück: »Aber es brennt doch an den Autos!« – da müsse doch unbedingt eine Feuerwehr her, und im anderen Zimmer sei ganz sicher eine. Wieder entlastet ihn meine Deutung der neidischen Gefühle und Gedanken an die Schwester, und er geht zu einem konzentrierten Spiel mit den Bauklötzen über, die er nach Größe, Form und Farben sortiert, um dann die zu »Babys« erklärten Kleinen zu den Großen, den »Mamas«, zu legen. – Nach der Stunde hüpft er strahlend auf den Arm der Mutter, die mir berichtet, Tobias habe gestern einen »Stinker« gemacht, und er habe versprochen, jetzt jeden Tag einen zu machen. Tobias bestätigt dies stolz.

Die vorläufige Diagnose eines phasengerecht entwickelten, phantasiebegabten 4jährigen mit einer im Symptom gebundenen und mit den Eltern anhaltend verhandelten Reaktion auf die Geburt der Schwester, vor allem aber die spontane Ansprechbarkeit und Erleichterung des Kindes mittels Deutungen begründeten in der Fokalkonferenz trotz aller Zweifel angesichts der Schwere und Chronifizierung der Symptomatik den Versuch einer Fokaltherapie. Uns hatte die Auffassung von Morton Chethic (1989) eingeleuchtet, daß es in der Behandlung von reaktiven Störungen bei Kindern infolge eines in die Entwicklung eingebrochenen Geschehnisses nicht immer um weitgreifende, innere Veränderungen gehen muß. Im Fall von Tobias kam das begrenzte, etwas technisierte, aber nichtsdestoweniger berechtigte Interesse der Eltern an der Beseitigung des Symptoms hinzu, damit sie die zunehmend entsetzlichen, alles beherrschenden und nicht zuletzt körperlich schädlichen Einläufe endlich einstellen könnten. Natürlich machten wir uns über den Anteil der sadomasochistischen Befriedigung und die streng unbewußte Beteiligung der Eltern daran Gedanken; aber wir teilten auch die Meinung, daß im Interesse des Kindes vordringlich das Aktionsfeld der permanent traumatisierenden Einläufe begrenzt werden müßte. Und schließlich tat die Neugier der Konferenz auf ein spannendes Experiment ein übriges zum Sieg über die Zweifel dazu. Keiner von uns hätte vor Beginn unseres Fokalprojekts bei einem kleinen Kind mit derartiger Symptomatik jemals eine einstündige, begrenzte Therapie überhaupt in Erwägung gezogen. Mit Tobias Eltern wurde denn auch der Versuchscharakter der »kurzen« Therapie besprochen und zunächst die Begrenzung der Therapiedauer auf 6–9 Monate festgelegt.

Zu diesem Zeitpunkt hatten wir lediglich Vorüberlegungen zum Fokus angestellt. Diese bezogen sich auf die in der Symptomatik ständig reinszenierten Trennungsängste und -konflikte des 20 Monate alten Tobias, der sich durch die Geburt der Schwester zu früh aus dem Nest verstoßen erlebte, während er andererseits entwicklungsbedingt gerade dabei war, seine anale Macht zu erproben. Verstärkt durch das Verbot der Eifersucht und aus Angst vor Liebesverlust hatte in dieser Entwicklungsphase ein regressives, körperliches Agieren nahegelegen, dessen psychische Bedeutung den Eltern aufgrund eigener, unbewußter Verstrickungen aber verschlossen blieb. Die das Fokalexperiment stützende Hypothese war nun, daß die Eltern nicht etwa generell, sondern an dieser besonderen Konfliktstelle in Tobias Entwicklung die emotionale Botschaft des Kindes nicht hatten verstehen können und daß sie es unbewußt zwangen, an der rigiden Abspaltung des Psychischen vom Körperlichen festzuhalten. Die Fokaltherapie sollte demnach das begrenzte Ziel haben, die Verbindungstür zwischen gefährlich verstopftem Darm und innerer Welt wieder zu öffnen und auf diese Weise das Kind »auf den normalen Weg der Entwicklung« – wie Anna Freud dies nennt – zurückzubringen.

Ähnlich wie in den Erstinterviews füllt Tobias auch die ersten Stunden der Fokaltherapie reichlich mit Material. Er erobert mich im Sturm mit seiner direkten und kreativen Art zu erzählen, zu spielen und zu malen. In der 2. Stunde zum Beispiel erzählt er, er habe dem Papa heute versprochen, daß er, wenn's im Bauch drückt, den Stinker herausläßt. Da er mehrmals und sorgenvoll das Versprechen, das er gegeben hat, betont, komme ich auf die Angst vor dem Einlauf zu sprechen, der droht, wenn er vom Stinker-Machen doch nichts wissen will. Wie aus der Pistole geschossen behauptet Tobias, niemals Einläufe zu bekommen und jeden Tag einen Stinker zu machen. Dabei wirft er pfeifend einen Blick an die Decke, so daß ich lachen muß und sage: »Der große Tobias, der pfeifen gelernt hat, der würde gerne alles, was ihn drückt, wegblasen können!« – Daraufhin beginnt Tobias zu malen: einen dicken schwarzen Strahl, an den zuerst – wie ich es interpretiere – ein runder Bauch angefügt wird und dann etwas Grünes, zu dem Tobias erklärt, es sei eine Schnecke, also sei der Bauch ein Schneckenhaus. Wir unterhalten uns über das Rein und Raus der Schnecke und ob das etwa so sei wie beim Stinker, wenn der heraus will, und daß die Schnecke lebendig ist. Tobias weiß noch, wie dick der Bauch von der Mama war, als die Mira darin war. Aber als ich überlege, ob er in seinem Bauch auch so gerne ein lebendiges Baby hätte, klärt er mich entschieden auf: Nur Mamas können Babys kriegen, Männer nicht! Beim folgenden Ausschneiden der Schnecke entsteht ein chaotischer Schnipselberg, zu dem Tobias ungerührt sagt, der sei für den Abfallkorb (der neben ihm steht). Dazu pfeift er mir eins mit gespitztem Mund, als wolle er sich vorne ganz schön groß machen. Währenddessen hat er angefangen, ein Haus aus Papier zu bauen, das nicht gelingen kann. Wütend zerreißt er alles und will – nach 25 Minuten – gehen, weil er müde sei. Ich deute, er habe sich so auf die Stunde heute gefreut; und jetzt habe er Angst bekommen, weil ich gesehen habe, wie mächtig wütend er sein kann, wenn er etwas nicht darf oder kann. Es blitzt in seinen Augen auf; er überlegt, er könnte einfach rausgehen; und einen Moment sehe ich mich schon ohnmächtig alleingelassen.

In der Fokalkonferenz nach der 2. Stunde diskutieren wir die Übertragungsdynamik einer reichhaltigen, den therapeutischen Raum rasch füllenden Produktion des Kindes, die zu ebenso raschen, eindringlichen Deutungen verführt. Alles scheint zu schnell zu gehen. Am Ende der ersten Stunde hatte Tobias dem Fokalkonzept sozusagen noch eins draufgesetzt und nach angeregter Aufzählung, was er in der nächsten Stunde alles machen werde, erklärt: »... und wenn ich zwei Mal da war, dann komm' ich nicht mehr!«

Daraus formulieren wir nun den ersten Fokus:

Ich freu' mich so auf dich, daß ich es nicht aushalten kann!

Dieser Fokus erfaßt den Druck, der durch die Verwirrung von Groß und Klein, Überforderung und Omnipotenzphantasien, von Macht, sehnsüchtigen Nähe-Wünschen und Angst vor maßloser Enttäuschung entstanden ist. Er trifft in der verdichteten Form auch sowohl die Übertragungsszene, als auch die aktuelle ödipale und die vergangene der Wiederannäherungskrise, drückt sich aber sozusagen noch davor, die sich andeutenden radikalen Lösungsversuche aufzunehmen. So wurde dieser Fokus denn auch von der weiteren Entwicklung überrollt – kaum, daß er auf dem Papier gestanden hatte.

Tobias will – seiner Ankündigung getreu – ab der 3. Stunde nicht mehr kommen. Gegen die Illusion des exklusiven Austauschs zu zweit setzen sich die Ambivalenz und der anale Machtkampf durch, und das Symptom wird inszeniert. Tobias kämpft gegen die Stunde, die ihm gut tun soll. Dies bewirkt eine regressive Bewegung weg vom stürmisch begehrten Dritten zurück zur Mutter, und wochenlang spielt sich nun die Hälfte der Zeit unter Weinen und verzweifelt wütendem Hin und Her auf dem Weg vom Wartezimmer in den Therapieraum ab. Notgedrungen wird die Mutter mit hineingezogen. Anfänglich kann sie Tobias noch mit Tröstungen und Versprechungen überreden, zu mir in die Stunde zu gehen. Doch als Tobias sich in seine ambivalente Verweigerung steigert und gleichzeitig seine Angst wächst, gerät sie in unerträgliche Bedrängnis; ihr rutscht die Hand aus, sie droht sogar, mit Mira wegzugehen – und gießt damit Öl ins Feuer. Zeitweise befinden sich Tobias, Mutter und Mira im Behandlungszimmer, das Mira mit unbändiger Freude sich zu erobern droht. Die Mutter wirkt beschämt über die Veröffentlichung der familiären Konflikte; sie nimmt aber wie Tobias meine Deutung der Situation auf, daß Tobias *wirklich* große Angst habe, die Mama könne seine schlimme Eifersucht auf Mira nicht ertragen, und er habe dann gar nichts mehr. Also gerate ich Tobias gegenüber in die Rolle desjenigen, der ihm die Mama wegnehmen will, so wie in seinem Erleben ihm der Stinker weggenommen werden soll. Im analen Immer-Wieder geht ihm von Stunde zu Stunde jedesmal von neuem die Gewißheit verloren, daß es gut für ihn ist, zu mir zu kommen, so wie es gut für ihn ist, den Stinker kommen zu lassen.

In der nach den Kämpfen verbleibenden Zeit im Therapieraum kann Tobias bei seinen psychischen Abwehrmanövern eine entwaffnende Kreativität entwickeln. So fällt ihm in der 6. Stunde, am Ende eines erschöpfenden Anfangskampfs, an der Tür ein, auf einen Stuhl zu klettern und das Schild »Bitte nicht stören« umzudrehen. So hat er – der noch nicht lesen kann – es am Ende der Stunden bei mir beobachtet, und er erklärt nun triumphierend, die Stunde sei um! »Ja, wenn du zaubern könntest!« sage ich schmunzelnd, zeige Verständnis für den Wunsch, lasse aber auch keinen Zweifel an der Realität. Auf diese gewaltlos eingeführte Grenze reagiert Tobias – noch an der Tür – zunächst mit Klagen, ihm sei langweilig. Ich gebe zu bedenken: »Klar! Wenn du nur bestimmen und zaubern willst, dann kannst du ja nichts wirklich machen!« Da reißt er sich von der Tür los, geht an den Eimer mit Bauklötzen, tritt wie zu seiner Ehrenrettung kurz gegen den Eimer, beginnt zu bauen, und am Ende fehlt ihm dann die Zeit vom Anfang.

Während sich in der Therapie die psychische Inszenierung der Verstopfung-Einlauf-Dynamik verdichtet, verschwindet zu Hause das Symptom. Nach der 9. Stunde – genau in der Mitte der Behandlung – formulieren wir in der Konferenz den Fokus neu:

Ich kann nichts eigenes machen, weil sonst meine Mama etwas eigenes mit dem Papa macht; so verderbe ich mir alles.

In diesem Fokus ist nun Tobias' ursprünglicher Entwicklungskonflikt, zugleich aber auch die sadomasochistische, neurotische Symptombildung formuliert, so wie sie sich im Therapieverlauf mit den dort wirksamen

Konflikten um Mira als Beweis für die exklusive, sexuelle Beziehung der Eltern gezeigt hat.

Auf der Basis dieses Fokus konnten nun die zu Beginn noch viel zu forciert eingebrachten ödipalen Themen, die Todeswünsche gegenüber Mira und die damit einhergehende Angst und Verwirrung Raum gewinnen. Dies kündigte sich in der 10. Stunde mit dem erleichterten Gegenübertragungsgefühl an, »die Dinge laufen lassen zu können«. Zwar drückte ab und zu der Gedanke, etwas deuten zu sollen, um mir nicht den Vorwurf von Nachlässigkeit machen zu müssen – deutlich eine Identifizierung mit den Eltern. Stärker aber war der Eindruck: Tobias macht das schon selbst! – und die Neugier auf seine Einfälle. Natürlich waren damit die Auseinandersetzungen um Ambivalenz, Separation und Trennung nicht etwa erledigt, ja, sie gipfelten sogar darin, daß Tobias am Ende die Fokaltherapie eine Stunde früher, als ich gedacht hatte, beendete – gerade so, als müsse er nachhaltig bekräftigen, daß er es ist, der zu sagen hat, wann er fertig ist, und nicht ich.

Das bis zum Schluß wirklich ungelöste Problem von Tobias' Fokaltherapie lag in der Arbeit mit den Eltern. Nachdem sich bei Tobias die ersten Erfolge der Therapie abzeichneten, kehrten diese zur »Verstopfung« zurück; vor allem der Vater entzog sich fast vollständig der Arbeit, während die Mutter immerhin Tobias zu seinen Stunden brachte und dort involviert war. Die ursprünglich vereinbarte 14tägige Elternarbeit aber kam nicht zustande. Dafür gab es eine unglückliche Reihe ernster, äußerer Gründe, die die Eltern schwer belasteten; auch konnten die Eltern wohl aus ihrer »Haut« und Denkweise als Zahntechniker nicht recht heraus. Aber die Tatsache, daß sie mich mehrmals vergeblich warten ließen, und die Art und Weise, wie sie die Vereinbarungen außer Kraft setzten, gaben uns in der Konferenz zu denken.

So fragten wir uns am Schluß, ob die Entwicklung, die Tobias in der Fokaltherapie genommen hatte, auch würde halten können. Wir hielten für künftige Fälle fest, daß die Indikation Fokaltherapie bei kleinen Kindern eine besonders genaue Einschätzung der Eltern und der Reichweite ihrer Verstrickungen mit den Konflikten des Kindes erfordert. Wir hielten auch fest, daß das Gefährdungspotential durch das Symptom, der Leidensdruck und die Gefahr weiterer Chronifizierung bei Nichtbehandlung des Kindes den Versuch einer Fokaltherapie wert ist. Deren wichtige Voraussetzung, daß das Kind die Fähigkeit mitbringt, spontan eine dichte therapeutische Beziehung herzustellen und zwischen den Stunden auch über größere Abstände zu halten, war bei Tobias gegeben. Günstig war in seinem Fall auch, daß er ein abgegrenztes Symptom hatte, dessen interpersonelle Verhandlung auf symbolische Inszenierung im therapeutischen Raum geradezu drängte.

Immerhin konnte – bei aller weiteren, prognostischen Ungewißheit – mit der Fokaltherapie bei Tobias das vordringliche Ziel, die Einläufe zu stoppen, erreicht werden. Der Fokus der Behandlung hatte geheißen: »Ich kann nichts eigenes machen, weil sonst meine Mama etwas eigenes mit dem Papa macht; so verderbe ich mir alles.« Die in diesem Fokus ausgedrückte psychische Blockierung des Kindes war in Bewegung gekommen, und das galt es im Moment vorrangig zu erreichen.

Literatur

Balint, M., Ornstein, P. und Balint, E. (1972): *Fokaltherapie. Ein Beispiel angewandter Psychoanalyse*, Frankfurt (Suhrkamp) 1973

Chethik, M.: Techniques of Child Therapy, Chapter 9: *Focal Psychotherapy*, New York/London (The Guilford Press) 1989

Kernberg, P.: Die Formen des Spielens, in: *Studien zur Kinderpsychoanalyse* Band XII, Göttingen (V&R) 1995

Klüwer, R.: *Studien zur Fokaltherapie*, Frankfurt (Suhrkamp) 1995

Klüwer, R.: *Die verschenkte Puppe. Darstellung und Kommentierung einer psychoanalytischen Fokaltherapie*, Frankfurt 1995

ROSE AHLHEIM / HEIDEMARIE EICKMANN

Wirkfaktoren in der Arbeit mit den Eltern

Wie weit und auf welche Weise macht die Arbeit mit den Eltern – die »begleitende Psychotherapie der Beziehungspersonen« – einen Wirkfaktor im Rahmen der analytischen Kindertherapie aus? Welche Dynamik ist in den Elterngesprächen am Werk, welche spezifischen Prozesse bestimmen das Profil dieser Arbeit? Welche Wirkfaktoren in der therapeutischen Beziehung machen es möglich, daß die Eltern neue Perspektiven gewinnen und sich mit ihrer elterlichen Aufgabe auf neue Weise identifizieren können? Und welche spezifischen Probleme können sich der gemeinsamen Arbeit in den Weg stellen?

Ein »Gespenst« im Kinderzimmer

»In jedem Kinderzimmer gibt es Gespenster«, so beginnt S. Fraiberg ihre Arbeit »Ghosts in the Nursery«. »Sie sind die Besucher aus der nicht erinnerten Vergangenheit der Eltern.« (Fraiberg 1990, S. 141) Und im günstigen Falle können sie in der Kindertherapie oder eher noch in den Elterngesprächen beim Namen genannt und ihrer Macht entkleidet werden.

Eine noch nicht 30jährige Mutter zweier kleiner Kinder kam vorsorglich zu einem Erstgespräch, als ihr Mann mit einer tödlichen Krebserkrankung zu Hause lag. Sie war entschlossen, den Mann – den Vater ihrer Kinder – bis zu seinem Tode zu Hause zu pflegen, machte sich aber Sorgen, wie der knapp 4jährige Johann all dies überstehen werde. Um ihr Töchterchen, das eben laufen lernte, machte sie sich weniger schwere Gedanken. Sie bat die Kindertherapeutin, nach dem zu erwartenden Tod des Vaters den kleinen Johann recht bald in Therapie zu nehmen. Für sich selber hatte sie zu diesem Zeitpunkt schon für eine Psychotherapie gesorgt.

Nach dem Tod des Vaters nur wenige Wochen später machte sie einen sehr belasteten Eindruck, zumal sie nun wieder in ihre Berufsausbildung einsteigen mußte. Deshalb einigte man sich, es mit nur einer Wochenstunde zu versuchen, weil sie sonst das Bringen und Abholen kaum hätte organisieren können, und die Gespräche mit ihr auf den notwendigsten Informationsaustausch zu begrenzen, denn es werde ihr alles zu viel. Der kleine Johann machte indessen den Eindruck, daß er sich tapfer mit dem Verschwinden des Vaters, mit seiner Krankheit und dem Dahinsiechen auseinanderzusetzen begann. Eine Zeit lang kotete er ein, aber er zeigte gesunde Fähigkeiten, Angst, Wut, Schuld und Trauer nach und nach zum Erleben zuzulassen und zu integrieren, und begann dann auf reizende Weise mit der Therapeutin zu flirten. Die Mutter blieb aber dabei, Johann sei allzu weinerlich, beginne beim kleinsten Anlaß laut zu heulen, reagiere auch in der Kindergruppe mit gekränktem Rückzug, wenn ihm etwas querkomme. Sein »Gejaule« sei ihr oft unerträglich. So bat die Kindertherapeutin sie nach einem Jahr zu einer dichteren Folge von Gesprächen, um das Problem besser verstehen zu können.

Die Mutter konnte nun viel offener und beweglicher von sich erzählen.

Die Schwangerschaft habe sie zunächst in Hochstimmung versetzt, aber bald schon sei ein regelrechter Einbruch erfolgt, Angst und Depression hätten ihr zugesetzt, sie habe liegen und ihre Studienveranstaltungen abbrechen müssen. Dabei hätte sie es doch so gern besser gemacht als die eigene Mutter! Und damit war sie bei ihrer eigenen Kindheit.

Ihre Mutter nämlich, Johanns Großmutter, war nach ihrer Erinnerung ständig niedergeschlagen, nörglerisch, leidend und voller Vorwurf gewesen, seit sie – Johanns Mutter war damals 8 Jahre alt – einen behinderten Jungen zur Welt gebracht hätte. Seitdem habe sie die Mutter stützen, trösten, nach Kräften aufheitern und im Haushalt unterstützen müssen. Alles habe sich nur noch um den kleinen Bruder gedreht, der wegen einer spastischen Lähmung im Rollstuhl aufwuchs, mit einer verzerrten Mimik und einer mühsam geförderten, aber immer schwer verständlichen unartikulierten Sprache. Die junge Frau wußte inzwischen aus ihrer eigenen Therapie, wie mühsam sie Wut, Eifersucht, Haß und Beseitigungswünsche hatte abwehren müssen.

Im ersten Lebensjahr des kleinen Johann hatte, wie sie weiter berichtete, die Depressivität sich verschlimmert, die junge Frau fühlte sich vom Leben ausgeschlossen und wertlos, hatte deswegen wieder Schuldgefühle und dachte, nun müsse ihr Kind Schaden nehmen. »Mein armes Kind«, das war ihr ständiger Gedanke. Und noch heute, so sagte sie, denke sie bei jedem kleinen Alltagszwischenfall: »Mein armes Kind!«

Der Gedanke lag nahe, daß ihr kleiner Johann, das »arme Kind«, in den Schatten des behinderten Bruders geraten war. Insbesondere wenn er sein Gesicht zum »Heulen« verzog und sein »Gejaule« anstimmte, wurden die Erinnerungen wach und mit ihnen die ehemals verpönten aggressiven Regungen. »Mein armes Kind«, dachte sie, und es schwang dabei der Unterton aus ihrer Kindheit mit »du Depp, du Klotz am Bein«, der verdrängte Haß von ehedem. Und von Beginn an war sie zudem im Zweifel gewesen, ob sie es »besser als ihre Mutter machen«, ob sie also ein gesundes Kind haben würde (oder dürfte).

Die Mutter nahm diesen Gedanken sehr nachdenklich auf. All das sei ihr nicht neu, sagte sie, es sei Thema ihrer Therapie über viele Stunden gewesen. Und doch sei etwas eben erst »angekommen«. Es hatte, wie sie sagte, jetzt eben »Klick gemacht«.

In der Folge berichtete sie, daß Johann nicht mehr häufiger weinte als andere Jungen seines Alters auch. In der Kindergruppe zeigte er sich, so fand sie, selbstbewußter und mutiger, mit der kleinen Schwester setzte er sich endlich entschlossen auseinander, er widersprach öfter, statt gleich loszuheulen. Und wenn er doch einmal weinte, so hatte ihre Gereiztheit nachgelassen, und er war durchaus nicht mehr ein »armes Kind« für sie.

Diese Mutter hatte in ihrer eigenen Therapie viel erarbeitet. Und doch bedurfte es eines eigenen Anstoßes im Rahmen der Kindertherapie, bis ihre Umstellungsbereitschaft auch in der Beziehung zu Johann zum Tragen kam. Welche Dynamik macht es möglich, daß in unserer Arbeit mit den Eltern »etwas ankommt« und »Klick macht«, das in einem anderen Rahmen diese Wirkung nicht hat? Mit anderen Worten: Wo liegen unsere spezifischen Chancen, wo setzt unsere Arbeit an? Denn die Beobachtung, daß der Erkenntniszuwachs und die strukturellen Veränderungen aus einer eigenen Therapie oder Analyse der Eltern nicht unmittelbar zu Veränderungen in der Beziehung zum Kind führen, ist nicht neu. Die Dynamik in der »begleitenden Psychotherapie der Beziehungspersonen« muß ihre eigenen Merkmale haben.

Vermeidung von Regression

Eine Besonderheit ist sicher das Prinzip, die Eltern als Erwachsene, verantwortungsvoll Handelnde anzusprechen und Regression nicht zu ermutigen. Die eigene Therapie von Johanns Mutter, um bei ihrem Beispiel zu bleiben, hatte ihren Bruderhaß ans Licht gebracht. Sie hatte die junge Frau darin bestätigt, daß ihre negativen Gefühle zu ihrer Kindheit gehören und nicht wegzuleugnen sind, daß Wut und Eifersucht ihre Berechtigung hatten, daß ein Kind in dieser Lage so fühlen darf. Im Elterngespräch dagegen war das kleine Mädchen mit dem spastischen Bruder aus der Entfernung zu sehen, aus der erwachsenen Perspektive mit dem Kontext: »Es ist nicht Johann.« Und: »Ich bin Mutter und nicht Schwester.«

Die Erfahrung ist verbreitet, daß die eigene Analyse der Eltern wohl die Sensibilität für bisher ungefühlte Emotionen schärft, aber die elterliche Position nicht unbedingt stärkt. Das passagere Wiederaufleben von kindlichen und unangepaßten Wünschen scheint eher den Wunsch zu bestärken, Kind zu sein, statt Kinder zu haben.

Will man demgegenüber genauer ergründen, was in der Elternarbeit die elterliche Position stärken kann, so ist zunächst zu betrachten, was sich zwischen Eltern und Kindern ereignet. Denn in diesem Beziehungsfeld nimmt die Kindertherapeutin ihren Platz ein und versucht, verändernd in dessen Dynamik einzugreifen.

Elternschaft als Entwicklungsprozeß

Immer noch kann Benedeks Arbeit »Elternschaft als Entwicklungsphase« (Benedek 1960) als Grundlage für alle weiteren Überlegungen zum Thema gelten. Eltern zu werden, so präzisierte Benedek in einer späteren Arbeit, bedeute in einen Entwicklungsprozeß einzutreten, der indessen nicht im Sinne einer »Entwicklungsphase« auf bestimmte Veränderungen hinauslaufe und zu einem neuen Strukturniveau führe und der niemals ganz abgeschlossen sei (vgl. Anthony, James, Benedek 1970, bes. S. 599 ff.). Kindertherapeuten sind es gewohnt, nach den elterlichen Konflikten und Schwachstellen Ausschau zu halten, die das Kind in irgendeiner Weise in seiner Entwicklung irritiert und schließlich in Therapie geführt haben. Umgekehrt aber sind auch die Eltern Einflüssen und Anforderungen von Seiten ihres Kindes ausgesetzt, die in ihnen selber zu Veränderungen, Verschiebungen, Modifikationen im Selbstbild und in der Über-Ich-Struktur führen, zu Reifungsprozessen oder zur Neuauflage alter Konflikte. Die Identifizierung mit dem Kind in seinem gerade erreichten Entwicklungszustand, mit seinen Affekten, seinen Möglichkeiten, seinen Wünschen und Ängsten weckt in den Eltern die Erinnerungsspuren und Internalisierungen aus eben jener Zeit. Unvermeidlich rührt diese notwendige regressive Bewegung, die zum Einfühlen und Verstehen des Kindes unentbehrlich ist, auch an abgewehrte Konflikte und weckt sie zu neuem Leben. Der Umgang mit dem Kind ist zugleich ein Umgang mit den kindlichen Anteilen in Vater oder Mutter selbst, und er kann zu neuen, reiferen, geglückteren Lösungsformen führen.

Werfen wir einen kurzen Blick auf das, was Benedek über die orale Phase schreibt.

Ihr Augenmerk ist nicht auf das gerichtet, was im Kind geschieht. Dies – wie im Kind die gesamte Nährsituation mit allen Affekten und Körpersensationen die Grundlage seiner Selbst- und Objektrepräsentanzen bildet – ist oft dargestellt und in neuerer Zeit bis ins einzelne untersucht worden. Könnte das Kind verbalisieren, so könnte es etwa die globale Vorstellung ausdrücken: »Ich bin gut, weil sie mich für gut hält und als gut behandelt.« Oder, im Falle einer gestörten Beziehung: »Ich bin schlecht, weil sie schlecht zu mir ist und mich als schlecht behandelt.«

Die Mutter aber, um die es hier geht, erfährt ebenfalls innere Veränderungen. Sie introjiziert die Erfahrung der Mutterschaft und reaktiviert zugleich ihre eigenen oralen Konflikte. Gedeiht das Kind, so könnte die neu konstellierte Vorstellung heißen: »Ich bin eine gute Mutter, weil mein Kind gut gedeiht, also ist es auch ein gutes Kind, so wie ich ein gutes Kind war und meine Mutter gut war.« Tritt aber eine Störung auf – sei es von innen oder auch von außen – und erscheint das Kind ihr als unzufrieden, so kann der negative Kreislauf in Gang gesetzt werden: »Ich habe ein unzufriedenes Kind, also bin ich eine schlechte Mutter, dann ist auch mein Kind schlecht, schlecht war meine Kindheit, meine Mutter, war ich selbst.« Benedek nimmt also an, daß auch die psychischen Mechanismen, die das Kind beherrschen – in der oralen Phase die primäre, globale Identifizierung – im erwachsenen Elternteil wiederbelebt werden.

In ähnlicher Weise müssen die Eltern, wenn ihr Kind die anale Phase der magischen Omnipotenz durchlebt, aufs neue eigene infantile Allmachtsphantasien bearbeiten und aufgeben. Sie werden aber auch die idealen Objektvorstellungen ihres Kindes auf die eine oder andere Weise internalisieren und in ihr Selbstbild aufnehmen. Später dann müssen sexuelle Impulse und wiederaufgelebte ödipale Inzestphantasien aufs Neue verdrängt und neutralisiert werden. Gelingen diese Prozesse, so läßt die Über-Ich-Strenge nach und reifes Vertrauen in die elterlichen Fähigkeiten wächst. Andernfalls aber werden Selbstzweifel und Ambivalenz regressiv geschürt.

So können auf jedem Entwicklungsniveau, an jedem Konfliktknoten die Weichen nicht nur für das Kind, sondern auch für seine Eltern neu gestellt werden. Wiederbelebte anale oder ödipale Trieb- und Beziehungskonflikte werden keine Mutter und keinen Vater unberührt lassen.

Identifikation mit der elterlichen Position

Zum genaueren Verständnis der Prozesse, die zu einem Gewinnen oder Rückgewinnen der elterlichen Position führen, sei der Frage nachgegangen, wie das elterliche Selbstbild und Selbstgefühl sich herausbildet: »Ich als Mutter«, »Ich als Vater«, »Wir als Eltern«. Die Selbstrepräsentanz mit all ihren Facetten setzt sich ja zusammen aus einer Unzahl von verinnerlichten Interaktionsszenen, die das Subjekt und die mithandelnden Personen in jeweils einer konkreten Szene mitsamt dem Kontext begleitender Affekte zeigen, sofern diese nicht der Verdrängung anheimgefallen sind. Die zahllosen Einzelbilder strukturieren und verdichten sich im Laufe des Zusammenlebens, ordnen sich zu Gestalten, bilden charakteristische Züge und Pole heraus mit einer vielschichtigen

Aura von affektiven Tönungen. Dieser Prozeß ist niemals ganz abgeschlossen. Und in der Kindheit bereits wird im Rollenspiel, im Bemuttern der Freunde oder kleinen Geschwister, im vorwegnehmenden Phantasieren und Probehandeln auch die mütterliche oder väterliche Dimension der Summe der Selbstrepräsentanzen hinzugefügt. Die Grundlage aber der mütterlichen und väterlichen Einstellung bilden die Identifizierungen mit den versorgenden Eltern schon seit frühester Zeit, zuallererst festgehalten als Engramme körperlicher Erfahrung. Kleine Mädchen halten und versorgen ihre Puppenbabys in ähnlicher Weise, wie sie selbst es erlebt haben, ohne es doch bewußt erinnern zu können. Väter und Mütter müssen in einem langandauernden Prozeß – der mit der Phantasie, ein Kind zu haben, beginnt und der intensiviert wird durch Schwangerschaft und Geburt ihres Kindes – im ständigen Austausch mit Kind und Partner ihre väterlichen und mütterlichen Selbstrepräsentanzen aktualisieren und anpassen. In diesen Arbeitsprozeß nun kann sich, wie es scheint, die Kindertherapeutin einschalten, indem sie miteingeschlossen wird in den Interaktionsprozeß und für das Kind gelegentlich seine Eltern repräsentiert, für die Eltern aber repräsentiert sie ihr Kind. So kann sie den gewohnten Austausch verstehen, ein Innewerden ermöglichen, ein Korrigieren und Zurechtrücken – nicht nur auf Seiten der Erwachsenen, denn manchmal ist es ja auch das Kind, das an seinem einmal gewonnenen Elternbild mit allen affektiven Implikationen festhält.

»Jetzt habe ich mich schon so verändert«, sagt eine Mutter im Erstgespräch, »vier Jahre Therapie, aber mein Sohn behandelt mich noch immer so wie vor vier Jahren. Als wollte er es gar nicht bemerken.«

Aber gerade für die Erwachsenen bietet die Zeit der Elternschaft eine Chance, verlorene Beweglichkeit zurückzugewinnen. Dabei ist es das Kind, das den Eltern durch sein Befinden, sein Mitspiel in der Versorgung wie auch im Austausch von Gefühlen und Phantasien spiegelt, was sie für Eltern sind. In der Sprache der Selbst-Psychologie könnte man sagen: Nicht nur dienen die Eltern dem Kind als Selbst-Objekte, indem sie ihm ihre erwachsenen Funktionen, ihre reife psychische Struktur zur Verfügung stellen, nicht nur gebraucht das Kind diese Selbst-Objekt-Funktionen so, als wären es seine eigenen. Sondern die Eltern brauchen umgekehrt das Kind als Selbst-Objekt, das ihnen spiegelt: Ihr seid gute Eltern, weil ich gut gedeihe; ihr seid starke Eltern, weil ihr mich stärken könnt.

In dieser Linie gedacht, hat die Kindertherapeutin Johanns Mutter solche Sicherheit vermittelt, denn zwischen Mutter und Sohn war die Spiegelung verzerrt. Im Spiegelbild erschien sozusagen als Doppelbild der Schatten des Bruders aus der Kindheit der Mutter. An Johanns Stelle also hat ihr die Kindertherapeutin gezeigt: Johann ist ein lebendiges, intaktes, ein vitales und lernbegieriges Kind, und schau her, du bist die Mutter eines solchen Kindes.

Kindertherapeuten stehen so gesehen im Schnittpunkt der gegenseitigen Projektionen und Identifikationen von Eltern und Kindern.

Mutter-Kind-Therapie

Besonders deutlich ist diese Konstellation in einem therapeutischen Setting in den Mittelpunkt gerückt, das darauf angelegt ist, den frühen Mutter-Kind-Dialog vor dem Entgleisen zu bewahren, der Mutter-Kind-Therapie nämlich.

Fraiberg, Adelson und Shapiro, die hier beispielhaft genannt seien, beschreiben zwei Eltern-Kind-Therapien in jungen Familien, deren Kinder im ersten Lebensjahr durch unzureichende Bemutterung schwer gefährdet schienen. Einer dieser beiden Verläufe ist in der deutschen Übersetzung von S. Fraibergs Arbeit *Ghosts in the Nursery* (1990) wiedergegeben. Das Einsteigen der Therapeutin in die Mutter-Kind-Beziehung hatte hier eine Art von Übersetzungsfunktion, weil die Mutter nicht in der Lage war, die Signale und Mitteilungen ihres Kindes zu verstehen. Die ersten Veränderungen waren möglich, indem die Therapeutin die seltenen Momente positiven Kontaktes in Worte übersetzte, die die Mutter verstand. So sagte sie, zum Kind gewandt: »Das tut dir gut, wenn Mutter dich versteht.« Oder zur Mutter: »So lächelt Jane nur Sie an, weil Sie die Mutter sind.« Mit dieser Unterstützung konnte die Mutter ihr Kind als ihr zugewandt erleben und sich selbst als eine Mutter, die ihr Kind verstehen und zum Lächeln bringen kann. Sorgfältig vermied die Therapeutin alles, was sie als »bessere Mutter« hätte erscheinen lassen können und was bei der jungen Frau das Gefühl von Entwertung und Neid hätte wecken können (auf die Bedeutung des Neides als eines Störfaktors in der Arbeit mit den Eltern werden wir weiter unten zu sprechen kommen).

Auf der Basis des wachsenden Vertrauens in die eigenen »guten« Fähigkeiten war dann die Mutter in der Lage, sich in einer schmerzhaften Erinnerungsarbeit der traumatischen eigenen Kindheit zu nähern. Die Anwesenheit des Kindes, das nun im Begriff war, zu einem »gelungenen« Kind zu werden, ermutigte und stützte das Vertrauen in ihre erwachsenen Fähigkeiten und erleichterte ihr so das Standhalten gegenüber den schrecklichen Empfindungen aus ihrer Lebensgeschichte.

Der Bericht geht dann der Frage nach, warum manche Eltern auch nach schwerster Traumatisierung in der eigenen Kindheit ihre Kinder aktiv vor dem selbst erlittenen Schmerz schützen, warum aber andere Eltern das eigene Trauma blind weitergeben, über Generationen sogar, wie unter einem Wiederholungszwang stehend. Nur wenn Eltern in der Lage sind, so ist die Folgerung aus den erfolgreichen Mutter-Kind-Therapien, den Schmerz, die Angst und Verzweiflung ihrer eigenen Kindheit erinnern zu können, nur dann können sie auch Schmerz, Angst und Verzweiflung bei ihren eigenen Kindern wahrnehmen und annehmen. Wenn aber die unerträglichen Gefühle aus dem Erleben ausgesperrt bleiben, wenn das nackte Gerüst von erinnerten Tatsachen ohne emotionale Umhüllung repräsentiert ist, dann fehlt die Möglichkeit der Einfühlung in das Kind. Die Zeit der jungen Elternschaft ist offenbar eine sensible Phase, in der mit der Unterstützung einer Eltern-Kind-Therapie eine Annäherung an die eigene traumatische Kindheitserfahrung (und damit eine veränderte Einstellung in der Elternrolle) möglich ist.

Je nach dem psychoanalytischen Konzept, in das eine solche Arbeit eingebettet ist, wird die Funktion des Therapeuten in einer Mutter-Kind-Therapie als Selbst-Objekt-Funktion, als Holding-Function oder als Containing bezeichnet werden können, als Hilfs-Ich- und Hilfs-Über-Ich-Funktion oder als Developmental Help für die Mutter und mittelbar auch für den Vater. All diese Aspekte werden sich in Ansätzen auch in der begleitenden Psychotherapie der Eltern im Rahmen der kindertherapeutischen Arbeit finden lassen.

Die Bedeutung der elterlichen Allianz

Im durchschnittlich gesunden Fall können diese Hilfestellung Vater und Mutter füreinander leisten, wenn sie miteinander eine elterliche Allianz eingegangen sind (vgl. bes. Cohen u. Weissman 1984). Ein solches Bündnis zwischen den Erwachsenen, die sich die Sorge um die Kinder teilen, kann unabhängig von der ehelichen Beziehung bestehen und kann sie im Falle einer Trennung des Paares auch überdauern. Es sichert und prägt das Selbstgefühl der Partner als »Mutter« und »Vater«, beide stärken einander in ihrem Vertrauen in ihre elterliche Kompetenz und in die Fähigkeiten des Kindes. Die gemeinsam entwickelte Vorstellung vom Kind, wie es war, wie es ist und wie es werden soll, kann für beide als Korrektiv aktueller Ängste oder Konflikte dienen. Wichtig ist, daß innerhalb des Bündnisses einer für den anderen einspringt, so daß Erschöpfung oder gelegentlicher Überdruß nicht grundlegend stören müssen. Ein Partner kann sich vom anderen bestätigt und in der elterlichen Rolle akzeptiert fühlen, so daß beiden die Identifikation mit der elterlichen Position erleichtert wird.

Auch alleinerziehende Eltern suchen oft eine solche Unterstützung bei anderen Erwachsenen. Umgekehrt gibt es genug Elternpaare, deren Allianz nicht zustande gekommen oder gestört ist. Dann wird die Arbeit darauf abzielen, daß die Eltern das elterliche Bündnis (wieder) miteinander eingehen können. Oftmals aber wird die Kindertherapeutin vorübergehend als Ersatzpartner in einer elterlichen Allianz gesehen und in Anspruch genommen werden. So ist ein oft gehörter erleichterter Stoßseufzer gerade von alleinerziehenden Müttern, wenn die Kindertherapie eben beginnt: »Mir ist eine Last von den Schultern genommen!« Das muß nicht bedeuten, daß die Therapeutin sich nun an Mutters Stelle abrackern soll. Es kann heißen, daß die Mutter sich nun nicht mehr so allein und überlastet fühlen muß, weil ein Austausch möglich geworden, für die nächste Zeit eine elterliche Allianz mit der Kindertherapeutin eingegangen worden ist.

Hier sei noch einmal an Johanns Mutter erinnert, die am Anfang dieser Überlegungen stand. Für sie war die Klärung im Gespräch mit der Kintertherapeutin wohl auch deswegen hilfreich, weil diese ihr zeitweilig die elterliche Allianz ersetzen konnte. Sie hatte den Partner verloren, der sie in ihrer Mütterlichkeit hätte bestätigen und ermutigen können, und konnte die Kindertherapeutin als Ersatz nutzen, weil sie dieser zutraute, daß sie ihr Kind kenne und schätze.

Damit ist nochmals eine Facette benannt in jenem Binnenraum zwischen Mutter, Vater und Kind, in dem sich kindertherapeutische Arbeit abspielt. Daß es sich aber nicht um einen friedlichen und idyllischen Austausch von gegenseitigen Idealisierungen handeln kann, dürfte klar sein. Denn es sind ja meistens schwere Konflikte, die den Eltern unserer Patienten des Elternsein erschweren. Johanns Mutter etwa hatte mit einem intensiven abgewehrten Haß zu kämpfen – auf den Bruder, auf seine Behinderung, auf die vorwurfsvoll leidende Mutter, auf den eigenen Vater, der sich in seine Arbeit zurückgezogen hatte, auf den Vater ihrer Kinder, der sie unwiderruflich verlassen hatte. Heftige Beseitigungswünsche waren gerade nach dem Tod ihres Mannes mit schwerem Schuldgefühl belegt.

Nun lagen im Fall des kleinen Johann und seiner Mutter die Verhältnisse besonders günstig. Die Mutter hatte bereits gute Erfahrungen in der eigenen Therapie gemacht und Vertrauen gewonnen, sie war mit der analytischen Sichtweise identifiziert. Sie konnte auch die beiden beteiligten Therapeuten unbewußt als zwei Eltern phantasieren, die sich gegenseitig akzeptierten und ergänzten, weil sie die Triangulierung bereits in ihrer psychischen Struktur fest verankert hatte. So konnte sie die Erkenntnis: »Ich kämpfe immer noch mit dem behinderten Bruder und erkenne ihn irrtümlich in Johann wieder« zu ihrer Beruhigung nutzen und neue Zuversicht in ihre Mütterlichkeit gewinnen.

Aber eine eigene Therapie der Eltern, deren Früchte dann in der Kindertherapie geerntet und in die Scheuer eingefahren werden können, bleibt die Ausnahme. Meistens müssen die Konflikte der Eltern erst aufgespürt werden, damit verständlich wird, an welcher Stelle – um mit R. Spitz zu reden – der Dialog zwischen Eltern und Kind entgleist ist.

Widerstände der Eltern

Und nicht immer hilft uns das Bemühen um Verstehen und Deuten in der Arbeit mit den Eltern weiter. Nicht selten tauchen trotz positiver Veränderungen im Kind – oder gerade deswegen – plötzlich und relativ unerwartet Probleme auf. Ein typischer Verlauf sei hier skizziert:

Obwohl sich der Eindruck vertieft, in der Kindertherapie guten Zugang zu den unbewußten Phantasien des Kindes gefunden zu haben, und obwohl auch die Eltern von positiven Veränderungen durch Rückmeldungen aus ihrer Umwelt berichten, verstärkt sich befremdlicherweise ihre Zurückhaltung. Die Eltern werden im Kontakt merklich kühler, erscheinen auch anspruchsvoller, ohne die Ansprüche allerdings konkreter benennen zu können. Ihre Haltung oder die eines Elternteils schwankt zwischen Rückzug einerseits und Angriff andererseits. Hatten sie sich anfangs kooperativ gezeigt und engagiert, so beklagen sie nun häufiger, daß sie keine wirkliche Hilfe bekämen, daß ihre Hilflosigkeit nicht ernst genug genommen werde, daß ihnen klarere Verhaltensanweisungen fehlten.

Bei der Therapeutin verstärken sich negative Gefühle gegenüber den Eltern und den Gesprächen mit ihnen. Sie spürt zunehmenden Widerwillen, will die Eltern am liebsten nicht mehr sehen, muß sich vielleicht sogar Angst vor dem nächsten Gespräch eingestehen. Ihre Formulierungen kommen in den Elterngesprächen nicht mehr an, Interventionen werden zurückgewiesen, sie fragt sich, ob denn eine psychoanalytische Arbeit zusammen mit diesen Eltern noch möglich ist, ja ob sie überhaupt jemals möglich war. Alle Bemühungen, den Dialog wiederaufzunehmen und zu verändern, scheitern. Im Laufe jeder weiteren Stunde kommt die Kindertherapeutin sich wie vernichtet vor, sie fühlt sich nicht selten auch nach den Stunden körperlich und seelisch wie ausgelaugt. Der Dialog droht endgültig zu entgleisen. Manchmal geht der Therapeutin die analytische Haltung verloren, sie wird den Eltern gegenüber drängend, sie sollten doch endlich »das Richtige«, nämlich die positive Veränderung des Kindes, sehen. Die Eltern ihrerseits fühlen sich nun nicht zu Unrecht unter Druck gesetzt und kritisiert. Manchmal drohen sie mit Abbruch der Behandlung, manchmal brechen sie sie wirklich ab. Aber nicht selten behalten sie die Haltung zwischen Rückzug und Angriff bis zum Ende der Behandlung bei. Mit Erleichterung nehmen sie das Ende der Behandlung hin. Sie verabschieden sich in der letzten Stunde, als gelte es, einem vermeintlichen Feind zu entfliehen, nicht ohne noch einmal gründlich über diese untaugliche Unternehmung Psychotherapie – trotz Erfolg – geschimpft zu haben. Die Therapeutin ist in solchen Fällen erleichtert, die Behandlung endlich beendet zu haben und diese Eltern nicht mehr sehen zu müssen. Zufriedenheit oder gar die oben beschriebene Beruhigung durch Erkenntnis stellen sich allerdings bei solchen Fällen nicht ein.

Eifersucht

Es erscheint naheliegend, eine solche Haltung der Eltern oder eines Elternteils mit der möglichen Eifersucht auf die Therapeutin zu erklären, einem Phänomen, das schon H. Hug-Hellmuth beschrieben hat: Sorge, Scham und Erbitterung begleiten das Gefühl, in der Erziehung gescheitert zu sein; Mißtrauen und die Befürchtung, von der Kinderanalytikerin verurteilt, vom Kind bloßgestellt und der begangenen Erziehungsfehler überführt zu werden, auf der einen Seite, Eifersucht auf der anderen Seite belasten die Beziehung zur Kinderanalytikerin (vgl. Hugh-Hellmuth 1921).

Wenn es sich aber um Eifersucht handelt, gibt es gute Möglichkeiten der Bearbeitung. Das ist erkennbar an der Art, wie die Eltern den Kontakt gestalten, wie sie ihre Kritik formulieren und wie diese Formulierungen in der szenischen Gestaltung ihren Ausdruck finden. Auch in solchen Verläufen kommt es zu krisenhaften Verwicklungen: Termine sollen verschoben werden, die Belastung des Bringens wird zu groß, das Kind will nicht mehr zur Therapie, es kommt zum Streit zwischen den Ehepartnern; überhaupt sind die Zweifel groß, ob diese Behandlung das Richtige für das eigene Kind ist. Die die Eifersucht begleitenden Affekte von Wut, Rivalität, Angst und Erregung sind deutlich spürbar. In der Regel führt aber die empathische Deutung, u. a. über das Herstellen von Verknüpfungen zur Lebensgeschichte der Eltern, zum Verständnis der unterschiedlichen Gefühle. Die Eltern sind Deutungen gegenüber zugänglich, Krisen werden überwunden, und die Beziehung zur Therapeutin ist zwar zeitweilig sehr belastet, aber nie ernsthaft gefährdet. Die trianguläre Situation – das gemeinsame Interesse von Therapeutin und Eltern, das Kind zu verstehen – stellt sich immer wieder neu ein. Worte werden als hilfreich auf der Suche nach Erklärungen empfunden. Und nicht zuletzt können sich die Eltern mit der Sichtweise der Therapeutin identifizieren, weil sie die Veränderung bei ihrem Kind und die eigene Veränderung als große Entlastung erleben.

Was aber, wenn alles Gesagte, wenn die Worte wertlos gemacht und zurückgewiesen werden? Der Eindruck, daß Worte nicht aufgenommen werden können, daß sie wie unverdaulich zurückgegeben werden, läßt vermuten, daß es sich bei dieser Art der Reaktion um die Wiederbelebung früher Neidgefühle handeln könnte, wie sie M. Klein beschreibt. Die Therapeutin bleibt in dem Gefühl zurück, nichts Gutes käme von ihr; sie repräsentiert sozusagen die »böse Brust« (hierzu vgl. Segal 1974).

Zum Verständnis der malignen Entwicklung ist M. Kleins Unterscheidung von Eifersucht und Neid hilfreich (Klein 1972, S. 175). Danach kann Eifersucht als die reifere Gefühlsqualität gelten, denn sie setzt eine triangulierte Objektbeziehung voraus. Eifersucht bezieht sich auf die Liebe des Objekts, die das Subjekt für sich beansprucht, die ihm aber seiner Überzeugung nach von einem Dritten geraubt wird. Neid dagegen stammt aus der frühesten ausschließlichen Mutter-Kind-Beziehung. Sein Ursprung ist das schmerzhafte Gefühl des kleinen Kindes, die Brust der Mutter besitze alle Vollkommenheit und die grenzenlose Fähigkeit zu befriedigen, enthalte ihm aber diese Befriedigung vor. Das Kind will selbst im Besitz der geneideten Eigenschaften sein und die Brust, die vermeintliche Quelle des Schmerzes, verderben. In der Intensität und Ausschließlichkeit des empfundenen Neids liegt nach M. Klein eine Ursache der negativen therapeutischen Reaktion.

Auch O. Kernberg sieht im frühen Neid, der zu dem Bedürfnis führt, »den Therapeuten und mit ihm überhaupt alle äußeren Objekte, die Liebe und Befriedigung zu geben vermöchten, an sich scheitern zu lassen«, eine Ursache für die negative therapeutische Reaktion (Kernberg 1980, S.150).

Nach D. W. Winnicott entsteht Neid aus einem verfrühten Erleben von Getrenntsein zwischen Kind und Mutter, aus einer Störung in der primären Versorgung, die nicht zu einer Beruhigung beim Säugling führte (Winnicott 1973, S.93 ff).

Es scheint so, als würden während der Kindertherapie in manchen Eltern frühe, schwer erträgliche Neidgefühle wiederaufleben, die sogar die Therapie des Kindes gefährden. Wenn es dem Kind besser zu gehen beginnt, werden die Eltern an dieser Schnittstelle unbewußt an einen sehr frühen Mangel erinnert, für dessen Beschreibung die Wortfindung nicht möglich erscheint, weil alles Erleben so diffus ist, daß es der absoluten Verdrängung unterworfen wird. Solange das Kind leidend war, wurde dieser Mangel überdeckt. Unter Umständen ist sogar die Erkrankung des Kindes der Ausdruck einer konflikthaften Kollusion der Eltern mit dem Kind in der Art gewesen, daß darüber die Illusion des Einsseins ge-

schaffen worden ist. Nun aber, im vorsichtigen Erproben des Getrennt-
seins, sind die Eltern (oder einer von ihnen) zurückgeworfen auf ein nicht
benennbares infantiles Erleben. War zuvor lebendiges Gefühl in der
Sorge um das Kind noch spürbar, treten an dessen Stelle nun nicht
benennbare Kälte oder Starre. Der Neid schließt die Möglichkeit des
Erlebens von Einssein und Getrenntsein, von Wärme und Beruhigung
aus.

Umgang mit dem Neid der Eltern

Welche Möglichkeiten gibt es nun, mit dieser Art von Schwierigkeiten
umzugehen? Natürlich kann man sich vornehmen, im Rahmen inten-
siverer Gespräche vor Beginn der Therapie des Kindes eingehender die
Motivation der Eltern und ihren Umgang mit Konflikten zu untersuchen.
Aber die negative Reaktion der Eltern, wie wir sie beschrieben haben,
taucht ja eben erst dann auf, wenn es dem Kind besser geht. Sinnvoller ist
es, die Art des Deutens und überhaupt alle Interventionen einer Überprüfung zu unterziehen und sie gegebenenfalls zu modifizieren. Deutungen, die auf eine Verknüpfung der aktuellen Beziehungsprobleme mit der
Lebensgeschichte der Eltern abzielen, führen in solchen Fällen nicht zu
einer emotionalen Verständigung, die die Eltern in ihrem Erleben erreicht; denn ihr ganzer Widerstand zielt gerade darauf ab, nicht mit dem
frühen Mangel in emotionalen Kontakt zu kommen. Deswegen ist es
sinnvoller, solche Deutungen über einen längeren Zeitraum zu vermeiden.
Auch handfeste Ratschläge, obwohl von den Eltern ausdrücklich
eingefordert, sind letztlich wenig hilfreich. Zum einen würden sie, als
unbrauchbar entlarvt, zurückgewiesen, zum anderen wären die Therapeutin der Verlockung erlegen, sich sozusagen als besseren Elternteil
darzustellen und Neid erst recht herauszufordern. Aber auch empathische,
um Verstehen bemühte Deutungsversuche werden von diesen Eltern
häufig als Kränkung und Zurückweisung erlebt.
  Zu überlegen ist, ob nicht an die Stelle von Deutungen die Benennung
des Jetzt-Zustandes treten sollte, indem auf der einen Seite jeweils die
Eltern und auf der anderen Seite das Kind betrachtet werden. (Ähnlich
ging die oben beschriebene Mutter-Kind-Therapie vor, die der Mutter die
unverstandenen Signale des Kindes »übersetzte«.) Indem zwei zuvor
maligne ineinander geschobene Ebenen entflochten, jeweils für sich
allein sichtbar gemacht werden, könnten die Benennung und getrennte
Beobachtung der jeweiligen Person in der Gegenwart zu einer Erleichterung führen, ohne daß die Eltern dazu verführt werden, das allzu
schmerzhafte Erleben aus ihrer eigenen Geschichte erneut in Szene zu
setzen. Der getrennt auf sie selbst und auf das Kind gerichtete Blick

schließt zunächst die Suche nach den unbewußten Phantasien ausdrücklich aus. Die historische Perspektive wird nicht benannt, alles Gesagte bezieht sich auf die Gegenwart.

Der Vater eines fünfjährigen Jungen, der außerhalb der Familie mit niemandem sprach, im Kindergarten nicht spielte, nicht aß (obwohl er den ganzen Tag dort zubrachte) und dort auch nicht zur Toilette gehen konnte, hatte sich nur schwer entschließen können, die Psychotherapie des Sohnes zu unterstützen und an den 14tägigen Elterngesprächen teilzunehmen. Als er 14 Jahre alt war, hatte sein eigener Vater sich erhängt, und es stand für ihn von vornherein fest, daß er an seine eigene Geschichte nicht würde rühren wollen. Zwar fühlte er sich in ständiger Sorge, sein Sohn könnte die Depression des Großvaters »geerbt« haben, zumal auch er selber in Konfliktsituationen zum Rückzug in Schweigsamkeit und Starre neigte. Aber er hatte die Schweigsamkeit seit der Erkrankung und dem Suicid seines Vaters wie eine Schutzhülle um sich gezogen, und niemand sollte daran rütteln. Er selber hatte damals keinerlei seelische Unterstützung gehabt, denn seine Mutter war ihm selbst wie auch seinem Vater gegenüber eher kalt und reserviert gewesen, und die alterstypischen Konflikte des Pubertierenden, dem der väterliche Schutz nun fehlte, hatten ihn darüber hinaus ihren Zugriff fürchten lassen.

So reaktivierten die Elterngespräche einerseits die unbewußte Befürchtung, in der Ehefrau oder der Therapeutin wieder dem kalten mütterlichen Objekt ausgeliefert zu sein, und andererseits die Angst, erneut von dem Schmerz des traumatischen Erlebens überwältigt zu werden. Er rüstete sich mit grimmigem Rückzug und der inneren Haltung, es werde sich sowieso niemals etwas ändern oder höchstens dadurch, daß »der Junge aus der Schweigsamkeit eben von alleine herauswächst«.

Es war deutlich zu spüren, welch große Anstrengung es den Vater kostete, die sich abzeichnenden Veränderungen des Jungen innerlich als etwas Gutes anzuerkennen. Sein Widerstreben, seinem Sohn das Gute zu lassen, das dieser aus der Therapie bezog, und den Beitrag der Therapeutin als »gut« anzuerkennen, wirkte immer wieder lähmend und war dem gemeinsamen Nachdenken nicht zugänglich.

Aber dann kamen Handlungen des kleinen Patienten in das Gespräch, die deutlich dessen Sehnsucht nach Identifikation mit dem Vater ausdrückten. Zum Beispiel hatte sich der Junge ein Jugendbild des Vaters, das diesen auf einem Motorrad sitzend zeigte, über sein Bett gehängt. Erst nachdem im Elterngespräch die Bedeutung dieses Bildes »entdeckt« worden war, wurde zu Hause ein Gespräch darüber möglich, daß der Kleine, wenn er erst einmal groß wäre, auch so ein Motorrad fahren wolle wie der Papa. Im Gespräch über diese Episode stellte die Therapeutin (wie auch sonst oftmals) einen Rückbezug auf die Geschichte des Vaters bewußt nicht her, wohl aber versuchte sie ihm deutlich zu machen, mit welcher Bewunderung und Sehnsucht der kleine Junge nach dem Vater suchte, wie sehr er ihn bei aller ödipalen Rivalität auch brauchte als Schutz vor dem starken mütterlichen Zugriff, und daß er ihn in durchaus altersangemessener Weise idealisierte. Diese Sequenz öffnete dem Vater gewissermaßen die Augen für viele andere, ähnliche Beispiele aus dem Alltag, die die Identifikationsversuche des Sohnes verdeutlichten. Daraufhin fiel es ihm leichter, ohne mütterlichen Beistand mit dem Kleinen etwas zu unternehmen. So zogen Vater und Sohn wie zwei Kollegen zur häuslichen Baustelle und gingen mit Befriedigung dort gemeinsam ans Werk. Bewundernd konnte der Kleine die handwerklichen Fähigkeiten des Vaters beobachten und selbst mit anpacken.

Ähnlich wie in der oben beschriebenen Mutter-Kind-Therapie, hatte die Therapeutin eine Art von Übersetzungsfunktion wahrgenommen, weil der Vater nicht in der Lage gewesen war, die Signale des Sohnes aufzunehmen, zu verstehen und auf sich zu beziehen. Da dies in Anwesenheit der Mutter geschah, konnte diese erkennen, wie auch sie gelegentlich »Übersetzerin« sein kann, wenn der Vater einmal wegen seiner eigenen Verstrickung keinen Blick für das innere Befinden seines Kindes hat.

Derartige Interventionen betreffen zunächst nur die bewußtseinsfähigen, beobachtbaren Gefühle und Äußerungen der Eltern und des Kindes. Über diese Art der vorsichtigen Benennung können die Eltern ihr Kind anders als gewohnt wahrnehmen. Sie fühlen sich von schuldhafter Verstrickung entlastet und sind zugleich befreit von der Angst, selber therapiert zu werden. Der Neid wird auf diese Weise nicht umfassend bearbeitet, aber Eltern entdecken z.B. Anstrengungen des Kindes, ihnen nahe zu sein, und sie erleben auch, daß dies ohne Kollusion möglich ist und ohne die gefürchtete Überwältigung durch das in der eigenen Kindheit Erlebte.

Gerade Eltern, deren Neid leicht geweckt wird, brauchen das Gefühl, selber Anteil an der positiven Veränderung des Kindes zu haben. Nur dann können sie es aushalten, daß es dem Kind besser zu gehen beginnt, und – wenn auch unter großer innerer Anstrengung – die Therapie des Kindes tolerieren.

Je nach Lage der Dinge fordern die Elterngespräche sehr unterschiedliche technische Vorgehensweisen. Es kann – wie zuletzt beschrieben – in manchen Fällen richtig sein, über weite Strecken die lebensgeschichtlichen Erfahrungen der Eltern bewußt auszusparen, um nicht Widerstände zu provozieren, deren Bearbeitung in diesem Rahmen kaum möglich wäre. Es wird in anderen Fällen (wenn die Beziehung zur Kindertherapeutin im Rahmen einer triangulierten Objektwelt steht) gerade darum gehen, die Verflechtungen der unbewußten elterlichen Kindheitskonflikte mit der Konfliktdynamik des Kindes zu entdecken und gemeinsam zu verstehen. Auf vielfältige Weise wird es zu wechselseitigen identifikatorischen Prozessen zwischen Eltern und Kindertherapeutin kommen. Immer wird es Ziel der Arbeit sein, die elterliche Position von Mutter und Vater zu stärken. Die Elternarbeit hat ihren Ort am Schnittpunkt der gegenseitigen Idealisierungen, Identifikationen, Projektionen, Phantasiebildungen und unbewußten Triebwünsche von Eltern und Kindern, und von hier bezieht sie ihre Wirksamkeit.

Literatur

Anthony, W., James, E. und Benedek, Th., Parenthood. It´s Psychology and Psychopathology, Boston 1970

Benedek, Th., Elternschaft als Phase der Entwicklung, in: *Jahrbuch der Psychoanalyse*, Bd.1 1960, S.35-61

Cohen, R.S. und Weissman, S.H., The Parenting Alliance, in: *Parenthood. A Psychodynamic Perspective*, hg. von R.S. Cohen, B.J. Cohler und S.H. Weissman, New York/London 1984, S.33-49

Fraiberg, S., Schatten der Vergangenheit im Kinderzimmer, in: *Arbeitshefte Kinderanalyse* 11/12, hg. am Wissenschaftlichen Zentrum II GH Kassel, August 1990, S.141-160

Hugh-Hellmuth, H., Zur Technik der Kinderanalyse, in: *Internationale Zeitschrift für Psychoanalyse*, Jg.7 (1921), S. 179-196

Kernberg, O., *Borderlinestörungen und pathologischer Narzißmus*, Frankfurt a. M. 1980

Klein, M., Neid und Dankbarkeit, in: *Das Seelenleben des Kleinkindes und andere Beiträge zur Psychoanalyse,* Reinbek bei Hamburg 1972, S. 174-186

Segal, H., *Melanie Klein*, München 1974

Winnicott, D. W., *Vom Spiel zur Kreativität*, Stuttgart 1973

III.

Angewandte Kinder- und Jugendlichen-Psychoanalyse

Wenn die Kinder artig sind,
kommt zu ihnen das Christkind.
Wenn sie ihre Suppe essen
und das Brot auch nicht vergessen,
wenn sie, ohne Lärm zu machen,
still sind bei den Siebensachen,
beim Spaziergehn auf den Gassen
von Mama sich führen lassen,
bringt es ihnen Guts genug
und ein schönes Bilderbuch.

Struwwelpeter Einleitung

Der Struwwelpeter

Der Friederich, der Friederich,
das war ein arger Wüterich.
Er fing die Fliegen in dem Haus
und riß ihnen die Flügel aus.
Er schlug die Stühl und Vögel tot,
die Katzen litten große Not.
Und höre nur, wie bös er war:
Er peitschte seine Gretchen gar!

Die Geschichte vom bösen Friedrich

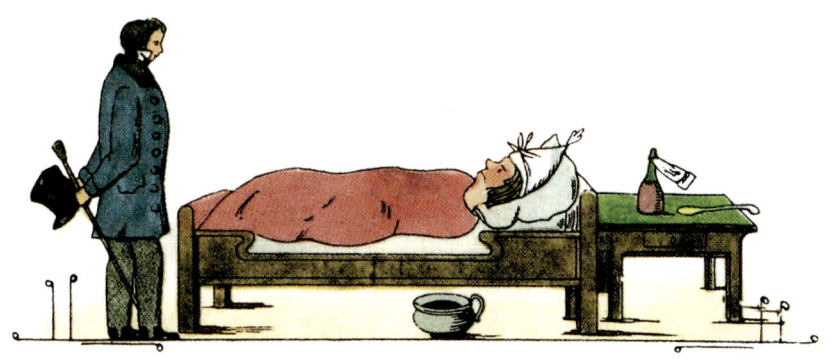

Die Geschichte vom bösen Friedrich

Die Geschichte vom wilden Jäger

Die Geschichte vom Hans Guck-in-die-Luft

Hui, wie pfeift der Sturm und keucht,
daß der Baum sich niederbeugt!
Seht, den Schirm erfaßt der Wind,
und der Robert fliegt geschwind
durch die Luft so hoch, so weit!
Niemand hört ihn, wenn er schreit.
An die Wolken stößt er schon,
und der Hut fliegt auch davon.

Die Geschichte vom fliegenden Robert

ANITA ECKSTAEDT

»Der Struwwelpeter wirklich«
Dichtung und Deutung[1]

Der Titel »Der Struwwelpeter wirklich« wirft eine zentrale psycho-analytische Frage auf, ob sich hinter der Figur des Struwwelpeter noch eine andere Figur verbirgt. Ist dieses manifeste und damit konkrete Bild des Struwwelpeter das einzige – oder gibt es ein lantentes Bild dahinter? Der Struwwelpeter erscheint als erste Geschichte im gleichnamigen Buch »Der Struwwelpeter«. So kann die Figur des Struwwelpeter nur die zentrale Gestalt, also der Held der Geschichten dieses Bilderbuches sein. Von Anfang an wurde das Bilderbuch ein Kinderbuch-Bestseller und hatte Weihnachten 1996 seinen 150. Geburtstag. Das ursprüngliche Manuskript mit dem Titel »Der Struwwelpeter« war von seinem Autor Heinrich Hoffmann 1844 für den dreijährigen Sohn Carl als Geschenk zu Weihnachten geschrieben und gemalt worden. In nur neun Tagen hatte es der Autor aus sich heraus geschrieben. Diese Situation hatte die kleine, scheinbar unauffällige Vorgeschichte, daß dem Autor keines der käuflichen Bücher so recht gefallen wollte und er schließlich mit einem weißen Heft nach Hause kam. Auf den entsetzten Ausruf seiner Frau: »Das ist ja ein leeres Schreibheft«, entgegnete der Autor: »Jawohl, aber da will ich dem Jungen schon *selbst* ein Bilderbuch herstellen.«[2] Die Schilderung dieser kleinen Szene findet sich im kurzen Begleittext in der Wiedergabe des Struwwelpeter im Insel-Buch von 1933.

Das Bilderbuch hat noch zu Lebzeiten Hoffmanns 500 Auflagen erreicht. Übersetzt ist es in fast alle Sprachen, und Parodien auf den Struwwelpeter bestätigen seine große Anziehungskraft.

Warum aber ist »Der Struwwelpeter« so verbreitet? Warum wird er immer wieder gelesen, vorgelesen und betrachtet, obwohl seine Ge-schichten grausam und damit traurig für das Kind sind? Zunächst kann ich diese Frage dahingehend beantworten, daß die Struwwelpeter-Ge-

---

[1] Vortrag mit Lichtbildern gehalten am 4. 2. 1997 in der Vortragsreihe anläß-lich des Jubiläums 25 Jahre Institut für analytische Kinder- und Jugendlichen-Psychotherapie im Holzhausenschlößchen in Frankfurt am Main.

[2] Kursivierung von Anita Eckstaedt.

schichten Geschichten oder – besser gesagt – Konfliktgeschichten des Kindesalters sind und von daher ein Kind interessieren. Bruno Bettelheim betitelte ein Buch *Kinder brauchen Märchen.* D.h. Kinder brauchen Bilder oder Erzählungen, um ihren Vorstellungen, Phantasien, ihrem Triebdruck und ihren Triebansprüchen einen Weg zu bahnen, um spielend für ihre Phantasie eine Gestalt zu gewinnen. Die durch Bilderbücher, Märchen oder Bücher vorgegebenen Bilder und Geschichten helfen der Vorstellung des Kindes. Wenn ich die Geschichten als Konfliktgeschichten titulierte, so deshalb, weil diese Konflikte zur Entwicklung eines jeden Kindes gehören und als Marksteine der einzelnen Entwicklungsphasen des Kindes unumgänglich sind, zu seiner Reifung gehören. Die Konflikte der Kindheit sind also entwicklungsspezifisch. – In dieser Weise sind die Geschichten im Bilderbuch »Der Struwwelpeter« nach ihrer Abfolge Geschichten aus der Kindheit, und deshalb kennt und versteht sie jedes Kind viel direkter als Erwachsene.

Es gibt aber noch mehr Gründe, warum »Der Struwwelpeter« so begehrt ist. Schließlich entlasten die Geschichten das Kind. Bereits im Auftakt zur ersten Geschichte findet sich eine solche, wenn es heißt:

Sieh einmal, da steht er,
pfui, der S t r u w w e l p e t e r!

Dieser Satz stellt eine nachdrückliche Aufforderung dar, und zwar eine Aufforderung zur Projektion. Schon der *Autor* hat – wie ich eingangs erwähnte – *etwas aus sich herausgestellt*, wenn er schließlich lieber *selbst* ein Bilderbuch malen wollte. Der Leser oder das Kind, dem vorgelesen wird, wird mit dem Einleitungsvers imperativ aufgefordert, auf den Struwwelpeter hinzuschauen: weg von sich und hin auf ihn, den Struwwelpeter. Im ganzen Buch geht es um Figuren, die schlimm sind oder Schlimmes tun. So kommt beim Lesen und Zuhören ein subjektiver Gewinn zustande: Nicht ich mache das, erleide solche Strafe oder Pein wie der Struwwelpeter, sondern er; er, der Struwwelpeter; nicht ich, sondern er. Das bedeutet eine Verschiebung im Dienste der eigenen Entlastung von uns auf ihn, der so garstig und schlimm sein soll. Diese Entlastung stellt eine projektive Identifikation dar, ein Herauslösen alles Unliebsamen aus dem eigenen Inneren und Festmachen des Eigenen an einem anderen. Mit Hilfe des Bilderbuchs geschieht das in der Vorstellung, ist nicht Realität. Als Auftakt des Buches ist diese Aufforderung zur Projektion ein gewichtiger Grund für den Erfolg des Struwwelpeter.

Warum nun mein Titel, wer »Der Struwwelpeter wirklich« ist? In der Literatur kennen wir die Notwendigkeit der Interpretation, sozusagen zwischen den Zeilen zu lesen. Die Aufgabe des Psychoanalytikers ist eigentlich die gleiche. Die analytische Arbeit stellt *die Verbindung vom manifesten zum latenten Inhalt her und deutet damit*. Sie basiert auf der subjektiven Wahrnehmung von Erscheinungsweise, Ausdruck, Sprache, Form und Inhalt des Textes und seinen möglicherweise enthaltenen Widersprüchen oder Gegensätzlichkeiten, d.h. auch auf meinen durch die Geschichten evozierten Gefühlen und Einstellungen, *die Gegenübertragung*. Letztere muß ich reflektieren, um eine komplementäre, d.h. der psychischen Abwehr des Autors entsprechende, von einer konkordanten, dem eigentlichen Inhalt entsprechende Gegenübertragung zu unterscheiden (Racker, 1978). Aufgefundene Widersprüche deuten in besonderer Weise auf im Hintergrund und eher im Verborgenen Liegendes, Anderes, Zusätzliches und damit vielleicht Eigentliches. Die Vernachlässigung der latenten, dahinterliegenden Aussage führt daher zu einem vorläufigen, halben, einem unvollständigen Verständnis, dem Vorgegebenen, was sich scheinbar abgerundet unmittelbar oberflächlich präsentiert.

Von diesem beschriebenen Standpunkt aus gebe ich einen Einblick, wie ich als Analytikerin darauf kam, im Struwwelpeter »mehr« zu sehen. Wie in der analytischen Arbeit sind die gleichschwebende Aufmerksamkeit gegenüber dem einzelnen Detail wie der gesamten Präsentation oder Darstellung und die reflektierte Beobachtung der Gegenübertragung die einzigen Mittel, die dazu führen, Auffälliges oder gar überhaupt Widersprüchliches überhaupt zu be- oder vermerken. Ich möchte darüber hinaus anführen, daß ich als Analytikerin bei aller Aufnahme und allem Erleben, wenn ich dem Patienten zuhöre, möglichst viel und Vielseitiges vom Leben kennen sollte, ich gleichzeitig vergleichen, sowohl denken, wie mich überraschen lassen muß und neugierig sein sollte, so daß ich immer wieder hinterfrage.

Auffällig am Struwwelpeter ist gleich der Titel:

Der Struwwelpeter
oder
lustige Geschichten und drollige Bilder
von
Dr. Heinrich Hoffmann.

Bereits hier stößt man auf einen Widerspruch, denn in diesem Bilderbuch gibt es keine einzige lustige Geschichte und auch keine drolligen Bilder. Im Titel bereits geschieht eine *Verkehrung ins Gegenteil*. Mir fiel weiter auf, daß *alle vier Elemente* in den Geschichten vorkommen. Das mußte bedeuten, daß die *zehn Geschichten ein Ganzes* bilden. In dreien der Elemente gehen die Figuren unter, kommen um im *Feuer*, in der *Luft*, hier im Sturm, oder gehen auf in der *Erde*. Die Ausnahme bildet die »Geschichte vom Hans Guck-in-die-Luft«. Hier wird der Held aus dem *Wasser* gerettet, symbolisch gesehen eine Geburtsgeschichte.

Zu diesen analytisch gesehenen Auffälligkeiten hatte ich das Glück, eines Tages eine Struwwelpeter-Ausgabe in die Hand zu bekommen mit Bildern, die ich so bisher nicht kannte. Es war ein Insel-Buch von 1933, das ganz auf der ersten Druckausgabe von 1845 basiert und tituliert ist als »Der Struwwelpeter in seiner ersten Gestalt«. In diesem Buch war es leicht, von Geschichte zu Geschichte, von Bild zu Bild, allem, den Formen, Farben und dem jeweiligen Ausdruck zu folgen und einen zusammenhängenden Faden zu finden. Damit ergab sich, daß die Geschichten schließlich *eine* Geschichte sind. Der fortlaufende Zusammenhang läßt nun die Dynamik der psychosexuellen Entwicklung des Struwwelpeter-Kindes erkennen. Das Struwwelpeter-Kind, Held der Geschichte, kann in Wahrheit nur der Autor sein. Damit erzählt die Geschichte eine Geschichte: die des Autors.

Das Phänomen einer Verkehrung ins Gegenteil ist psychoanalytisch gesehen eine Abwehr, wenn diese nicht mehr in der Entwicklung als Hilfsmaßnahme notwendig ist. Die Umkehrung als Abwehrform ist – entwicklungsmäßig gesehen – eine der ersten Abwehrformen und von daher eine primitive Schutzmaßnahme in der kindlichen Entwicklung. In ihrem Umfeld lassen sich immer auch andere, weitere Schutzmaßnahmen oder Abwehren gleicher Art, mit ähnlicher Wirkung und von etwa gleicher Entwicklungshöhe finden. Das beispielsweise ist die *Verneinung*, die *Verleugnung*, zu der schließlich *Spaltung, Manipulation* und *projektive Identifikation* gehören. Diese Abwehrformationen – werden sie nicht aufgehoben oder durch reifere Formen ersetzt und bemeistert – haben tiefgreifende *Entstellungen, Verzerrungen* und schließlich *Verkennungen* zur Folge, die nicht nur eine Generation betreffen. Denn wenn ich im Austausch mit anderen nicht von gemeinsam anerkannten Annahmen und Definitionen ausgehe, kann es keine Übereinstimmung mehr geben; oder aber die Ansicht des anderen wird abgetan, unter Umständen wird seine Haltung, die auf seiner Wahrnehmung und seinem Erleben beruht, sogar gebrochen. D.h., daß die destruktiven Auswirkungen der Verleugnung lange anhalten und sich über Generationen auswirken können. Wenn ich umkehre, ist das der Versuch einer Verleugnung, die zuerst über ein notgedrungenes »Nein, es ist anders« führt.

Der Untertitel des Struwwelpeter mit seiner Umkehr, die vier Elemente, die Aufforderung zur Projektion, die Insel-Ausgabe und schließlich meine komplementäre Gegenübertragung zu den Geschichten des Struwwelpeter, ein ehemals trauriges und mitleidsvolles Gefühl beim

Lesen und Betrachten des Bilderbuches als Kind, waren meine Voraussetzungen für das folgende andere Verständnis des Struwwelpeter. So möchte ich nun die Interpretation der Bildgeschichten – und zwar ohne Hinzuziehung der Biographie – vorstellen, der zehn Geschichten, die in Wirklichkeit *eine* Geschichte sind: die Geschichte einer Kindheit.

Wenn ich gesagt habe, daß Malen und Schreiben eine Entäußerung darstellen, so kann eine solche Entäußerung immer nur ganz persönlich sein, entstammt dem eigenen Inneren, der jeweils eigenen Phantasie. Auch aus dieser Sicht kann die dargestellte Kindheitsgeschichte nur die Geschichte des Autors sein, der aber, wie er in seinen Lebenserinnerungen – tituliert als *Struwwelpeter-Hoffmann* – 80jährig schreibt, die Geschichten immer noch fragmentiert und den Struwwelpeter als eine erfundene Figur erklärt und sich in seiner Schöpfung selbst nicht wiedererkennen kann.

Das Nicht-Verstehen und das Nicht-Erkennen des Gesamtzusammenhanges durch die bisherigen Leser findet seine Erklärung darin, daß 15 Jahre nach dem ersten Erscheinen Heinrich Hoffmann eine Neuauflage schuf, in die er viele Änderungen aufnahm, die ein russischer Herausgeber in der russischen Ausgabe wohl in Anpassung an den dortigen zeitgemäßen Geschmack hatte geschehen lassen. Zuvor hatte Heinrich Hoffmann bei allen Auflagen den Lithographen hinsichtlich der Korrektheit der Wiedergabe seiner Bilder stets genauestens überwacht. Die neue Ausgabe nun trug den Titel »Der Struwwelpeter in seiner zweiten Gestalt«.[3] In dieser Ausgabe sind viele Veränderungen geschehen, teils in Anlehnung an jene russische Ausgabe, wie auch zusätzliche Umkehrungen der Farben und Ausmalungen mit vielem Beiwerk. Wichtige Szenen sind in ihren Größenverhältnissen und auch den Positionen der Figuren verändert, manchmal umgekehrt wie beispielsweise die Position des Doktors in der »Geschichte vom bösen Friedrich«. Weitere Auflagen greifen dann viele von allen diesen geschehenen Veränderungen auf und variieren sie. Der Autor legte also 15 Jahre später eine Verkleidung wie einen Mantel verhüllend um seine zentrale Figur. Den Grund dafür hat Hoffmann nie geäußert. Aus seiner Geschichte könnte man ihn möglicherweise erschließen; doch hier interpretiere ich allein das Werk ohne Hinzuziehung der persönlichen Geschichte. Mit dieser Veränderung des Bilderbuches jedoch geschah eine Unkenntlichmachung der wirklichen Geschichte des Struwwelpeter, des Autors also.

---

[3] Zum 150. Geburtstag des Struwwelpeter wurde diese Ausgabe neu aufgelegt, nachdem Heinrich Hoffmanns Entwurf für dieses Buch aus Amerika nach Frankfurt zurückkehren konnte.

Interpretation der Struwwelpeter-Geschichten[*]

Der folgende Text stellt eine Zusammenfassung der viel ausführlicheren Interpretation in meinem Buch »Der Struwwelpeter‹ – Dichtung und Deutung« dar und ermangelt hier der vollständigen Wiedergabe aller zum Text gehörenden Bilder, wie auch weitgehend dem Text der Geschichten. So kann in dieser Zusammenfassung nur eine Übersicht über den inneren Faden dieser zehn Geschichten gegeben werden. Text und Bilder des Struwwelpeters stehen in einer gewissen Spannung zueinander: Der Text fordert ständig auf und weist auf angebliches Normalverhalten hin, akzentuiert Strafen als gerechte Folge, während die Bilder das lebendige innere Geschehen ganz ursprünglich darstellen. In dieser Spannung zwischen Text und Bild schlägt sich die Spannung des Autors nieder, eine Spannung – zwischen Über-Ich und Es –, als ob sich hier der Text als betonter Sekundärprozeß gegenüber den Bildern, die aus dem Unbewußten stammen, über sie zu stellen versucht. Der Text ist diktiert vom Ich und Über-Ich, eigentlich sogar von einem Ober-Ich, wie es Grunberger (1976) beschrieb, von einem wohlerzogenen Ich, das heute als viel zu streng erzogen gelten würde. Die Bilder dagegen erzählen das innere Geschehen und zeigen das vom Trieb bestimmte, teils von verarbeitenden Phantasien durchzogene Entwicklungsgeschehen des Kindes auf, des Kindes, das der Held der Geschichte ist. Ein Nicht-Abgebildetes, aber ständig Präsentes und Bestimmendes erfährt im Text immer wieder seine Benennung, ist das traumatische Agens, Motor der ganzen Geschichten, bereits auf der Titelseite dargestellt, bleibt ungenannt und damit verschwiegen oder verleugnet.

Die Einleitungsseite

Auf der Einleitungsseite erscheint also bereits die gesamte Dramaturgie des Struwwelpeters. Formal gibt es eine horizontale Dreiteilung. Drei Zeilen also erzählen. Doch darüber hinaus gibt es zwei Spannungsbögen vom oberen, in der Mitte stehenden Bild zum unteren, ebenfalls in der Mitte stehenden Bild, oder umgekehrt; und vom äußeren linken Bild zum äußeren rechten; zwei Spannungsbögen also in der Vertikalen und Horizontalen. Ein kurzer Blick auf die Raumsymbolik sagt uns, daß der obere Teil das Geistige, Hochstehende und vor allem das Idealisierte repräsentiert, während der untere Teil im Raum – auch ein Blatt stellt

---

[*] Diese Darstellung ist eine Zusammenfassung des entsprechenden Kapitels aus meinem Buch »Der Struwwelpeter« – Dichtung und Deutung, erschienen 1998 im Suhrkamp Verlag.

einen Raum dar – das Fundamentale, eine Ausgangssituation, unbewußt auch den triebhaften Bereich darstellt. Der mittlere Teil des Raumes vertritt die Realität, den Realitätsvollzug in der Spannung zwischen Fundamentalem, Gegebenem und dem Idealisierten. Neben diesem Aufbau der horizontalen Bereiche kann man einteilen in eine linke und in eine rechte Seite. Die linke Seite vertritt eher die Vergangenheit, die rechte Seite eher die Zukunft.

Auf der Einleitungsseite sitzt ein Kind unten in der Mitte an einem recht großen Tisch, man möchte sagen Familientisch. Es sitzt dort allein beim Essen und hält – etwas ungeschickt – einen Löffel in der Hand. All das, was gedeckt ist, läßt eher daran denken, daß auch Erwachsene mitessen würden: eine Weinkaraffe und Gläser wie auch eine große Suppenschüssel. Der Platz unten, und zwar in der Mitte, ist an sich bei Darstellungen der Platz des Helden. Und so kennzeichnet den Helden hier wohl sein Platz am Tisch als Platz in der Gesellschaft. Doch in dieser ist er allein.

Ihm gegenüber in der Mitte oben im Bild, also polar von ihm, sieht man das »Christkind«. Es ist kein Engel, denn es trägt eine Krone. Das »Christkind« ist ausdrücklich weiblich und hat hier sogar Busen und Taille. Es ist die Himmelskönigin. Das »Christkind« hält ein Bilderbuch so in der Hand, daß der Betrachter bereits hineinschauen kann. Die Erhöhung des »Christkindes« geschieht rechts und links von ihm durch zwei Weihnachtsbäume mit aufgesteckten Lichtern, an denen Süßigkeiten und Spielzeug herunterhängen. Auch gibt es dort eine Kirche. All das gehört zur Sehnsucht des Kindes, zum Heiligen Abend und der Christnacht, in der das »Christkind« auf die Erde kommt.

Wenn ich nun in die mittlere Bildseite gehe, haben wir den Vollzug des Alltags vor uns. Auf dem linken Bild spielt das Kind mit seinem Spielzeug, einem kleinen Stuhl und einem Pferdchen mit Reiter. Es spielt für sich allein. Mag es sein, daß es dabei vor sich hinträumt. Auf der rechten Seite dagegen sehen wir das Kind an der Hand der Mutter, sozusagen beim Ausgang. Die Mutter trägt ein Umschlagtuch und einen Hut. Das Kind ebenfalls einen runden, ziemlich großen Hut, und dazu hat es ein Spielzeug mitgenommen, seine Peitsche. Es ist also ganz eindeutig ein Junge. Das besondere an diesem Bild ist, daß man beide Figuren von hinten sieht. Ihre Gesichter kann man sich nur vorstellen. Und diese Szene ist es wohl, die der Knabe von seiner möglichen Zukunft träumt: ... daß es so wäre, an der Hand der Mutter zu gehen. Dieser Szene aber sieht er nur nach oder träumt sie. – Im ganzen ist auf diesem Bild der Einleitung ein Kind dreimal zu sehen. Daß es immer wieder das dasselbe Kind ist, läßt sich am immer gleichen blauen Kittel mit dem Gürtel erkennen, mit dem das Kind stets gekleidet ist: Es kann nur der Held der Geschichte sein.

Die Dramaturgie auf der Einleitungsseite stellt also zwei Personen dar, die eine Beziehung zueinander haben, zusammen gehören, aber getrennt sind: das Kind allein am Tisch und die Mutter im Himmel. Vom Zusammensein kann das Kind in seiner Situation nur träumen, dem Zusammen-auf-die-Straße-Gehen kann es nur nachsinnen. Das bedeutet, daß es verlassen worden ist. Es hat einen Verlust erlitten: Ihm ist die Mutter gestorben. Das Kind ist allein.

Nach der vorläufigen Deutung der Bilder möchte ich dieser Interpretation den Text gegenüberstellen, der auf der Einleitungsseite, umrahmt von den Bildern, in der Mitte steht. Er lautet:

Wenn die Kinder artig sind,
kommt zu ihnen das Christkind.
Wenn sie ihre Suppe essen
und das Brot auch nicht vergessen,
wenn sie, ohne Lärm zu machen,
still sind bei den Siebensachen,
beim Spazierengehen auf den Gassen
von Mama sich führen lassen,
bringt es ihnen Guts genug
und ein schönes Bilderbuch.

Dieser Text nun steht in einer krassen Spannung zu den gemalten Bildern. Er stellt eine Aufforderung dar und beschreibt all das, was vom Kind erwartet beziehungsweise wozu es aufgefordert wird, was es nämlich zu tun habe. Sollten alle diese Erwartungen erfüllt sein, wird ihm Gutes versprochen, was das »Christkind« ihm bringen wird. Das aber heißt, daß das Kind als solches, das Kind als eine eigene Person und mit einem eigenen Schicksal, in keinem Moment gesehen wird. Sein Schicksal, und damit sein inneres Befinden, wird übersehen, und es wird sogar aufgefordert, dieses selbst zu übersehen, zu verleugnen und den angeblichen Anforderungen der Außenwelt nachzukommen und zu erfüllen, um sich dann als anständig, wohlerzogen ausweisen zu können und dafür belohnt zu werden. Dies stellt eine extreme Härte der Erziehung unter der gleichzeitigen Verleugnung der persönlichen Situation, des persönlichen Befindens und damit auch seines emotionalen Vermögens dar. Eine solche verleugnende Erziehung muß sich auf die Entwicklung seelisch-geistiger Kräfte auswirken.

Die Interpretation der Einleitungsseite mag als eine Hypothese angesehen werden, doch es ist erstaunlich, wie sämtliche folgenden Geschichten des Struwwelpeters sich auf diese Einleitung mit dem alleingelassenen Kind beziehen.

I. Der Struwwelpeter

Mit der nachdrücklichen Aufforderung zum Hinschauen auf Struwwelpeter und damit Wegschauen von sich heißt es:

Sieh einmal hier steht er,
pfui, der S t r u w w e l p e t e r !
An den Händen beiden
ließ er sich nicht schneiden
seine Nägel fast ein Jahr;
kämmen ließ er nicht sein Haar.
»Pfui«, ruft da ein jeder,
»garstger S t r u w w e l p e t e r !«

Wir alle kennen ihn, den Struwwelpeter mit den langen Haaren, die ihm rings um den Kopf zu Berge stehen, den Struwwelpeter mit den langen Nägeln, der ansonsten wohlgekleidet ist. Er steht da, auf einem kleinen Podest, ruhig, mit einem nach dieser ersten Ausgabe eher hilflosen, vielleicht sogar etwas einfältigen Kindergesicht. Seine Tränen sind wohl durch die nach vorne, gerade herabfallenden Haarsträhnen ausgedrückt. Er hat hochrote Wangen, was bedeutet, daß er erregt sein muß. Und besonders zu bemerken ist, daß das ringsum abstehende Haar zwei Bereiche aufweist: goldbraunes Haar unmittelbar um den Kopf und darüber hinaus geht dieses in eine Verlängerung mit nur dünnen schwarzen Strichen über. Wenn die Haare zu Berge stehen, kann das nur Ausdruck der Verzweiflung sein. Das rotbraune Kittelkleid erinnert an den kleinen Jungen von der Einleitungsseite. Die Ärmel vom Kittel sind in gleicher Weise hoch aufgekrempelt, doch die Farbe des Kittelkleides ist anders. Es ist die warme braune Farbe von Mutters Ausgehtuch. Dazu gibt es noch ein besonderes Detail von der Kleidung der Mutter auf der Einleitungsseite, den Kragen nämlich, der in Spitzen endet, und der jetzt den Kittel des Struwwelpeterkindes ziert. Man kann sagen: Struwwelpeter – das ist Mutters Kind.

Aber was ist mit diesem Kind los? Als Analytiker dürfen wir diese Darstellung wohl als eine Inszenierung ansehen – hier stumm –, die nichts anderes besagt, als daß Struwwelpeter demonstriert: Mir kämmt keiner die Haare, noch schneidet jemand mir sie oder gar meine Nägel. Dieses hier etwa drei- bis vierjährige Kind kann in diesem Alter diese Art der Körperpflege noch gar nicht selbst besorgen. Nichts Böses oder Trotziges ist in seinem Gesicht, und so liegt es viel näher zu denken, daß dieses Kind hilflos und sogar apathisch – und damit von einer erstarrten Form der Trauer, einer frühen Art der Depression überfallen ist.

II. Die Geschichte vom bösen Friederich

Es heißt im Text:

> Der F r i e d e r i c h, der Friederich,
> das war ein arger Wüterich.
> Er fing die Fliegen in dem Haus
> und riß ihnen die Flügel aus.
> Er schlug die Stühl und Vögel tot,
> die Katzen litten große Not.
> Und höre nur, wie bös er war:
> Er peitschte seine Gretchen gar!

Was ist hier geschehen? Friederich steht breitbeinig oben in Bildmitte, die Hände hochgeworfen, triumphierend zwischen einem zerschlagenen Stuhl und einem toten Vogel. Eine tote Katze liegt unten auf dem Bild. Einer Fliege reißt er die Flügel aus. – Es war Anna Freud, die darauf hinwies, daß Kinder passiv Erlittenes umkehren und einem anderen zufügen, um mit der erlittenen Hilflosigkeit fertigzuwerden. Der Fliege wird zugefügt, was Friederich als Struwwelpeter eben noch erlitten hatte. Ohne Flügel kann die Fliege sich – wie er – nicht mehr bewegen. Friederich ist manisch geworden, die Depression von Struwwelpeter ist umgeschlagen in eine zornige Manie. Wenn es dann auf dieser Seite heißt: »Er peitschte seine Gretchen gar«, dann haben wir ein besonderes Bild vorliegen, ähnlich wie auf der Einleitungsseite, wo man dem Kind nicht mehr ins Gesicht schauen kann, Bilder seiner tiefsten inneren Bewegung und Phantasie. Gretchen erscheint als Figur etwas entrückt gemalt, ähnlich wie die Mutter auf der Einleitungsseite, etwas schemenhaft, möglicherweise traumhaft. Sie trägt ein bodenlanges Kleid und gehört damit zu den erwachsenen Frauen im Buch. Der Name »Gretchen« im Text läßt sie eher klein erscheinen. Gretchen weint, denn sie hält ein großes Taschentuch vor ihre Augen. Friederich, vor ihr stehend, hat die Peitsche zum Schlag erhoben, die Peitsche, die wir schon von der Einleitungsseite als typisches Beiwerk des Jungen kennen. Doch was bedeutet das, wenn ein Junge eine erwachsene Frau mit der Peitsche schlägt, so daß sie weggeht und weint? Dieses Bild kann nur ein Bild der Phantasie des Struwwelpeterkindes sein. Diese kleine Szene dient ihm im Unbewußten zur Erklärung seiner Schuld am Weggehen seiner Mutter. Wenn er, Friedrich, seine Mutter geschlagen hat, dann muß er als ein böses Kind gelten. Damit findet der Autor den Grund für das Weggehen der Mutter. Er wäre's selber schuld. Eine gesunde Mutter, eine Mutter, die da ist und in ihrer mütterlichen Funktion steht, würde sich niemals peitschen lassen, denn sie wüßte, daß das dem Kind eine unerträgliche Schuld auflasten würde. Eine Mutter würde diese (Tobes) Handlung zum Schutz des Kindes nicht zulassen, und so ist diese Szene eine Darstellung und Erklärung aus seinen unbewußten Phantasien. Den Tod oder das Sterben erlebt ein Kind als ein Weggehen.

Die Folge für den so schuldbeladenen Friederich ist im weiteren die Geschichte mit dem Hund am Brunnen. Friederich mit der Peitsche klettert zum am Brunnen trinkenden Hund und reizt ihn. Zuerst bellt der Hund, dann, von Friederich mit der Peitsche geschlagen, beißt der Hund zu, tief, so daß es blutet. – Friederich mußte seinen Schmerz, einen seelischen Schmerz, hier konkretisieren. Er provozierte den Biß, man könnte auch sagen, seine Gewissensbisse. Diese Wendung von der seelischen Verzweiflung und Bedrücktheit in die körperliche Krankheit hat hier ihre Darstellung gefunden. In der Psychosomatik heißt diese Wendung: der »mysterious leap«.

Der Erfolg davon ist der, sicht- und begreifbar *krank* geworden zu sein. Im Text heißt es: »Ins Bett muß Friederich nun hinein.« Sein Fieber, Friederich hat ein total gerötetes Gesicht, ist so stark, daß es sich seiner ganzen Bettdecke überträgt. Im Bett liegend ist Friederich wieder klein und hilflos geworden. Er hat ein ängstlich erwartungsvolles Gesichtchen, was wir sehen, wenn er auf den Doktor schaut. Dieser steht am Fußende als eine zuschauende Figur in einem kühlen blauen Rock mit grauer Hose und Gamaschen. Die Hände hat er auf dem Rücken, um Zylinder und Stock zu halten. Der einzige Zeichenfehler ist dem Autor hier unterlaufen, nämlich, daß er die Arme des Doktors umgekehrt im Schultergelenk eingepaßt hat. Damit wird eine Ambivalenz, Liebe zu geben, hier ganz deutlich. Ein Doktor ist einem Kranken gegenüber nicht ambivalent. Ambivalent ist hier der Vater nämlich, der dem halb verwaisten Kind gegenüber Vaterpflichten übernehmen muß.

Auf dem nächsten Bild sitzt der Hund – als ein abgespaltener, unbewußter Selbstanteil – immer noch im Triumph an des Helden Tischchen. Dort ißt er den großen Kuchen, die gute Leberwurst und findet auch den Wein, wie es heißt, für seinen Durst. Die Peitsche, die Friederichs Ich so tyrannisieren konnte, hat er nun in seinem Besitz.

III. Die gar traurige Geschichte mit dem Feuerzeug

Die Geschichte leitet sich ein:

> P a u l i n c h e n war allein zu Haus,
> die Eltern waren beide aus.
> Als sie nun durch das Zimmer sprang
> mit leichtem Mut und Sing und Sang,
> da sah sie plötzlich vor sich stehn
> ein Feuerzeug, nett anzusehn.
> »Ei«, sprach sie, »ei, wie schön und fein!
> Das muß ein trefflich Spielzeug sein.
> Ich zünde mir ein Hölzchen an,
> wie's oft die Mutter hat getan.«

Paulinchen hier, eine weibliche Figur, läßt sich von der Farbe ihres Kleides her, ein intensives Rosarot, als Fortsetzung von der Geschichte mit Friederich erkennen. Sein von der fieberhaften Erregung her rotes Deckbett setzt sich in Paulinchens Kleid direkt fort. Es war Kennzeichen für das Befinden des Helden, als der Doktor beim kranken Kind am Bett weilte. Paulinchen ist der ganz sich Gefühlen hingebende, weiche Teil unseres Helden, ein Teil, der zu jener Zeit eher den Frauen zugeschrieben wurde. Paulinchen ist allein. Sie ist ein Kind, was man am mittellangen Rock erkennen kann, das einzige Mädchen, das im ganzen Buch vorkommt. Die übrigen erwachsenen Frauen im Buch tragen lange Kleider. Aus dem Rock lugen unten weiße Spitzenhosen hervor, Spitzen, die an den Kragen unseres Helden erinnern. In Gedanken ist Paulinchen bei der Mutter und dem, was sie tat, so sagt sie nämlich. Ihre Entdeckung gilt einem Spiel. Als Analytiker dürfen wir dieses Spiel, das Zündeln, als eine Selbstbefriedigung ansehen, wir könnten hier auch sagen als eine Selbsttröstung. Im manifesten Text warnen dann die Katzen Minz und Maunz vor der Gefährlichkeit dieses Spiels:

> Und Minz und Maunz, die Katzen,
> erheben ihre Tatzen.
> Sie drohen mit den Pfoten:
> »Der Vater hat's verboten!
> Miau! Mio! Miau! Mio!
> Laß stehn, sonst brennst du lichterloh!«

Der weitere Text beschreibt den Verlauf der Geschichte: Paulinchen hatte Freude an dem brennenden Hölzlein. Doch ehe sie sich versah, wurde sie von der Erregung erfaßt, und es brannte ihr Kleid, es brannte das ganze

Paulinchen gar. Niemand, und das rufen die Katzen verzweifelt aus, hilft dem Kind, und so verbrennt es bis auf seine Schuhe. Allein ein Häuflein Asche bleibt von ihm übrig. Die Katzen denken an die armen Eltern: »Wo sind die armen Eltern, wo?« Sie weinen so sehr, daß es heißt:

> Und ihre Tränen fließen
> wie's Bächlein auf den Wiesen.

Paulinchen hat sich getröstet. Und dennoch ist sie in ihrem Schmerz umgekommen. Sie hat sich im Feuer ganz und gar verwandelt und sich in ihm aufgelöst. Wenn man die Flammen um Paulinchens Kleid sieht, dann stellt man mit Überraschung fest, daß sie wie einen Saum um Paulinchens Gestalt bilden, zuerst gelb oder goldbraun, und dann enden in grauem Rauch. Wenn ich diesen Saum um Paulinchens Figur mit dem Saum der Haare um Struwwelpeters Kopf vergleiche, entsprechen sich beide so sehr, daß dieses darstellende Moment hilft, Paulinchens Identität als die des Struwwelpeterkindes zu erschlüsseln: seine gefühlsbetonte Seite, die in der Tröstung sich selbst verliert. Ihr Körper wird vom Feuer total verwandelt.

IV. Die Geschichte von den schwarzen Buben

In dieser Geschichte haben wir, ähnlich der Einleitungsseite auf dem Blatt, eine Einteilung in drei horizontale Bereiche. Oben geht ein Mohr über eine Blumenranke, darunter haben wir drei lustige Jungen mit je einem Spielzeug: den Ludwig, den Kaspar und den Wilhelm. Wilhelm unten in der Mitte ist rasch an seinem blauen Kittel, zwar ohne Gürtel, aber mit dem weißen Kragen zu identifizieren. Er trägt jetzt, und zwar seitlich zu sehen, den Hut vom Kind auf der Einleitungsseite. Und daß auch etwas vom Paulinchen in ihm ist, erkennen wir an den Spitzen, die nun unten aus seinem Kittel herausragen. Den Gürtel hat er diesmal nicht um, aber die Brezel, die im Anfang vom Himmel herabhing, hat er in der Hand. Er weist mit dem Zeigefinger nach oben zum Mohr mit dem grünen Schirm. Das tun auch die beiden anderen Buben, von denen einer ganz in den Farben vom bösen Friederich gekleidet ist, mit grüner Jacke und gelber Hose, und Ludwig in den Farben Blau und Rot von Paulinchen. Sie sind durch eine Girlande verbunden, doch nicht eine so fröhliche mit Blumen, auf der der Mohr spaziert. Die Girlande, die sie verbindet, ist schmucklos.

Es heißt im Text:

Die schrien und lachten alle drei,
als dort das Mohrchen ging vorbei,
weil es so schwarz wie Tinte sei.

Das Schreien bedeutet bei den spielenden Kindern eher ein Außer-sich-
Sein. Wenn wir nun die drei Figuren vor uns haben, die alle Ähnlichkeiten mit dem Helden in sich tragen, läßt sich annehmen, daß es um eine
sichtbar gemachte innere Teilung, fraktionierte Selbstanteile des Helden,
geht. Alle sind auf den Mohr bezogen, was möglicherweise heißt, daß sie
seine Unabhängigkeit erstreben, seine Freiheit und seine Sicherheit, mit
der er dort oben geht. Für sie mag er als ein ganz Anderer aussehen.
Schwarz zu sein, heißt für sie, anders zu sein. Und so, wie der Mohr hier
im idealisierten Raum geht, bedeutet es wohl ein Freisein oder Befreitsein
vom eigenen, dem seelischen Schmerz.

Niklas, der nach dem Text nun herbeikommt und diese Kinder ermahnt, tritt nicht nur als ein personifiziertes Über-Ich, sondern eher noch
als ein Ober-Ich auf – wie es Béla Grunberger beschrieb –, der angeblich
die Situation, der Mohr würde ausgelacht und ausgrenzt – ein Vorurteil –,
direkt versteht und hart und ohne Einfühlung diese Buben verurteilt und
bestraft:

Er tunkt sie in die Tinte tief,
wie auch der Kaspar »Feuer!« rief.

Schreien und wehren hilft den Buben nicht. Auf dem nächsten Bild erscheinen sie als schwarze Silhouetten, Tintenbuben, die dem im Sonnen-
schein vorausgehenden Mohr folgen. Als Silhouetten haben sie eine
Dimension verloren, die menschliche. Erregt sind sie immer noch. Das
heißt, die Kur hat nicht geholfen.

Man kann überlegen, ob Nikolas mit seiner Idee des Tauchens in ein
Tintenfaß der inneren Notwendigkeit der Buben nahekam, daß er an
ihrem Bedürfnis, Trauer wegen des unausgesprochenen Verlustes der
Mutter tragen zu müssen, ganz dicht vorbeiging. Er hat den gebeutelten
Buben oder die Buben insgesamt nicht wirklich verstanden und dagegen
seine odnungssuchende und bestrafende, eine anal ausgerichtete Macht
vollzogen. Die so notwendige väterliche Seite fehlte ihm.

V. Die Geschichte vom wilden Jäger

Man muß sagen, bei allem schreitet die Entwicklung des Helden dennoch
fort. Braun nun – nach der vorausgegangenen Geschichte mit dem Macht
ausübenden Nikolas – sitzt der Held als Hase im Blätterhaus. Daß es

wirklich der Held ist, ein Menschenkind, sieht man an den Menschen-
händen des Hasen, die die Geste des »Ätsch« hinter dem Jägersmann
hermachen. Im Text heißt es:

> Es zog der wilde Jägersmann
> sein grasgrün neues Röcklein an,
> nahm Ranzen, Pulverhorn und Flint
> und lief hinaus aufs Feld geschwind.
>
> Er trug die Brille auf der Nas
> und wollte schießen tot den Has.
> Das Häschen sitzt im Blätterhaus
> und lacht den blinden Jäger aus.

Der Jäger, ein inneres Bild vom Vater, geht angeblich auf Jagd, und es ist
wichtig für den neugierigen Hasenjungen, den Jäger, den Vater, in seinem Tun zu beobachten. Eine neue Entwicklungsperiode steht an.

Was der Hase dann erlebt, ist für einen Jäger untypisch. Früh auf der
Pirsch legt der Jäger sich ins grüne Gras und schläft ein. Auf dem Bild
steht über ihm die Sonne, die die Augen zumacht und schmunzelt. Sie
weiß etwas. Der Hase nutzt diese Gelegenheit, um sich mit den Insignien
des Jägers selbst groß zu machen: Er stiehlt die Flinte und die Brille.

Es folgt eine Umkehrsituation. Angeblich viel sehender, mit der Brille
auf der Nase, nimmt der Hase das Gewehr und richtet es auf den Jäger.
Der läßt sich, ähnlich wie Gretchen, in die Flucht jagen. Doch der Jäger
hat ein Ziel. Er läuft in Richtung eines Hauses, aus dem eine Frau
herausschaut. Der Schornstein raucht. Vor dem Haus gibt es einen großen
eingefaßten Brunnen, in den, nach Ansicht des Erzählers, der Jäger zur
Rettung springt. Gleichzeitig geht der Schuß des Hasen los, doch er trifft
nicht mehr, vielmehr trifft er das Gefäß der Frau, die Kaffeetasse, deren
heißer Kaffee nun des Hasen Kind trifft, wenn ihm der Kaffee heiß auf
die Nase lief.

> Er schrie: »Wer hat mich da verbrannt?«
> und hielt den Löffel in der Hand.

Der kleine Hase, des Hasen Kind, läßt sich also vom Löffel her, den der
Held auf dem ersten Bild in der Hand hatte, identifizieren als der Held,
der doch noch klein ist und sich zu viel vorgenommen hatte.

Der Brunnen ist der Ort der Schöpfung, und sein gefaßter Rand schützt
den Schöpfungsakt vor der Sicht anderer. Das Hasenkind – identifizierbar
am Löffel – hat also die Urszene geträumt, und er gibt sogar zu, daß dem
kleinen Has', der er ja auch ist, diese Szene zuviel war und sich aus
einem aufregenden Traum mit einer Pollution naß vorfindet. Eines verrät

auf diesem Bild etwas vom Schicksal des Helden, daß er nämlich Haß auf die Mutter hat; denn beim Schießen trifft er das Gefäß, das die Frau in der Hand hält. Er zerstört etwas Kostbares.

VI. Die Geschichte vom Daumenlutscher

Ohne Schuldgefühle kann ein Kind aus einer solch erregenden und aufregenden Geschichte, wie sie die »Geschichte vom wilden Jägersmann« war, nicht herausgehen. Konrad der Daumenlutscher ist im Ablauf der Geschichten wieder klein geworden, d.h. er ist regrediert und steht jetzt einer Mutter gegenüber. Sie ist gekleidet wie einst der Doktor in kühlem Blau und dunklem Schwarz, Farben, die offenbar den Erziehungspersonen eigen sind, sehr autoritär und distanziert. Eine Ausnahme gibt es an ihr, den roten Schutenhut. Ihr Gesicht ist nicht sichtbar, und ein besonderes hat sie, wenn sie einen langen Schirm ziemlich versteckt hält. Daß Konrad wieder der Held der Geschichte ist, zeigt sich am Kittelkleid, diesmal in gelb, aber mit dem vom Struwwelpeter her bekannten breiten Gürtel. Auch der Spitzenkragen läßt Konrad rasch als den Helden in einer weiteren Verwandlung erkennen. Konrad hat ein einfältiges, spitzes, mitgenommenes Gesichtchen und zeigt als Beweis seiner Unschuld seine offenen beiden Hände vor. Die ganze Geschichte wird nun – laut dem Text, in dem die Mutter spricht – in der Entwicklung zurückverlegt in die orale Phase:

> »K o n r a d«, sprach die Frau Mama,
> »ich geh aus, und du bleibst da.
> Sei hübsch ordentlich und fromm,
> bis nach Haus ich wiederkomm.
> Und vor allem, Konrad, hör,
> lutsche nicht am Daumen mehr;
> denn der Schneider mit der Scher
> kommt sonst ganz geschwind daher,
> und die Daumen schneidet er
> ab, als ob Papier es wär.«

Das wiederum alleingelassene Kind kann gar nichts anderes zu seiner Tröstung machen als den Daumen in den Mund zu nehmen:

> Fort geht nun die Mutter und
> wupp, den Daumen in den Mund!

Auf der nächsten Seite passiert das vorausgesagte Schreckliche: Die Tür geht auf und rasch kommt der Schneider herein, eine dünne Gestalt mit fliegendem Haar, fliegenden Rockschößen, fliegenden Beinen und schneidet Konrad die Daumen ab. Der Schneider, eine Phantasiegestalt des Struwwelpeter-Kindes, leitet sich mit seinem grünen Rock ganz eindeutig vom wilden Jägersmann her. Es ist die Rache, die Konrad für seine Attacke auf den Jäger phantasiert, eine Kastrationsgeschichte, die damit endet:

> Als die Mutter kommt nach Haus,
> sieht der Konrad traurig aus.
> Ohne Daumen steht er dort,
> die sind alle beide fort.

Das ist die Antwort, die Phantasie des Helden der Geschichte, der auf seine kecke Beobachtung des Vaters und seiner Unternehmungen – er ging auf Freiersfüßen – so in seinem Unbewußten träumt. Sicher ist Konrad hier inzwischen auch wissend um die Anziehung durch das weibliche Geschlecht. Das ist hier illustriert mit dem provozierenden roten Hut, viel tiefer rot und viel aufregender als der ehemals so schlichte Hut der beschützenden Mutter auf der Einleitungsseite. Hier in dieser Geschichte kann es keine liebe Mutter sein. Ihr Gesicht sieht man nicht. Sie, die dazu auch noch einen Schirm trägt, erhebt den Finger. Es ist eine phallische Mutter, eine Art Hexe mit Besen, hier dem Schirm, eine Mutter, die eher über Konrad Gewalt hat und dazu – Hexen tun das – über diesen Kleinen noch triumphiert.

VII. Die Geschichte vom Suppenkaspar

Es ist eine fünfteilige Geschichte vom Suppenkaspar auf einem Blatt, Suppenkaspar, der wiederum am blauen Kittel mit dem Gürtel rasch als der Held zu identifizieren ist. Auf dem Bild ist Kaspar dicklich und hat ein aufgeschwemmtes Gesicht. Schon das zeigt, daß es ihm nicht gut geht. Der Latz macht ihn, der doch schon so keck war, wieder klein. Suppenkaspar hebt die Arme und springt verzweifelt von einem auf das andere Bein. Im Text dagegen heißt es:

> Der K a s p a r, der war kerngesund,
> ein dicker Bub und kugelrund.
> Er hatte Backen rot und frisch;
> die Suppe aß er hübsch bei Tisch.
> Doch einmal fing er an zu schrein:
> »Ich esse keine Suppe! Nein!

217

Ich esse meine Suppe nicht!
Nein, meine Suppe eß ich nicht!«

Der Tisch hier ist nicht mehr so schön und etwas für eine Familie gedeckt wie ehemals. Wir erkennen das Tischchen an seiner Größe wieder, auf dem jetzt nur ein Teller mit einem Löffel hingestellt ist. Auch hier entsteht sofort die Frage, wie denn sollte es dem Kind schmecken, wenn er allein essen muß. Und so magert das Kind ab. Zum Schluß heißt es:

Am v i e r t e n Tage endlich gar,
der Kaspar wie ein Fädchen war.
Er wog vielleicht ein halbes Lot -
und war am f ü n f t e n Tage tot.

Wieder haben wir eine Geschichte vor uns, in der unser Held umkommt. Das fünfte Bild zeigt ein Häuflein Erde, das Grab, hinter dem ein Kreuz so steht, daß wir nicht einmal den Namen auf dem Kreuz lesen können. Suppenkaspar hat sich aufgelöst. Er war offensichtlich ein Kind, das zwischen Dicksein und Dünnwerden hin- und hergeschwankt hat. Er hat sein Maß nicht finden können, und ihm ist auch nicht geholfen worden, dieses zu finden. Sicher hat er versucht, sich mit Essen zu trösten, bis er dem nicht gerade gesunden Trost des Essens sich verweigerte. Es ist die Geschichte eines Magersuchtsverhaltens in seiner ganzen existentiellen Wucht.

VIII. Die Geschichte von dem Zappel-Philipp

Drei Personen sind auf dem ersten Bild, eine zum zweiten Mal triangulierte Situation. Zappel-Philipp erkennen wir als den Helden am Kittelkleid mit Gürtel. Jetzt hat das Kittelkleid ein strahlend tiefes Rot. Den weißen Kragen trägt er nach wie vor. Philipp ist größer geworden, ein ödipales Kind, sicher im Alter von vier oder fünf Jahren. Und dort sitzt er am Tisch, dem Vater fast gegenüber, den wir von seiner Kleidung her vom Arzt kennen. Der Vater ist engagiert gegenüber Philipp, hält den Zeigefinger aufrecht, sein Arm geht in seinem Engagement ein Stückchen weit über den Tisch und in seinem Blick nimmt er Philipp sozusagen ins Visier. Zwischen beiden sitzt eine Frauengestalt, eher dichter an den Vater gerückt. Die Verse sagen, daß es die Mutter ist. Doch ob sie es wirklich ist, ist die Frage. Mit herabgezogenen Mundwinkeln schaut sie skeptisch schräg zum Jungen hinüber. Ihr Teller ist leer. Die Hände hat sie nicht über dem Tisch. Das heißt, sie ist dem zappelnden Jungen gegenüber keineswegs engagiert, um etwa eingreifen zu können. Ihre

Kleidung ist auffällig: Sie trägt ein gelbes Kleid und ein rotes Umschlagtuch. Das ist die Umkehrung der Kleidung von Gretchen. Auf dem Kopf hat sie eine weiße Haube mit einem rosa Band, das hinten in lauter lustige Bänder auseinanderfliegt. Der Tisch ist reich gedeckt wie einstmals der Familientisch, an dem der Held allein saß.

Philipp scheint diese Situation unvertraut zu sein. Er mag sie nicht. Er schaukelt auf seinem Stuhl und kommt schließlich so in Schwung, daß er sich mit seinem Stuhl nicht mehr halten kann, nach dem Tischtuch greift und damit alles herunterzieht. Mit einer hilflosen Geste versucht der Vater noch das Tischtuch zu halten, während die Mutter nur zuschaut, was dieses Kind anrichtet. So kommt es, daß auf dem dritten Bild der Tisch ›abgedeckt‹ ist. Alles liegt auf dem Boden, wo Philipp unter der Tischdecke und dem zerbrochenen Geschirr vergraben ist. Die Eltern sind entsetzt aufgesprungen. Sie werfen die Hände in die Höhe, in diesen Gesten gleichen sie sich, und man sieht jetzt, daß die Mutter an ihrem jetzt sichtbaren Gürtel ein Schlüsselbund trägt, also die Schlüsselgewalt besitzt.

Beide sind gar zornig sehr,
haben nichts zu essen mehr.

So heißt es im Text. Die Deutung dieses Bildes von der Position der Mutter her, von ihrem Hut, von ihrer Unbeteiligtheit her gesehen, kann nur die sein, daß der alleingebliebene Vater nun wieder geheiratet hat. Es ist die Stiefmutter, die zum ersten Mal mit am Tisch sitzt. Sie hat noch keine Beziehung zu diesem Kind, fürchtet es eher und schaut daher das Kind skeptisch an. Sie spürt noch gar keine mütterlichen Gefühle in sich. Auf das Detail des weißen Hutes mit dem rosa Band komme ich erst später in der »Geschichte vom fliegenden Robert« zurück. Es ist ein wichtiges Detail und belegt, daß es sich hier um den Hochzeitshut und deshalb um das Hochzeitsessen handeln muß. Daß es der Tisch der Eltern in dieser Geschichte ist, zeigt sich am abgedeckten Tisch, der nun eine grüne Fläche hervorkommen läßt. Auf diesem grünen Tisch stand in der Geschichte vom Paulinchen das Feuerzeug der Mutter. Auch die Biedermeierstühle sind bekannt. Fast könnte man etwas lächelnd sagen, zur Hochzeit ließ man sie neu beziehen. Nun sind sie grün. Auf der Einleitungsseite und auch noch in der Geschichte vom bösen Friederich waren sie noch rot.

219

IX. Die Geschichte vom Hans Guck-in-die-Luft

Wir sehen wieder ein etwas dickes Kind im blauen Kittelchen in entschlossener Bewegung mit einer roten Mappe unter dem Arm. Das kann nur, bei diesem jetzt größer gewordenen Kind, die Schulmappe sein, wenn Hans Guck-in-die-Luft schulreif geworden ist. Mitsamt den roten Schuhen ist er gut ausstaffiert worden. Hans Guck-in-die-Luft entgegen springt ein Hund, den wir schon aus der »Geschichte vom bösen Friederich« her kennen. Der Hund hat ein Halsband, und zwar ein rotes, was zeigt, daß beide doch zusammengehören. Der Hund ist ein abgespaltener Teil, der Hans Guck-in-die-Luft entgegenspringt. Doch beide – wie man auf dem nächsten Bild sieht – stolpern und stürzen schließlich übereinander. Hans Guck-in-die-Luft schaut – nach dem Text – in den Himmel, und der Autor interpretiert den Blick:

Nach den Dächern, Wolken, Schwalben
schaut er aufwärts allenthalben.

Es ist die Frage, ob Hans Guck-in-die-Luft nach Dächern, Wolken, Schwalben schaut. Vorsichtig ließe sich sagen, daß er träumt. Er träumt mit in den Nacken gelegtem Kopf in den Himmel hinein.

Auf der nächsten Seite bahnt sich ein Drama an, denn:

Vor die eignen Füße dicht,
ja, da sah der Bursche nicht,
also daß ein jeder ruft:
»Seht den Hans Guck-in-die-Luft!«

Hans hatte auf seinem Weg die Kaimauer erreicht und merkte nicht, daß er nun darüber hinausschritt. Wieder bemerken das die Tiere, drei Fische diesmal, die erstaunt herbeigeschwommen sind. Auf dem nächsten Bild stürzt mit einem weiteren Schritt Hans ins Wasser, wobei er seine Mappe verliert. Sie wird zum Anzeiger der Zeit und damit für die Schwierigkeit der Rettung. Man sieht auf den nächsten Bildern, wie die Mappe schließlich weit forttreibt. Im Text heißt es:

Doch zum Glück da kommen zwei
Männer aus der Näh herbei,
und die haben ihn mit Stangen
auf dem Wasser aufgefangen.

Der eine dieser beiden Männer trägt eine blaue Schirmmütze, er hat die Ärmel hochgekrempelt. Eine lange Stange führt er mit den Händen, um den Rettungsakt zu vollbringen. Er trägt eine Hose in hellem warmem

Braun. Das Haar von Hans treibt ganz auseinander, und der kleine Körper treibt bereits wie leblos dahin, während ihn dann die Stange des kräftigen Mannes faßt. Der zweite junge Mann kniet am Ufer daneben. Ihm ist nicht ins Gesicht zu sehen. Er macht eigentlich nichts, außer daß er ebenfalls eine Stange mit gebogenem Haken hält. Er schaut intensiv dem dahintreibenden Jungen und dem Tun des älteren Mannes zu. Er ist ein jüngerer Mann und in dieser nicht handelnden Beteiligtheit möchte ich ihn deuten als den adoleszenten Helden, der dem erwachsenen Mann in seinem Tun zuschaut, um sich mit ihm zu identifizieren.

Das letzte Bild aus der Geschichte des Hans Guck-in-die-Luft zeigt den geretteten Hans auf dem Ufer, und es heißt:

Seht, nun steht er triefend naß!
Ei, das war ein schlechter Spaß!
Wasser läuft dem armen Wicht
aus den Haaren ins Gesicht,
aus den Kleidern, von den Armen,
und es friert ihn zum Erbarmen.

Die drei Fische lachen, und die schöne rote Schulmappe ist weit davongetrieben. Doch dieses Bild bedeutet einen Neubeginn. Naß und frierend steht er da, doch er ist gerettet. Der Vater ist nicht mehr zu sehen. Er hat dem Jungen ein Vermächtnis hinterlassen, das heißt: »Du mußt leben, hier stelle ich dich auf deine Beine.«

Es ist das dritte Element, in dem der Held beinahe aufgegangen wäre: das Wasser. Doch hier ist er gerettet, gerettet von einer starken, sicheren Hand. Bei diesem Vater ist das Blau der früheren kühlen Kleidung reduziert auf eine forsche Kappe, die einem Kapitän oder Hafenmeister ansteht. Die rote Weste und die hellbraune Hose sind eigentlich warme Farben, von denen sogar die braune gar nicht so unvertraut ist, wenn die Mutter ehemals diese braune Farbe in ihrem Ausgehtuch trug und auch eher einen warm-roten Hut hatte. Hans ist gerettet. Hans erlebte durch den Vater eine zweite Geburt.

X. Die Geschichte vom fliegenden Robert

Daß auch das Erneut-ins-Leben-gestellt-Werden für dieses Kind gar nicht leicht und selbstverständlich ist, zeigt die letzte Geschichte.

Wenn der Regen niederbraust,
wenn der Sturm das Feld durchsaust,
bleiben Mädchen oder Buben

hübsch daheim in ihren Stuben.
R o b e r t aber dachte: »Nein,
das muß draußen herrlich sein!«
Und im Felde patschet er
mit dem Regenschirm umher.

Robert also verhält sich anders als andere Kinder. Er ist hier etwas trotzig
aufbegehrend, wenn er nicht das tut, was man bei solchem Regen allgemein erwarten würde. Er nutzt den Regen, um sich wohlzufühlen.
Weinen die Wolken für ihn? Vertraut könnte die Gegend sein. Er schreitet, mit dem Schirm über die Schulter aufgespannt, an einer Kirche vorbei. Auch den Baum kennen wir als kleines Spielzeug von der Einleitungsseite. Zeit ist vergangen, er ist gewachsen. Unser Held trägt nun
blaue lange Hosen, vom Kittelkleid sind die braunen Ärmeln herunter-
gerollt. Er trägt sogar einen Zylinder als Kopfbedeckung. Das Kittelkleid
ist etwas verdeckt von einer rosa-weiß gestreiften Kittelschürze.

Letzteres sieht man deutlich, wenn auf dem zweiten Bild unser Held zu
fliegen beginnt und sich diese gestreifte rosa Schürze von seinem braunen
Kittelkleid leicht abhebt. Robert ist in die phallische Phase eingetreten. Er
nutzt den Sturm, in der überdeterminierten Weise einen Sturm der Erregung, um zu fliegen. Es heißt:

Schirm und Robert fliegen dort
durch die Wolken immerfort.
Und der Hut fliegt weit voran,
stößt zuletzt am Himmel an.
Wo der Wind sie hingetragen,
ja, das weiß kein Mensch zu sagen.

Das letzte Bild dieser Geschichte ist wie eine kleine Silhouette. Die
Kirche ist wieder so klein wie auf dem ersten Bild neben dem »Christkind«. Der Baum beugt sich noch im Sturm. Die Regenwolke hat Robert
hinter sich gelassen, und winzig klein ist er nur noch zu erkennen. Er
fliegt dem Himmel entgegen.

Was mag das heißen? Es ist eigentümlich. Die kleine Kirche, genauso
klein wie hier, kennen wir vom allerersten Bild der Einleitungsseite. Dort
steht sie neben dem »Christkind«. Wie in einer guten Analysestunde ließe
sich sagen, schließt sich mit diesem letzten Bild der Kreis. Wenn man das
Buch wieder aufschlägt und als erstes Bild zum »Christkind« kommt,
erscheint es, daß Robert zum »Christkind« fliegt. Und dieser Bogen
macht etwas verständlich: Die besondere Phantasie, die der Held hat. Er
fliegt zum »Christkind«, hin zum Ziel seiner Sehnsucht. Das liegt auch
schon in der Richtung auf dem Bild, daß Robert nach links fliegt, in die

Richtung der Vergangenheit. Doch hin zum »Christkind« bedeutet eine Phantasie der Wiedervereinigung mit dieser ersehnten Figur, jetzt eine ödipale Reunionsphantasie, Robert trägt die Farben rot und weiß, wie wir sie schon von der Hochzeitshaube der Stiefmutter kennen. Die Reunionsphantasie trägt jetzt ödipalen Charaker.

Aus dieser erneuten Phantasie einer Wiedervereinigung, nachdem Hans Guck-in-die-Luft nachdrücklich durch seinem Vater ins Leben gestellt, gerettet, wurde, läßt sich ablesen, wie schwer es für den Helden ist, das Leben zu meistern. Immerfort sucht er eine Wiedervereinigung mit dem verlorenen Objekt: so in der »Geschichte von Paulinchen«, der »Geschichte vom Suppenkaspar«, der »Geschichte vom fliegenden Robert«. Der Held sucht über die Elemente eine Verwandlung seines Körpers, um in den Himmel zu kommen, wo man – nach der »Geschichte von Paulinchen« – auch keine Schuhe braucht. Diese besonderen Phantasien, die die ganze Kindheitsgeschichte und ihre Entwicklung durchziehen, zeigen die Reparationsversuche des Kindes, dieses Helden des Buches, dessen Geschichte mit seinem schweren Trauma des Verlustes seiner Mutter bereits auf der Einleitungsseite dargestellt wurde.

Diese psychoanalytische Interpretation basiert allein auf der Deutung der zehn Bildgeschichten des Struwwelpeters und ihrer Abfolge ohne jede Hinzuziehung der Biographie Heinrich Hoffmanns. Die Autobiographie des Autors Heinrich Hoffmann, nachträglich gelesen, bestätigt die Gesamtinterpretation durch biographische Daten, Erinnerungen, Deckerinnerungen und Erzählungen aus Heinrich Hoffmanns Lebens. Nachzulesen ist das sowohl in meinem Buch ›Der Struwwelpeter‹ – Dichtung und Deutung, wie in den Lebenserinnerungen Heinrich Hoffmanns, die den Titel ›Struwwelpeter-Hoffmann‹ erzählt aus seinem Leben tragen.

Literatur

Eckstaedt, Anita: »Der Struwwelpeter« – Dichtung und Deutung, Suhrkamp Verlag, Frankfurt am Main, 1998

Hoffmann, Heinrich: Der Struwwelpeter oder lustige Geschichten und drollige Bilder von Dr. Heinrich Hoffmann, Insel-Verlag, 1933

Hoffmann, Heinrich: »Struwwelpeter-Hoffmann« erzählt aus seinem Leben. Lebenserinnerungen des Dr. Heinrich Hoffmann. Hrsg. von Eduard Hessenberg. Frankfurt am Main, Englert und Schlosser, 1926

Hoffmann, Heinrich: Der Struwwelpeter in seiner zweiten Gestalt von Dr. Heinrich Hoffmann. Erstmalige Ausgabe des Originals von 1858. Mit einem Nachwort von Beate Zekorn. Berlin: Rütten und Loenig, 1994

Grunberger, Béla: *Vom Narzißmus zum Objekt*, Suhrkamp Verlag, Frankfurt am Main, 1976

Racker, Heinrich: *Übertragung und Gegenübertragung*, Ernst Reinhardt Verlag, München, Basel, 1978

FRANK DAMMASCH/HANS-G. METZGER

Die Suche nach dem Fremden – theoretische Grundlagen und eine empirische Studie zur Bedeutung des Vaters in der familialen Triade

1. Einleitung

Konnte Sigmund Freud sich noch auf der Basis annähernd stabiler patriarchaler Sozialisationsstrukturen (d. h. der Anwesenheit des Vaters) intensiv mit dem Wunsch des kleinen Jungen, seinen Vater zu beseitigen, beschäftigen und die psychoanalytische Theorie um die daraus resultierenden Konflikte, die sich im Drama von König Ödipus zeigen, gruppieren, so sehen wir uns heute, insbesondere in kinderanalytischen Behandlungen, oft mit dem umgekehrten Phänomen konfrontiert: einem manifesten oder latenten »Hunger« nach einem Vater bei gleichzeitigem Übergewicht mütterlicher Präsenz.

Die exklusive Mutter-Kind-Dyade kann zu einem entwicklungsbehindernden und symptombildenden Gefängnis werden. Mehrere Untersuchungen belegen einen Zusammenhang zwischen emotionaler Vaterlosigkeit und psychischer Störung. Die Psychose als Ausdruck basaler intrapsychischer Triangulierungsdefizienz ist die Krankheit, die am klarsten auf das völlige Fehlen der dritten, väterlichen Dimension verweist. Bei Psychosomatikern wurde in einer empirischen Untersuchung (B. Stosch, 1990) eine signifikante Dominanz der Konstellation – schwaches Vaterbild und starkes vereinnahmendes Mutterbild – festgestellt. U. Rupprecht-Schampera (1997) hat in einer komplexen Neukonzeptualisierung der Hysterie als pseudo-ödipaler Symptombildung das frühe emotionale Fehlen des Vaters als triangulierender Dritter bei den Separationsbemühungen des Kindes von der Mutter mit ins Zentrum der Ätiologie gestellt. Auch das Borderline-Syndrom wird zunehmend im Kontext verfehlter präödipaler bzw. pseudoödipaler Triangulierungsprozesse diskutiert (M. Hirsch, 1988, Rohde-Dachser, 1987).

Es gibt also Gründe, die Bedeutung des Vaters für die psychische Entwicklung des Kindes in den Fokus psychoanalytischer Reflexion zu stellen. Zunächst ist die Frage zu klären, warum die emotionale Präsenz des Vaters eigentlich so bedeutsam ist.

Im Rahmen eines universitären Forschungsprojektes haben wir uns über mehrere Semester theoretisch und anhand teilnehmender Familienbeobachtungen mit dem Thema auseinandergesetzt. Dieser Aufsatz soll einen kleinen Ausschnitt unserer Forschungsarbeit vermitteln.

Zunächst geben wir einen skizzenhaften Überblick über traditionelle und zeitgenössische psychoanalytische Konzepte zur entwicklungspsychologischen Bedeutung des Vaters. Sodann möchten wir im zweiten Teil anhand des Protokolls einer Familienbeobachtung die Spuren des kindlichen Erlebens im Wechselspiel von Mutter- und Vaterinteraktionen zu verstehen versuchen.

2. Entwicklungspsychologische Konzepte

Bei der Bewertung des Vaters für die psychische Entwicklung des Kindes können wir vier Strömungen der psychoanalytischen Theorieentwicklung skizzieren.

Sigmund Freud entdeckt die ambivalente Vater-Sohn Beziehung und den ödipalen Vater als potentieller Beschützer und Kastrator und als Vertreter der Realität. Die psychische Repräsentanz des Vaters bildet wesentlich das Über-Ich, die dritte Instanz im Strukturmodell.

In der Generation nach Freud kommt es zu einer intensiven Beschäftigung mit der frühen Mutter-Kind-Dyade unter Ausschluß des Vaters. Sowohl Säuglingsbeobachtungen wie klinische Betrachtungen (z. B. Bindungstheorie, Selbstpsychologie) bemühten sich um die Konzeptualisierung einer präödipalen, rein dyadisch geprägten Lebenswelt der frühen Kindheit.

Zunächst wenig beachtet stellen Hans W. Loewald, M. Mahler, E. Abelin u.a. die Bedeutung des präödipalen Vaters als triangulierenden Dritten heraus. Der Vater verhilft dem Kind zum Übergang von der Mutter-Kind-Dyade zur Triade.

Insbesondere die französische Psychoanalyse (J. Lacan, J. Chasseguet-Smirgel, A. Green u. a.) und die Schule Melanie Kleins sehen die psychische Existenz des Menschen von Beginn an triadisch strukturiert. Der väterliche Phallus in der Innenwelt der Mutter bildet den symbolischen Raum, der ein Dreieckverhältnis trotz äußerlich sichtbarer Dyade ermöglicht.

Sigmund Freud sicherte dem Vaterbild in seinen Konzeptualisierungen menschlicher Erlebnisverarbeitung einen hervorragenden Platz. Im Zentrum der klassischen Psychoanalyse steht das Konzept der Triangulierung von Beginn an. Schon in einem Brief an W. Fließ 1897 entdeckt er in den Triebwirrungen des kleinen Knaben das »allgemeine Ereignis früher Kindheit«, nämlich die »Verliebtheit in die Mutter und die Eifersucht gegen den Vater«.

Diese durch das sexuelle Begehren und den Haß aufgeladene Dreierbeziehung zwischen Kind, Mutter und Vater wird er später Ödipuskomplex nennen.

Die ödipale Auseinandersetzung mit dem stets wechselhaften Bild des Vaters als gefürchteter Kastrator und als idealisierte, gottähnliche Gestalt stand in seiner Selbstanalyse wie in seinen Werken im Zentrum seines Denkens. Die ödipale Triade findet ihren theoretischen Niederschlag im Strukturmodell, in dem aus objektpsychologischer Perspektive annäherungsweise das Es der Mutter, das Ich dem Selbst und das Über-Ich dem Vater zugeordnet werden kann.

Nach dem Tode des »ödipalen Denkers« Freud rückte die präödipale Entwicklung des Kindes und die Fokussierung auf die frühe Mutter-Kind-Dyade ins Zentrum der Theorieentwicklung. Das führte dazu, daß einerseits das Bild des vorwiegend kastrierenden Vaters konserviert wurde, andererseits drohte über die intensive Beschäftigung mit der Mutter-Kind-Dyade die Bedeutung des Vaterbildes ganz zu verschwinden. Dies führte zu einer eigenartigen Spaltung. Wurde einerseits das Bild der »bösen«, alle Pathologie verursachenden allmächtigen Mutter gezeichnet, so geriet die psychotherapeutische Situation andererseits immer mehr in die Gefahr, zu einer Versorgungsinstitution mit guter Mütterlichkeit zu werden. Am stärksten ist diese Tendenz der Überbetonung mütterllicher Empathie im therapeutischen Prozeß in den klinischen Konzeptualisierungen der Selbstpsychologie und Bindungstheorie zu finden.

Nachdem Hans W. Loewald (1951) erstmals die präödipale Bedeutung des Vaters als progressionsfördernde »repräsentative Störung der primärnarzißtischen Position« in den Mittelpunkt der Betrachtung stellt, hebt M. Mahler die positive Bedeutung des präödipalen Vaters als »unkontaminierter Mutterersatz« bei der Separation und in der Wiederannäherungsphase hervor:

»Der Vater ist eine mächtige und notwendige Unterstützung gegen die Bedrohung der Wiederverschlingung des Ichs durch den Strudel des primären undifferenzierten Zustandes.« (Mahler/Gosliner, 1955, S. 209f.; eigene Übersetzung) Während die frühe allmächtig versorgende Mutter durch die unvermeidlichen Enttäuschungen vom Kind zusehends ambivalent geliebt und gehaßt wird, das Kind in der Wiederannäherungsphase intensiv den Konflikt zwischen dem regressiven Rückkehrwunsch und dem progressiven Wunsch nach Autonomie mit der Mutter durchlebt, bleibt das Vaterbild von der heftigen unneutralisierten Triebbesetzung unbehelligt. Der Vater kommt zum Kind von außen, vom »outer space« als »etwas glänzend neues und aufregendes, genau zu der Zeit, wenn das Kleinkind das brennende Bedürfnis nach Expansion hat« (Mahler, 1966, zit. nach Abelin 1971, S.232; eigene Übersetzung). So wird der Vater im Erleben des Kindes zum »Ritter in der glänzenden Rüstung« und manchmal auch zum »Retter vor der bösen Mutter«.

Ernst L. Abelin (1971, 1975), ein Mitarbeiter Mahlers, war es, der die Bedeutung des Vaters für die innere Strukturbildung im Bezugsrahmen von Mahlers Individuationskonzept systematisch zu fassen versuchte in dem Mechanismus der »frühen Triangulierung«. Die Triangulierung beinhaltet den Prozeß, durch den die Spiegelerfahrungen des Kindes mit Mutter und Vater im Rahmen der Wiederannäherungsphase allmählich zu inneren Imagines werden. Die Selbstrepräsentanzen des Kleinkindes, die sich bisher aus den dyadischen Spiegelungen von Mutter oder Vater gebildet haben, entwickeln sich etwa ab 18. Monat zusätzlich im Spiegel der Beziehung von Mutter und Vater als Paar. Jetzt erfährt das Kleinkind, daß Mutter und Vater in irgendeiner Weise verbunden sind. Dem Vaterbild kommt also hier doppelte Bedeutung zu: Als dyadische Kontrastrepräsentanz zur Mutter und als irgendwie verbundener Beziehungspartner der Mutter.

Während Freud sich im wesentlichen mit der Bedeutung des Vaters für den Sohn beschäftigte, diskutiert Abelin auch geschlechtsspezifische Differenzen.

Die frühe Triangulierung Vater-Mutter-Selbst bildet beim Jungen den Kern der Geschlechtsidentität und bereitet die ödipale Triangulierung vor. Der Junge ist quasi biologisch programmiert, sich früher als das Mädchen von der primären Identifikation mit der Mutter, ihrer Feminität zu lösen, den Vater zu finden, um seine Geschlechtsidentität im Rahmen der Triangulierung zu bilden. Greenson (1966) hatte in seinem viel beachteten Aufsatz »dis-identifying from mother« von der Notwendigkeit des Jungen zum Aufbau der eigenen Geschlechtsidentität, sich schon präödipal von der Mutter zu »ent-identifizieren«, geschrieben.

Während bei der theoretischen Bewertung der Notwendigkeit des präödipalen Vaters für die psychische Entwicklung des Jungen allgemein Übereinstimmung festzustellen ist, so liegt bei der Bewertung des Vaters für die Entwicklung des Mädchens noch einiges im Dunkeln.

E. Abelin (1980) geht davon aus, daß der Vater für das Mädchen nach dessen primärer Identifizierung mit der Mutter erst in der ödipalen Phase wirkliche emotionale Bedeutung erlangt. Die erste im Spiel mit Puppen oder Babys beobachtbare Formbildung des Mädchens bezeichnet er als »Madonnen-Konstellation«. Hierbei besteht das präödipale Dreieck aus der Mutter, dem Baby und dem Selbst. In diesem Konzept nimmt das Mädchen den Vater erst in der ödipalen Phase als triangulierenden männlichen Dritten wahr.

Jessica Benjamin (1992) dagegen betont, daß das Mädchen gerade aufgrund der »Ähnlichkeitsverbindung mit der Mutter« stark auf das andere Objekt Vater angewiesen ist, um sich durch die Identifizierung mit der Differenz des Vaters (auf körperlicher Ebene: dem Penis) seine Autonomie und Individualität zu sichern. Der Vater wird schon in der Wiederannäherungskrise für das Mädchen Symbol der Unabhängigkeit von der als allmächtig empfundenen Mutter und ermöglicht einen Ausweg aus dem Hin und Her zwischen Abhängigkeitsgefühlen und Autonomiewünschen. Daneben kann das Mädchen im Spiegel des väterlichen Blickes seinen weiblichen Körper in Besitz nehmen und sein eigenes Begehren erkennen.

Die Möglichkeit des Mädchens, sich über die Kontrastbeziehung zum sinnlich erfahrbaren Vater, der von der Mutter emotional anerkannt wird, einerseits mit dem Anderen, dem Fremden, dem Nicht-Homologen, dem Männlichen zu identifizieren und andererseits sich als Subjekt mit eigenem Begehren zu erkennen, erscheint uns eine wesentliche Bedingung zu sein, um sich den Übergang in die ödipale Phase mit ihren sexuellen und aggressiven Wirrnissen zu erlauben.

Aber woraus entsteht der Wunsch, der Trieb des Mädchens, sich aus der Bindung mit der Mutter zu lösen und sich dem Vater zuzuwenden?

Chasseguet-Smirgel begründet den Objektwechsel des Mädchens so: »Tatsächlich erweist sich der Glaube an ein gutes Objekt, das alle Mangelerscheinungen des ersten Objektes ausgleichen kann, als notwendige Bedingung für den Objektwechsel. Dieser Glaube kann nicht entstehen, ohne daß alle guten Aspekte des Objekts auf ein zweites Objekt projiziert werden; gleichzeitig findet eine, zumindest vorübergehende, Projektion der bösen Aspekte auf das Urobjekt statt. Eine solche Spaltung ist unerläßlich, damit der Objektwechsel überhaupt in Gang kommt, da außer ihr kein Motiv für dessen Vollzug vorhanden ist. Sie ist Grundlage der Dreieckssituation für das Mädchen.« (1974, S.138)

Implizit wird hier darauf hingedeutet, daß der Objektwechsel des Mädchens wesentlich auf eine Kraft angewiesen ist, die aus der Idealisierung des Vaters entsteht, d.h. aus der Illusion, er könne den Mangel, die Lücke in der Bedürfnisbefriedigung, die die Mutter zwangsläufig läßt, beheben.

Die progressive Möglichkeit, sich von der frühen allmächtigen Mutter zu lösen, ist also eng mit der illusionär idealisierenden Überbesetzung des Vaters verbunden. Die Möglichkeit des Kindes, den Vater sowohl als zweites wie auch als triangulierendes Objekt libidinös zu besetzen, ist unabdingbar mit einer »genügend guten« Beziehung zwischen Mutter und Vater als Paar verknüpft. Psychoanalytisch betrachtet muß der Vater nicht nur biologisch als Sperma in der Eizelle, sondern auch psychologisch als Bild in den Gedanken der Mutter vorhanden sein, d.h. der Vater muß als wertgeschätztes Objekt in der Innenwelt der Mutter repräsentiert sein.

Die französische Psychoanalyse geht seit Lacan davon aus, daß der Vater immer irgendwo im Unbewußten der Mutter präsent ist. A. Green bringt Winnicotts Gedanken eines »potentiellen Raumes« und der kindlichen Kreation eines »subjektiven Objekts« in Zusammenhang mit der potentiellen Präsenz eines Dritten im Inneren der Mutter. »Wenn Winnicott uns sagt, daß es so etwas wie ein Kind, das sich Säugling nennt und das auf das Paar hinweist, das es mit der mütterlichen Fürsorge bildet, nicht gibt, sind wir versucht, hinzuzufügen, daß es ein solches durch Mutter und Kind gebildetes Paar ohne Vater nicht gibt. Denn das Kind repräsentiert die Vereinigung von Mutter und Vater.« (1975, S.526)

Dieses entwicklungspsychologische Konzept der Triade als Urform menschlicher Beziehung wird von Psychoanalytikern unterschiedlicher Provenienz geteilt. Es stellt implizit das Konzept M. Mahlers einer symbiotischen Phase, aus der sich das Kind separieren muß, in Frage. So geht Melanie Klein von der Existenz des Vaters in Form einer unbewußten Phantasie des Kindes vom väterlichen Penis, der im Körperinnern der Mutter aufbewahrt wird, aus. R. A. Lazar sieht die Vorläufer der Triangulierung konkret auf der Ebene der körperlichen Teilobjekte in der »Brustwarze-im-Mund«-Situation liegen. »Die erigierte Brustwarze als penetrierender Teil erhält also ›väterlichen‹ Charakter sowohl als Spender als auch als Regler des Michflusses, und diese Milch dient als Vorbild für alles ›Gute‹, das internalisiert wird: Worte, Ideen, Musik usw.« (1988, S.31)

Für A. Green ist offensichtlich, »daß die Qualität einer guten Beziehung von Seiten der Mutter von der Liebe der Mutter zum Vater abhängt und von der Art und Weise, wie sie sich von ihm geliebt fühlt, auch wenn die Beziehung des Kindes zum Vater in der frühesten Lebensphase noch nicht in Betracht gezogen werden kann.« (1996, S.94f.) Das bedeutet, daß »das Kind durch Präsenz des Vaters in den Gedanken der Mutter und ihren Phantasien über ihn beeinflußt wird. ... Darüber hinaus beschränkt sich das dritte Element nicht auf die Person des Vaters allein – es ist symbolisch. Dies drückt aus, daß in den Gedanken der Mutter das dritte Element redupliziert wird. Neben der wirklichen Person des Vaters können ihr eigener Vater oder ihre eigene Mutter stehen als Repräsentanten ihrer Kindheitsphantasien, daß sie einen Penis oder ein Kind von ihren Eltern bekommt.« (S.95) Aus dieser Perspektive ergibt sich, daß die wirkliche Entwicklungsaufgabe des Kindes nicht beim Übergang von der Dyade zur Triade liegt, »sondern im Übergang von der potentiellen Dreisamkeit (solange der Vater nur in den Gedanken der Mutter ist) zur effektiven Dreisamkeit, wenn er vom Kind als klar umrissenes Objekt erfaßt wird. Mit anderen Worten, im Übergang, soweit er den Vater betrifft, von einer ausschließlich inneren Situation (in den Gedanken der Mutter) zu einer anderen, die sowohl eine innere als eine äußere ist und in der das Kind seine Existenz wahrnimmt.« (S.96)

Thomas H. Ogden (1987) entwickelt ähnliche Ideen, wenn er in Transformation des Konzepts des Übergangsobjekts von Winnicott Gedanken zum ödipalen Objektwechsel des Mädchens entwirft.

Analog zur Kreation des frühen potentiellen Raums als Übergangsbereich von der inneren zur äußeren Welt braucht das Mädchen auch für den Übergang zur ödipalen Beziehung zum »Anderen«, zum fremdartigen Objekt »Vater« eine Übergangsbeziehung, die von der Mutter zur Verfügung gestellt werden muß: Die Beziehung zum inneren Vater der Mutter.

»... der Eintritt in den Ödipuskomplex kreist ursprünglich nicht um die Beziehung zum realen Vater, sondern um die unbewußte Identifikation der Mutter mit ihrem eigenen Vater (genauer: die innere Beziehung der Mutter mit dem eigenen Vater). Die frühe Phase der weiblichen ödipalen Entwicklung beinhaltet eine Triangulierung von Objektbeziehungen, die im Kontext einer Zwei-Personen-Beziehung erreicht wird. Bevor das kleine Mädchen zur Beziehung mit dem Anderen (dem Vater) fähig ist, lassen sie und ihre Mutter sich ein auf eine Generalprobe für das spätere ödipale Drama, in welchem dann der wirkliche Vater (ein erheblich vollständigeres äußeres Objekt als die Mutter-als-Vater) im Zentrum stehen wird.« (Ogden 1987, S. 489, eigene Übersetzung)

Neben diesen theoretischen Standpunkten zur strukturellen Bedeutung des Vaters, die im wesentlichen auf klinisch psychoanalytischen Rekonstruktionen basieren, gibt es andere, die sich auf die Beobachtung des realen Vaters im Umgang mit dem realen Kind beziehen.

James M. Herzog (1985), der der konkreten väterlichen Präsenz die wichtigste sozialisatorische Bedeutung beimißt, zeigt in einer Langzeit-Beobachtung von acht »intakten« Familien auf, wie sich die Interaktionsformen von Vätern und ihren Kindern im Spiel ausgestalten.

Generell tritt der Vater, wenn die Mutter ihn läßt, bei der abendlichen

Ankunft in der Familie als willkommener Störenfried der eher homöostatischen Interaktionen mit der Mutter auf. Aktiv unterbricht er das bisherige ruhige Spiel und initiiert neue erregende »kamikazeartige« Spielrunden im »action mode«. Dies geht soweit, bis das Kind sich in unkontrolliert heftigen Affekten zu verlieren scheint. Nun beendet der Vater das Spiel, bevor er nach kurzer Pause eine neue Runde motorisch erregenden körperlichen Spiels eröffnet. Das Vater-Kind-Spiel ist also durch einen aktiven Kanalwechsel von heimeligen homöostatischen Mutterspielen hin zu fremden, aufregend libidinösen und kontrolliert männlich aggressiven Interaktionserfahrungen gekennzeichnet.

Herzog schließt aus seinen Spielbeobachtungen, daß der Vater als Störenfried der homologen Affektabstimmung mit der Mutter, als Modulator und Organisator eines intensiven Affektsystems betrachtet werden kann. Bevaterte Kinder zeigen eine größere Freiheit im Umgang mit intensiven Triebimpulsen und Gefühlen.

Neben dieser allgemeinen Eigenart des unterbrechend aktionistischen Vater-Kind-Dialogs beobachtet Herzog (1991) signifikante geschlechtsspezifische Unterschiede am Ende des zweiten Lebensjahres. Während Söhne sich den väterlichen Spielrunden anpassen, sich sozusagen vom »aggressiven« Vater führen lassen, dämpfen die Töchter den unterbrechenden Enthusiasmus ihrer Väter und vermitteln ihm ihre Vorlieben und Interessen. Und der Vater seinerseits läßt sich tendenziell eher passiv folgend in ihre Welt einführen. Diese Welt ist hervorgegangen aus der gemeinsamen Sprache mit der Mutter, die sich als Gesamtheit sozioaffektiver Repräsentanzen der dyadischen Mutter-Kind-Interaktionen entwickelt hat. So lehrt das Mädchen dem Vater die Muttersprache (»mother's tongue«) und bildet sich bei entsprechenden rezeptiv-spiegelnden Fähigkeiten des Vaters zur Lehrmeisterin der Intimität aus. Im idealen Fall sind dies erste Erlebnisse gelungener Verführung auf prägenitalem Niveau, die für die Ausbildung von Ichideal und Selbstwertgefühl prägend sind und späteres ödipal-verführerisches Selbstvertrauen vorbereiten. Ein interessantes Nebenergebnis der Studie ist, daß Mütter das aufregend körperbetonte Vater-Kind-Spiel bei den Söhnen länger und hitziger akzeptieren als bei den Töchtern, wo sie sehr viel schneller dämpfend einwirken.

Auf der Basis dieser theoretischen Entwürfe können wir zusammenfassend feststellen, daß eine trianguläre Innenwelt basierend auf dem Dreieck Mutter-Selbst-Vater für die Trieb- wie die Ich-Entwicklung, ja für das symbolische Denken schlechthin von besonderer Bedeutung ist. Unabhängig davon, ob man die potentielle Triade als symbolischen Raum schon am Beginn menschlicher Erlebnisverarbeitung postuliert oder ob die Triade sich aus der Dyade langsam herauskristallisiert, nehmen wir übereinstimmend auf der Basis der inneren Objektbeziehungen folgendes an: Etwa ab dem 18. Lebensmonat wird das Bild des »unkontaminierten« Vaters allmählich als erstes separates »wirkliches« Objekt innerlich repräsentiert und hilft bei der progressiven Überwindung der Wiederannäherungskrise. Mit Hilfe des Vaters taucht das Kleinkind aus dem Strudel des Ambivalenzkonfliktes mit dem omnipotenten Mutterbild auf. Der Dritte verhilft dazu, sowohl die Selbstrepräsentanz zu konstellieren als auch die Mutter als getrenntes, eigenständiges Objekt wahrzunehmen. Voraussetzung für die Etablierung des männlichen Dritten als inneres Objekt ist die kindliche Wahrnehmung einer irgendwie vorhandenen elterlichen Beziehung. Die Verinnerlichung der Beziehung von Mutter und Vater als Paar stellt quasi als viertes Objekt ein Verbindungsglied dar, das dazu verhilft, Mutter- und Vatererfahrungen miteinander verknüpfen zu können. Erst die innerpsychische Etablierung dieser Verbindungsrepräsentanz von Mann und Frau als verbundenes elterliches Paar ermöglicht schließlich wechselseitige Identifizierungen und innere Perspektivenwechsel. Dies ist Voraussetzung für die ödipale Triangulierung und für eine psychische Repräsentierung von Bisexualität auf der Grundlage einer gefestigten Kernidentität, die u.a. die Möglichkeit eröffnet, sich mit dem jeweils anderen Geschlecht zu identifizieren.

Der Vater (im Inneren der Mutter und in der äußeren Realität) zeigt sich im Erleben des Kindes von zwei sich dialektisch ergänzenden Seiten. Zum einen ist er der gehaßte Störenfried, der die Realität von außen an das Kind heranträgt und es der narzißtischen Kränkung aussetzt, daß die ewige Verschmelzung mit der idealen allmächtigen guten Mutter-Imago nur Illusion ist. Er zerschneidet sozusagen die psychische Nabelschnur zwischen Mutter und Kind und etabliert damit das frühe Inzesttabu. Zum anderen ist er der bewunderte Befreier, der das Kind vor der bedrohlichen Wiederauflösung des Ichs im Strudel der Symbiose mit der Mutter schützt, zur »Ent-Identifikation« von der primären Mütterlichkeit führt, Selbst- und Objektgrenzen etablieren hilft und das Kind als Individuum in eine ödipal strukturierte Welt einführt.

3. »Der Turmkäfig« –
psychoanalytische Interpretation einer Familienbeobachtung

3.1 Vorbemerkung

Im folgenden stellen wir das Protokoll einer Beobachtung vor, die uns für die Dynamik des Prozesses der Triangulierung und für typische Konflikte, die sich aus dieser Dynamik ergeben können, paradigmatisch zu sein scheint. Es handelt sich um einen Text, der im Rahmen des Forschungsseminars »Psychoanalytische Familienbeobachtung unter besonderer Berücksichtigung der Bedeutung des Vaters für die psychische Entwicklung des Kindes« erstellt wurde. In dem Seminar gehen Studenten der Erziehungswissenschaften zu insgesamt 10 Beobachtungen in eine »normale« Familie, die von uns nur unter Forschungsaspekten aufgesucht wird. Die Protokolle werden direkt nach der Beobachtung geschrieben. Alle Namen sind verändert.

Die vorgestellte Beobachtung findet an einem Wochentag um 17.30 statt. Es ist bereits die 5. Beobachtung, sodaß wir davon ausgehen können, daß die erste Fremdheit zwischen Familie und Beobachterin bereits überwunden ist.

Die Beobachterin[1] hat die Familie im ersten Protokoll so vorgestellt:

»Familie Schmidt wohnt in einem Reihenhaus in einem Neubaugebiet.

Frau Schmidt hat vor ca. 3 Jahren ein Studium abgeschlossen, ist aber nicht in ihrem Beruf tätig. Sie ist zu Hause und versorgt die Kinder.

Herr Schmidt ist voll berufstätig, aus den Vorgesprächen weiß ich, daß er oft erst nach Hause kommt, wenn die Tochter schon schläft.

Sie haben zwei Kinder, Alexander, 9 Jahre, und Sabine, 2,5 Jahre.«

3.2 Die erste Hälfte des Protokolls: Mutter und Tochter

»Heute soll ich eine halbe Stunde später als sonst kommen, da Alexander dann schon zu den Pfadfindern gebracht ist und der Vater dann vieleicht auch da sein könnte.

Als ich klingele, strahlt Sabine und rennt zur Tür (was ich durch die Glastür sehen kann). Sie macht die Tür aber nur einen ganz kleinen Spalt auf, und die Mutter fragt: ›Willst Du sie nicht rein lassen?‹

Sabine und ich gehen hoch, die Mutter backt unten Plätzchen, wozu sie Sabine auch animieren will. Sabine geht aber mit mir hoch. Beim

---

[1] Wir danken Frau Sibylle Erhardt für die Durchführung und die Protokollierung dieser Familienbeobachtung.

Hochgehen nimmt sie ein Männerduschgel mit, das auf der Treppe steht, und bringt es, nachdem sie mich in ihr Zimmer gebracht hat, ins Bad. Als sie wieder in ihrem Zimmer ist, macht sie die Tür zu, was mir auffällt, da sie bei meinen vorherigen Besuchen immer offen war. Dann räumt sie ihr Zimmer auf, das meiner Ansicht nach auch schon vorher recht ordentlich war. Jetzt ist alles auf seinem Platz, einem Stofftier bestimmt sie den Platz auf meinem Schoß sowie einer Babypuppe, die sie mir wie ein Baby auf den Arm legt. Dann legt sie die Puppe in den Kinderwagen schlafen.

Die Mutter kommt hoch und fragt Sabine, was sie denn macht und warum die Tür denn zu sei. Sabine sagt: ›Lego.‹ Sie soll doch nach unten kommen und ihr beim Plätzchenbacken helfen. Sabine will aber nicht. Sie komme ja doch noch, sagt die Mutter und geht nach unten. Sabine macht die Tür wieder ganz fest zu, dann holt sie das Lego, stellt es hin und tut es dann wieder weg. Sie setzt sich an ihren kleinen Tisch, um zu malen. Dabei wird sie ganz knatschig und ruft nach der Mama, die hoch kommen soll. Sie ruft aber so leise, daß die Mama sie garnicht hören kann. Sonst jammert sie nur vor sich hin. Nach einer Weile kann ich es nicht mehr aushalten und sage: ›Dann geh' doch runter.‹ Sie geht, ich soll oben bleiben, die Mama soll hoch. Die Mama sagt ihr nochmal, sie soll doch zu ihr in die Küche kommen. Nach ein bißchen Geknatsche sind wir dann alle in der Küche. Frau Schmidt formt Teigrollen für Plätzchen und kommentiert alles in der Wir-Form (also ›wir machen‹), Sabine steht aber nur daneben und guckt zu. Mir fällt heute die Babysprache wieder als ganz stark auf. Zu den Teigrollen sagt Frau Schmidt immer wieder: ›Die Mama macht aber komische Würste.‹

Dann wird Sabine aufgefordert, mir zu erzählen, daß heute der Nikolaus im Turnen war. (Frau Schmidt geht mit Sabine manchmal vormittags turnen.) Ob sie da Angst gehabt hätte, wird sie gefragt. Frau Schmidt erzählt mir, daß Sabine ihr gesagt hat, daß böse Jungen nichts bekommen und daß sie keine Angst hat und daß sie auch etwas bekommen hat, weil sie ja ein liebes Mädchen ist. Frau Schmidt fragt Sabine, warum sie kein Junge ist. Sabine antwortet nicht, und das Gespräch bricht an dieser Stelle ab.«

Von Beginn der Beobachtung[2] an sucht Sabine mit der Beobachterin ein Paar zu bilden. Da die Mutter versucht, die Tochter bei sich in der Küche zu halten, wird klar, daß innerhalb der Triade ein Konflikt entsteht.

---

[2] Für diesen Artikel haben wir uns in der Interpretation auf die Triangulierungsbewegungen des Kindes beschränkt und andere Zusammenhänge nicht aufgegriffen.

Sabine nimmt diesen Konflikt in Kauf und entscheidet sich gegen den Wunsch der Mutter. Wie nebenbei nimmt sie auf dem Weg in ihr Zimmer ein Männerduschgel mit und bringt es ins Bad. Da sie nicht dazu aufgefordert wurde, scheint dieser Handlung Bedeutung zuzukommen. Die Beobachterin versäumt nicht, auf das Geschlecht hinzuweisen: Es ist nicht irgendein Gel, sondern es steht in Verbindung mit dem männlichen Geschlecht. Entgegen der Aufforderung der Mutter, mit ihr Plätzchen zu backen, betont Sabine hier mithilfe des männlichen Symbols die Abgrenzung.

So läßt sich im Auftakt der Beobachtung ein deutlicher Impuls des Mädchens nach Lösung aus der dyadischen Beziehung zur Mutter, mit der sie tagsüber meist zusammen ist, feststellen. Sabine ist auf der Suche nach einem Objekt, das sich deutlich von der Mutter unterscheidet. Der durch das Duschgel symbolisch »nach oben« mitgenommene Vater wie auch die Beobachterin sollen ihr hierbei behilflich sein.

Diese Suche setzt sich fort, wenn Sabine im Gegensatz zu den bisherigen Beobachtungen die Tür schließt und damit die Mutter betont aus ihrem Raum ausschließt.

Dann räumt sie ihr Zimmer auf, als wollte sie es für die Besucherin schön herrichten. Im eigenen Raum gestaltet sie aktiv eine alternative Dyade, eine harmonische Szene, in der Separation möglich ist und die dadurch in deutlichem Gegensatz zur Intention der Mutter steht. Indem sie der Beobachterin ein Stofftier in den Schoß und eine Babypuppe in den Arm legt, macht sie sie zum mütterlichen Objekt – zur Mutter ihrer Kuschel-Kinder.

Die Szene wird von der Mutter unterbrochen. »Die Mutter kommt hoch und fragt Sabine, was sie denn macht und warum denn die Tür zu sei. ... Sie soll doch nach unten kommen und ihr beim Plätzchen backen helfen.«

Der zuvor bereits angelegte Konflikt zwischen der Separation von Sabine und dem Wunsch der Mutter nach gemeinsamen Backen wird jetzt von der Mutter verschärft. Sie will Sabine, die ausdrücklich von ihr weggegangen ist, zu sich zurückholen. Sie stellt ihr zwei Fragen auf einmal, auf die die Tochter garnicht zusammen antworten könnte. Beide Fragen sollen den abgegrenzten Raum der Tochter erkunden und die Separation infrage stellen: »Was sie denn macht und warum die Tür zu sei?«

In den so verschränkten Fragen steckt wohl weniger ein Interesse an den Aktivitäten der Tochter als vielmehr ein zunehmend deutlicher werdender Vorwurf. Sabine soll bei ihr in der Küche sein und gemeinsam mit der Mutter die Weihnachtszeit vorbereiten. Die Mutter macht ein

Angebot zu einer traditionell weiblichen Identifikation, das die Tochter ausschlägt.

Sabine antwortet: »Lego.« Faktisch gesehen ist ihr spärlicher Einwortsatz falsch, weil sie nicht mit den Lego-Bausteinen spielt, so daß sich ihre Antwort nur auf einer symbolisch vermittelten Ebene verstehen läßt. Gegen den mütterlichen Wunsch nach der Gemeinsamkeit in der Küche setzt sie das Spiel mit den Bauklötzen, gegen den weich geformten Teig die geometrischen, klar strukturierten Formen. Mit dem Lego schließt sie symbolisch an das Männerduschgel an, bemüht um eine Abgrenzung gegen die Welt der Mutter durch die Betonung männlicher Elemente. Sie hält der Mutter, die die verschlossene Tür mißachtet, das Lego wie ein Schutzschild entgegen.

Die Mutter gibt ihr Bemühen, die Tochter in die Küche zu holen, nur scheinbar auf und verabschiedet sich mit einer Prophezeiung: »... sie komme ja doch noch.« Wenn sie Plätzchen backt und die Beobachterin anwesend ist, kann sie die räumliche Separation ihrer Tochter nicht akzeptieren. Wollte sie vielleicht eine betont weiblich familiäre Szene präsentieren, um die Bedeutung des fehlenden Vaters in den letzten Beobachtungen vergessen zu machen? Oder möchte sie die Beobachterin auch für sich haben und kann sie deshalb nicht der Tochter überlassen?

Jedenfalls stellt sie ihren Wunsch nach Gemeinsamkeit in den Vordergrund und kann die anderslautenden Strebungen der Tochter nicht zulassen. Sie wirkt sogar gekränkt und verschärft den Konflikt, indem sie der Tochter voraussagt, daß sie diese Abgrenzung doch nicht aushalten wird und daß sie schon noch kommen werde, wenn die Mutter nur lange genug warte.

In ihrer Reaktion auf die Mutter wirkt Sabine entschlossen, stark und abgegrenzt zu bleiben. Sie schließt die Tür gegen die Mutter und holt jetzt das schon angekündigte Lego, das gegen die Welt der Plätzchen helfen soll. Dann aber verebbt ihre Entschiedenheit immer mehr. Allein gelassen, mit der Stimme der Mutter im Raum und ohne die tatkräftige Unterstützung der Fremden, die nur beobachten soll, gelingt es ihr doch nicht, bei sich selbst zu bleiben. Vom Lego geht sie zum Malen über, was ihr vielleicht vertrauter ist, aber auch nicht mehr die Abgrenzung gewährleisten kann. Auch hier wird sie von dem Konflikt mit der Mutter bedrängt.

So resigniert sie und fängt an, nach der Mutter zu rufen. Sie ruft aber so leise, daß nur die Beobachterin es hören kann.

Eigentlich ruft sie nicht die Mutter, sondern die Beobachterin als potentiell helfende Dritte: Sie signalisiert, daß sie den Konflikt nicht alleine durchstehen kann. Sie versucht, sie zur Abgrenzung zu benutzen.

Sie braucht den äußeren Dritten sowohl als alternative Objektbeziehung wie auch als Identifikationsmöglichkeit, weil die innere Triangulierung noch nicht ausreichend stabilisiert ist. Sie will nicht widerstandslos dem Wunsch der Mutter nachgeben.

Sabine wird zunehmend depressiver und fängt an zu jammern. Auch damit richtet sie sich noch an die Beobachterin. Sie stellt ihren Konflikt interpersonell dar und verlagert ihn zunehmend in die Beobachterin hinein. Diese hält den Konflikt nicht mehr aus und reagiert anstelle von Sabine, wohl durchaus genervt, weil sie nicht mehr neutrale Beobachterin bleiben kann: »... dann geh doch runter.«

Wir werden hier Zeuge einer emotional verdichteten Szene, in der es dem Mädchen gelungen ist, die Beobachterin durch projektive Identifikation unbewußt in die Szene hineinzuziehen. Nachdem die Beobachterin sich nicht als starkes drittes Objekt gezeigt hat, schiebt Sabine ihr in der szenischen Darstellung ihre eigene Hilflosigkeit zu und bringt die Beobachterin unter den affektiven Druck, für Sabine eine Entscheidung zu fällen. Indem Sabine nicht selbst entscheidet, läßt sie die Beobachterin die Machtlosigkeit gegenüber dem mütterlichen Objekt verspüren. Es wird ein dyadischer Konflikt inszeniert, der nur durch regressive Unterwerfung gelöst werden kann. Die Prophezeiung der Mutter ist also wahr geworden. Die Abgrenzung kann nicht durchgehalten werden.

Wir übergehen die Folgen dieser Kapitulation, in der Sabine in die Babysprache verfällt und die Mutter zunächst ihre Arbeit in der Küche und schließlich die Tochter, die kein Junge ist, entwertet, und stellen fest, daß alle Beteiligten in dieser ersten Hälfte des Protokolls ihren Intentionen entsprechend reagieren. Für unsere Fragestellung nach der Entfaltung von Triangulierungsprozessen stehen Sabines Aktivität und deren Behinderung im Vordergrund. Die Mutter kann den Wunsch ihrer Tochter, sich einem Dritten zuzuwenden, nicht wohlwollend begleiten, weil sie nicht alleine zurückbleiben will. Deswegen sucht sie eine Harmonie herzustellen, der sich die Tochter zu entziehen versucht. Angesichts des Widerstands der Tochter verfällt sie in eine Selbstentwertung, in die sie auch ihre Tochter einbezieht.

Theoretisch läßt sich an dieser Passage gut darstellen, wie eine Dyade, in der die weich fließenden, unabgegrenzten Elemente betont sind, aufrecht erhalten werden soll. In der Vorstellung der Tochter gibt es aber einen deutlich unterschiedenen Dritten, den sie aktiv sucht. Er ist mit klar strukturierten Formen verbunden, mit der Suche nach der Identifizierung mit Differenz (Benjamin 1992), nach dem Selbst mit Vater (Herzog 1985) und schließlich mit der Orientierung an der Realität in Raum und Zeit.

3.3 Die zweite Hälfte des Protokolls: Vater und Tochter

»Schließlich kommt der Vater, wir hören ihn die Haustür aufschließen. Sabine strahlt, will erst losrennen, versteckt sich dann aber halb hinter mir und strahlt mich an. Der Vater kommt rein und begrüßt uns. Sabine sagt: ›Lego.‹ Die Mutter stellt fest, daß sie immer, wenn sie den Papa sieht, an Lego denkt. Sabine nimmt mich an die Hand, sie will hoch. Der Vater fragt Sabine, ob er mit hoch soll. ›Ja‹, das soll er. Oben schüttet Sabine die Holzbauklötze aus.

Herr Schmidt wendet sich mir zu und fragt: ›Das haben Sie sich sicherlich anders vorgestellt hier?‹ Ich verneine, und er fragt, ob ich denn überhaupt etwas damit anfangen könnte, wo er ja fast nie da wäre. Ich sage, daß ich das könnte.

Herr Schmidt baut mit Sabine einen Turmkäfig, ein viereckiges Gebäude, das oben zu ist und das, wie mir auffällt, keine Türen hat, obwohl ein ähnliches Gebäude, das auf der Schachtel abgebildet ist, Türen hat. In den Käfig setzen sie alle Holztiere (bevor sie ihn oben zu bauen). Herr Schmidt hat ein festes Bild im Kopf, wie der Turm werden soll, und Sabine soll lernen, richtig zu bauen. Er läßt sie immer wieder ganz bestimmte Bauklötze suchen und lobt sie auch, wenn sie etwas gut gefunden oder gebaut hat. Er streicht ihr auch ab und zu über den Kopf. Als sie fertig gebaut haben, legt Herr Schmidt sich auf den Boden, um mit Sabine mit dem fertigen Turm zu spielen.

Mir fällt auf, daß Sabine bei ihrem Vater anders ist. Sie lacht z.B. oft glucksend und auch die Art miteinander zu spielen ist anders, vielleicht kann man es körperbetonter nennen. Die Klötze werfen sie sich z. B. auch gegenseitig in den Schoß, was Sabine großen Spaß macht.

Die Atmosphäre ist für mich ganz anders, wenn nur der Vater da ist. Im Gegensatz zur Mutter teilt er sich mir garnicht mit, und wenn Sabine mal kurz draußen ist, empfinde ich das als unangenehm, und ich habe auch den Eindruck, der Vater weiß dann nicht, wo er hingucken soll. Auch Sabine wendet sich mir in seiner Anwesenheit nur ganz selten zu.

Sabine will zu dem Turm noch eine Treppe bauen. Der Vater hat aber keine Lust und sagt ihr, sie soll doch eine bauen. Nach einer Weile baut er dann doch eine (perfekte!) Treppe. Sie spielen kurz damit, und Sabine soll dann die Restklötze aufräumen, was sie aber nicht macht. Der Vater sagt ihr, wenn sie das weggeräumt hat, können sie noch etwas anderes spielen. Ich habe den Eindruck, Sabine will aber lieber noch weiter spielen, was sie auch einmal sagt. Sie baut einen langen Turm auf den Turm, der aber immer wieder zusammenfällt. Als er steht, wirft der Vater einen Stein auf den Turm, der so oben kaputt geht. Er wirft immer mehr, bis schließlich der ganze Turm kaputt ist, und fragt Sabine: ›Wer macht sonst immer alles kaputt?‹ Sabine: ›Der Papa.‹ ›Nein.‹ ›Die Mama.‹ ›Nein.‹ ›Die Bina.‹ ›Genau!‹

Dann räumen sie zusammen auf. Sabine will erst nicht. Der Vater schafft es schließlich im Flüsterton, sie zu überreden, daß sie ihm den Eimer gibt, in den die Bauklötze kommen.

Meine Zeit ist um, und ich verabschiede mich. Ich sage ›Tschüß‹ zu Sabine und ›Auf Wiedersehen‹ zu ihm. Er sagt ›Tschüß‹, und ich muß ans Kleinmachen denken.

Unten verabschiede ich mich noch von der Mutter, die auch gleich mit mir einen neuen Termin ausmacht, und vielleicht hat der Vater ja nächste Woche Urlaub, aber wie das dann immer so ist...«

Der Auftritt des Vaters könnte nicht wirkungsvoller sein. Gerade war das Gespräch zwischen Mutter und Tochter, ohnehin belastet und angespannt, zum Erliegen gekommen, da erscheint, wie in der Literatur zur frühen Triangulierung ausgeführt, der Vater wie der Befreier aus der dyadisch blockierten Szene zwischen Mutter und Tochter, wie der Ritter in der glänzenden Rüstung, der den Schutz vor der Regression in die Dyade verspricht (s.o.).

Sabine reagiert begeistert auf sein Erscheinen. Wie schon zu Beginn der Stunde spielt sie erneut mit der Begrüßung. Sie nimmt ihren ersten Impuls, dem Vater entgegenzulaufen, zurück und läßt sich von ihm auffinden. So hält sie den Kontakt zur Beobachterin und läßt den Vater auf sie zukommen. Sie bleibt bei der Beobachterin und strahlt diese an. Die Beobachterin wird zur unaufdringlichen Dritten gemacht, die Sabines Freude über das Auftauchen des Vaters zulassen kann. Dadurch entsteht erstmals situativ eine Triade, die den dyadischen Kontakt nicht stört, sondern erweitert.

Das entscheidende Stichwort in dieser Szene aber ist »Lego«. Mit diesem Ruf begrüßt Sabine ihren Vater. »Lego« erscheint fast wie ein Synonym für »Vater« – es steht für das bedeutungsvolle Andere, das ihn klar von der Mutter unterscheidet. Die schon zuvor geäußerte Vermutung, daß Lego für den triangulären Kontrast zur regressiven Dyade steht, wird nun bestätigt und bekräftigt. Wenn der Vater endlich angekommen ist, kann sich die Tochter selbstbewußter gegen die Intention der Mutter zur Wehr setzen. Sabine übernimmt auch wieder die zwischenzeitlich verlorengegangene Initiative. Sie führt die Beobachterin erneut in ihr Zimmer und der Vater scheint intuitiv zu wissen, daß auch er aufgefordert ist, in Sabines Zimmer zu kommen. Ein Triumphzug bewegt sich die Treppe hinauf.

Nachdem der Vater sich der Beobachterin vergewissert hat, findet endlich das lang erwartete Spiel mit dem Vater statt. Die trianguläre Beziehung ist hergestellt: Der Vater spielt mit der Tochter, die Mutter ist außerhalb. Die Beobachterin erscheint nun wie die Dritte, die das libidinöse Spiel zwischen Vater und Tochter durch ihre unauffällige Präsenz unterstützt.

Vater und Tochter bauen einen »Turmkäfig«. Zwar ist auf der Schachtel, die die Bauklötze enthält, ein ähnliches Gebäude abgebildet, aber die Beobachterin betont, daß der Turm von Vater und Tochter, abweichend zur Vorlage, keine Fenster und Türen hat. Die beiden werden offenbar von einem eigenen Motiv geleitet. Sie benutzen den Begriff ganz selbstverständlich. Offenbar haben sie den Turm und den Käfig schon in vorherigen Spielen zu einem Wort verdichtet.

In ihrer Konstruktion ist die Trennung von innen und außen betont. Zugang oder Ausgang sind nicht möglich. Der umschlossene Raum wird zu einem Gefängnis für Tiere.

Wie schon im ersten Teil der Beobachtung, als Sabine die Tür fest vor der Mutter verschließt, geht es nun im Spiel um das Thema Abgrenzung. Das Thema zieht sich in Variationen durch das ganze Protokoll, angefangen mit der Begrüßung an der Haustür über die fest verschlossene Tür des Kinderzimmers bis zum Turmkäfig. Während die Mutter sich gegen die Trennung wehrte, stellen Vater und Tochter die Abgrenzung gemeinsam her und scheinen eine Gemeinsamkeit in ihrem Wunsch nach Abgrenzung zu finden. Die Tiere werden eingesperrt und damit unter Kontrolle gehalten, weil sie mit triebhaften Anteilen, die sich vielleicht mit dem Mutterbild verknüpfen, symbolisch verbunden sind.

Nachdem der Turm gebaut ist und die Tiere eingeschlossen sind, ändert sich die Atmosphäre des Spiels. Die Kontrolle läßt nach und das Spiel wird lustvoll. Der Beobachterin fällt auf, »daß Sabine bei ihrem Vater anders ist«. Sie ist nicht »mit« ihm anders, sondern »bei« ihm. Der Vater stellt also einen Rahmen zur Verfügung, innerhalb dessen sich das Spiel entfalten kann. Im Gegensatz zum künstlichen »wir« der Mutter ist er ein abgegrenztes Objekt, ein Gegenüber, der den lustvollen Kontakt in der gegengeschlechtlichen Differenz und im körperbetonten Spiel ermöglicht. Der libidinöse Charakter des Spiels wird betont, indem sich die beiden die Bauklötze »gegenseitig in den Schoß« werfen.

Im Gegensatz zu diesem zunehmend freier werdenden Spiel steht die Beklemmung, die sowohl der Vater wie auch die Beobachterin empfinden, wenn sie alleine, d.h. ohne das Kind, im Raum sind. Der Vater kann weder verbal noch visuell Kontakt aufnehmen. Mit der ihm unbekannten jungen Frau, die zudem betont neutral bleibt, gelingt es ihm nicht, eine unbefangene Beziehung zu gestalten.

Im Protokoll ist der Kontrast zwischen dem Spiel mit der Tochter und der Befangenheit mit der jungen fremden Frau deutlich spürbar. Die Beobachterin verzichtet an dieser Stelle auf die Schilderung des Handlungsablaufes. Sabine hat in dieser Phase kurzzeitig den Raum verlassen. Braucht sie eine Unterbrechung, um die sich steigernde Lust mit dem Vater zu kanalisieren? Kann sie das Spiel nicht mehr so uneingeschränkt genießen, weil sie sich daran erinnert, daß die Mutter doch auch noch im Haus ist? Jedenfalls hat sie das Spiel mit dem Vater unterbrochen.

In dieser Pause nimmt der Vater die Beobachterin deutlicher als zuvor wahr. Seine spielerische Lust mit Sabine kann er nicht beibehalten, so daß er schamhaft den Blick senkt. Verdichtet man diese Szene, so hat der Vater zunächst das kleine Mädchen und dann die körperlich ausgewachsene Frau vor sich. Man kann sich fragen, ob er in der Frau unbewußt die ausgewachsene Tochter vor sich sieht, mit der er gerade noch gespielt hat. Möglicherweise hat er Angst, daß seine eigenen ödipalen Wünsche offensichtlich werden.

Es ist, als ob sich Vater und Tochter bei ihrem Spiel ertappt fühlen, hatten sie die Mutter doch ausgeschlossen. Der Blick der Beobachterin wird für sie zum vorwurfsvoll kontrollierenden Blick der Mutter. Das Spiel ist unterbrochen. Der Ausschluß des Dritten macht Schuldgefühle.

Es entsteht jetzt zunehmend ein Konflikt zwischen Vater und Tochter. Sabine hat den Wunsch, eine Treppe an den Turm zu bauen. Sie möchte die Ausgrenzung lockern, indem sie einen Weg bahnt, der eine Verbindung herstellen kann. So wie die Treppe im Wohnhaus für Sabine sowohl zur Abgrenzung wie auch als Verbindung dient, könnten die Tiere den Käfig über die Treppe auch wieder verlassen.

Der Vater will sich an der Öffnung des Käfigs zunächst nicht beteiligen. Als er dann doch mitspielt, kehrt er wieder zu seiner zwanghaft kontrollierenden Art zurück und baut eine perfekte Treppe.

Das locker lustvolle Spiel ist damit beendet. Der Vater will aufhören, Sabine widersetzt sich dem Abschluß. Sie hat die Abgrenzung nun nicht mehr nötig und wechselt das Thema, indem sie mit großer Mühe und Energie einen »langen Turm« auf den Turmkäfig stellt.

Der Vater erträgt aber diese spontane Geste, die eigene Idee, vielleicht das phallische Aufrichten seiner Tochter nicht. Er zerstört das Bauwerk Sabines in einer merkwürdig schroff erscheinenden Szene, die den bisherigen Verlauf der Vater-Tochter-Interaktion unterbricht und affektiv ins Gegenteil verkehrt.

Er wirft nicht nur Sabines, sondern auch den gemeinsam erbauten Turm um und zerstört damit das Spiel, das sich von der leistungsorientierten Aufgabe zum lustvollen Spiel und wieder zurück entwickelt hat. Es enthielt ein Spektrum der väterlichen Interaktion von der (hier betont rationalistischen) Einübung in die Realitätsanpassung bis zum ödipal anmutenden Spiel unter Ausschluß des Dritten.

Wir schließen hier unsere Interpretation ab und wenden uns zusammenfassenden Überlegungen zu.

4. Theoretische Überlegungen

In dem Beobachtungsprotokoll[3] ist deutlich zu erkennen, wie Sabine sich von Beginn an trotz anfänglich vorsichtig ambivalent anmutendem Verhalten um eine Beziehung zum jeweiligen Dritten (Beobachterin und Vater) bemüht. Der Entwicklungsimpuls zur Triangulierung wird sichtbar. Wie aufgezeigt stößt sie damit partiell an emotionale Grenzen elterlicher Möglichkeiten. Mutter und Vater können Sabines Separations- und Kreationswünsche nur zeitweilig aufnehmen und fördern.

Die Eltern scheinen an traditionellen Rollenmustern orientiert, die sich in der Beobachtung daran zeigen, daß die Frau zu Hause bleibt und wenig Wertschätzung für ihre Arbeit zeigt. Der Mann wird von der Mutter wie vom Kind herbeigesehnt, soll wohl insbesondere in bezug auf die Mutter der Retter aus der alltäglichen Einsamkeit sein.

Da der Vater aber nicht der ersehnt starke und souveräne Mann ist, kommt die trianguläre Bewegung in ein konflikthaftes Feld. Der Vater kann die Wünsche seiner Tochter nach libidinösem kreativen Spiel nur partiell beantworten und sich von ihr führen lassen. Dann mischen sich in sein Verhalten eigene, unbewußte Impulse ein. Während die »glucksende« libidinöse Kontaktaufnahme des Mädchens darauf hinweist, daß es eine sowohl lustvolle als auch vertraute Beziehung zum Vater gibt, die frühe, präödipale Triangulierung also durchaus gelungen erscheint, weist der eigenartig destruktive Turmabbruch des Vaters auf eigene eher ödipale Konflikte hin, die dem libidinösen Zusammenspiel zwischen Vater und Tochter Grenzen setzen. So lassen sich die anstehende ödipale Entwicklung des Mädchens und ihre Möglichkeiten, sich mit dem Väter-

---

[3] Wir sind uns bewußt, daß die Teilnahme der Beobachterin die beschriebenen familialen Interaktionen mitbeeinflußt. Umgekehrt wird aber auch die Wahrnehmung und Teilhabe der Beobachterin durch die Familiendynamik beeinflußt (vgl. G. Devereux, H. Leggewie). Insgesamt sollte klar sein, daß unsere Interpretationen immer nur auf der Folie der auch subjektiv geformten verschriftlichten Wahrnehmung der Beobachterin stattfinden kann (vgl. F. Dammasch 1997).

lichen zu identifizieren, als konfliktbeladen erahnen. Beide Eltern scheinen in der Interaktion mit ihrer Tochter vor der ödipal triangulären Entwicklung zurückzuweichen.

Im Mittelpunkt einer gelungenen Triangulierung steht die Möglichkeit des Kindes, sich im Spiegel von Vater und Mutter als Paar zu sehen. Das Protokoll vermerkt kein Zusammenwirken der Eltern in dieser Beobachtung. Die Familie scheint eher in Dyaden aufgeteilt, in denen der Dritte nicht genügend gut positiv besetzt ist. Nur in den Szenen mit der Beobachterin können Paare entstehen, die eine Zeit lang den Dritten aufnehmen und dadurch einen kreativen Kontakt erlauben. Während in den verschiedenen Paarbildungen zwischen Eltern und Kind der libidinöse und aggressive Kontakt nicht zu beobachten ist, wird er symbolisch an äußeren Abgrenzungen wie den Türen oder dem Käfig vorgenommen.

So ist das Protokoll ein Beleg für die progressiv aktive Suche des Kindes nach dem Heterologen, dem Fremden, dem nicht mit der Mutter Identischen. Das Mädchen drückt den Wunsch nach etwas Hartem, nach etwas klar Abgegrenztem, nach etwas Profiliertem aus. Der fremde Dritte und schließlich der leibliche Vater werden zu dem bedeutungsvollen Anderen, mit dem die äußere Welt erforscht und die innere Welt strukturiert werden soll. Das Begehren nach der Beziehung mit dem nicht-mütterlichen Dritten wird am klarsten durch den Wunsch des Mädchens nach »Lego« dargestellt. Die kantige, klare Welt des Lego steht symbolisch für die Welt des männlichen Dritten, in das die Tochter Einlaß begehrt. Die väterliche Lego-Welt steht im Kontrast zur oralen, weichen knetbaren Welt des »Teigs« der Mutter. Die mütterliche »Teigwelt« und die väterliche »Lego-Welt« sind die Pole zwischen denen sich das Mädchen hin und her bewegt. Im Entwicklungsprozeß geht es darum, einen psychischen Innenraum zu bilden, in dem es potentiell möglich ist, die mütterliche und die väterliche Seite miteinander zu verbinden. Die Möglichkeit, das »Sowohl als Auch« zu erleben und schließlich zu verinnerlichen, verweist auf eine gelungene Triangulierung. In dem Protokoll stellt sich die Welt des Mädchens entwicklungsbedingt ambivalent und konflikthaft im Spannungsfeld eines dyadischen »Entweder-oder« dar.

Wir können sehen, daß das Mädchen eine Repräsentanz von Selbst und Mutter und eine Repräsentanz von Selbst und Vater verinnerlicht hat. Ob es schließlich zu einer gelungenen Triangulierung durch die Verbindung herstellende Verinnerlichung einer genügend guten Repräsentanz von Selbst und Elternpaar kommt, wird wesentlich von der realen Qualität der Beziehung von Vater und Mutter mitbestimmt werden.

Die erste Dreierkonstellation zwischen Kind, Beobachterin und ausgeschlossener Mutter veranschaulicht das konflikthafte Hin und Her des Mädchens zwischen Lust nach dem Fremden, dem separaten dritten Objekt, und der Angst, die Mutter als stabile homologe Heimatbasis zu verlieren. Die zweite Dreisamkeit zwischen Kind, Vater und Beobachterin zeigt uns, wie der männliche Dritte zum aufregenden Lego-Ritter in der glänzenden Rüstung wird und diese idealisierte Position beibehält, obwohl das Mädchen am Ende deutlich vom Vater zurückgewiesen, ihm der väterliche Phallus quasi wieder entzogen wird. Dies läßt erahnen, wie stark das innere Bedürfnis eines Kindes ist, ein Kontrastobjekt zur Mutter libidinös zu besetzen, um sich aus der frühen Abhängigkeit zu lösen und zur eigenständigen Identität im Spiegel zweier Objekte zu gelangen.

Das mittlerweile erweiterte Konzept der frühen Triangulierung steht ursprünglich innerhalb des theoretischen Bezugsrahmens von Mahlers Theorie von Symbiose und Individuation.

Die neuere empirische Säuglingsforschung stellt die Grundprämissen dieser Konzeption in Frage (vgl. Dornes 1997). Dabei wird übersehen, wie existentiell der »kompetente Säugling« auf die Mutter angewiesen ist. Die frühe basale Abhängigkeit des Kindes von der Mutter, die eine psychische Fortsetzung der ursprünglichen körperlichen Einheit ist, wird in der Überbetonung der Kompetenz des Säuglings systematisch ausgeblendet. Gerade die Forschung, die den Vater einbezieht, läßt deutlich werden, wie sehr das Kind das dritte Objekt zur Lösung aus der tiefen Abhängigkeitsbeziehung von der Mutter braucht. Dies gilt gerade für die Zeit, die Mahler als Wiederannäherungskrise beschrieben hat. In dem Alter, in dem Mahler die krisenhafte Subphase der Wiederannäherung und in ihrer Folge die Separation und Individuation angenommen hat, entwickelt das Kind symbolisches Denken und beginnt, sich sprachlich zunehmend differenziert zu verständigen. Diese Entwicklung macht es von dem Primärobjekt unabhängiger. Zugleich verspürt es den Bruch zwischen vorsprachlicher und sprachlicher Verständigung. Es kommt zu einer »Krise des Selbstverständnisses« (Stern, zit.n. Köhler 1990, S.48), die unserer Meinung nach den Zwiespalt zwischen regressiven und progressiven Wünschen darstellt.

In dieser Phase der Lösung und Verselbständigung braucht das Kind den Dritten in einer spezifischen Rolle. Er erleichtert den Übergang von der präverbalen zur sprachlich symbolisierten Welt, von der tendenziell unabgegrenzten zur differenzierten Welt (vgl. Köhler 1990, Baumgart 1991). In dieser Rolle ist der sinnlich erfahrbare reale Vater notwendig. Mit dem von der Mutter unterscheidbaren Vater kann das Kind in dieser Phase objektgerichtete libidinöse und aggressive Impulse erfahren und integrieren lernen.

Die psychoanalytisch-empirische Forschung (z.B. Bürgin 1997), die den Vater miteinbezieht und die Entwicklung von »Trialogen« beobachtet, kann erkennen, daß der Vater von Geburt des Kindes an eine wichtige Rolle spielt und daß das Kind in triadische Strukturen hineingeboren wird, die sich im Verlauf der Entwicklung entfalten müssen. In Konfliktsituationen kommt es aber immer wieder zur Rückkehr zu dyadischen Erlebnismodalitäten. Aufgrund unserer Beobachtungen gehen wir davon aus, daß die Grundlage menschlicher Beziehungen durch ein Wechselspiel von dyadischen und triadischen Erlebnismustern geprägt ist. Psychische Krankheiten entstehen möglicherweise gerade dort, wo die Möglichkeit einer innerpsychischen dialektischen Bewegung zwischen dyadischen und triadischen Erlebnismodalitäten blockiert ist.

Positive Erfahrungen mit einem Vater, der von der Mutter in seiner männlichen Differenz anerkannt ist, stellen sicherlich eine gute Basis zum Aufbau eines inneren Raumes dar, der die psychische und körperliche Entwicklung fördert. Die frühe Triangulierung ist deshalb ähnlich wie die ödipale Phase eine besonders wichtige und kritische Stufe der Entwicklung, in der der männliche Dritte in besonderer Weise benötigt wird.

Literatur

Abelin, E.L.; 1971; Role of the Father in the Separation and Individuation Process, in: McDevitt, J.B. & Settlage, C.F.: Separation-Individuation, *Essays in Honour of Margaret Mahler*, International Universities Press, New York

Abelin, E.L.; 1975; Some Further Observations and Comments on the Earliest Role of the Father. In: *International Journal* 56, 293-302; dt.: Beobachtungen und Überlegungen zur frühesten Rolle des Vaters. In: G. Bittner, E. Harms: *Erziehung in früher Kindheit*, München 1985

Abelin, E.L.; 1980; Triangulation, the role of the father and the origins of core gender identity during the rapprochment subphase, in: Lax, R. F.; Bach, S.; Burland, J.A. (Hrsg.) *Rapprochment,* New York 1980

Baumgart, M., 1991, Psychychoanalyse und Säuglingsforschung: Versuch einer Integration unter Berücksichtigung methodischer Unterschiede. In: *Psyche* 45: 780-809

Benjamin, J.; 1992; Vater und Tochter: Identifizierung mit Differenz, in: *Psyche* 9/1992

Bürgin, D., 1997, Drei- und Vielsamkeit als ursprüngliche Beziehungsform, in: *Analytische Kinder- und Jugendlichen-Psychotherapie*, 28. Jg., Nr. 93, S.31-56

Chasseguet-Smirgel, J. (Hg.); 1974; *Psychoanalyse der weiblichen Sexualität.* Frankfurt 1974

Dornes, M., 1997, *Die frühe Kindheit,* Frankfurt

Green, A., 1975, Analytiker, Symbolisierung und Abwesenheit im Rahmen der psychoanalytischen Situation, in: *Psyche* 6/1975, S. 503-541

Green, A., 1996, Über die Natur des Psychischen, in: S. Zwettler-Otte, A. Komarek (Hg.), *Der psychoanalytische Prozeß,* Wien 1996

Greenson, R.R.; 1968; Dis-identifying from Mother – its special Importance for the Boy, in: *International Journal of Psychoanalysis* 49, 370-374

Herzog, J.M.; 1985; Preoedipal Oidipus: the father-child-dialogue, in: *The Oidipus paper,* Pollack, George & Ross, J.M., International Universities Press 1988

Herzog, J.M.; 1991; Die Muttersprache lehren. Aspekte des Entwicklungsdialogs zwischen Vater und Tochter, in: *Jahrbuch der Psychoanalyse* Bd. 27, 1991

Hirsch, M.; 1988; Pseudo-ödipale Dreiecksbeziehungen, in: *Forum der Psychoanalyse* 4; 139-152

Köhler, L. 1990, Neuere Ergebnisse der Kleinkindforschung. Ihre Bedeutung für die Psychoanalyse. In: *Forum der Psychoanalyse* 6: 32-52

Loewald, H.; 1951, dt. 1982; Ich und Realität, in: *Psyche* 9, 769-787

Mahler, M.S. und Gosliner B.J.: »On symbiotic child psychosis: Genetic dynamic and restitutive aspects.« In: *The psychoanalytic study of the child,*10,1955

Ogden, T.H.; 1987; The Transitional Oedipal Relationship, in Female Development in: *International Journal of Psychoanalysis* 68; 485-498

Rohde-Dachser, C., 1987, Ausformungen der ödipalen Dreieckskonstellation bei narzißtischen und bei Borderline-Störungen, in: *Psyche,* 41.Jg., S. 773-799

Rupprecht-Schampera, U., 1997, Das Konzept der frühen Triangulierung als Schlüssel zu einem einheitlichen Modell der Hysterie, in: *Psyche,* 51.Jg., 7/97, S. 637-664

Stosch, B.; 1990; *Vater- und Mutterbilder von Psychotikern, Psychosomatikern und Neurotikern.* Dissertation, München 1990

IV.

Kinderanalyse als Forschungsinstrument und Experiment bei einer atypischen Störung

JAMES M. HERZOG

Spiel und Spielen –
zur Bedeutung von Sicherheit und
Aggression

In dieser Arbeit beschäftige ich mich intensiv mit der Behandlung eines Kindes mit ausgeprägten neuropsychologischen Beeinträchtigungen und sich daraus ergebenden Charakterdeformierungen. Ausgehend von der analytischen Behandlung dieses Kindes will ich zeigen, wie hier diese beiden Aspekte seines Problems verstanden und angegangen wurden. Ich möchte Sie anregen, mit besonderem Interesse nachzuvollziehen, wie hier das Erleben von Sicherheit und die Fähigkeit zum Erkennen, zur Aneignung und zum Umgang mit Aggression zusammenspielen.

Entwicklung ist nur im Zusammenhang mit Interaktionen denkbar. Die neuropsychologische Ausstattung wie die Empfindung des eigenen Selbst und dessen Entfaltung im Verlaufe der Entwicklung werden wesentlich beeinflußt durch die Fähigkeit, sich affektiv und mit sprachlichen Mitteln auszutauschen und solche Interaktionen in der Folge innerlich zu repräsentieren.

Ich möchte hier besonders darauf abheben, in welcher Weise sich die Dialoge und Trialoge des Selbst mit Anderen im Laufe der Entwicklung und innerhalb der therapeutischen Situation herausgebildet haben. Wie können sich die von mir als vorprogrammiert gedachten normativen und restitutiven Möglichkeiten und Notwendigkeiten in Situationen entwickeln, wo deren Entfaltung im Kind auf Hindernisse stößt? Werden dann die durchschnittlich zu erwartenden Unausgewogenheiten des Entwicklungsvorgangs lediglich ausgeprägter sein als sonst oder gibt es verschiedene Möglichkeiten neuer geometrischer Konfigurationen, mittels derer die Besonderheiten der Funktionen des zentralen Nervensystems (ZNS) oder andere Aspekte pro- oder antisozialer Neigungen vermittelt werden? Und weiter: Worauf muß der Kinder- oder Erwachsenenanalytiker in einer Situation achten, wo grundlegende Aspekte des sozialen Miteinanders für den Analysanden als sonderbar imponieren und nicht den uns vertrauten Gesetzmäßigkeiten entsprechen? Allerdings werden neuerdings nosologische Kategorien gebildet, die deren Einordnung und das Erkennen von Ähnlichkeiten bzw. Unterschieden zwischen be-

251

troffenen Personen ermöglichen. Weil interaktive Parameter, z. B. sozialer Austausch in Gespräch, Gestik oder Bewegungen und andere Formen linguistischer oder grammatikalischer Art solcher Selbst-mit-Anderen-Zustände, Anpassungs- und Veränderungsvorgänge den meisten Entwicklungsschemata zugrunde liegen, die heute zum Verständnis der Beziehungswelt des Einzelnen und dem Verständnis seiner selbst als einem Ich-Selbst und einem Wir-Selbst zur Verfügung stehen, ist davon auszugehen, daß sich die analytische Erfahrung mit Kindern und Erwachsenen mit atypischem Sozialverhalten als höchst lehrreich erweisen könnte. Sowohl die individuelle Gestaltung der Dialoge von Person zu Person als auch deren Repräsentanzen und Fähigkeiten, Andere zu erreichen und für sich nutzbar zu machen, ist von höchster Bedeutung und sollte transparent werden. Außerdem möchte ich die Bedeutung physischen wie psychischen Schmerzes aufgreifen, und zwar sowohl hinsichtlich der Erfahrung des eigenen Selbst wie seiner Verbindung zu libidinösen und aggressiven Energien. Dabei werde ich vor allem eine analytische Erfahrung aufgreifen, die ich in den letzten 17 Jahren machen konnte.

Danny kam mit sieben Jahren zu mir in Analyse. Durch meine Krankenhaustätigkeit kannte ich ihn von Beginn seines Lebens an. Mit drei Jahren war er einem Kinderpsychiater vorgestellt und gründlich neurologisch, psychologisch und pädagogisch untersucht worden. Er ist erstgeborener Sohn eines ultrareligiösen Amerikaners und einer aus Deutschland stammenden Mutter. Zunächst als autistisch diagnostiziert, später als atypisch, wurden seine Symptome schließlich dem Asperger-Syndrom zugeordnet. Seine Schwester ist zwei Jahre jünger. Danny wie sie waren als Frühgeburten in der 31. Schwangerschaftswoche zur Welt gekommen. Beide wurden auf der Frühgeborenen-Intensivstation und danach in der unter meiner Leitung stehenden Klinik für Kleinkinder behandelt. Der Vater ist ein ausgesprochen scheuer, wunderlicher Mann, der sich wenig an die im Alltag üblichen Umgangsformen hält; die Mutter entstammt einer Adelsfamilie, ihr Umgang mit Menschen ist geradezu geschliffen. Sie haben sich bei einem Kurs zur Promotion in Mathematik kennengelernt, ihre Beziehung ist ungewöhnlich, aber stabil.

Weil ich vor allem meine Rolle im Dialog mit Danny beschreiben möchte und wie ich mit ihm in Kontakt gekommen bin, beginne ich mit einem Bericht, wie ich ihn als Kleinkind in Erinnerung habe. Ich sehe seine großen Augen und sein waches Schauen vor mir, auf der Frühgeborenenstation hieß es, er achte weniger auf die Betreuungspersonen als die meisten anderen Kinder, dafür reagiere er auf körperliche Interventionen, besonders auf schmerzhafte Reize stärker als jedes andere Kind auf der Station. Ich habe ihn drei Tage nach der Geburt aufgenommen und stellte mit Sorgen fest, daß er anfänglich kaum darauf reagierte, wenn er gehalten wurde, und auch nicht, wenn ich ihn ansprach. Assistiert von Heideliese Als von der Brazelton-Klinik versuchte ich, seine Möglichkeiten, Beziehung aufzunehmen und aufmerksam zu bleiben, zu erfassen, doch ließen sich dazu keinerlei Beobachtungsdaten erheben. Er reagierte auf nichts außer auf Schmerz, doch stand dies in Kontrast zu seinem Gesichtsausdruck, der einen Eindruck von Aufgeschlossenheit und wachem Interesse zu vermitteln schien. Sein Blick wirkte suchend, doch fanden sich keine Hinweise, daß er die Testreize tatsächlich wahrnahm.

Seine Mutter empfand ich als wirkliche Schönheit, seinen Vater hingegen als ziemlich seltsam. Die Mutter schien Danny unbedingt dazu bewegen zu wollen, daß er sich an ihren Körper schmiege und schien sich seiner Sprödigkeit schmerzlich bewußt. Sie bat mich und die Schwestern um Beistand. Ich erinnere mich an ihre Frage: »Fällt Ihnen etwas ein, wie man ihn freudig stimmen kann?« Ich erinnere mich auch, daß mir am Vater gefiel, daß er Langstreckenläufer, ein geradezu versessener Sportler, war. Dies schien mir seine ausgeprägten sozialen Probleme und apathischen Züge etwas wettzumachen. Auf der Station auf Dannys mangelnde Beziehungsfähigkeit angesprochen, meinte er lapidar, er könne selbst zu keinem Menschen Beziehung aufnehmen und habe es im Leben doch zu etwas gebracht. Vielleicht achtete ich besonders aufmerksam auf die Eigenarten dieser Eltern, weil aus Danny selbst nicht viel herauszubekommen war. Dies betrachten Analytiker natürlich als Ausdruck einer Gegenübertragung. Ich wußte seit Dannys Geburt, daß sein Vater Kind von Überlebenden des Holocaust war. Seine Frau bezog sein soziales Ungeschick zum Teil auf diesen traumatischen Familienhintergrund. Sie sprach auch über die Bedeutung für sie als Deutsche, ein Kind von Überlebenden zu heiraten und angesichts der Schrecken der Geschehnisse in ihrer Heimat während der Hitlerzeit eine neue Familie zu schaffen. Ich erfuhr außerdem, daß der Vater einer Familie ohne religiöse Bindung entstammt. Seine Religiosität entwickelte sich demnach in Anpassung an sein frühes Erwachsenenleben.

Auch die Eltern berichteten, daß Danny ungewöhnlich sensibel auf Körperempfindungen, besonders auf Schmerz, reagiere, nicht jedoch auf Kontakte mit Menschen außer mit seiner Mutter, die angab, es nicht hinnehmen zu wollen, wenn er nicht auf sie reagiere. Sie singe ihm immer etwas vor, halte ihn und versuche, sich mit ihm auszutauschen. Wegen ihrer Erfahrung, daß er nicht essen konnte oder mochte, wenn er gehalten wurde, und da er ein schlechter Esser war, sehe sie für ihn 6 Mahlzeiten am Tage vor, bei denen sie ihn nicht halte. Danny nimmt noch heute sechs exzentrisch gestaltete Mahlzeiten zu sich. Der Vater meinte, das Deutschsein seiner Mutter habe für Danny viele Vorzüge, sie lasse nicht zu, daß er vor der Beziehung zu ihr ausweiche oder nicht äße.

Dannys erste Worte waren Zahlen, es hieß von ihm, daß er mit 2½ Jahren in Gleichungen sprach. Die Mutter berichtete, daß sie gelegentlich aus Versehen ins Deutsche verfalle, sich aber bemühe, Englisch zu sprechen. Ihr Mann spricht ebenfalls deutsch, sie verständigen sich aber auf englisch. Mit 19 Monaten sei Danny auf einen glühend heißen Grill getreten, der während eines Picknicks der Familie im Hinterhof umgefallen war. Vor Schmerz schreiend habe er die Arme nach seiner Mutter ausgestreckt und gesagt: 14 – 6 – 7. Mit ungefähr drei Jahren pflegte er die kleinen Mädchen in seiner Spielgruppe mit seinen Zahlen zu unterhalten. Seine Mutter meinte, er ahne nicht, daß seine Spielkameradinnen sein Zahlensprechen verabscheuten, doch war genau das Gegenteil der Fall. Er registrierte jede Bemerkung und litt dabei intensiv. Später sprach er über diese Erfahrungen als 14 – 6 – 7. Er teilte den Schmerz niemandem mit, doch nahm er ihn auf.

Welche Bilder gehörten zu diesem interaktiven Schmerz im Alter von drei oder vier Jahren? Wenn ihm damals bei einem Kinderanalytiker Spielmaterial zur Verfügung gestanden hätte, hätte er dann im Spiel sein Dilemma solchermaßen darstellen können, daß sich dadurch seine Möglichkeiten zu sozialem Austausch gebessert hätten? Gibt es einen optimalen Zeitpunkt für den therapeutischen Kontakt mit Kindern mit ausgeprägten sozialen Schwierigkeiten?

Danny besuchte religiöse Schulen, wo er von Mitgliedern der Fakultät und Mitschülern ausgesprochen liebevoll betreut wurde. Mit vier Jahren begann er Wörter zu sprechen. Seine Sprache klang in Sprachmelodie wie Rhythmus ziemlich seltsam. Seine Mutter arbeitete unaufhörlich mit ihm. Sie war ihm Tutorin und Trainerin, sie vermittelte ihm Erfahrungen. Danny leitete seine Sätze häufig mit »Mami hat gesagt« ein, um dann mit einem Zitat von ihr fortzufahren. Er entwickelte mittels Mami-hat-gesagt-Sätzen ein umfangreiches Repertoire an Wörtern. Sie selbst begann eine Analyse und bat mich um Überweisung. Sie wolle mehr über ihre überwältigende Wut und Enttäuschung sowohl Danny wie ihrem Mann gegenüber herausfinden. Dies wäre zur Entlastung ihres Sohnes sicherlich günstig, sie dachte aber auch über ihre enge Verbundenheit mit ihrer Tochter nach, die ihr ähnlicher sei: Dies könne für das Mädchen belastend sein. Sie sagte, »Es wäre ganz schrecklich, wenn ich für meine Familie zum Nazi würde.«

Danny kam zu mir in Behandlung, nachdem er in seiner religiösen Schule einmal gesagt hatte, er sei Hitler, die Notrufnummer 911 angerufen und gesagt hatte, er werde sich umbringen. Zu diesem Zeitpunkt erwarb er sich neue sprachliche Möglichkeiten über seinen Freund Nathan, ein Kind von Überlebenden des Holocaust und enthusiastischer Baseball-Fan. Danny konnte bald jede Baseball-Tabelle auswendig hersagen und tat dies auch; manchmal sagte er in ganz seltsamem Tonfall: »Wer ist zuerst dran?« Genau dies hat er auch dem Telefonisten der Nummer 911 nach seiner Ankündigung, sich umbringen zu wollen, gesagt. Das Gespräch war mitgeschnitten worden, und so konnten wir es immer wieder gemeinsam anhören. Ich erinnere mich, daß ich diesen Satz nicht nur immer wieder anhören sollte, ich fand darin, ob von ihm beabsichtigt oder zufällig, Dannys Desorientiertheit und sein Außer-sich-Sein wieder. Mein Nachfragen bezüglich dieser Hypothese führte jedoch zu keinem Ergebnis. Danny hörte mich vermeintlich gar nicht. Anfänglich waren unsere Sitzungen häufig dadurch gekennzeichnet, daß Danny seine Ohren zuhielt, wenn ich mit ihm sprechen wollte. Dies empfand ich so, daß ihn nicht so sehr der Inhalt ängstigte, sondern mein Sprechen an sich. Er redete unaufhörlich, sobald ich die Türe zum Wartezimmer öffnete. Es war keinerlei Bemühen um einen wechselseitigen Austausch zu spüren. Ich wurde bald ruhiger und hörte ihm zu. Ich kannte mich bald nicht nur im Bereich seines sprachlichen Repertoires aus, sondern auch in der Art, wie er es immer neu ordnete und kombinierte. Ob ich etwas über die Gleichung oder Reihe von Gleichungen sagen sollte, mit denen sich diese Umformungen beschreiben ließen? Ich entschied mich dagegen, weil er noch nicht bereit schien, mich in das linguistische System seines Sprechens einzulassen. Ich achtete beständig darauf, ob ich nicht doch einmal dazu eingeladen werden würde, erhielt aber keine entsprechenden Hinweise. Meinerseits empfand ich, nicht gewaltsam eindringen zu wollen.

Etwas in Dannys Verhalten fand ich dagegen bemerkenswert. Es fiel wegen der damit verbundenen akustischen Prägnanz besonders auf: In jeder Stunde schlug sich Danny mehrmals ziemlich kräftig auf die Oberschenkel, es war ein richtiger Hieb mit flacher Hand, nicht nur ein Klaps. Dabei schien er vor allem die Auswirkungen seines Schlagens zu registrieren und kaum darauf zu achten, daß es von ihm selbst ausging. Seine Atmung, sogar sein Gesichtsausdruck änderten sich. Ich ging davon aus, daß ihm etwas am Erleiden diesen stechenden Schmerzes gelegen war, weniger, wenn überhaupt, am Zufügen des Schmerzes. Ich nahm mir vor, den Bedingungen für das Entstehen dieses Schmerzes nachzugehen.

So achtete ich auf alles, was sich mir vermittelte, gerade in Bezug auf diese wiederholten schmerzhaften Schläge; im 5. Monat fragte er mich dann, ob ich sprechen könne.

Ich bejahte, darauf bat Danny mich, so mit ihm zu sprechen, daß er mir zuhören und mich hören könne. Dann verfiel er minutenlang in Schweigen. Als er es endlich brach, sagte er, daß meine Worte nun auf dem Computerbildschirm in seinem Kopf stünden und er sie mir vorlesen könne. Ich erfuhr, er lese immer von diesem Bildschirm ab. Ich versuchte herauszufinden, warum er nun zuließ, daß dort neues Material aufgenommen wurde. Diese Frage schien für ihn bedeutungslos. Ich empfand, daß sich Ähnliches auch mit den Eingaben seiner Mutter und Nathans ereignet haben mußte. Ich wollte unbedingt mehr über dieses Speichern von Eingaben erfahren und dachte, es müsse sich etwas zwischen mir und Danny verändert haben, was dieses Phänomen des Aufnehmens ermöglicht hat. Ich wußte bereits, daß Danny mein Interesse an diesen Vorgängen nicht teilte und stellte fest, daß ich dies als eine Entbehrung erlebte. Ich hatte das Bedürfnis, mich mit einem Menschen über diese Gedanken zu verständigen, und fragte mich, ob seine Eltern zu ähnlichen Mitteln griffen, daß sie nämlich als Möglichkeit, die Geschehnisse festzuhalten, zu einem normativen Austausch im Gespräch griffen; so könnte man sich vorstellen, daß Dannys mangelnde kommunikativen und interaktiven Fähigkeiten von seinen primären Partnern, den Eltern, ebenfalls als Entbehrung erlebt würden; seine Entwicklung würde zusätzlich behindert werden, wenn es ihnen nicht gelänge, diese Funktion miteinander anstatt über ihn auszuüben. Ich war fasziniert von der Möglichkeit, daß er in sich weder Repräsentanzen von sich selbst mit Mutter, mit Vater und mit Mutter und Vater gemeinsam ausgebildet hat. Ungewiß erschien mir auch, wie sich erreichen ließe, daß sich Repräsentanzen seines Selbst mit dem Analytiker bilden könnten.

Im Alter von 8 bis 11 Jahren beschäftigte er sich zwanghaft mit dem Periodensystem und begriff die Welt in erster Linie als Interaktionen zwischen dessen Elementen. In dieser Phase der Analyse lernte ich von Danny viel über Chemie, wir führten auch »Übersetzungsseminare« durch. Brom, Chlor, Eisen würde dann etwas wie »Ich bin nervös« bedeuten wie früher 14 – 6 – 7 im Falle unerträglicher Schmerzen.

Die Reaktionen der Elemente untereinander waren aufschlußreich. Er versuchte sich mit neuen Verbindungen, häufig entstanden entsetzliche Explosionen. Diese ließen sich dahingehend aufklären, daß sie mit dem sich selbst Schlagen zusammenhängen, das in den Stunden immer erneut ein wichtiges Element war. Danny schien nicht darauf zu achten und reagierte nicht auf direkte Fragen dazu. Ich fand mich mit dem Gedanken beschäftigt, daß er darstellen wollte, wie er soziale Beziehungen verstand, und zugleich etwas von der Holocaust-Vergangenheit seiner Familie aufgriff. Manchmal wurde Natrium von den anderen Elementen verfolgt, die

»Schweinehund« (deutsch im Original) kreischten. Während ich dieses Spiel beschreibe, bin ich mir im Klaren darüber, hier zum Teil syntaktische Zusammenhänge herzustellen, die nicht immer in dieser eindeutigen Form vorlagen. Ich dachte für mich über korrekte Erzählweisen nach, die ich brauchte, um sein Spiel zu verstehen; aber wollte Danny dies auch? Zu Beginn dieses Behandlungsabschnitts hat Danny geäußert: »Dr. Herzog hat gesagt«, genau wie er zuvor und immer noch sagte, »Mami hat gesagt« oder »Nathan hat gesagt«. Gemeinsam hatten wir erlebt, wie diese Ergänzung zu seinem Computerbildschirm entstanden war.

Jetzt begann Danny, mir zu erzählen, daß er etwas Neues unternahm. Wir trafen uns viermal in der Woche und ein wirklicher Dialog miteinander war entstanden, doch schien dies nicht auszureichen. Jeden Abend hielt Danny an seinem realen Computer eine weitere Stunde mit mir ab. Dabei schrieb er einen fortlaufenden Dialog zwischen uns und druckte ihn aus. Er kommentierte: »Das könnte ich ewig fortführen«. Als ich ihn fragte, weshalb, entgegnete er zunächst, das wisse er nicht. Später fügte er hinzu: »Ich denke, Sie würden sagen, es ist interessant.« Ich fragte weiter: »Du meinst, *wir* sind interessant?« »Was meinen Sie mit wir?« sagte er dazu, »nein, *es* ist interessant.« Ich dachte, daß sich trotz des gemeinsamen Diskurses noch keine Bedeutung von uns als einem Paar und die Repräsentanz von uns beiden ausgebildet hatte.

Zu dieser Zeit befragte ich Danny immer wieder einmal über sein Leben daheim. Wenn er auf diese Fragen antwortete, was selten vorkam, so sprach er von seiner Mutter, manchmal seiner Schwester, doch fast nie von seinem Vater. Nun fragte ich ihn: »Was ist mit deinem Vater?« Der leere Ausdruck seines Gesichts blieb Dannys einzige Antwort. Ich vermutete, daß Dannys leerer Ausdruck auf einen Konflikt verwies oder es tatsächlich um eine ins Gewicht fallende väterliche Abwesenheit ging, mit der er sich auseinandersetzte.

Ich dachte darüber nach, daß seine Gewohnheit, sich selbst zu schlagen, die weiterhin bestand, und die damit verbundene besondere akustische Note in Verbindung mit einem völlig unbewußten Versuch von ihm stand, eine gegenwärtige, stechend schmerzvolle Präsenz des Vaters zu erzeugen, die ihn dabei unterstützen sollte, seinen aggressiven Triebäußerungen und Phantasien Form zu geben und sie zu mäßigen; indem er seine eigene Aggression ins Spiel brachte, konnte sich ein Gefühl von Solidarität unter Männern, des Eindämmens, des Besitzes, der Konsequenz, der Grenze und der Selbstorganisation herstellen. Ich fragte mich, ob der Aspekt des Schmerzzufügens bzw. -erleidens in diesem Dialog des Selbst mit dem Anderen in einer Dyade erlebt werden kann, anstatt vollständig und unbewußt innerhalb des Selbst verbleiben zu müssen. Ich dachte viel über den Unterschied zwischen einer Funktion des Selbst nach, das durch die Internalisierung einer tatsächlichen Interaktion mit einem Anderen zum Tragen kommt, und einer Funktion des Selbst, das in Abwesenheit bzw. gerade wegen der Abwesenheit des gewünschten Anderen erzeugt wird.

Mit Beginn der Pubertät sollte sich für Danny eine Menge ändern. Der Druck, sich Mädchen zu nähern, steigerte sich enorm, ebenso aber die Frustration, nicht zu wissen, wie man dies anstellt. Es gab zahlreiche, grob unangemessene Annäherungsversuche; seine Klassenkameradinnen, die zuvor noch über sein Ungeschick hinwegsehen mochten, konnten dies nun nicht mehr. Ihm wurde die Diagnose kleiner epileptischer Anfälle gestellt und er wurde auf eine anti-epileptische Medikation eingestellt. Eine Zeitlang wirkte er ziemlich paranoid, er wollte die Schule wechseln und für einige Wochen verschrieb ich ihm eine geringe Dosis Melleril. In der Schule las er *Ich hab' dir niemals einen Rosengarten versprochen*.

Er entwickelte ein neues Interesse an seinen, wie er sie nannte, Stützen, Stimmen in seinem Kopf, die an die Stelle des Periodensystems mit seinen Elementen traten. Dieses Spiel umfaßte im einzelnen Zentralgewalt, Unterführer und unbeteiligten Zuschauer. Die Machtverteilung kam in der Bezeichnung dieses ausgesprochen sado-masochistisch geprägten Trios zum Ausdruck. Ich war natürlich sehr interessiert an diesem dynamischen Trio und suchte nach Wegen, die möglichen Verbindungsstücke zwischen der anhaltenden Gewohnheit, sich selbst Schmerzen zuzufügen, und diesen drei Stützen zu erforschen. Seine Symptome beunruhigten mich, sie bestanden aber nur kurze Zeit. Ich vermutete, daß sie eine Folge der gesteigerten sexuellen und aggressiven Triebenergien waren sowie der gravierenden Benachteiligung, die nun in der Unreife seines Sprechens und seiner Kontaktaufnahme zum Tragen kam. Danny sprach mit mir viel über seinen Penis und den Druck, den er in ihm empfand. Er masturbierte nun häufig, und wir arbeiteten daran, dies als etwas Natürliches empfinden zu können, wenngleich es im Privaten stattfinden müsse. Es war schwierig, eine Verständigung darüber zu erreichen, was privat bedeuten solle. Wir kamen schließlich überein, es als eins, nicht zwei zu bezeichnen. Dies schien er nachvollziehen zu können. Ich drängte darauf zu überlegen, wie wir das Material über die Stützen und Dannys Masturbation miteinander in Beziehung setzen könnten, doch ging er darauf kaum ein. Ich beobachtete aufmerksam die jetzt vertrauteren Anzeichen für Widerstand wie Ohren zuhalten, Thema wechseln oder seine jüngste Errungenschaft, nämlich die Entwicklung einer Theorie über die Verbindung zwischen Verhalten und Computer-

Theorie. Danny ging auf all dies nicht ein, er blickte leer und reagierte überhaupt nicht. Es schien, als würde er die Verbindung zwischen seinen Gedanken oder Phantasien und dem, was er mit seinem Penis machte, überhaupt nicht ziehen können. Ich dachte jedoch, daß sich im Verlaufe der Beschäftigung mit diesem Material eine Steigerung seines von mir nun üblicherweise als selbstverletzend bezeichneten Verhaltens beobachten ließ.

Als er 15 war, rief er mich eines Abends mit einer drängenden Frage an, nicht nur eine Frage, sondern eine enthüllende Offenbarung. »Haben Sie, Sie haben auch einen Penis?« platzte er heraus. »Sie wissen, wovon ich spreche, nicht wahr?« »Richtig«, sagte ich, »so ist es, wir haben beide einen Penis.« »Wir haben beide einen Penis«, sagte Danny und hängte unvermittelt auf. Am nächsten Tag begannen wir, über Dannys Enthüllung zu sprechen. Ich sprach mit ihm nicht über meine Körperempfindungen, doch bestätigte ich jedesmal, wie gut es für ihn sein müsse zu fühlen, nicht der einzige Mensch mit einem Penis zu sein. Ich fragte in diesem Zusammenhang nicht nach seinem Vater, obwohl natürlich deutlich war, daß Danny ihn überging. Ich dachte viel nach über die Bedeutung der Reserviertheit und Unerreichbarkeit seines Vaters in den interaktiven Szenarien zwischen ihnen bzw. deren Fehlen und über die inneren Erfahrungen Dannys, anders zu sein als alle anderen Menschen. Ich stellte eine Verbindung her zwischen meiner Funktion, von ihm gebraucht werden zu können, und meiner Eigenschaft als Besitzer eines Penis und anderer Dinge. Ich erinnerte mich an ein früheres Gespräch mit seinen Eltern über Erziehungsstile. Beide Eltern betonten, weder Danny noch seine Schwester sollten von ihrer Hand jemals körperliches Leid erfahren; sie waren sich völlig einig, daß Schläge barbarisch seien. Ich fragte mich nun, ob Danny sich bei mir selbst schlug, um herauszufinden, ob ich ein Schläger bin, und ob er sich selbst auf eine noch undifferenzierte Weise mit Schlagen und den daraus entstehenden Schmerzen als einem Teilbereich der männlichen Entwicklung und Interaktion in der Familie beschäftigte. Könnte er sich Klarheit über die Rolle der Aggression in der Entwicklung eines Jungen und Vaters Einstellung dazu verschaffen und wissen wollen, wie dies alles mit dem Besitz eines Penis und seiner Eigenschaft, Sohn eines ebenfalls einen Penis tragenden Mannes zu sein, zusammenpaßt?

Wie bei meinem Erscheinen auf seinem Computerbildschirm begann ich, mich für die Wirkweise dieses wesentlichen Verbindungsgliedes seiner Beziehungen und deren Repräsentanzen sowie deren Verwendung für die affektive Regulierung zu interessieren. Danny war aber nicht bereit, über diese Mechanismen nachzudenken. Er konnte jetzt zu mir sagen: »Ich weiß nicht, das interessiert *Sie*, weiß der Himmel warum.«

Eine Zeitlang bedrängte er mich mit der Frage, was mit meinem Penis sei: Wie erwähnt, hatte ich anfänglich auf diese Frage nicht mit meiner persönlichen Erfahrung geantwortet. Als er mich nun weiter bedrängte, überlegte ich, daß eigentlich nicht viel schief gehen und ihm vielleicht sogar weitergeholfen werde, wenn ich vorsichtig darauf einging. Einmal sprach ich von den sehr lustvollen Empfindungen in meinem Penis. Danny nickte. Ein anderes Mal sprach ich die Verbindung zwischen bestimmten Gedanken und Bildern, die ich erregend finde, und den lustvollen Empfindungen in meinem Penis an. Hier nickte Danny heftiger. Bald darauf kam die Rede wieder auf Zentralgewalt, Unterführer und unbeteiligten Zuschauer. Wenn die Zentralgewalt den Unterführer schlägt, vielleicht mit dem Penis, entsteht daraus ein Gefühl der Erregung. Der unbeteiligte Zuschauer muß in eine andere Richtung schauen, unbeteiligt bleiben. Ich machte eine Bemerkung zum Geschlecht des unbeteiligten Zuschauers, es ließ sich aber nicht feststellen, ob die anderen Stützen gleichen oder verschiedenen Geschlechts seien. Ich sprach zu der Zeit mit Danny über Schlagen und damit einhergehende Gefühle. Danny blickte sehr interessiert, als ich ihm auf seine direkte Frage, ob ich jemals Gefühle zu schlagen gehabt habe, zustimmend antwortete. Er atmete tief und sagte: »Gut.« Ich war mir im Klaren darüber, daß ich mich damit von seinem Vater abgrenzte, und dachte, daß er mich ihm gegenüber wenigstens einigermaßen differenzieren konnte. Ich fragte mich, ob ich gegenüber Dannys Vater eine Haltung der Konkurrenz einnahm, und dachte dabei auch an die elegante Erscheinung und Schönheit seiner Mutter, doch hielt ich solche Gefühle für angemessen und im Bereich durchschnittlich zu erwartender Beteiligung des Analytikers am unbewußten Leben seines Analysanden, was für Rat oder andere Hilfestellung keinen Anlaß bot.

Während dieser Phase unserer Arbeit las Danny ausgiebig über den Holocaust. Deutsch und Hebräisch waren ihm nun ebenso geläufig wie Englisch, er las begeistert in allen drei Sprachen. Der Begriff geläufig bezieht sich auf seine Fähigkeit zu lesen. Wie er sprach, verstieß noch immer gegen jede Norm. Danny kämpfte gegen die sich immer wieder aufdrängende Vorstellung an, die Deutschen hätten seinen Vater und vielleicht auch ihn getötet. Dies erschien mir als ein erster Formulierungsversuch dessen, was ihnen allen widerfahren war. Er war völlig von dem Gedanken von seiner Mutter und mir als Deutschen absorbiert und fürchtete sich vorübergehend sehr vor mir. Er dachte, daß ich ihn auch wegen seiner Masturbation töten werde, und verriet mir, daß er von den Schließfächern der Mädchen in der Schule Dinge entwendet habe. Besonders schätze er in Schweiß getränkte Turnkleidung. Wir arbeiteten daran, wie ihn diese Kleidungsstücke erregten, aber auch an den möglichen Konsequenzen, etwas zu nehmen, das ihm nicht gehört. Damals nannte mich Danny für kurze Zeit Vati (deutsch im Original) und fragte sich, ob ich ihn schlagen werde.

Ich klärte meine Beziehung zu ihm sorgfältig, dabei von der Überlegung geleitet, daß unaufgelöste Übertragungswünsche und mögliche problematische erotische Fixierungen, die in vielen analytischen Beziehungen ein großes Problem darstellen, gerade für Danny besonders leidvolle Auswirkungen haben würden.

Ich stellte bei mir eine Haltung absoluten Engagements fest, völlig verschieden von meiner Haltung in anderen Analysen. Ich fühlte mich nicht in etwas hineingezogen, worauf ich ärgerlich reagierte oder von dem ich mich mühsam abgrenzen mußte. Danny neigte mir gegenüber nicht zu direktem Provozieren, kurz, ich fand mich weder aufgefordert, ihm einen Klaps zu geben, noch fühlte ich einen entsprechenden Impuls in mir. Für mich ging es daher nicht um eine entwicklungsgerechte Inszenierung, wie sie bei Jungen, die um Beistand zur Einordnung und Modulierung ihrer aggressiven Triebe und Phantasien kämpfen, immer wieder der Fall ist. In einer solchen Situation spürt der männliche Analytiker nämlich häufig ein entsprechendes Interesse an diesem Bereich väterlicher Aktivität (»Er braucht eben einen Klaps.«), genauso wie er wohl eine ganze Palette an libidinöser Zuwendung erlebt. Doch obwohl nicht von einer entwicklungsgerechten Inszenierung auszugehen war, empfand ich, daß sich die Dinge weiterhin entwickelten. Sicher standen sein Stehlen und Schnüffeln wie seine Idee, daß ich ihn schlagen werde, in Verbindung mit dem Muster seines sich selbst Schmerzen zufügenden Verhaltens, das lange Zeit im Vordergrund gestanden hatte. Sicher entsprang Dannys Idee, ich würde ihn eingrenzen, ihm Form geben oder ihn mäßigen, seinem Interesse an meinen Gefühlen, verletzen zu wollen, und an mir als Träger eines Penis. Auch mit Dannys Zeitplan gelangten wir schließlich dorthin. Gewiß hätte ich mich an dieser Stelle leicht festbeißen können, übereifrig darauf bedacht, in meinen Gefühlen ein Engagement zu entdecken, das mir als Grundlage für meine Deutungsaktivitäten dienen könnte, doch empfand ich durchaus, daß weitere Entwicklung stattfand. Ich konnte mir durchaus vorstellen, mit Danny darüber zu reden, daß er sich das auch wünschte, wir waren nur noch nicht ganz so weit.

Wieder befaßte ich mich näher mit den speziellen Fragen, die sich aus Dannys neuropsychologischen Problemen für seine Charakterentwicklung ergeben. In seiner Persönlichkeit spiegeln sich die gestaltenden bzw. verunstaltenden Momente gemäß den Realitäten seiner Familie und der weiteren Umwelt, außerdem die konstitutionellen Momente, die diese Wirkungen umformen sowie die wechselnden Voraussetzungen seines Temperaments.

College und Universität folgten, was hieß, von zu Hause wegzugehen, mit den Mahlzeiten zurechtzukommen und den Tagesablauf ohne Mutters beständige Aufsicht und Ratschläge zu bewältigen. In dieser Zeit sah ich Danny seltener, doch kam er immer wenigstens zweimal in der Woche. »Ich komme zu Ihnen, weil es weh tut. Der Schmerz ist stärker, wenn ich nicht komme. Heißt dies, daß ich Sie vermisse? Das kann ich nicht fühlen, aber ich fühle den Schmerz.« »14 – 6 – 7«, antwortete ich. Danny schaute mich befremdet an und sagte dann: »So sprach ich einmal, ja, das ist es, was ich fühle, es ging um Feuer. Da gibt es etwas wie Feuer, wenn ich nicht zu Ihnen kommen kann. Aber das war schon lange her.« »Du siehst etwas durcheinander aus«, sagte ich. »Was hat die Vergangenheit damit zu tun, daß das so weh tut?« sagte Danny. Dann lächelte er: »Es ist wie damit, daß wir beide einen Penis haben, es ist etwas für uns beide.« »Ja, wir teilen etwas miteinander«, sagte ich, »die Erinnerung an 14 – 6 – 7 und an Penisse.« »Es ist eben nicht nur ich und nicht nur Sie«, sagte Danny. »Richtig«, sagte ich, »es betrifft uns beide.« »Ja, uns beide, Danny und Dr. Herzog, Danny *mit* Dr. Herzog«, sagte der jetzt 24jährige junge Mann. Dann fuhr er fort: »Schläge sind wie Feuer; Schläge tun weh.« Er lächelte nun, ein wirklich bezogenes Lächeln, und ich lächelte zurück. Beide wußten wir, daß dies stimmte, und wir einen weiten Weg zurückgelegt hatten, wo wir Feuer mit Feuer bekämpft, gegen Katastrophen und Chaos mittels einer Struktur angekämpft hatten, mit der Schmerz bewältigt und aufgehoben werden kann.

In einer Stunde kurz nach diesem Gespräch taumelte Danny mir beim Betreten des Zimmers entgegen und stieß gegen mich. Ich fragte, was passiert sei. Er sei verwirrt, nannte das, was passiert war, eine Verwirrungsattacke. Ich sagte ihm, ich empfinde es wie einen Angriff gegen mich. Er errötete und sagte: »Nein, nein.« Ich überlegte, daß seine Aggression zugänglicher geworden ist und sich nun, wenn auch linkisch und körperlich und nicht symbolisch, gegen mich richtete. Ich sagte: »Ich bin stark genug, hier die Übersicht für uns beide zu behalten.« Danny: »Kann ich da sicher sein?« Ich: »Sicher und aufgehoben.« Danny: »Gut. Jemandem Wehtun-Gefühle.«

Bald darauf konnten wir unsere übliche Arbeit wieder aufnehmen. Danny sagte, daß sein Anruf der Nummer 911, daß er Hitler sei und sich umbringen werde, damit übereinstimme, was seine Mutter sagt. Ich fragte, wie das sei, er antwortete: »Mama sagt, daß sie mich haßt, 14 – 6 –

7, Hitler tötet Mama.« Er schlug mit seiner Faust gegen die Wand, dann sich selbst. Seine nächste Bemerkung war: »Sag es zusammen mit mir, Dr. Herzog.« Ich sagte: »Danny, willst Du damit sagen, daß Du wußtest, wie bestürzt Deine Mutter war, als Ihr Euch so schlecht miteinander verständigen konntet?« »Tötete sie, tötete mich«, erwiderte er. »Hitler tötete.« Ich dachte, daß Danny damit etwas über seine Schmerzen sagen wollte, die er in fehlgeschlagenen sozialen Kontakten erlebt und welchen Niederschlag diese in ihm finden. Dies entnahm ich seinem Anruf der Nummer 911, wo er dem Telefonisten gesagt hatte: »Wer ist zuerst dran.« Ich dachte auch darüber nach, daß die Frage, wen Hitler getötet hat, für beide Seiten in seiner Familie von drängender Bedeutung war und schon in einer früheren Aussage über seine Schwierigkeiten und denen seiner Eltern aufgetaucht war. Wie er und ich ehemals um die schmerzliche Frage gerungen hatten, was es mit den sich selbst zugefügten Schmerzen auf sich hatte und was dies für sein Mann-Sein und seinen Begriff von sich als einem Mann bedeutete, so gelang es Danny nun, über Töten zu sprechen und die kritische Unterscheidung von Töten und Schmerzen-Zufügen ins Auge zu fassen, was von zentraler Bedeutung dafür ist, die eigene aggressive Bereitschaft zu erkennen, sie anzunehmen und damit leben zu lernen. Kurz danach sprach Danny über Empfindungen, seiner Mutter, seinem Vater und der Schwester Schmerz zufügen zu wollen. Ich sagte, daß solche Empfindungen ganz natürlich seien, und er antwortete wie zuvor, als er mir entgegen taumelte und ich seine Aggressivität erkannte und meine Fähigkeit ausdrückte, diese zu ertragen und ihm zu helfen, mit ihr umzugehen und sie zu modulieren: »Gut. Jemandem Weh-tun-Gefühle.«

Wenn man Kinder mit schwerwiegenden sozialen Schwierigkeiten im analytischen Spielraum (im Original deutsch) erlebt, kann man zugleich die Möglichkeiten untersuchen, wie das Zusammensein in der Zwei- und Dreipersonen-Gruppe gefördert bzw. gehemmt werden kann. Was als wichtig betrachtet, wie zugehört, was beachtet oder gehört wird, wird zusammen mit den damit einhergehenden Verarbeitungsmechanismen deutlich. Es erscheint naheliegend, hierin die Voraussetzung für die Bildung innerer Repräsentanzen zu sehen, doch ergibt sich bei weniger benachteiligten Kindern häufig der Eindruck, daß sie aktiv nach solchen Erfahrungen suchen, als wäre die Suche danach bereits vorgebahnt. Auch die organisierenden bzw. desorganisierenden Auswirkungen biologischer Gegebenheiten wie Schmerz, heftige Affekte oder hormonelle Schwankungen treten klar zutage. Diese kritischen Anforderungen ergeben sich besonders für diejenigen Kinder, die der inneren *holding function* ermangeln, die sich aus den Repräsentanzen der linguistischen Erfahrungen des Umgangs mit bedeutsamen Anderen ergeben. Danny machte durch sein Verhalten jedoch deutlich, daß immer ein Stück Verarbeitung, Erfahrung und Repräsentanz von Erfahrung vorhanden ist, deren Wirkungen die sich bildenden Strukturen des Selbst eines Kindes bedingen. Die Auswirkungen besonderer Fragenkomplexe und der libidinösen, aggressiven und narzißtischen Zugangsmöglichkeiten zu beiden Eltern sind selbst dort deutlich, wo die biologischen Gegebenheiten absolut im Vordergrund zu stehen scheinen. Hier erscheint mir das Konzept eines traumatischen Charakters, das die Belastung infolge schwerwiegender biographischer wie konstitutioneller Momente umfaßt, eine geeignete deskriptive Kategorie.

Innerhalb des analytischen Spielraumes kann die Möglichkeit zu einem spezifischen reparativen Dialog entstehen, und damit läßt sich, geduldig und beständig, ein Zugang zum Patienten finden. Sobald der Analytiker Bedeutung annimmt, wird er auch gehört. Hier verbindet sich Bedeutung und Zuhören, sie werden zur Schablone der Bildung innerer Repräsentanzen von einem Wir, also des Selbst mit dem Anderen. Was immer sich im analytischen Setting ereignet, kann verwendet werden, was allerdings auf andere Bereiche nicht unmittelbar zu übertragen ist.

Danny bedurfte eines Raums, in dem er sich selbst sozusagen zugleich als ein Mensch mit normaler Entwicklung wie einer mit ganz abweichender Wesensart begreifen konnte. Ich sollte für ihn eine für seine Entwicklung zuträgliche Umwelt (deutsch im Original) zur Verfügung stellen und auch ein für seine libidinösen wie aggressiven Ziele zugänglicher Partner sein. Danny war nicht nur durch seine inneren Konflikte und Kämpfe in Anspruch genommen, die als Repräsentanzen bereits in einer Vorform vorhanden gewesen waren, bevor sich seine sprachlichen Fähigkeiten so weit entwickelt hatten, daß er diese darstellen und in einer kenntlicheren Form zeigen konnte, nachdem er einen Sinn für das »Wir« entwickelt hatte und damit auch eine entsprechende sprachliche Form der Darstellung; darüber hinaus war er aber auch mit dem Trauma jedes seiner Eltern und der Art, wie es ihm vermittelt worden war, konfrontiert. Er mußte sich mit seiner eigenen Aggression und Libido, darüber hinaus aber auch mit den historischen Turbulenzen auseinandersetzen, die seine beiden Eltern betrafen. Wir mußten einen genügend sicheren Raum schaffen, in dem ein Dialog zwischen seinen inneren und interaktionellen Repräsentanzen wie die gemeinsame Anschauung und Verständigung über seine inneren Auseinandersetzungen und deren Folgerungen für ihn möglich wurde.

In gewisser Weise muß diese Aufgabe in jeder Behandlung bewältigt werden, doch genießt die Schaffung eines solchen Raumes wegen

Dannys mangelhaft funktionierendem zentralen Nervensystem absoluten Vorrang. Der Analytiker bzw. Therapeut muß diese konstitutionellen Voraussetzungen stets im Auge behalten, um sich richtig einstellen und dem Kind richtig zuhören, sich auf es einlassen und an angemessener Stelle auch Deutungen geben zu können. Die Vorlieben eines Kindes für bestimmte Spiele, seine Möglichkeiten, Repräsentanzen zu bilden und Kontakt aufzunehmen, sowie sein aktueller Entwicklungsstand müssen gesehen und berücksichtigt werden. Das Spiel, gewissermaßen der große Gleichmacher und besonders geschätztes Instrument des Kinderanalytikers, steht immer zur Verfügung, doch muß es darauf zugeschnitten sein, wo sich das Kind gerade befindet. Die Art des Spielens, Sprech- und Ausdrucksweise müssen sich gemeinsam ausformen, damit diese so wichtige Ichfunktion vernünftig und mit Gewinn genutzt werden kann. Erst diese gemeinsame Koevolution ermöglicht einen genügend sicheren Spielraum, in dem dann all die Bedürfnisse sorgfältig untersucht und hoffentlich verstanden werden können, die das Kind einbringt. Danny hat viel mehr einzubringen. Seine Beschäftigung mit Aggression kommt immer heftiger zum Ausdruck, er empfindet weiterhin, daß er Schläge braucht und seine Wahl dafür auf mich fällt, denn als richtiger Schläge-Verpasser komme eigentlich nur ich in Frage. Ich bleibe dabei, darüber zu sprechen, darüber, wie wir spielen und wie weit er und ich zusammen gekommen sind.

Danny arbeitet jetzt erfolgreich in einem hoch spezialisierten Umfeld. Er hat promoviert. Noch immer bemüht er sich um Kontakte zu Mädchen, doch ohne nennenswerten Erfolg. Er kommt noch regelmäßig zu mir in Behandlung. Er sagt: »Ich kann Sie nicht Daddy nennen, denn Sie sind Dr. Herzog. Könnte ich Sie dann nicht Vati (deutsch im Original) nennen, weil Sie Deutscher sind und mich doch nicht töten?« Gemeinsam haben wir einen Riesenschritt bewältigt, indem wir das Interesse und die Angst vor dem Töten von dem Interesse und der Angst davor, Schmerzen zuzufügen, differenzieren konnten. Diese grundlegende Arbeit im Bereich der Aggression geht weiter, und unsere Fortschritte werden keineswegs geringer. Danny entwickelt sich jetzt in Richtung auf eine eher konflikthafte Übertragungsbeziehung anstelle einer Übertragung, deren Bedeutung lediglich entwicklungsbezogen ist. So stellt er Fragen bezüglich meiner anderen Patienten und denkt voll Stolz daran, daß er schon länger zu mir kommt als irgendein anderer. Ich meinerseits kann nun empfinden, wie sehr er etwas von mir will, vor allem im Bereich der Aggression. Als Fazit der bemerkenswerten Veränderungen in meiner Beziehung zu diesem jungen Mann, seiner Beziehung zu mir und gemeinsam miteinander wollte ich ihn vor kurzem ganz unumwunden ansprechen: »Das solltest Du nicht machen, weißt Du, Du bist jetzt ganz außer Dir, ich denke sogar, Du verdienst Schläge!« und habe dies auch in Worte gefaßt. Wie in unserem Penis-Penis-Dialog zuvor bewährt sich am besten, wenn ich ihm gegenüber meine eigene Erfahrung zum Ausdruck bringe, weil dies uns beide in dem Dialog des Selbst mit dem Anderen verankert. Auch dies entspricht jetzt eher dem sonstigen analytischen Vorgehen und der Arbeit bei anderen Entwicklungsverläufen. Danny empfindet, er spricht und stellt dar, in Affekten, in seinem Verhalten und in Worten bittet er mich um etwas. Wir sprechen miteinander über Schmerzen zufügen, wachsen, niederträchtig sein und jetzt über Bedeutungen. Infolge unseres Spiels und unserer Gespräche kann Danny mehr empfinden, er kann seine Empfindungen in Besitz nehmen und er wächst. Wir sind miteinander vertraut, was die Art betrifft, wie aus dem Sich-Schmerzen-Zufügen eine Funktion von Selbst mit Anderen geworden ist, eine Vorstellung davon, wie ich ihm Schmerzen bereite, und wie er auf männliche Art immer erfolgreicher darum kämpft, reale, verinnerlichte Selbstfunktionen zu schaffen. In dem sorgfältig geschaffenen genügend sicheren Spielraum haben wir gemeinsam die Erkenntnis seiner Aggression zulassen können, und zwar bezüglich eigener Antriebe wie seiner Forderungen an ein Gegenüber, die er sich damit zu eigen machen kann. Wir können nun seine Empfindungen, Schmerz zufügen zu wollen, nicht nur mir gegenüber untersuchen, sondern auch im Hinblick auf seine Familie. Wir können sogar allmählich Liebesgefühle ins Auge fassen, die nun, nachdem die Empfindungen, Schmerz zufügen zu wollen, erkannt, dargestellt und angenommen werden konnten, um so leichter in Erscheinung treten. Danny erfand dazu eine Art Wortspiel: Ich mag Dr. Hurthelp (etwa: Dr. Schmerz-erzog) oder Help-hurt wirklich. Darüber konnte ich mich sehr freuen und den langen Weg empfinden, den wir miteinander gegangen sind.

Was du ererbt von deinen Vätern hast,
Erwirb es, um es zu besitzen (deutsch im Original).

Aus dem Englischen übersetzt von Joachim Roether, Frankfurt a. M.

ELISABETH MÜLLER-BRÜHN

Kommentar zu James M. Herzog: »Spiel und Spielen – zur Bedeutung von Sicherheit und Aggression«

Einleitend möchte ich auf meinen ersten Eindruck von Herzogs Text eingehen, nachdem ich ihn zum ersten Mal gelesen hatte. Meine Reflektion darüber will ich als Ausgangspunkt meiner nachfolgenden Gedanken nehmen: Gedanken über Danny, seine Geschichte und seinen Weg mit seinem Analytiker; Nachdenkliches über Spiel und Spielen und darüber, was die Vergangenheit damit zu tun hat. Bei diesen Gedanken leitete mich Herzogs Idee von der Begegnung im analytischen Spielraum – von dem Zusammen-Sein, um zu verstehen und um voneinander zu lernen.

»Spiel und Spielen, die Rolle der Sicherheit und die Rolle der Aggression« – zwei scheinbar unverbundene, für sich stehende Themenbereiche; was haben sie miteinander zu tun? Es folgt raumausfüllend Dannys Geschichte, die über viele Jahre sich erstreckende Begegnung mit seinem Analytiker; eine Schilderung gegen das Vergessen, eine Schilderung, die uns mit unserer Nazi-Vergangenheit konfrontieren soll? Ich spüre deutlich die Versuchung, mich hineinziehen und vereinnahmen zu lassen, Unsicherheiten und dem Gequältsein nachzugeben und durch Schuldgefühle blockiert zu sein für Gedanken, die Raum benötigen; um nachvollziehen zu können, was sich zwischen Danny und seinem Analytiker abspielt; und um dem Problem des Kindes nachgehen zu können. Worum geht es und welche Erkenntnisse lassen sich aus dieser Analyse für unsere Arbeit ableiten?

Als Irritation möchte ich die Reaktion nach der ersten Lektüre des Textes bezeichnen. Bin ich »beteiligte« oder »unbeteiligte« Zuschauerin? Ich versuche, die Besonderheiten des analytischen Spielraums der Begegnung von Danny und seinem Analytiker mit meinen Einfällen und Überlegungen dazu in Einklang zu bringen und mit dem Reflektionsprozeß die Irritation aufzulösen.

Während ich den langen Weg, den Herzog mit Danny über viele Jahre zurückgelegt hat, nachzuvollziehen versuchte, empfand ich zunächst über weite Strecken immer wieder einen Wechsel von Angestrengtsein und lähmender Hilflosigkeit. Häufig folgte auf mein Interesse, einzelnen Phänomenen oder Beschreibungen von Besonderheiten in Dannys Verhalten nachzugehen, ein Besetzungsabzug. Gelegentlich äußerte sich mein Widerstand in der Weise, daß ich unduldsam, verstimmt und auch ärgerlich wurde, was man auch als Einfühlungsverweigerung bezeichnen mag; und gleichzeitig begleitete mich die Befürchtung, meine Fragen und Bemerkungen können als Kritik und Angriff mißverstanden werden. Auch hatte ich gelegentlich das Gefühl, keinen wirklichen Zugang zu Danny zu finden.

Was heißt das? Was hat das zu tun mit Danny, was mit seinem Analytiker? Wie dient es dem Verständnis der therapeutischen Beziehung?

Ich habe diese Gefühle beschrieben, von denen ich meine, daß sie etwas von der diffusen inneren Verfassung und Stimmung zum Ausdruck bringen, die während der Arbeit mit Kindern mit atypischem Sozialverhalten im Therapeuten selbst zum Tragen kommen, wenn es sich um frühe Abwehrmechanismen und Ängste des Kindes handelt. Kennen wir doch in der Arbeit mit sogenannten früh-gestörten Kindern die spezifische Gefahr des Involviert- und Verwickeltseins in eigene, durch die Gegenübertragung ausgelöste Ängste, die sich auch daraus ergeben können, daß Regression nicht empathisch gebunden bleibt, um der nachfolgenden inneren ordnenden und verbalisierenden Funktion zu dienen.

Danny sendet einen Hilfeschrei, weil er, gequält von Aggressionskonflikten mörderischen Ausmaßes, die sich ihm aufdrängenden fraktionierten Vorstellungen und Phantasien nicht mehr zu halten vermag.

Wir müssen davon ausgehen, daß sich in Dannys Sprachentwicklungsstörung (seine Sprechweise geht offenbar über eine Sprachentwicklungsverzögerung hinaus), seine neuropsychologischen Probleme niedergeschlagen haben. Und wenn man bedenkt, daß erst durch potentielle Verfügbarkeit des sprachlichen Ausdrucks die Selbstwahrnehmung psychischer Vorgänge gelingt und kontrollierbar ist, die Distanzierung von Triebimpulsen möglich wird, und daß die sprachliche Kompetenz und Entwicklung differenzierter Objektbeziehungen nur in einem wechselseitigen Austauschprozeß zur Entfaltung kommen, so läßt sich infolge von Dannys Ichverzerrungen mit der eingeschränkten Fähigkeit, Innen und Außen zu erkennen, das Ausmaß seiner strukturellen Unsicherheit ermessen und seine Suche nach haltgebender Orientierung verstehen. Diese Situation wird für Danny auch insbesondere dadurch mitbewirkt, daß er und sein Vater offenbar keine entwicklungsfördernden Spielmodalitäten finden konnten, welche die Fähigkeit hätten stützen und absichern können, überwältigenden Angriffen von Innen und Außen Halt zu bieten.

So kann, wie bei Danny oder in vergleichbaren Fällen, die Bilderwelt des Holocaust das Selbst fesseln und unter diesen oder ähnlichen psychischen Bedingungen dazu verführen, daß durch Identifikation das äußere, frühere Geschehen jetzt die eigene innere Welt beherrscht, die Leerstellen füllt und Lücken schließt.

Die Antwort auf die Frage nach dem optimalen Zeitpunkt für den therapeutischen Kontakt mit Kindern mit erheblichen Störungen der sozialen und emotionalen Entwicklung kann meines Erachtens nur heißen: so früh wie möglich. Leider müssen Kinder oftmals erst Alarm schlagen, so wie Danny. Dabei ist der Wunsch der Eltern, Elternschaft wahrzunehmen und ihrem Kind ohne therapeutische Hilfe aus seinen Schwierigkeiten herauszuhelfen, sehr nachvollziehbar. Im Fall von Danny wird die entsprechende Frage seines Analytikers vermutlich sowohl damit zu tun haben, daß er mit Danny bereits wenige Tage nach seiner Geburt erstmals in Berührung kam und besorgt darüber war, daß Danny kaum auf das Gehaltenwerden reagierte, als auch mit der Beunruhigung der Mutter darüber, daß Danny ihre Stimulierung mit einer eher abwehrenden Körperhaltung beantwortete; bereits damals hat die Mutter Herzog um Rat und Hilfe gebeten. Nach der Beschreibung der Haltung des Vaters gewinnt man den Eindruck, daß Dannys Mutter mit ihrer Sorge um Danny, ihrem ständigen Bemühen, ihn zu sozialisieren, insbesondere seine Sprachfähigkeit zu fördern, sehr allein gelassen war. Ich bin überzeugt und stimme Herzog zu, daß das Miteinander im kinderanalytischen Spielraum zu einem früheren Zeitpunkt von Danny sicher auf eine für ihn förderliche Weise hätte genutzt werden können.

Sind dann später anstelle des Spielmaterials für den 3jährigen Danny die Figuren der NS-Geschichte getreten? Aber hätten die Eltern sehr viel früher, als es sich nach Dannys Hilferuf bei der Notrufnummer 911 dann ergab, die Aufnahme einer Kinderanalyse wirklich zulassen können?

Das von Winnicott beschriebene Spannungsfeld zwischen Mutter und Kind, der Ort, an dem sich kreatives Spiel und Kulturerfahrung ereignen, ist – um nicht von Leere und Depression gefüllt zu sein – zwischen Danny und seiner Mutter zum potentiellen Raum für die Identifizierung mit dem Aggressor geworden. Auf dem Wege der wohl oft verzweifelt erzwungenen Nahrungsaufnahme und später des unaufhörlichen Sozialisierens bzw. Sprechtrainings ist die Schiene gelegt für den Hin- und Hertransport hochambivalenter Gefühle und destruktiver Phantasien, bezogen auf das Selbst und auf andere. Mit der Bilderwelt des Holocaust – wie auch immer vermittelt – bekommen Wut und Haß Namen und

Inhalte. Im Sinne der Verschiebung findet die sadomasochistisch besetzte Welt der inneren Objekte im mörderischen Spiel unter Verwendung des einstigen Grauens ihren Ausdruck. Das schützt Danny aber in seiner Desorientiertheit nicht wirklich vor der Angst, vor seinen von ihm als explosiv und zerstörerisch phantasierten Kräften und Vorstellungsinhalten, das Objekt zerstört zu haben bzw. von ihm zerstört zu werden. Wer ist Hitler? Mal er selbst, mal der Vater, die Mutter bzw. die inneren Repräsentanzen, der Analytiker; das böse Objekt schlechthin. Hitler, die Beschäftigung mit den Verbindungen tödlicher Elemente, das Zentralkommando, 14-6-7, vielleicht das Brandmal einer Tätowierung, bieten sich für Danny also an, sich im Gefangensein sadomasochistischer Fixierung und Disharmonie der Entwicklungslinien einzurichten. In Affinität mit dem entrückten, sich mit mathematischen Problemen befassenden Vater wahrt Danny mit Zahlen- und Computerspielen den kontrollierenden und distanzierten Umgang mit sich und den Anderen. So ist die Geschichte des Holocaust zu einem eingepflanzten lückenfüllenden Produkt der Abwehr früher, von paranoiden Ängsten gekennzeichneter Objektbeziehungsstörungen geworden und hat zu innerer Verwirrung, Panikzuständen und auch der Vorstellung, verrückt zu sein, geführt. Verbirgt sich hinter oder eingeschlossen in der Bilderwelt des Holocaust in verzerrter und entstellter Form nicht auch die progressive Seite der Aggression, die sich schließlich bei Danny als eine Art Überlebenskampf äußert, in dem er sich gegen die Aufladung mit einer Geschichte, die nicht die seine ist, zur Wehr setzt?

Die Geschichte des Holocaust wird schon von der Mutter als verursachende Erklärung für des Vaters große Schwierigkeit, soziale Beziehungen zu unterhalten, herangezogen. Auch ihr eigenes Gequältsein von Ängsten, durch die Wut auf Danny oder ihren Mann überwältigt zu werden – von guten Objekterfahrungen nicht ausreichend geschützt –, bekommt den Namen der Verfolger, und so wird der Begriff »Nazi« zum Synonym für maßlose Wut und Haß, für das, was die Eltern in sich als unerträglich erleben. Es scheint ihnen kaum möglich, Enttäuschungen und schmerzliche Gefühle zuzulassen. Vermutlich bedeuteten Dannys neuropsychologische Beeinträchtigungen und die daraus sich ergebenden Verhaltensauffälligkeiten, seine abwehrende Haltung gegen Berührung und Nähe, eine schwere narzißtische Kränkung für die Mutter und mögen frühe psychische Strukturen in ihr angegriffen haben.

Es liegt in solchen Fällen sicher nahe, daß wir der in der Gegenübertragung spürbaren Unsicherheit, Hilflosigkeit und dem Ärger – ausgelöst z.B. durch das Schweigen, die Lücken und die Leere – dadurch zu begegnen suchen, indem wir geneigt sind, dem manifesten Material, der

Abwehr den eigentlichen Sinn, die tiefere Bedeutung zuzuschreiben, als den verborgenen eigentlichen Sinngehalt zu deuten. So kann das, was der Erklärung psychodynamischer Zusammenhänge dient, zum alleinigen Gegenstand der Deutung werden, so daß also das Naheliegende, das Äußere – in diesem Fall die Geschichte des Holocaust – für das eigentliche Innere genommen wird. Ob es sich um infantile Neurose oder frühe Entwicklungsstörung handelt, die Verarbeitung der Geschichte der Eltern, nicht die Geschichte selbst kommt auf diese Weise zum Ausdruck.

Für Danny wird nach einem langen gemeinsamen Weg Sicherheit erfahrbar während des spielerischen Hin und Her zwischen ihm und seinem Analytiker, während des Gleichseins und Verstehens im Einander-Zulächeln: eine sehr dichte, sehr berührende Situation, die Danny aber auch verwirrt; vielleicht weil sie ihm unerträglich erscheint und der Gefahr ausgesetzt ist, von bösen inneren Objekten wieder zunichte gemacht zu werden. Seit Danny sich sicher und aufgehoben fühlte, konnte er aufeinander bezogene Sprache zur Verständigung mit sich selbst und anderen nutzen und erleben. Die eigene Gesichte wurde Teil seiner inneren Welt anstelle der nicht selbst erlebten Geschichte. Das Gefühl, vom Objekt ausreichend gehalten zu sein, erlaubte Danny, Aggression als Teil seiner selbst anzunehmen. Er konnte nun besser zwischen Verletzt-Sein, Schmerzen-Bereiten und tödlicher Aggression unterscheiden.

Dannys Problem besteht meines Erachtens im wesentlichen darin, daß infolge des Ineinanderwirkens von neuropsychologischen Beeinträchtigungen, disharmonischen psychischen Entwicklungsprozessen und der mangelhaften Innen-Außen-Abgrenzung, die Fähigkeit zur Bildung neurotischer Konfliktfigurationen auf einem sehr niedrigen und labilen Strukturniveau basiert. In diese innere Welt von Unsicherheiten und instabilen Repräsentanzen pflanzen sich leicht desorientierende und das labile Selbst deformierende Inhalte ein. Deshalb kann die Geschichte des Holocaust, mit der die Eltern in hohem Maße beschäftigt sind, Danny als Abwehr tiefliegender Angst dienen, die Objekte nicht erreichen zu können, mit ihnen nicht verbunden zu sein. Die Bilderwelt des Holocaust wird zum Verbindenden, auch in der Begegnung mit dem Analytiker.

Ich meine, daß mit der von Danny am Telefon gestellten bedrängenden Frage an seinen Analytiker, ob er auch einen Penis habe, sich bei Danny eine deutliche Veränderung abzuzeichnen beginnt, er sich selbst zu entdecken bereit wird. Es ist ein Risiko.

»Spiel ist Verwandeln. ... Verwandeln ist stets eine schöpferische Tätigkeit, die das Risiko des Wagnisses voraussetzt.« (Buytendigk, 1973, S. 111)

Das von Danny erfundene Wortspiel Dr. Hurthelp/Helphurt zeigt etwas von den sich überschneidenden Spielbereichen – dem Dannys und dem seines Analytikers – und dem Spiel als schöpferischer Erfahrung; die Freude des Analytikers über ›sein spielendes Kind‹ ist d i e Deutung.

Spiel öffnet viele Fenster zur Innenwelt des Kindes. Es offenbart Konflikte, die, wenn wir die Sprache des Kindes verstehen und uns verständigen können, artikuliert und gedeutet werden können. Spiel illustriert die Widerstände, die Bereitschaft und die Wege, sich an die äußeren Gegebenheiten anzupassen, es zeigt mentales Funktionieren und gibt Auskunft über die Fähigkeit zu symbolischer Darstellung. Es dient dem Kind zur Lösung entwicklungsbedingter Konflikte. In der Art und Weise, wie Spiel und Spielen sich in der Begegnung mit dem Kind gestalten oder auch nicht zur Darstellung kommen können, liegt stets die Antwort des Kindes auf die inneren und äußeren Anforderungen.

Doch das Spiel und Spielen kann auch mißbraucht werden, wenn es Zwecken dient, die – um im Bild zu bleiben – das Fenster verhängen und den Blick dafür verdunkeln und entstellen, auf welche Weise sich innere Konflikte, traumatisches Geschehen, dessen Verarbeitung und die innere Repräsentanzenwelt im Spiel widerspiegeln, verdunkeln und entstellen.

Auch im Rahmen analytischer Kinderpsychotherapie besteht die Gefahr, das Spiel im Umgang mit Übertragungs- und Gegenübertragungsprozessen zu mißbrauchen. Durch die vielfältige Weise, wie Kinder sich mitteilen und handeln, Spiel und Spielen zur Darstellung ihrer inneren Welt nutzen oder sich ihre Unfähigkeit zu spielen in ungesteuertem Agieren manifestiert, stellt die Begegnung mit dem Kind im analytischen Spielraum auch oft eine große Belastung für unser eigenes inneres Gefühlsleben dar. So können wir uns z.B. bei projektiver Identifizierung sehr provoziert fühlen und in der Rolle, die uns das Kind zuweist, in der Gegenübertragung derart von ärgerlichen Reaktionen beherrscht sein, daß unser Spielen von aggressiver Erwiderung auf die entwertenden Provokationen getragen ist und wir als das Kind in uns oder als Eltern wirklich mitspielen. Wenn Aspekte im Erleben des Kindes und in seinen Objektbeziehungen mit der eigenen infantilen Neurose korrelieren und/oder Seiten im Therapeuten berühren, die uns selbst fremd geblieben sind, kann das Spiel unbewußt für die eigenen Bedürfnisse mißbraucht werden. So glaube ich auch, daß die immer wiederkehrende Frage: ob dem Wunsch des Kindes zu spielen, nachgegeben werden soll oder nicht, gar nicht mit ja oder nein beantwortet werden kann; diese Frage weist vielmehr auf Phänomene und Schwierigkeiten im Verstehen von Übertragungs- und Gegenübertragungsvorgängen hin.

Psychoanalytisches Verstehen und die Fähigkeit, einen genügend sicheren Spielraum entstehen zu lassen, in dem Spielen Reifung ermöglicht und schöpferische Erfahrung vermittelt, sind untrennbar miteinander verbunden.

Literatur

Buytendijk, F. J. J. (1973): Das menschliche Spielen. In: Gadamer, H.-G. und Vogler, P. (Hg.) *Neue Anthropologie* Bd 4, Stuttgart (Thieme)

Eggers, C. et al. (1989): *Kinder- und Jugendpsychiatrie.* Berlin/Heidelberg (Springer)

Hamburger, A. (1995): *Die Entwicklung der Sprache.* Stuttgart/Berlin/Köln (Kohlhammer)

Herzog, J. M. (1995): Das Spiel in der Kinderanalyse: zwei Spielende und ein Spielraum. *Arbeitshefte Kinderanalyse* 20, 33-43

Herzog, J. M. (1994): Spielmethoden in Kinderanalysen. In: Pedrina, F. et al. (Hg.): *Spielräume. Begegnungen zwischen Kinder- und Erwachsenenanalyse.* Tübingen (edition disksord), 15-34

Levi, P. (1993): *Die Untergegangenen und die Geretteten.* München (dtv)

Neuhäuser, G. (1996): Neuropsychologische Störungen. In: Petermann, F.(Hg.): *Lehrbuch der Klinischen Kinderpsychologie.* Göttingen Bern (Hogrefe), 381-401

F. Solnit, A. J. et al. (1993): *The Many Meanings of Play. A Psychoanalytic Perspective.* New Haven and London (Yale University Press)

Winnicott, D.W. (1971): *Vom Spiel zur Kreativität.* Stuttgart (Klett) 1993

Die Autorinnen und Autoren

Rose Ahlheim, Sonderschullehrerin und Dipl.-Päd., Analytische Kinder- und Jugendlichen-Psychotherapeutin (VAKJP) in eigener Praxis in Marburg, Dozentin und Supervisorin am Institut für Analytische Kinder- und Jugendlichen-Psychotherapie in Hessen e. V., Frankfurt a. M.

Frank Dammasch, Dipl.-Soz. und Dipl.-Päd., Analytischer Kinder- und Jugendlichen-Psychotherapeut (VAKJP) in eigener Praxis und wissenschaftlicher Mitarbeiter an der J. W. Goethe-Universität in Frankfurt a. M. Forschungs- und Veröffentlichungsschwerpunkte: Triangulierung und Vaterlosigkeit, Methode der Psychoanalyse, Supervisionsprozesse.

Anita Eckstaedt, Dr. med. und Dipl.-Psych., Psychoanalytikerin (DPV) in eigener Praxis in Kronberg, Dozentin und Lehr- und Kontrollanalytikerin am Frankfurter Psychoanalytischen Institut und am Institut für Analytische Kinder- und Jugendlichen-Psychotherapie in Hessen e. V.; mehrere Buchveröffentlichungen, zuletzt: *Der Struwwelpeter – Dichtung und Deutung*, Frankfurt a. M. 1998.

Heidemarie Eickmann, Lehrerin, Analytische Kinder- und Jugendlichen-Psychotherapeutin (VAKJP) in eigener Praxis in Gießen, Dozentin am Institut für Analytische Kinder- und Jugendlichen-Psychotherapie in Hessen e. V.

James M. Herzog, MD, Psychoanalytiker und Kinderanalytiker in Boston, USA, Professor für Psychiatrie an der Harvard Medical School, Direktor der Infant Follow-up Clinic und der Clinic for the Development of Young Children and Parents, Staff Psychiatrist am Children's Hospital Medical Centre, Boston. Veröffentlichungen zur Psychoanalyse mit dem Schwerpunkt der Rolle des Vaters in der Kinderentwicklung.

Ulrike Jongbloed-Schurig, Lehrerin, Analytische Kinder- und Jugendlichen-Psychotherapeutin (VAKJP, ACP) in eigener Praxis in Frankfurt, Dozentin und Supervisorin am Institut für Analytische Kinder- und Jugendlichen-Psychotherapie in Hessen. Veröffentlichungen zur Psychoanalyse des Kindes- und Jugendalters.

Hans-G. Metzger, Dipl.-Psych., Psychoanalytiker (DPV) in eigener Praxis und wissenschaftlicher Mitarbeiter an der J. W. Goethe-Universität in Frankfurt a. M., Forschung zu Triangulierungs- und Supervisions-prozessen. Verschiedene Veröffentlichungen.

Elisabeth Müller-Brühn, Analytische Kinder- und Jugendlichen-Psychotherapeutin (VAKJP, ACP) in eigener Praxis in Frankfurt a. M., Dozentin und Kontrollanalytikerin am Institut für Analytische Kinder- und Jugendlichen-Psychotherapie in Hessen e. V. in Frankfurt a. M. Leiterin des Instituts von 1972 bis 1991. Veröffentlichungen zu Themen der analytischen Kinderpsychotherapie.

Jochen Raue, Lehrer, Analytischer Kinder- und Jugendlichen-Psychotherapeut (VAKJP) in eigener Praxis in Hofheim, Dozent und Kontrollanalytiker am Institut für Analytische Kinder- und Jugendlichen-Psychotherapie in Hessen e. V. Veröffentlichungen aus dem Bereich der analytischen Kinder- und Jugendlichen-Psychotherapie.

Anne-Marie Sandler, Psychoanalytikerin und Kinderanalytikerin in London, vormals Leiterin des Anna Freud-Centre in London und Vorsitzende der British Psychoanalytic Society. Autorin maßgeblicher Beiträge der »Contemporary Freudian«-Gruppe der britischen psychoanalytischen Schule.

Angelika Wolff, Lehrerin, Analytische Kinder- und Jugendlichen-Psychotherapeutin (VAKJP) in eigener Praxis in Frankfurt a. M., Dozentin, Supervisorin und seit 1991 Leiterin des Instituts für Analytische Kinder- und Jugendlichen-Psychotherapie in Hessen e. V. Veröffentlichungen zur analytischen Kinder- und Jugendlichen-Psychotherapie.